监察立法史研究

钱宁峰 李小红 徐奕斐 徐 剑 ◎著

东南大学出版社
SOUTHEAST UNIVERSITY PRESS
·南京·

图书在版编目(CIP)数据

监察立法史研究 / 钱宁峰等著. — 南京：东南大学出版社，2021.12
ISBN 978-7-5641-9893-0

Ⅰ.①监… Ⅱ.①钱… Ⅲ.①行政监察法-立法-法制史-研究-中国-现代 Ⅳ.①D922.114.4

中国版本图书馆 CIP 数据核字(2021)第 254609 号

责任编辑：陈 佳　　责任校对：张万莹　　封面设计：顾晓阳　　责任印制：周荣虎

监察立法史研究

著　　者	钱宁峰　李小红　徐奕斐　徐 剑
出版发行	东南大学出版社
社　　址	南京市四牌楼 2 号　邮编：210096　电话：025 - 83793330
网　　址	http://www.seupress.com
电子邮件	press@seupress.com
经　　销	全国各地新华书店
印　　刷	广东虎彩云印刷有限公司
开　　本	700 mm×1000 mm　1/16
印　　张	28
字　　数	502 千字
版　　次	2021 年 12 月第 1 版
印　　次	2021 年 12 月第 1 次印刷
书　　号	ISBN 978 - 7 - 5641 - 9893 - 0
定　　价	98.00 元

(本社图书若有印装质量问题，请直接与营销部联系。电话：025 - 83791830)

前　言

　　自国家监察体制改革启动以来,监察法成为各界关注的热点问题之一。特别是围绕监察立法,如《中华人民共和国监察法》(简称《监察法》)、《中华人民共和国公职人员政务处分法》(简称《公职人员政务处分法》)、《中华人民共和国监察官法》(简称《监察官法》),建言纷出,观点纷呈,莫衷一是,足见国家监察体制改革对于国家立法体系的影响是空前的。其不仅意味着众多法律法规的制定、修改和废止,而且在某种程度上刷新了人们原有的认知模式。阐释就成为一项时新的作业。恰逢此时,江苏省社会科学院启动了学科建设,我领头组织了一个团队,围绕"国家监察法治体系建构研究"提交了申报书,并获得自组学科项目的批准。于是,也就有了这本书。

　　本书试图对监察立法史作一个梳理。自古以来,监察立法始终伴随着国家的发展和政权的更迭。虽然政治制度史和法律制度史在文献梳理和制度演变方面已经有了非常扎实的基础,但是从立法角度来讨论监察立法的著作却很少,因为制度研究和立法研究本无差异,在某种意义上说,制度研究取代了立法研究。所以,本书实际上是一个尝试,就是从立法角度来梳理浩繁的监察立法,以此观察法律文本变化的过程。为达到这一目的,本书在以下几个方面有所拓展:

　　第一,以立法为主线贯穿文本。尽管立法形式不一,但是重要的立法毕竟有限。本书选择了历史中出现的重要法律法规文本作为研究对象,通过这些文本来呈现每一个历史时期立法机关所制定的专门监察立法。这些专门监察立法尽管在实施过程中可能存在种种问题,但是其毕竟体现了立法者的所思所想。于此处,便见文本的微言大义。

第二,以专题为栏目分解文本。通常立法史研究是以时空为轴来编排每一个时期的制度演变。这种研究范式在古代部分最为常见,也最为实用。但是,其对于一个学习者来说可能是困难的,因为以时空为基础的制度史可能难以呈现出同一类立法主题在不同时代的差异性。基于此,本书保留了时空的延续性,但是将这种延续性建立在立法专题之上,先分为监察宪法、监察组织立法、监察实体立法、监察程序立法、监察救济立法,再在每一个部分进一步细分每一个专题,最后每一个专题按照时间线来阐述。虽然立法的复杂性使得立法会出现断裂,但是,其有助于我们理解每一专题内在的演变规律。

第三,以比较为手段研究文本。立法史研究不在于探讨制度的实施效果,而在于肯定文本自身的存在价值。这种价值通常具有可借鉴性。然而,这种借鉴目的的实现却是通过比较方式来实现的。每一个文本乃至条文的变动实际上都是在比较中完成的。因此通过比较来发现监察立法规律便成为本书的一个特点。所以,每一个立法专题最后都有一个比较研究的段落,以比较古代、近代和新中国时期监察立法的立法内容和技术。

实际上,本书与其说是一种研究,不如说是一种学习。在学习过程中,我们试图去发现监察立法,理解监察立法,也进一步为监察立法提供一个新的认识视角。这就是我们的初衷。

钱宁峰

2021 年 7 月 14 日

目 录
<<< CONTENTS

绪论 ··· 1

第一章 监察立法原理 ·· 16
第一节 监察立法界定 ·· 16
第二节 监察立法主体 ·· 20
第三节 监察立法形式 ·· 24
第四节 监察立法内容 ·· 26
第五节 监察立法程序 ·· 29

第二章 监察立法体系 ·· 34
第一节 古代监察立法体系 ······································ 34
第二节 近代监察立法体系 ······································ 41
第三节 新中国时期监察立法体系 ···························· 52

第三章 监察宪法的制定 ··· 61
第一节 古代监察宪法 ·· 61
第二节 近代监察宪法 ·· 64
第三节 新中国时期监察宪法 ··································· 93
第四节 监察宪法比较研究 ······································ 107

第四章 监察组织立法 ·· 110
第一节 监察机构 ·· 110
第二节 监察人员 ·· 124
第三节 监察职权 ·· 141
第四节 监察会议 ·· 156
第五节 监察领导体制 ·· 169

	第六节	派出监察机构	174
	第七节	监察规则	186

第五章 监察实体立法 ... 189
　　第一节　监察权限 ... 189
　　第二节　监察范围 ... 235
　　第三节　监察事项 ... 245
　　第四节　监察回避 ... 261
　　第五节　监察责任 ... 267

第六章 监察程序立法 ... 274
　　第一节　检举控告程序 ... 274
　　第二节　监察管辖 ... 287
　　第三节　监督程序 ... 298
　　第四节　调查程序 ... 311
　　第五节　审理程序 ... 334
　　第六节　处置程序 ... 346

第七章 监察救济立法 ... 369
　　第一节　监察申诉 ... 369
　　第二节　监察赔偿 ... 381
　　第三节　兼职监察员 ... 384
　　第四节　监察备案审查 ... 401
　　第五节　监察复议和监察诉讼 ... 403
　　第六节　人大对监察机关的监督 ... 414
　　第七节　监察机关内部监督 ... 419

结语 ... 427
参考文献 ... 432
后　记 ... 439

 绪论

在中国政治制度史上,监察制度是一个不可缺少的制度环节,被视为最具有本土特色的制度设计。自先秦时期至明清时期,历朝历代政权围绕监察制度制定了数不胜数的监察立法,形成了堪称与刑律体系相媲美的监察立法体系,成为中华法系的重要组成部分。即使进入近代,西法东渐所引发的法律体系转型一度使传统监察立法消融于近现代法律体系之中,但是随着法律体系本土化的展开,监察立法也再次展开,并不断扩张,最终获得了应有的宪法地位。

关于中国监察制度研究,自古以来文献汗牛充栋,无论是文献考据还是制度演变,研究成果硕果累累,其中均存在对监察立法的内容分析。近代以来,随着法律制度史的相对独立,监察法律制度史开始和监察制度史并驾齐驱。因此,监察立法研究主要集中于政治制度史和法律制度史两大门类,后者则体现在宪法史、立法史、司法史、监察法史等专题法律史之中。

一、研究综述

近代以来,监察立法研究著述大致可以分为民国时期和新中国时期两个历史阶段,由于研究目的和价值定位差异,所以,其著述思路呈现出一定的差异。

(一) 古代监察立法研究

民国时期没有专门研究监察立法的著述,监察立法研究更多地体现

在对中国古代监察史的研究之中,代表性著作有高一涵著《中国御史制度的沿革》、徐式圭著《中国监察史略》等。高一涵著《中国御史制度的沿革》主要叙述了三代(夏、商、周)至清代御史制度的演变过程,其从现代政治体制角度来认识御史制度,认为:"代议制是目前民治国家的唯一制度,科道制是从前专制国家的唯一制度。"①徐式圭著《中国监察史略》对先秦至近代监察历史进行了简要梳理,也介绍了一些典型的监察立法,但是其更多的是从制度和实践两个层面来讨论的。②

新中国时期对古代监察立法也没有专门研究,相关研究更多地体现在对监察制度史和监察法制史的研究之中。前者代表性著作有邱永明著《中国古代监察制度史》,广东省纪检监察学会编著《中国古代监督史览》,彭勃、龚飞著《中国监察制度史》,陈光中著《中国古代司法制度》,刘社建著《古代监察史》等。后者代表性著作有张晋藩著《中国监察法制史稿》《中国监察法制史》和《中国古代监察法制史》、刘双舟《明代监察法制研究》等。

监察制度史研究虽然关注古代监察立法内容,但其更多的只是在监察制度研究中介绍典型监察立法。例如,邱永明《中国古代监察制度史》共分六章,其中专门介绍了专门监察立法,如《周礼》和《吕刑》中的官刑、两汉的《监御史九条》和《刺史六条》、曹魏的《察吏六条》、北朝的《六条诏书》和《诏制九条》、隋唐的《巡察六条》和《风俗廉察四十八法》、元朝的《宪台格例》、明朝的《宪纲条例》、清朝的《钦定台规》和《都察院则例》等。其认为存在监察活动的法律化:"中国封建统治者为了确保监察机关的监察活动有明确的方向和准则,提高监察效率,同时也为了防止监察机关的活动超越自己的权限,影响国家机器的正常运转,或监察官执法违法,因此十分重视通过法律形式来规范监察机关的活动,历朝都制定了不同类型的监察法规。"③又如,彭勃、龚飞著《中国监察制度史》共分十一章,主要

---

① 高一涵著:《中国御史制度的沿革》,载高大同编:《高一涵监察工作文选》,凤凰出版社2015年版,第3—57页。
② 徐式圭著:《中国监察史略》,中国书籍出版社2020年版。
③ 邱永明著:《中国古代监察制度史》,上海人民出版社2006年版,第9页。

介绍监察制度,但是在明代和清代、民国、革命根据地、新中国部分则专节介绍监察法规。同时,在古代监察制度部分也对典型监察立法进行专门介绍。① 广东省纪检监察学会编著《中国古代监督史览》不仅在内容上介绍监察立法,而且专设章节介绍监察立法,如隋唐时期《巡察六条》和《风俗廉察四十八法》、清代《钦定台规》和《都察院则例》。② 陈光中著《中国古代司法制度》第二章设监察法律专节,内容包括监察法律的萌芽、监察法律的确立、监察法律的加强。③ 刘社建著《古代监察史》有监察法律、监察法规的目录,不过,监察法律部分并不是对监察立法的专门介绍,而监察法规部分则对监察立法作了专门介绍。④ 除了上述著作之外,一些学术论文也涉及对古代监察立法的研究。

监察法制史研究对监察立法高度重视。由于其以监察法制作为主题进行研究,因此,对监察立法进行了专门研究。例如,张晋藩早期著作《中国监察法制史稿》共分十一章,其中就开始提到专门监察法。⑤ 该书再次修订,对监察立法作了更为翔实的分析。⑥ 此后,张晋藩著《中国古代监察法制史》除前言、结语共分八章,除了第一章之外,其余各章均设一节介绍监察立法,并分别归纳不同阶段监察立法的特点:秦汉时期"初具规模的监察立法";魏晋南北朝时期"因应时代的监察思想与监察立法";隋唐时期"发展成熟的监察立法";两宋时期"细密的监察立法";元时期"专门化的监察立法";明时期"趋于法典化的监察立法";清时期"'极至完备,颇有建树'的监察立法"。⑦

在监察法制史研究中,断代监察法制史研究对监察立法尤为重视。例如,刘双舟著《明代监察法制研究》共分为九章,其中第六章"明代监察之规则"对明代以前的监察立法和明代监察立法的主要内容进行了全面

---

① 彭勃、龚飞著:《中国监察制度史》,人民出版社 2019 年版。
② 广东省纪检监察学会编著:《中国古代监督史览》,人民出版社 2018 年版。
③ 陈光中著:《中国古代司法制度》,北京大学出版社 2017 年版,第 148-161 页。
④ 刘社建著:《古代监察史》,东方出版中心 2018 年版。
⑤ 张晋藩著:《中国监察法制史稿》,商务印书馆 2007 年版。
⑥ 张晋藩著:《中国监察法制史》,商务印书馆 2019 年版。
⑦ 张晋藩主编:《中国古代监察法制史(修订版)》,江苏人民出版社 2017 年版。

介绍,后者包括风宪总例、奏请点差法规、照刷文卷法规、回道考察法规、出巡监察法规、日常监察法规、司法监察法规、抚按通例、六科监察法规、南京都察院事例二十八条。① 又如,丁玉翠著《明代监察官职务犯罪研究:以〈明实录〉为基本史料的考察》共分五章,其主要考察了《大明律》《大诰》《问刑条例》等国家基本法律、监察专项法规、皇帝谕旨和诏令中的监察官职务犯罪立法。② 再如,焦利早期著作《吏治何以清明——清代监察法镜鉴》共分七章:治国之道,首重吏治;治吏之道,德法并用;功不可没的监察之法;威风八面的监察御史;无可奈何的监察;大系统与小系统:出水芙蓉难做;清代监察法镜鉴:靠什么保证吏治清明。③ 此后出版的著作《清代监察法及其效能分析》分九章,其中,第二章"清代监察法律体系考察"分别介绍了清代监察立法:一是清代监察法的发展沿革;二是监察法典:《钦定台规》;三是专门监察法规,包括《都察院则例》《五城巡城御史处分例》《巡方事宜》及其他;四是其他配套法律法规,包括国家立法、部院立法(各部院则例等)、专门事项立法、地方法规——省例和其他有关规章、谕令和诏令。④ 此外,薛秀娟著《清朝监察立法制度及其历史镜鉴研究》则专门讨论清朝监察立法,内容分为前言、清代监察制度概论、清代监察立法体系研究、清代监察立法的立法技术研究、清代监察立法的实施以及清代监察立法制度的当代启示等章。⑤ 该书较为全面地从立法角度对清代监察制度进行了研究,特别是从立法体系和立法技术两个方面进行了分析。此外,清代监察立法在一些学术论文中得到特别关注。例如,陈光中、杨芹在研究中认为:"清代台规具有以下特点:(1)奉行成宪与增辑新规并行,保持了监察法律的延续性和时效性。(2)实体与程序内容并存,既载明了御史的奏事范围,又有御史奏事的程序;既有都察院受案范围的内容,又有其审理案件的程序性规定。(3)内容丰富,体例完备,总则、

---

① 刘双舟著:《明代监察法制研究》,中国检察出版社 2004 年版,第 153-199 页。
② 丁玉翠著:《明代监察官职务犯罪研究:以〈明实录〉为基本史料的考察》,中国法制出版社 2007 年版,第 48-104 页。
③ 焦利著:《吏治何以清明——清代监察法镜鉴》,中国民主法制出版社 2007 年版。
④ 焦利著:《清代监察法及其效能分析》,法律出版社 2018 年版,第 25-61 页。
⑤ 薛秀娟著:《清朝监察立法制度及其历史镜鉴研究》,九州出版社 2019 年版。

部门组织及职权部门设置及人员任免,面面俱到,立法详备。(4)与例律关系密切,相互参照,共同发挥律例典规综合治吏的作用。"①又如,焦利认为:"清代不仅有《钦定台规》这样的监察法典,还制定了各种具体的监察法规,从国家立法(《大清律例》《大清会典》)、部门立法(各部院则例、《六部处分则例》等)到地方立法(省例与地方法规),形成了纲举目张的监察立法体系,使监察活动规范化、制度化、法律化。"②

尽管古代监察立法受到研究者的青睐,但是对于古代监察立法规律的总结却不多见。在这方面,张晋藩先生对中国古代监察法演变规律作了深入探讨。他认为:"为了对监察权力的组织和运行进行全方位的规范和控制,历代统治者都有针对性地制定了相应的监察法。从汉代的《监御史九条》与《六条问事》,到明清的《宪纲总例》《钦定台规》和《都察院则例》,形成了一脉相承的监察法传统。"③同时,他认为:"中国古代监察法是中华法系的重要组成部分,如果说中华法系在世界法系中具有独树一帜的特点,那么中国古代监察法,无论它所确认的监察体制,还是基本原则、基本规范,以及体系的建构、立法技术的成就、实际运行的可操作性,等等,都是世界古代法制史上所少有的。中国古代监察法历代相传,绵延不绝,体现了中国古代的政治文明与法制文明,反映了一个东方古国政治法律文化的特殊性和中华民族的智慧。"④此外,他还认为:"中国古代的监察法是和监察机关权力的演变相向发展的,由简单到复杂,由地方到中央,由单行法规到完整的法典,成为中国古代法律体系中独具特色的组成部分和中华法系的重要表征。"⑤这些认识均是在总结古代监察立法基础上得出的基本结论。

---

① 陈光中、杨芹:《中国古代监察法律的历史演变——以清代"台规"为重点的考察》,《甘肃社会科学》2018年第5期。
② 焦利:《清代监察之法镜鉴》,《国家行政学院学报》2006年第4期。
③ 张晋藩:《中国古代监察法的历史价值——中华法系的一个视角》,《政法论坛(中国政法大学学报)》2005年第6期。
④ 张晋藩:《中国古代监察法的历史价值——中华法系的一个视角》,《政法论坛(中国政法大学学报)》2005年第6期。
⑤ 张晋藩:《中国古代监察机关的权力地位与监察法》,《国家行政学院学报》2016年第6期。

需要注意的是,随着行政监察法学和监察法学的发展,在一些教材和著作中对古代监察立法也多有介绍。不过,这些介绍往往是描述性的,通常仅限于典型监察立法。

(二) 近代监察立法研究

民国时期已经出现对近代监察立法的研究,其代表性著作有谢振民编著《中华民国立法史》、杨幼炯著《近代中国立法史》、徐式圭著《中国监察史略》等。谢振民编著《中华民国立法史(上)》将《国民政府监察院组织法》(简称《监察院组织法》)、《监察委员保障法》和《纠弹法》《弹劾法》在行政法门类中设置专节予以介绍。① 杨幼炯著《近代中国立法史》也对《监察院组织法》《弹劾法》等进行了介绍。② 徐式圭著《中国监察史略》对近代监察情况进行了介绍。③

新中国时期对近代监察立法的研究主要体现在监察制度史和监察法制史研究之中,其代表性著作有王永祥等主编《中国现代监察制度史论》、张晋藩主编《中国近代监察制度与法制研究》等。例如,王永祥等主编《中国现代监察制度史论》一书分为第一章孙中山关于新型监察制度的构想、第二章中华民国南京政府时期的监察制度、第三章民主革命时期中国共产党及革命根据地的监察制度、第四章中华人民共和国的监察制度、第五章总结与思考,其中涉及监察立法内容。④ 又如,张晋藩主编《中国近代监察制度与法制研究》共分五章,虽然该书并非每一章设专门一节介绍监察立法,但是介绍监察法制时始终关注宪法和法律中的监察规定。⑤ 值得注意的是,由于近代以来出现了宪法这种法律形式,因此,监察立法通常首先体现在宪法之中。民国时期制宪活动对监察制度予以了高度关

---

① 谢振民编著:《中华民国立法史(上)》,张知本校订,中国政法大学出版社2000年版,第356-359页、第488-489页、第494-495页。
② 杨幼炯著:《近代中国立法史》,范忠信等校勘,中国政法大学出版社2012年版,第276-277页、第341页。
③ 徐式圭著:《中国监察史略》,中国书籍出版社2020年版。
④ 王永祥、杨世钊主编:《中国现代监察制度史论》,福建人民出版社1998年版。
⑤ 张晋藩主编:《中国近代监察制度与法制研究》,中国法制出版社2017年版。

注,特别是在南京国民政府开展《中华民国宪法》起草期间。例如,有学者对"独立监察制度与议会监察制度、中国传统与西方政体架构的冲突问题"进行了探讨。① 此外,一些学术论文也对近代监察立法进行了梳理。有学者认为:"南京国民政府监察法规的完备、周详,使监察活动有法可依,对于提高监察的准确性减少随意性,防止监察人员的活动超越自身权限而影响国家机器正常运转等方面起到了一定的积极作用,从而促成当时的监察工作走向规范化和制度化。"②

此外,行政监察法学和监察法学教材与著作也多会对中国近代监察制度进行介绍,其中涉及监察立法的相关内容。

(三) 新中国时期监察立法研究

新中国时期监察立法研究主要体现在监察学和监察法研究之中。从历史来看,其大致可以分为两个阶段:

第一阶段是对行政监察立法的研究。其代表性著作有钱晓萍主编《行政监察法概论》等。例如,钱晓萍主编《行政监察法概论》分为九章,虽然概述以宪法、行政监察法为依据,并以行政监察法为题,但是仅仅涉及信访制度。③ 这一时期对行政监察立法的研究更多地关注行政监察立法释义。同时,一些学术论文对新中国行政监察制度进行梳理,涉及行政监察立法内容。例如,徐德刚认为:"我国行政监察制度虽然因为各种原因偏离过法治轨道,但在发展过程中又无时无刻不与法制完善息息相关,行政监察制度的建立就是以《共同纲领》和《中央人民政府组织法》为根据的。在探索行政监察制度建设之路的数十年历程中,国家先后制定了一系列的关于行政监察工作的实体和程序法规。进入 20 世纪 90 年代以后,行政监察法律制度不断得到发展与完善,形成了以《行政监察法》和《实施条例》为主干的行政监察法律制度。"④

---

① 聂鑫:《中西之间的民国监察院》,《清华法学》2009 年第 5 期。
② 姚秀兰:《南京国民政府监察制度探析》,《政法论丛》2012 年第 2 期。
③ 钱晓萍主编:《行政监察法概论》,中国政法大学出版社 2016 年版。
④ 徐德刚:《新中国行政监察法律制度回溯与前瞻》,《求索》2004 年第 12 期。

第二阶段是对监察立法的研究。其代表性著作有李晓明、芮国强主编《国家监察学原理》，秦前红、叶海波等著《国家监察制度改革研究》，江国华编著《国家监察立法研究》等。这些著作有的侧重于监察制度研究，有的侧重于监察立法研究。例如，《国家监察学原理》一书构建了国家监察学体系，基本上是围绕监察制度来展开的，其视角更多地体现了行政学、管理学视角，不过在第二编"国家监察制度及其发展"中结合立法介绍了监察制度。① 又如，《国家监察制度改革研究》一书也是研究国家监察制度，但其更多的是从宪法和法律角度来研究。②《国家监察立法研究》一书分为导论国家监察体制改革的逻辑与取向、第一章监察立法思路与框架、第二章近现代监察立法简述、第三章域外反腐败立法概况、第四章监察立法的重点议题、第五章构建中国特色监察法治体系。③ 该书可以说是以监察立法为主题的第一本著作。此外，不少论文也以监察立法为主题进行专门研究。

需要注意的是，监察法教材和著作往往侧重于对监察法释义和理解进行研究。虽然其内容介绍了众多监察法律法规，但是其研究视角通常是从监察法实施角度来展开的。

(四) 国外监察立法研究

由于国外监察制度和中国监察制度存在一定的差异，因此，对国外监察立法进行研究的代表性著作集中体现在新中国时期，如刘明波主编《国外行政监察理论与实践》，童德华、马嘉阳著《西方监察制度的历史批判》，沈跃东著《宪法上的监察专员研究》，袁钢著《欧盟监察专员制度研究》等。也有一些翻译性著作，如瑞典学者本特·维斯兰德尔著《瑞典的议会监察专员》等。

刘明波主编《国外行政监察理论与实践》共五编二十七章，为行政监察的含义、方式与作用，行政监察产生和发展的一般规律，资本主义国家

---

① 李晓明、芮国强主编：《国家监察学原理》，法律出版社2019年版。
② 秦前红、叶海波等著：《国家监察制度改革研究》，法律出版社2018年版。
③ 江国华编著：《国家监察立法研究》，中国政法大学出版社2018年版。

监察理论,瑞典监察制度,法国监察制度,英国监察制度,联邦德国监察制度,丹麦监察制度,美国监察制度,加拿大监察制度,日本监察制度,新加坡监察制度,欧洲、大洋洲地区其他资本主义国家监察制度,亚非拉地区其他资本主义国家监察制度,社会主义国家监察理论,苏联监察制度,匈牙利监察制度,波兰监察制度,捷克斯洛伐克监察制度,罗马尼亚监察制度,保加利亚监察制度,其他社会主义国家监察制度,我国台湾地区监察制度,我国香港地区监察制度,中西古代监察制度比较,社会主义与资本主义国家行政监察比较,社会主义与资本主义新闻舆论监督比较。① 该书更多地从制度层面进行介绍。

童德华、马嘉阳著《西方监察制度的历史批判》一书对西方监察制度作了历史性批判。共分五章:第一章古希腊、古罗马时期的监察制度,第二章法国的监察制度,第三章英国的监察制度,第四章德国的监察制度,第五章意大利、瑞典、荷兰与美国的监察制度。② 该著作虽然在论述过程中列举了宪法和法律中的相关内容,但是并没有从立法角度进行专门阐述。

袁钢著《欧盟监察专员制度研究》一书共四编,主要内容为监察专员制度的概述、欧盟监察专员的产生、欧盟监察专员的组织、欧盟监察专员的职权、欧盟监察专员的作用、欧盟监察专员的机构互动、欧盟监察专员的有效性等。③ 其主要介绍欧盟监察专员制度的运作情况。

本特·维斯兰德尔著《瑞典的议会监察专员》共分为导论、议会监察专员的产生与发展、议会监察专员与宪法、议会监察专员的任务、议会监察专员的职权范围与限制、组织、议会监察专员的调查权、议会监察专员的裁决、监督、投诉、议会监察专员与保密、议会监察专员提起的案件、审查、年度报告、议会监察专员与立法及执法、域外影响、投诉评议机构、对议会监察专员进行投诉者、国际协作、监察专员的影响。该书附录列有若

---

① 刘明波主编:《国外行政检察理论与实践》,山东人民出版社1990年版。
② 童德华、马嘉阳著:《西方监察制度的历史批判》,中国法制出版社2019年版。
③ 袁钢著:《欧盟监察专员制度研究》,中国政法大学出版社2013年版。

干法规。① 其内容主要介绍了瑞典监察专员制度的运作方式。

沈跃东所著《宪法上的监察专员研究》共分八章,为导论、监察专员概念的厘清、监察专员的制度演进、监察专员在宪法上的正当性、监察专员的组织构造与职权、监察专员的管辖与运作程序、监察专员的制度优势与局限、监察专员的制度借鉴。② 该书专门对宪法中的监察专员制度进行了研究。

二、研究存在的问题与不足

关于监察立法研究,经过学术界前辈学者的辛勤耕耘,取得了很大的成就,目前已经成为监察法研究的一个热点专题,相关研究纵跨古今,横跨中外。然而,虽然监察立法在监察制度史和法律制度史中屡有涉及,也有不少以立法为主题的研究,但是监察立法本身并没有作为一个相对独立的对象予以研究。例如,监察立法制度包括哪些内容?监察立法程序与技术如何体现?监察立法形式有哪些?一些重要的监察制度在其制定过程中的争论是什么?立宪者和立法者在监察立法中的认识方式是什么?从法律变迁的角度来看如何评价监察立法?从比较法角度来看,如何认识监察立法成就?所有这些问题,说明单独认识监察立法的发展,进而把握监察立法规律是十分必要的。

1. 研究对象未能相对独立。以监察立法为题的研究,要么是对监察立法的介绍,如监察立法释义、解释、评述,要么是对监察制度在立法上的完善。这些研究始终以监察立法内容为主,监察立法原理与技术、监察立法制定过程研究并不多见。在这方面具有立法视角的著作大概只有江必新主编的《行政监察法实用全书》。该书分成多编:(1)监察编,包括监察概述、监察主体、监察权能、监察对象、监察程序、监察结果、相关知识和历史沿革。(2)立法编,包括立法背景、立法的指导思想、国外境外监察立法概况、立法

---

① [瑞典]本特·维斯兰德尔著:《瑞典的议会监察专员》,程洁译,清华大学出版社2001年版。

② 沈跃东著:《宪法上的监察专员研究》,法律出版社2014年版。

过程、立法中讨论的主要问题、对重大问题的解决方案。(3)释义编,包括解疑编、文书编、思想编、官箴编。(4)规范编,一是行政监察法律法规,包括监察总则、公务员制度、廉政勤政制度、监察机构和人员、惩戒、监察程序;二是党纪监督规范,包括纪检总则、纪检机构、党纪处分及程序、检举、控诉、申诉。(5)借鉴编,包括中国历代行政监察制度、外国行政监察制度。① 由于该书出版相对较早,没有涉及国家监察立法情况。

2. 研究时段尚不连贯。研究者虽然对古代和近代监察制度和法制进行了深入研究,但是对新中国成立以来监察立法演变过程梳理得不够清晰,特别是没有呈现出行政监察立法到国家监察立法的演变过程。民国时期学者在研究监察制度史时已经注意从历史角度来认识民国时期监察制度,但是这种研究由于受到历史局限性影响更多地关注国民政府时期监察立法,而对北洋政府时期平政院肃政厅监察立法关注不多。新中国时期学者在研究监察制度时虽然具有更多的历史优势,但是由于行政监察制度向国家监察制度演变的历史较短,因此,难以形成一个相对连贯的体系。

3. 研究文献有待挖掘。以往监察立法研究注重典型立法的介绍和评述,在一定程度上忽视了有关立法过程的文献资料,有关监察立法具体推进的史料梳理不够清晰。即使是在法律制度史研究论著中,有关立法程序的介绍也多体现在法律概述中,内容不足以使人们窥见立法过程全貌。法律制度史研究领域尚未出现以监察立法史为主题的法学著作。值得欣慰的是,新中国时期对监察立法资料的整理远远超出以往。

在古代监察文献方面,代表性著作有杨一凡主持的《中国监察制度文献辑要》。《中国监察制度文献辑要》一书中,主要收录了中国古代先秦至明清监察制度有代表性的法律和相关文献18种。第一册(通代)为《南台旧闻十六卷(上)》;第二册(通代、唐、宋、元、明)为《南台旧闻十六卷(下)》、《宪台典故条例一卷》、[唐]《御史台一卷》、[宋]《御史台一卷》、[元]《台纲二卷》、[元]《宪台通纪一卷》、[元]《宪台通纪续编一卷》、[元]

---

① 江必新主编:《行政监察法实用全书》,人民法院出版社1997年版。

《南台备要二卷》、[明]《宪纲事类一卷》;第三册(明代)为《都察院职掌一卷》《都察院条例二卷》《都察院条例四卷》;第四册(明清)为[明]《风宪约》、[明]《都察院巡方总约一卷》、[明]《出巡事宜留台总约四种一卷》、[清]《钦定台规八卷(上)》;第五册(清代)为《钦定台规八卷(下)》《都察院六卷》;第六册(清代)为《宪纲十六卷》。① 也有学者搜集了中国古代、近代、现代、当代的监察法律法规,如《中华监察大典》包括第一编先秦(五帝、夏、商、西周、春秋、战国)监察法律法规,第二编秦、汉监察法律法规,第三编三国两晋南北朝监察法律法规,第四编隋唐五代监察法律法规,第五编宋代监察法律法规,第六编辽、金、西夏、元监察法律法规,第七编明代监察法律法规,第八编清代监察法律法规,第九编中华民国时期监察法律法规,第十编中华人民共和国监察法律法规等。② 《中华大典·法律典·行政法分典》中"监察法总部"分为先秦部、秦汉部、魏晋南北朝部、隋唐五代部、宋朝部、辽金元部、明朝部、清朝部,收集了历代文献中有关监察的资料,在内容上分为监察系统分部、监察对象与内容分部、监察官员选任分部。③ 其中收录了大量的监察立法资料。

在近代监察文献方面,除了前述彭勃主编《中华监察大典》之外,民国时代监察立法资料也较为丰富。从《民国时期总书目》来看,民国时期就有相应法规汇编,如《监察法规辑要》(1942年)、《中国国民党中央监察委员会法规解释汇编》(1934年、1938年)等。此外,田奇、黄萍选编有民国时期监察史料④,涉及监察立法的有《民国时期监察史料汇编》第五册《监察院监察法令辑要》《监察法规辑要》等。《民国时期监察史料续编》收录的监察公报中则涉及监察法律法规内容。此外,《民国法规集成》收录了民国时期一部分监察法规。⑤《民国史料丛刊》和《民国史料丛刊续编》所

---

① 杨一凡编:《中国监察制度文献辑要》,红旗出版社2007年版。
② 彭勃主编:《中华监察大典》,中国政法大学出版社1994年版。
③ 《中华大典》工作委员会、《中华大典》编纂委员会:《中华大典·法律典·行政法分典》,西南师范大学出版社、巴蜀书社2013年版,第3319-3889页。
④ 田奇、黄萍选编:《民国时期监察史料汇编》,国家图书馆出版社2013年版;国家图书馆出版社编著:《民国时期监察史料续编》(全24册),国家图书馆出版社2016年版。
⑤ 蔡鸿源主编:《民国法规集成》,黄山书社1999年版。

收录的著作中也有大量监察立法方面的资料。①

面对如此浩瀚的监察资料,由于研究者更多地局限于对历朝历代监察制度的梳理,而没有运用一定的原理和方法进行深入研究,特别是缺乏从立法视角的研究,使人们通常停留于了解立法名称,而对立法文本的来龙去脉知之甚少。

4. 研究方法缺乏法律视角。以往有关监察立法的研究大多散见于政治制度史和法律制度史研究论著中,较为常见的是对监察制度的介绍,即使涉及法律文本,也只是作选择性介绍。在运用法律方法时,也主要是关注在法律中规定的监察制度的完善,而较少使用立法学、比较法学等理论与方法。许多研究虽然冠以立法视角,但其具体内容仍然是从制度角度或者实施角度来展开的,缺乏基于立法视角的思考。

5. 研究视野缺乏国际领域。从形式上看,监察制度是世界各国普遍存在的制度,但是这种认识恰恰忽视了各国监察制度的差异,因为其更多地着眼于形式,而没有从本质上予以分析。我国对国外监察法律法规也有大量的翻译,有关监察立法的专门出版物也较多。② 监察部曾经编写有《国外监察法律法规选编》一书,分为四类:(1) 议会监察专员体制类,包括《菲律宾宪法》(节录)、《菲律宾监察专员法》、《泰国监察专员法》、《英国议会行政监察专员法》、《〈苏格兰公共服务监察官法〉解释性条款》、《荷兰国家监察专员法》、《马耳他调查专员法》、《罗马尼亚关于公共辩护律师协会的机构组成和职能的法案》、《波斯尼亚和黑塞哥维那人权监察专员法》、《加拿大政府监察官法》、《加拿大马尼托巴省〈监察专员法〉》、《加拿大阿森省监察专员法》、《加拿大新布拉威克省监察专员法》、《加拿大不列颠哥伦比亚省监察专员法》、《加拿大安大略省监察专员法》、《加拿大新斯科舍省监察专员法》、《加拿大哥伦比亚省监察专员法》、《美国夏威夷州监

---

① 张研、孙燕京主编:《民国史料丛刊》,大象出版社 2009 年;孙燕京、张研主编:《民国史料丛刊续编》,大象出版社 2012 年版。

② 例如,《澳大利亚联邦公务员行为准则 澳大利亚 1976 年监察专员法 澳大利亚 1905 年禁止秘密佣金法》,中国方正出版社 2015 年版;《芬兰合作监察专员法 政府行为公开法案 预防和消除洗钱嫌疑法》,中国方正出版社 2015 年版;《新西兰官方信息法 行政监察专员法 国家公务员诚信与操守标准》,中国方正出版社 2014 年版。

察专员法》、《伯利兹调查专员法》、《澳大利亚监察专员法》、《澳大利亚墨尔本监察法》、《澳大利亚新南威尔士监察专员法》；(2)政府监察体制类，包括《越南社会主义共和国监察法》、《韩国行政监督规则》(节录)、《日本行政相谈委员法》、《爱尔兰共和国监察法》、《美国州政府监察官模范法》、《特立尼达和多巴哥共和国廉政委员会》[《特立尼达和多巴哥共和国1980年宪法》(节录)]、《特立尼达和多巴哥共和国法律第二卷25章——监察官法》、《斐济监察官法》、《纳米比亚监察官法》、《瓦努阿图共和国监察官法》、《阿拉伯埃及共和国关于重新组建行政检察署第54号法令》(附件：1969年第71号法令、对1969年第71号法令草案的补充说明、1982年第110号法令、1982年第112号法令、阿拉伯埃及共和国1987年第319号总统令)、《美国监察长法》；(3)司法体制类，包括《美国法典》第二十八篇第三十九章"特别检察官"、《法国最高行政法院组织法令》、《英国行政裁判所与调查法》；(4)监察审计合一体制类，包括《韩国监察院法》《韩国监察院事务处理规则》《韩国监察院审查规则》《以色列国家审计长法》。① 在这些研究成果中，从立法角度进行比较研究的并不常见，更多的仍然是制度层面的比较。有学者将监察专员制度与我国行政监察制度、人大监督制度、信访制度进行了比较研究。② 还有学者在介绍域外监察专员制度基础上对中国与瑞典监察部门的定位与权力运作进行了比较研究，认为"中国与瑞典关于监察制度在权力设计上不同，而导致这种不同的原因，是不同文化的制约"③。

三、研究方法与路径

由于监察立法发展具有历史阶段性，特别是古代和近现代法律体系存在着历史性断裂，因此，监察立法史研究要形成一个相对统一的研究体

---

① 监察部法规司编译：《国外监察法律法规选编》，中国方正出版社2004年版。
② 沈跃东著：《宪法上的监察专员研究》，法律出版社2014年版，第259-287页。
③ 陈晓枫、钟盛等著：《中国传统监察法制与司法文明》，武汉大学出版社2019年版，第282页。

系存在一定困难。基于此,监察立法史研究必须立足于当代监察立法,进而在一定程度上向古代进行延伸,从而形成古代监察立法略论、近代监察立法述论、现代监察立法详论的总体布局。综合立法学研究的特点,监察立法史研究可着眼于监察立法原理和监察立法体系,分为监察宪法、监察组织立法、监察实体立法、监察程序立法和监察救济立法五个方面分别论述。这种论述方式不纠缠于监察制度及其运作情况,而是对监察立法条分缕析,进而把握监察立法内在规律。在研究过程中,侧重于把握以下四个层面:

1. 在立法原理层面,需要深入研究监察立法制度,包括监察立法主体、监察立法体制、监察立法程序、监察立法形式、监察立法解释、监察立法监督等。通过监察立法制度研究,能够构建监察立法的基本理论基础,从而实现立法学对监察立法的指导。

2. 在立法过程层面,需要深入研究监察立法制定情况,包括监察立法制定、修改、废止等情况。通过监察立法的过程性研究,了解不同监察立法出台的基本背景,不同立法主体关于监察立法问题的争议焦点和不同看法,以及最终采用的立法思路,从而丰富监察立法研究资料。

3. 在立法结果层面,需要深入研究监察立法文本,包括监察立法文本形式、结构等情况。通过监察立法文本研究,能够了解不同时期监察立法各自特点,发现监察立法演变规律,最终能够为当前监察立法提供历史经验参考。

4. 在立法评价层面,需要深入研究监察立法价值,包括监察立法的历史评价、监察立法的比较研究。通过监察立法评价,能够获得对古代、近代和现代监察立法的客观认识,从而反过来审视当代监察立法,最终从历史传统和现代发展两个层面认识监察立法在一国法治建设中的独创性。

第一章 监察立法原理

要研究监察立法,必须理解立法学的原理、内容和方法。尽管立法学在学科分类上作为法学的重要研究方向,但是严格意义上说立法学和法律学在研究范式和方法上存在一定的差异。因此,监察立法研究必须立足立法学,明确立法原理,把握立法内容,规范研究方法。本章主要包括监察立法界定、监察立法主体、监察立法形式、监察立法内容、监察立法程序。

第一节 监察立法界定

监察立法并不是一个法定概念,而是一个学理概念,其涉及"监察"和"立法"两个词汇组合。因此,界定监察立法概念,首先要辨析上述两个词语,在此基础上才能理解概念的本质。

一、监察概念

"监察"一词,古汉语就已有之。早期"监"和"察"彼此独立。后来,才出现"监察"连用情况。从历史来看,汉代就已经出现连用。"汉语中'监'和'察'这两个词义相近的单音词连在一起,作为双音词'监察'使用,取义监督、察看,最早见于东汉王逸《〈离骚〉序》。"[①]从监察文义来看,其是指监督、察看的意思。同时,监察也成为古代官职名称。"监察有时也指负有

---

① 钱晓萍主编:《行政监察法概论》,中国政法大学出版社2016年版,第2页。

监督察看之责的官吏。"①无论是作为动词,还是作为名词,监察概念在中国古代具有自上而下的意思,所以,监察一词较多地用于中央对地方的监督之中。

近代以来,监察词汇成为一个非常重要的概念。其之所以流行,与孙中山五权宪法思想有关。一方面,在五权宪法思想下,监察成为一种独立的权力类型,从而和立法、行政、司法、考试相并行。另一方面,随着监察院这一机构的建立,监察职能也获得了组织形式。然而,监察概念本身到底包括哪些内容？这个问题似乎没有深究。从孙中山五权宪法思想来看,其等同于弹劾。而在监察院机构职能中,有时仅限于弹劾职能,有时又包括司法职能、审计职能。无论组织机构如何变动,但是监察始终被定位于弹劾监督之上,因为其区别于立法、行政、司法和考试四项权能。但是,从严格意义来说,将监察概念局限于弹劾层面并不符合古代监察机关的职能定位。值得注意的是,监察概念在这一时期还被用于对译苏俄政权中的检察概念。这一点在大革命期间最为明显,并被延续到苏维埃政权之中。这一用法显然和近代以来日译词汇检察概念明显不同。

新中国成立以后,监察概念依然存在,但是其范围已经和五权宪法体系下的监察概念完全不同,逐渐受到其他概念的压缩,局限于行政领域。特别是在1954年宪法(亦称"五四宪法")之后,监察成为行政的下属概念,这种局面一直延续到2018年宪法修正案通过,之后监察概念才成为和立法、行政、审判、检察相并列的概念,摆脱了依附于其他概念的局面。那么,在这一时期,监察概念到底是指什么？如果说在五权宪法下,监察是指弹劾,那么在新中国时期其应该是指督查,不再具有代议机关的监督职能,而是行政机关的督查职能。只有在监察委员会成立之后,监察概念才摆脱行政色彩,具有自身的特色。这种特色既有代议机关的监督职能,也有行政机关的督查职能,还有警察机关的警察职能。其职能和传统监察概念具有异曲同工之处。

此外,由于监察概念是一个具有独特中国传统的概念,因此,就必然

---

① 钱晓萍主编:《行政监察法概论》,中国政法大学出版社2016年版,第2页。

面临着翻译过程中的认识。通常认为国外也具有监察制度，因此，其在概念上到底对应什么？对此，似乎讨论不多。一般来说，国外监察专员制度具有监察内涵，使用了监察一词，但是和我国监察概念有很大的差异。从语源来看，其更多是指监督或者督查，而不是指监察。所以，在翻译过程中应该改为监督专员或者督查专员。因为其要么属于代议机关的监督职能，要么属于行政机关的督查职能。

所以，监察概念在历史上具有一个变迁过程，其界定需要根据特定的历史语境来决定。随着监察委员会的成立，监察概念可以界定为监察委员会所行使的各种权能的总称。

二、立法概念

立法概念在法律上有广义、中义和狭义之分。广义的立法概念，包括国家机关和非国家机关所制定的法律法规和规范性文件。中义的立法概念，是指国家机关所制定的法律法规。而狭义的立法概念通常是指一国专门立法机关制定的法律。因此，要研究一国立法，就必须首先划定其立法范围，否则既可能过于狭窄，也可能过宽。

立法概念在中国古代意义相对较为宽泛，其主要指建章立制。立法通常属于君主的重要活动，其他组织和人员虽然能够参与立法，但是不能以自己的名义立法。因此，立法概念是非常宽泛的，可以视为一种广义立法概念。

近代以来，随着权力分立观念的引入，立法概念成为一个相对独立的概念。其区别于行政机关发布的命令，而成为代议机关的重要活动。在这种情况下，立法概念通常是指一国法律的制定、修改和废止活动。行政机关和司法机关不能立法。值得注意的是，随着五权宪法思想的流行，立法一度成为代议机关的唯一职能，从而和代议机关的监督职能相互分离。例如，在五权宪法体制下，立法院仅负责立法职能，监察院仅负责监督职能，立法院和监察院均属于代议机关。因此，这一时期立法概念可以视为一种狭义立法概念。

新中国成立之后,立法概念更为宽泛。虽然1954年宪法对立法作了严格限定,但是随着形势发展,立法范围日益广泛,其最为明显的就是在法律之外出现了法规概念,从而使立法概念出现了两套体系,即法律和法规。这样,立法概念通常是指法律和法规的制定、修改和废止活动。因此,在这一时期立法概念可以视为一种中义立法概念。

从上述立法概念的历史演变来看,立法概念经历了从广义立法概念到狭义立法概念再到中义立法概念的演变。在现行法律体系下,立法概念通常是指中义层面的含义,主要研究国家机关所制定的法律和法规,包括立法机关、行政机关等机关所制定的具有法律性质的文件。

三、监察立法概念

正如上述两个概念一样,监察立法概念也具有一定的历史阶段性,因为如果运用现代立法观念去描述古代立法,可能会出现失之毫厘谬以千里的尴尬局面。

在古代法律体系中,尽管存在专门监察机关,但是具有监察职能的人员并不一定局限于专门监察机关人员,因此,监察立法范围并不容易确定。不过,监察立法本身是君主立法的范围之一。这一点毋庸置疑。需要注意的是,古代监察立法没有如刑律那样形成一个相对独立的法律门类,因为监察在本质上属于典章制度范围。

近代以来,虽然民国早期没有专门监察机构,但是随着北洋政府时期肃政史的设立和国民政府时期监察院的成立,监察立法日益专门化。特别是在南京国民政府时期,不仅存在国民政府公布实施的监察立法,而且监察院也根据法律规定制定配套实施细则。这就形成了一定规模的监察立法。

新中国成立以后,监察立法在立法模式上延续了革命根据地时期的立法形式,初步形成了一定规模的监察组织和监察活动立法体系,并为1954年宪法时期所继承。改革开放以来,行政监察立法日益成为我国法律体系的重要组成部分,全国人大及其常委会、国务院和监察部充分利用各自立法权开展相应的监察立法活动。随着监察委员会的成立,监察立法更加受到重视。

那么,监察立法概念应该如何界定?虽然监察立法概念理解必须和各个历史发展阶段相吻合,但这并不意味着监察立法概念不具有统一性。从历史来看,监察立法始终是国家法律体系的重要组成部分。所谓监察立法是指国家机关所制定的涉及监察领域的法律文件。这里所说的国家机关既可以指古代的君主,也可以指近代以来的立法机关和专门监察机关。这样,才能确定监察立法的研究范围。需要说明的是,虽然近代以来存在政党监察体制,但是政党监察文件主要是由政党自己制定的,并不属于国家立法范围。即使在当代纪检监察合署办公的体制下,其在名义上仍然需要区分国家监察立法和党内监察立法。这并不意味着在研究过程中不需要关注党内监察立法,而是在必要的情况下也对党内监察立法进行分析,因为许多党内法规经常使用"纪检监察机关"一词。因此,监察立法研究主要研究自古以来的专门监察立法,而不涉及具有监察职能的其他机构的监察立法。

第二节 监察立法主体

所谓监察立法主体,是指有权制定监察法律法规和文件的国家机关。在君主体制下,君主掌握最终的立法权,监察立法始终是由君主决定的。即使组织相关人员进行监察立法编纂,其通常也是由君主批准和认可。"中国古代的立法机关大多非常设或常设而非专任。多数情况下,参与立法的主体范围由君主通过诏命的方式确定,君主(王或皇帝)在整个立法中始终起主导作用。"[①]而在代议体制下,代议机关拥有立法权,具有制定监察法律的权力。由于各国宪法对监察组织的定位不同,因此,国家机关针对监察领域的立法也会出现一定的差异。例如,虽然我国2018年宪法修改之后,监察权独立于立法权、行政权和司法权之外,但是行政机关和

---

① 陈晓枫、柳正权著:《中国法制史(上册)》,武汉大学出版社2012年版,第179页。

检察机关也参与监察立法乃至监察规范性文件的制定。这里按照立法主体不同分别叙述如下：

一、代议机关

代议机关是制定监察立法最重要的国家机关。在代议体制下，由代议机关代表人民掌握一个国家的立法权，体现了民主政治的基本原理。因此，监察立法主体首先应该由代议机关来承担。例如，"为了建构完备的议会监察专员制度，瑞典议会先后颁布了《政府组织法》《议会法》及《议会监察专员指令法》"①。又如，美国国会在1978年通过了《监察长法》，1988年对《监察长法》进行修订，2008年以《2008年监察长改革法》形式再次进行修订，2016年则以《2016年监察长授权法》形式进一步修订。②再如，英国国会1967年制定《议会行政监察专员法》，建立议会行政监察专员；1974年通过《地方政府法案》，建立地方监察专员。③我国宪法规定，全国人大及其常委会具有立法权，因此其具有制定监察法律的权力。1997年5月9日，第八届全国人大常委会第二十五次会议通过《中华人民共和国行政监察法》（简称《行政监察法》）。2018年3月20日，第十三届全国人大第一次会议表决通过了《中华人民共和国监察法》。

这里需要注意的是，地方代议机关能否制定监察立法？从各国情况来看，地方监察立法也是广泛存在的。在联邦制国家，州议会具有州立法的权力，因此，其有一定的权力。例如，美国很多州、市、县也仿照联邦设立了综合监察机构，这些机构的监察长职权与联邦大致类似。④即使在单一制国家，地方议会也常常根据法律制定本区域的监察立法。例如，2002年，苏格兰议会根据《苏格兰公共服务监察专员法》设立了一个整合的苏格兰公共服务监察专员机构；2005年，威尔士地区根据《威尔士公共

---

① 马怀德主编：《监察法学》，人民出版社2019年版，第57页。
② 马怀德主编：《监察法学》，人民出版社2019年版，第62-63页。
③ 江国华编著：《国家监察立法研究》，中国政法大学出版社2018年版，第103页。
④ 马怀德主编：《监察法学》，人民出版社2019年版，第63页。

服务监察专员法案》将分散的监察专员部门合并成为一个公共服务行政监察专员。①

二、行政机关

这里的行政机关是从广义而言的,既涉及国家元首,也涉及政府首脑和政府部门。从历史来看,君主始终掌握着立法权。随着代议体制的建立,君主的立法权逐渐被转移到代议机关。但是,君主在君主立宪制国家仍然具有名义上的立法权。而在非君主立宪制国家中,国家元首也有可能对立法产生影响,如美国、法国。所以国家元首参与监察立法权是存在的。同时,政府及其部门在现代国家越来越发挥着重要作用。在某种意义上说,许多代议机关所通过的法律通常均是由行政机关起草的。因此,行政机关在一定意义上具有立法权,甚至在行政立法领域中具有相当大的权力。由于许多监察机关隶属于行政机关,因此,行政机关本身就具有针对监察领域制定相关立法的权力。例如,美国总统针对监察长所管辖的领域就能够制定行政命令。在我国行政监察时期,按照宪法规定,国务院具有制定行政法规的权力,政府组成部门具有制定政府规章的权力,行政监察机关属于政府组成部门。因此,国务院和监察部分别具有制定监察领域的行政法规和部门规章的权力。

三、司法机关

这里的司法机关主要是针对检察机关而言的。从历史上来看,检察机关本身就承担着反腐败职能。通常来说,世界各国将监察专员机构和检察机关分别设立。虽然检察机关在反腐败过程中具有举足轻重的地位,但是其本身并不承担监察专员的职责,与监察专员机构并无必然联系。在这种情况下,检察机关并不是监察立法主体。

---

① 江国华编著:《国家监察立法研究》,中国政法大学出版社 2018 年版,第 103 页。

由于我国通常所说的司法机关是指审判机关和检察机关,因此与监察领域相关的司法机关主要是检察机关。尽管在国家监察体制改革过程中,检察机关的反贪污贿赂职能已经转移至监察机关,但是检察机关负责审查监察机关移送的案件,并且具有一定的刑事侦查权,因此,检察机关仍然具有参与监察立法的可能性。在行政监察时期,检察机关和行政监察机关联合制定工作细则。1988年12月3日,最高人民检察院和监察部制定《关于检察机关和监察机关在查处案件工作中协调配合的暂行规定》。2013年5月30日,中共中央纪律检查委员会、最高人民检察院、监察部专门印发《关于纪检监察机关和检察机关在反腐败斗争中加强协作的通知》。在国家监察时期,检察机关和国家监察机关也联合制定了工作细则。2018年4月,国家监察委员会和最高人民检察院联合制定下发了《国家监察委员会与最高人民检察院办理职务犯罪案件工作衔接办法》。这些文件关系到监察立法的实施效果。

四、监察机关

监察机关是指专门承担监察任务的国家机关。监察机关虽然根据代议机关制定的监察立法开展监察工作,但是在法律授权和职责范围内其仍然具有一定的立法权。例如,根据《欧盟监察专员法》第14条规定,欧盟监察专员办公室制定了《欧盟监察专员实施细则》,该细则于1998年1月1日起生效,此后又经数次修改,逐渐完善。

我国监察机关不同于国外监察专员。尽管宪法和监察法没有赋予监察委员会监察立法权,但是监察委员会监察立法权问题同样引起关注。2019年10月26日,第十三届全国人民代表大会常务委员会第十四次会议通过《全国人民代表大会常务委员会关于国家监察委员会制定监察法规的决定》。该决定的通过意味着国家监察委员会获得了制定监察法规的立法权。然而,是否需要赋予地方监察委员会监察规章的制定权则有待于进一步论证。此外,由于监察机关具有制发公文的权力,因此监察机关也就有制定监察文件的权力。

第三节　监察立法形式

监察立法形式就是指监察立法的表现形式。在中国古代,监察立法形式没有严格的法律位阶体系,其表现形式也多种多样。其大致可以分为君主命令和监察机关规定。而在代议体制下,监察立法根据制定机关的差异被赋予了不同的表现形式。

一、宪法

宪法是一国的根本法。任何立法都不得同宪法相抵触。从各国宪法来看,有的对监察机关作出明确的规定,也有的不作出明确的规定。

民国时期宪法通常对监察机关不作规定,如1923年《中华民国宪法》。即使作为根本法的约法也只是偶尔涉及监察机关。1914年《中华民国约法》专门提到肃政厅。此后,1947年《中华民国宪法》才将监察院纳入宪法之中。

新中国时期,宪法原来没有专门规定监察机关和监察事项,如1954年宪法、1975年宪法、1978年宪法。1982年宪法修改时,在国务院职权之中增加了监察职权规定。随着国家监察体制改革的发展,2018年宪法修正案将监察委员会作为国家机构纳入宪法之中。

因此,宪法对监察机关的规定是监察立法最为重要的形式。

二、法律

法律通常由代议机关制定,体现了一国的立法意志。国外监察专员制度通常是由法律规定的。在立法上通常有两种方式:一是直接以监察专员作为立法名称,二是在其他法律中设置监察专员。这两种方式并无本质上的区别。

我国监察立法采用法律形式较多。例如,在2018年宪法修改之前,全国人大常委会曾经制定《行政监察法》。此后,全国人大通过了《监察法》,成为基本法律。同时,在我国,由于全国人大常委会既有制定法律的权力,也有作出决定的权力,因此,有些监察立法虽然不是以法律形式出现的,而是以决定形式出现的,具有法律性质。2016年12月25日,第十二届全国人大常委会第二十五次会议通过《全国人大常委会关于在北京市、山西省、浙江省开展国家监察体制改革试点工作的决定》。2017年11月4日,第十二届全国人大常委会第三十次会议通过《全国人大常委会关于在全国各地推开国家监察体制改革试点工作的决定》。这两个决定成为国家监察体制改革试点的法律依据。

三、法规

在立法权被代议机关垄断的情况下,通常不存在这种立法形式。但是在行政机关权力较大的国家,除了赋予代议机关立法权之外,通常赋予行政机关法规制定权。这种法规形式在性质上具有立法性质。

在国外,并不是所有国家行政机关均具有法规制定权。一旦实行议会监察体制,通常并不存在法规这种监察立法形式。只有在行政监察体制情况下,由于行政监察机关隶属于行政机关,而行政机关若有法规制定权,那么就可能出现监察法规这种立法形式。

在我国,1982年宪法承认国务院具有法规制定权,因此,国务院可以制定监察领域的行政法规,如1990年《中华人民共和国行政监察条例》(简称《行政监察条例》)和2004年《中华人民共和国行政监察法实施条例》(简称《行政监察法实施条例》)。监察委员会成立之后,由于全国人大常委会通过决定授权国家监察委员会制定监察法规,因此,监察法规就成为监察立法的重要形式。

四、命令

命令通常是由行政机关作出决定的形式。这种形式严格意义上并不是立法形式。不过,在监察机关隶属于行政机关的情况下,监察机关也会作出许多决定,制定相应的实施细则。在这种情况下,监察命令在某种意义上具有监察立法性质。通常来说,国外监察机关也能够制定相应的监察指南和内部细则。而在我国,监察部曾经被承认具有制定监察规章的权力。监察规章不同于一般命令,显然具有监察立法性质。当然,在监察委员会体制下,监察规章形式已经被监察法规形式所取代。

五、文件

所谓文件,就是指根据公文程式制定,而不需要按照立法程序制定的形式。虽然其在本质上不属于立法形式,但是由于文件在我国政治和社会生活中具有非常重要的地位,因此,其在某种意义上可以视为一种立法形式。所以,监察文件应该纳入监察立法形式的考察范围。在行政监察时期,行政监察文件已经存在。而在国家监察时期,监察文件也日益增多。这些文件在一定意义上均是《监察法》的实施性规定,具有立法性质。监察文件这种形式无论是在中央监察机关还是地方监察机关均是存在的。

第四节 监察立法内容

监察立法内容是指监察立法所要调整的法律关系。在古代,监察立法内容可谓包罗万象,包括监察组织、人员、活动和事项。进入近代以来,随着立法技术的日益复杂,监察立法内容亦日益增加。由于法律关系的内容主要是权利、义务、职权(权力)和责任四个方面[①],因此,监察立法内容大致需要区分为以下三个门类予以探讨。

---

① 王方玉编著:《法理学导论》,知识产权出版社2013年版,第172页。

一、组织立法

在法律分类上,存在组织法和行为法之分。"所谓组织法,就是规定社会组织之全体或某一法律制度之纲要及其性质的法,而行为法就是依据组织而决定行动的法,前者为了行动,而预先安排行动的方式结构,并确定其性质和种类,作为基础,所以是静态的法,后者则直接有关于行动,然而却以组织为根据,堪称动态的法。"[1]监察组织立法包括哪些内容,并没有统一的标准。从我国宪法规定来看,其第一百二十四条规定,监察委员会的组织和职权由法律规定。这里的"组织"和"职权"应该属于组织立法范围。通常来说,一个组织的成立,主要有机构、人员和职权。从立法上来看,组织立法通常只局限于上述内容,而不涉及行为立法内容。在我国,组织立法通常涉及两类立法:一是组织法,如《中华人民共和国人民法院组织法》(简称《人民法院组织法》)、《中华人民共和国人民检察院组织法》(简称《人民检察院组织法》);二是人员法,如《中华人民共和国法官法》《中华人民共和国检察官法》。就监察领域而言,组织立法也主要涉及这两个方面。不过,从立法角度来看,以"组织法"命名的法律不仅涉及组织法要素,而且广泛涉及实体法和程序法内容。例如,在我国,《人民法院组织法》《人民检察院组织法》均具有综合性立法的色彩。因此,不能简单地将某一监察立法称为组织立法,而必须根据其内容进行具体分析。

二、实体立法

"实体法和程序法的区分,也是法律基本概念之一,所谓实体法就是规定权利与义务本体之法,而程序法则系关于实现权利与义务之手续的规定。"[2]就监察领域而言,监察实体立法是指规定监察领域权利义务内

---

[1] 韩忠谟著:《法学绪论》,北京大学出版社 2009 年版,第 43 页。
[2] 韩忠谟著:《法学绪论》,北京大学出版社 2009 年版,第 41 页。

容的法律。其主要目的在于规定和确认监察法律关系主体的权利、义务以及责任。就监察机关而言,监察立法需要对其监察权限予以详细规定,以便划定监察权限的范围。同时,要明确其监察事项等内容。只有法律明确规定,监察机关才能进行活动。一旦违反法律规定的权限和事项,就意味着超越其法定范围,需要承担相应的法律责任。就监察相对人而言,监察立法需要对其享受的权利予以明确规定,同时也需要对其在监察过程中的义务进行明确规定。只有这样,才能为监察相对人提供明确的法律依据。不过,从立法角度来看,虽然有些立法似乎具有实体法名称,如《纠弹法》《弹劾法》乃至《监察法》,但是从内容来看,其既涉及实体法,也涉及程序法,有时也会将组织法纳入其中。例如2018年制定的《监察法》虽然从名称上看是实体性立法,但是在内容上却是一部综合性立法。

三、程序立法

正如前述,程序法是和实体法相对而言的。就监察领域而言,监察程序立法是规定监察机关和监察相对人权利、义务、职权和责任得以实现的程序立法内容。由于监察程序立法是实现监察实体立法的重要保障,因此,监察程序立法和监察实体立法紧密相关。通常认为,"程序法的权利均以实体法的权利为前提,并无独立存在的价值,所以我们称实体法为主法,而程序法为助法"①。不过,这里需要注意的是,法学上所讲的程序法和立法上所出现的监察程序立法并不完全一致。前者主要是权利救济程序,如民事诉讼法、刑事诉讼法和行政诉讼法,后者则主要是类似于行政程序性质的监察程序规定。例如,2018年《监察法》虽然设置了监察程序规定,但是其立法内容主要是规范监察行为的程序性规则。而监察救济程序则在立法其他部分予以规定。此外,监察程序立法更多地体现在规范性文件之中,其虽以程序予以命名,仍然可能会涉及实体性规定。因此,从立法名称来判断,即使主要规定程序内容,但仍然可能会涉及实体内容。

---

① 韩忠谟著:《法学绪论》,北京大学出版社2009年版,第42页。

第五节　监察立法程序

监察立法程序不同于监察程序。监察立法程序是指制定、修改监察法律法规和规范性文件的程序。监察立法程序从属于一国立法程序安排,因此,通常来说监察立法必须遵循一国所制定的立法程序。这里按照我国监察立法形式分别讨论各自的立法程序。

一、监察宪法的制定程序

所谓监察宪法,就是宪法对监察机关作出的明确规定。由于宪法制定或者修改过程中涉及监察领域,因此其制定程序就是宪法制定或者修改程序。以2018年宪法修正案为例,其制定经过如下:

1. 起草阶段。2017年9月29日,习近平总书记主持召开中央政治局会议,决定启动宪法修改工作,成立宪法修改小组。宪法修改小组由张德江任组长,王沪宁、栗战书任副组长。2018年1月18日至19日,中国共产党第十九届中央委员会第二次全体会议审议并通过了《中共中央关于修改宪法部分内容的建议》,习近平总书记作了重要讲话,张德江同志就建议草案向全会作了说明。1月26日,中共中央向全国人大常委会提出《中国共产党中央委员会关于修改宪法部分内容的建议》。

2. 审议阶段。2018年1月29日至30日,第十二届全国人大常委会召开第三十二次会议,中共中央政治局常委、宪法修改小组副组长栗战书同志受中共中央委托,就中央修宪建议向常委会作了说明。受委员长会议委托,全国人大常委会法制工作委员会以中央修宪建议为基础,拟订了《中华人民共和国宪法修正案(草案)》和《全国人民代表大会常务委员会关于提请审议〈中华人民共和国宪法修正案(草案)〉的议案》;经会议审议和表决,决定将宪法修正案(草案)提请十三届全国人大一次会议审议。

3. 通过阶段。2018年3月11日,十三届全国人大一次会议在人民大会堂举行第三次全体会议,经投票表决,最终通过《中华人民共和国宪法修正案》。

从程序上看,其遵循了我国宪法修改的一般程序。

二、监察法律的制定程序

监察法律由代议机关制定,因此其制定程序适用于代议机关的立法程序。由于全国人大及其常委会具有国家立法权,因此,监察法律的制定程序分为两类:

(一) 全国人大立法程序

《中华人民共和国立法法》(简称《立法法》)专门规定了全国人民代表大会立法程序。不过,这一立法程序主要规定审议和通过程序。由于《监察法》是由全国人大通过公布实施的,因此可以分析其制定程序。

1. 起草阶段。按照党中央部署要求,监察法立法工作由中共中央纪律检查委员会牵头抓总,在最初研究深化国家监察体制改革方案的时候即着手考虑将行政监察法修改为国家监察法问题。中央纪委与全国人大常委会、中央统战部、中央政法委员会、中央深化改革领导小组办公室、中央机构编制办公室等有关方面进行了多次沟通。2016年10月,党的十八届六中全会闭幕后,中央纪委机关会同全国人大常委会法制工作委员会即共同组成国家监察立法工作专班。在前期工作基础上,工作专班进一步开展调研和起草工作,吸收改革试点地区的实践经验,听取专家学者的意见建议,经反复修改完善,形成了监察法草案。2017年6月15日,习近平总书记主持中央政治局常委会会议,审议并原则同意全国人大常委会党组关于监察法草案几个主要问题的请示。

2. 全国人大常委会审议阶段。2017年6月下旬,第十二届全国人大常委会第二十八次会议对监察法草案进行了初次审议。初次审议后,根据党中央同意的相关工作安排,全国人大常委会法制工作委员会将草案送23个中央国家机关以及31个省、自治区、直辖市人大常委会征求意见;召开专家会,听取了宪法、行政法和刑事诉讼法方面专家学者的意见。2017年11月7日至12月6日,监察法草案在中国人大网全文公开,征求社会公众意见。党的十九大后,根据党的十九大精神和全国人大常委会组成人员的审议意见以及人大代表、政协委员等各方面意见,对草案作了修改完善。2017年12月,第十二届全国人大常委会第三十一次会议对监察法草案进行再次审议,决定将监察法草案提请全国人民代表大会审议。2018年1月18日至19日,党的十九届二中全会审议通过了《中共中央关于修改宪法部分内容的建议》。1月29日至30日,第十二届全国人大常委会第三十二次会议决定将《中华人民共和国宪法修正案(草案)》提请十三届全国人大一次会议审议。监察法草案根据宪法修改精神作了进一步修改。2018年1月31日,全国人大常委会办公厅将监察法草案发送第十三届全国人大代表。代表们对草案进行了认真研读讨论,总体赞成草案,同时提出了一些修改意见。全国人大法律委员会召开会议,对草案进行了审议,根据全国人大常委会组成人员和代表们提出的意见作了修改,并将修改情况向全国人大常委会委员长会议作了汇报。2018年2月8日,习近平总书记主持召开中央政治局常委会会议,听取了全国人大常委会党组的汇报,原则同意《关于〈中华人民共和国监察法(草案)〉有关问题的请示》并作出重要指示。根据党中央指示精神,对草案作了进一步完善。在上述工作基础上,形成了提请大会审议的《中华人民共和国监察法(草案)》。①

3. 全国人大审议阶段。2018年3月13日上午,十三届全国人大一次会议在人民大会堂举行第四次全体会议,听取全国人大常委会关于监察法草案的说明。

4. 通过阶段。2018年3月20日,十三届全国人大一次会议表决通过《中华人民共和国监察法》。

从上述程序来看,全国人大制定监察法律除了遵循全国人大会议期间的立法程序,在此之前需要先由全国人大常委会进行审议,因此其制定程序更为复杂。

(二)全国人大常委会立法程序

全国人大常委会的立法程序按照一般法律制定程序展开。从《中华

---

① 《全国人大常委会副委员长李建国向十三届全国人大一次会议作关于中华人民共和国监察法草案的说明》,2018年3月13日。

人民共和国公职人员政务处分法》(简称《公职人员政务处分法》)来看,其经过了以下立法程序:

1. 起草阶段。全国人大常委会将制定政务处分法列入全国人大常委会2019年度立法工作计划。按照工作安排,政务处分法起草工作由国家监察委员会牵头,全国人大监察和司法委员会、全国人大常委会法制工作委员会参加。根据工作职责,这个法律案确定由全国人大监察和司法委员会提请审议。全国人大监察和司法委员会接到草案(初稿)后,立即会同中央纪委国家监委机关、全国人大常委会法工委组成政务处分法立法工作专班,在前期工作基础上进一步开展研究论证和起草工作,听取委员会组成人员和有关方面意见建议,经反复修改完善,形成法律草案。

2. 审议阶段。2019年8月22日,《中华人民共和国公职人员政务处分法(草案)》在第十三届全国人大常委会第十二次会议上进行第一次审议,全国人大监察和司法委员会主任委员吴玉良作了关于《中华人民共和国公职人员政务处分法(草案)》的说明。2020年4月26日,《中华人民共和国公职人员政务处分法(草案)》在第十三届全国人大常委会第十七次会议上进行第二次审议,全国人大宪法和法律委员会作关于《中华人民共和国公职人员政务处分法(草案)》修改情况的报告。

3. 通过阶段。2020年6月20日,第十三届全国人大常委会第十九次会议通过《中华人民共和国公职人员政务处分法》。

显然,全国人大常委会通过监察法律的立法程序和其他法律的立法程序相同。

三、监察法规的制定程序

监察法规是全国人大常委会授权国家监察委员会制定的监察立法形式。在此之前,监察领域的法规主要是以国务院行政法规形式出现的,在制定程序上按照国务院《行政法规制定程序条例》来展开。因此,在监察法规制定程序条例出台之前,可以比照《行政法规制定程序条例》制定监察法规。在国家监察委员会监察法规制定程序条例出台之后,监察法规的制定程序就可以自成一体。

四、监察规章的制定程序

在2018年宪法修正案通过之后,监察规章这种立法形式已经不存在。在此之前,由于国务院监察部具有制定部门规章的权力,因此监察规章始终是存在的。在国家监察委员会成立之后,需要考虑国务院原监察部制定的监察规章的废止问题。例如,中央纪委国家监委通过《国家监察委员会特约监察员工作办法》,废止了原来监察部制定的《监察机关特邀监察员工作办法》,前者是监察文件,后者是监察规章。从内容上虽然能够完全覆盖,但是从程序上似乎还需要法律授权予以废止。

五、监察文件的制定程序

监察文件严格意义来说并不属于监察立法,但是许多监察文件具有立法性质,因此,其制定程序也应该予以关注。2000年8月24日,国务院以国发〔2000〕23号印发《国家行政机关公文处理办法》,分总则、公文种类、公文格式、行文规则、发文办理、收文办理、公文归档、公文管理、附则9章57条,自2001年1月1日起施行。2012年4月16日,中共中央办公厅、国务院办公厅印发《党政机关公文处理工作条例》(中办发〔2012〕14号)。该条例第四十二条决定,停止执行1996年5月3日中共中央办公厅发布的《中国共产党机关公文处理条例》和2000年8月24日国务院发布的《国家行政机关公文处理办法》。这就意味着《党政机关公文处理工作条例》成为所有党政机关包括中央纪委国家监委等各级纪检监察机关制定监察文件的依据。该条例分为第一章总则、第二章公文种类、第三章公文格式、第四章行文规则、第五章公文拟制、第六章公文办理、第七章公文管理、第八章附则,共42条。因此,目前监察文件的制定程序应该依据《党政机关公文处理工作条例》相关规定。

第二章 监察立法体系

监察立法体系是指监察领域各种立法形式的总称。中国古代监察立法虽然没有如刑律一样制定一部一以贯之的监察法典,但是各种各样的监察立法形式依然形成了一个相对于刑律体系的监察立法体系。近代以来,随着西法东渐,传统监察立法形式废弃,新的监察立法形式开始出现,逐渐形成了新的监察立法体系。虽然不同历史时期监察立法形式各不相同,但是监察立法体系始终存在。研究监察立法史首先需要把握监察立法体系的演变过程。本章主要包括古代监察立法体系、近代监察立法体系、新中国时期监察立法体系三方面内容。

第一节 古代监察立法体系

通常来说,中国古代监察法的演变过程大致按照进化范式来划分。有学者认为,中国古代监察法律制度体系大致分为夏商周时期监察法律的萌芽、秦汉至唐宋时期监察法律的确立、元明清时期监察法律的加强三个历史分期,进一步认为"中国古代监察法律制度历史悠久,体系完备,内容丰富,影响深远"[①]。有的学者将中国古代监察法制的历史发展大致分为:(1) 形成阶段——战国、秦汉;(2) 发展阶段——三国两晋南北朝、唐;(3) 完备阶段——宋、元、明、清。[②] 在上述历史分期基础上,研究者对各朝各代监察立法进行了相应介绍。虽然中国古代监察法在立法规模上的

---

① 陈光中著:《中国古代司法制度》,北京大学出版社 2017 年版,第 160 页。
② 张晋藩著:《中国监察法制史》,商务印书馆 2019 年版,第 2-16 页。

确有一个由少到多的过程,但是从立法体系上来看其始终是以皇帝诏令为中心形成的各种规范形式的总称。即使存在有组织编纂的监察立法活动,在本质上也是对皇帝关于监察领域各种诏令的汇编。因此,本节主要从立法体系角度来认识中国古代监察立法。

一、先秦时期监察立法

先秦时期监察立法属于萌芽时期。随着习惯法向成文法的过渡,监察立法开始出现,但是其立法形式并不清晰。《周礼·天官冢宰·大宰》记载:"以八法治官府,一曰官属,以举邦治。二曰官职,以辨邦治。三曰官联,以会官治。四曰官常,以听官治。五曰官成,以经邦治。六曰官法,以正邦治。七曰官刑,以纠邦治。八曰官计,以弊邦治。""八法"似乎形成了这一时期的立法体系,但是监察立法体系总体上和一般立法体系无甚差异。

二、秦汉时期监察立法

秦汉时期监察立法属于起步时期。这一时期,监察立法专门化刚刚开始,但是其立法形式为后世所遵循。其典型立法就是历史上所说的西汉时期的《监御史九条》和《刺史六条》。对于前者,史书记载:"惠帝三年(前192年),相国奏遣御史监三辅郡,察辞诏凡九条。"①而对于后者,史书记载:"武帝元封五年(前106年),初置部刺史,掌奉诏条察州。"②尽管其均是皇帝的诏令,而且仅限于特定监察官吏,但仍然反映出这一时期监察立法已经开始摆脱简单的立法方式。

三、三国两晋南北朝时期监察立法

三国两晋南北朝时期监察立法属于继承时期。其监察立法基本上沿

---

① （汉）卫宏撰:《汉旧仪补遗》卷上。
② 《汉书》卷十九上《百官公卿表》。

袭了秦汉时期监察立法形式。

三国时期最为典型的监察立法是《察吏六条》。史书记载:"至譙,以逵为豫州刺史。是时天下初复,州郡多不摄。逵曰:'州本以御史出监诸郡,以六条诏书察长吏二千石已下,故其状皆言严能鹰扬有督察之才,不言安静宽仁有恺悌之德也。今长吏慢法,盗贼公行,州知而不纠,天下复何取正乎?'兵曹从事受前刺史假,逵到官数月,乃还;考竟其二千石以下阿纵不如法者,皆举奏免之。帝曰:'逵真刺史矣。'布告天下,当以豫州为法。赐爵关内侯。"①从记载来看,虽然皇帝最终肯定了贾逵以六条诏书察吏的做法,但是六条诏书本身并非三国时期颁布的,而是继续沿用汉代的做法。

两晋时期监察立法较多。例如,晋武帝时期多次颁发诏书察吏。泰始四年(268年)六月,诏颁《察长吏八条》。同年十二月,又颁《五条律察郡》。太康九年(288年)春,再颁察二千石吏诏。②

南北朝时期,均有遣使监察活动记载。其中,专门监察立法以北朝为多。西魏大统十年(545年)九月,度支尚书苏绰奉命制定《六条诏书》。史书记载:"太祖甚重之,常置诸座右,又令百司习诵之,其牧守令长,非通六条及计帐者,不得居官。"③北周武帝宣政元年(578年)在遣大使巡察诸州时制定《诏制九条》,也称《九条监诸州》。史书记载:"八月……遣大使巡察诸州,诏制九条,宣下州郡。"④

四、隋唐时期监察立法

隋唐时期监察立法属于发展时期。监察立法开始被编纂,如《唐六典》中的御史台内容。

隋朝时期,典型监察立法是隋炀帝《司隶六条》。隋朝炀帝时期,扩大

---

① 《三国志》卷十五《魏书·贾逵传》。
② 《晋书》卷三《武帝纪》。
③ 《周书》卷二十三《列传第十五》。
④ 《周书》卷七《宣帝纪》。

司隶校尉的职权,建立司隶台,制定六条规定。史书记载:"司隶台大夫一人,正四品。掌诸巡察。别驾二人,从五品。分察畿内,一人案东都,一人案京师。刺史十四人,正六品。巡察畿外。诸郡从事四十人,副刺史巡察。其所掌六条。"①

唐朝时期,监察立法较多,比较典型的是《风俗廉察四十八条》和《监察六法》。武则天时期颁布了《风俗廉察四十八条》。《新唐书·百官三》载:"寻命左台兼察州县。两台岁再发使八人,春曰风俗,秋曰廉察,以四十八条察州县。"唐玄宗开元年间,制定《监察六法》:"凡十道巡按,以判官二人为佐,务繁则有支使。……凡战伐大克获,则数俘馘、审功赏,然后奏之。屯田、铸钱、岭南、黔府选补,亦视功过纠察。决囚徒,则与中书舍人、金吾将军莅之。国忌斋,则与殿中侍御史分察寺观。莅宴射、习射及大祠、中祠,视不如仪者以闻。"②

五、宋元时期监察立法

宋元时期监察立法属于扩张时期。与汉唐监察立法相比较,其监察立法规模日益膨胀。

宋朝时期,虽然专门性监察立法流传下来的不多,但是仍然存在,如《监司巡历》《监司互监法》。此外,监察立法汇编也经常进行。例如,宋真宗时编成了《御史台仪制》六卷,徽宗崇宁年间编纂了《崇宁重修御史台令》,宣和六年(1124年),还依据臣僚奏请,编修了《御史台格目》,详定御史台的职掌。③

元朝时期,由于流传下来的法律汇编较多,因此,可以了解的监察立法数量多,内容丰富。根据《元典章》收录的监察立法来看,其大致分为三类:(1)中央监察法规,包括《设立宪台格例》《体察人员勾当》《台察咨禀

---

① 《隋书·志第二十三·百官下》。
② 《新唐书》卷四十八《百官三》。
③ 张晋藩:《中国古代监察机关的权力地位与监察法》,《国家行政学院学报》2016年第6期。

等事》《监察则管体察》《监察合行事件》《整治台纲》《行台体察等例》《立行御史台官》等。(2) 地方监察法规,包括《察司体察等例》《禁治察司等例》《察司合察事理》《改立廉访司》《廉访司合行条例》《体察行省官吏》《有司休寻廉访司事》《戒饬司官整治勾当》《整治廉访司》《宣谕宪司事理》《体察追问》《体覆获功人员》《体察体覆事理》《台家声迹体覆》《拯挤灾伤》等。(3) 监察程序法规,包括《监察巡按照刷》《察司巡按事理》《廉访司巡按月日》《分巡须要遍历》《巡按一就审囚》《省部赴台刷卷》《刷卷须见首尾》《刷卷首尾相见体式》《追照文卷三日发还》《台官不刷卷》《行省令史稽迟监察就断》《行院令史稽迟与行省令史一体断罪》《稽迟割俸不须问审》《违错轻的罚俸重要罪过》《指卷照刷》《指卷照刷又例》等。① 虽然《元典章》御史台部分监察立法仅是其中一部分,但是其真实反映了元代监察立法的规模。

六、明清时期监察立法

明清时期监察立法属于顶峰时期。从《大明会典》和《大清会典》收录的监察立法来看,其数量之多,可谓事无巨细。

明朝时期,监察立法数量继续增加。根据《大明会典》对都察院法规的分类来看,其主要有以下内容:(1) 宪纲总例;(2) 督抚建置;(3) 各道分隶;(4) 纠劾官邪;(5) 考核百官;(6) 急缺选用;(7) 奏请点差;(8) 出差事宜;(9) 照刷文卷;(10) 回道考察;(11) 问拟刑名;(12) 追问公事,附伸冤;(13) 审录罪囚,附审决;(14) 监礼纠仪;(15) 抚按通例,另外还有南京都察院事例。每一类下按照颁布时间予以列举相关规定。从立法过程来看,各项法规均有一个演变过程。以《宪纲》为例,历朝均有修订。洪武四年(1371年),"御史台进拟《宪纲》四十条,上览之亲加删定,诏刊行颁给"。洪武二十六年(1393年)前后,又制定《风宪总例》。此后经惠文帝、成祖、仁宗、宣宗历朝均有所增补。至英宗正统四年(1439年),制

---

① 张晋藩主编:《中国古代监察法制史(修订版)》,江苏人民出版社2017年版,第292页。

定《宪纲条例》。嘉靖六年(1527年)九月,"张璁以署都察院,复请考察诸御史,黜蓝田等十二人,寻奏行《宪纲》七条"。同年十月,胡世宁为左都御史,又奏上《宪纲》十余条。① 总体来看,"就监察立法而言,有明一代由于统治者的重视,监察立法法典化的趋势进一步发展,立法技术也有明显提高。如果说《宪纲》所规定的都察院诸官员责权部分具有总则性质,那么其他的立法如奏请点差法规、六科监察法规、出巡监察法规等,则类似于监察法的实施细则,更具有可操作性"②。

清朝时期,监察立法形式更加复杂。有学者将清代监察法律体系分为监察法典《钦定台规》,专门监察法规包括《都察院则例》《五城巡城御史处分例》《巡方事宜》等,其他配套法律法规包括《大清律例》《大清会典》《大清会典事例》等国家立法、部院立法(各部院则例等)、专门事项立法、地方法规(省例和其他有关规章)、谕令和诏令。③ 虽然监察机关需要遵守上述规定,但是从立法角度来看,存在两点需要注意的地方:一是《钦定台规》《大清会典》《都察院则例》严格来说只是对监察立法的汇编,并没有创制新的立法内容。二是《大清律例》等立法虽然会涉及监察事项,但是其更多地关注刑律内容,而不是监察内容,所以不能将其纳入监察立法体系来认识。即便如此,由于清代监察立法形式和数量众多,因此,其内容是非常广泛的,集中体现在《钦定台规》和《都察院则例》收录的监察立法之中。

根据光绪朝《钦定台规》目录,其主要有以下门类:(1)训典,包括圣制、圣谕、上谕;(2)宪纲,包括序官、陈奏、典礼、考绩、会谳、辩诉;(3)六科,包括通掌、分掌;(4)各道,包括通掌、分掌;(5)五城,包括纲领、条教、听断、保甲、纠捕、赈恤、禁令、界址、司坊、街道;(6)稽察,包括京通十六仓、户部三库、八旗、宗人府等衙门,考试,铨选;(7)巡察,包括漕粮、盐

---

① 张晋藩:《中国古代监察法的历史价值——中华法系的一个视角》,《政法论坛(中国政法大学学报)》2005 年第 6 期。
② 张晋藩主编:《中国古代监察法制史(修订版)》,江苏人民出版社 2017 年版,第 401 页。
③ 焦利著:《清代监察法及其效能分析》,法律出版社 2018 年版,第 27-61 页。

政、游牧；(8) 通例，包括考选、升转、仪注、公署。① 从编排方式来看，"每类又分若干目。各类、目内容按文件产生时间顺序排列，间有若干文献附于各类之后"②。

而《都察院则例》分类虽然不同于《钦定台规》，但是内容非常广泛。根据《都察院则例》上下两卷本目录，上卷包括台纲、稽察部院事件、注销期限、稽察部院书吏、京畿道刷卷、稽察户部三库、稽察工程、稽察宗人府事件、稽察内务府事件、稽察理藩院银库、内外馆及照看鄂罗斯来使、稽察八旗事件、稽察五城事件、稽察步军统领衙门事件、稽察直省补参事件、稽察直省难结事件、稽察移咨直省事件、稽察会议会审等；下卷包括京察、大计、军政、盐政考核、议处、验看月官、验看因公降格人员、科道降格留任、议叙人员、满洲荫生、笔帖式、六科笔帖式、笔帖式考试翻译、司坊官俸满保提、谳狱、会审、热审、秋审、巡视监狱、勾决、州县揭报、侍仪、朝会纠仪、祭祀纠仪、乡会试监察、武乡会试监察、殿试监察、考试帖写中书汉中书见任笔帖式、会同审音、出差、巡城、巡仓、巡漕、巡盐、巡察台湾、巡察盛京、船厂、黑龙江、台制沿革、内升外转、补授掌道、补授给事中、御史定额、直月、督催所、两厅分掌、笔帖式定额。③

同时，根据《都察院则例》六卷本目录，其包括以下范围：(1) 则例一，宪纲；(2) 则例二(佚失)；(3) 则例三，包括稽察部院事件、注销期限、稽察部院书吏、京畿道刷卷、稽察户部三库、稽察工程二库、稽察宗人府事件、稽察内务府事件、稽察理藩院银库、内外馆及照看鄂罗斯来使、稽察八旗事件、稽察五城事件、稽察步军统领衙门事件、稽察直省补参事件、稽察直省难结事件、稽察移咨直省事件、稽察会议会审、京察、大计、军政、盐政考核、议处、验看月官、验看因公将革(降格)人员、科道将革(降格)留任、议叙人员、满洲荫生、笔帖式、六科笔帖式、笔帖式考试、司坊官俸满保提；(4) 则例四，包括谳狱、会审、热审、秋审、巡视监狱、勾决、州县揭报、侍仪、朝会纠仪、祭祀纠仪、乡会试监察、武乡会试监察、殿试监察、会同审

---

① 焦利著：《清代监察法及其效能分析》，法律出版社2018年版，第30-32页。
② 张晋藩主编：《中国古代监察法制史(修订版)》，江苏人民出版社2017年版，第426页。
③ 焦利著：《清代监察法及其效能分析》，法律出版社2018年版，第34-37页。

音、出差、巡城、巡仓、巡漕、巡盐、巡察台湾、巡察盛京、船厂、黑龙江、台制沿革、内升外转、补授掌道、补授给事中、御史定额、值月、督催所、两厅分掌、笔帖式定额；(5)则例五，包括巡城执掌、司坊分理、事件期限、五城地界、条教(宣讲圣谕)、米厂、栖流所、孤贫银米、羁禁口粮、禁止遗弃婴孩、捕蝗、救火、巡夜、义冢、命案、盗案、窃案、发冢之案；(6)则例六，包括官员赴任、废员回籍、乡会试禁约、书吏役满、驱逐游惰、邪教、私销、吓诈、拐骗、霸占、赌博、煤窑、戏馆、经纪、马匹耕牛、火房、保结、取保、送刷、清理街道、沟渠、石路、民房、客店、教场、河涯、追承、羁禁、递解、供应、书吏、皂隶、总甲、捕役、仵作。①

  从上述目录来看，清代监察立法取得了历史性成就。有学者认为："清代不仅有《钦定台规》这样的监察法典，还制定了各种具体的监察法规，从国家立法、部门立法到地方立法，形成了内容完善、结构严密、纲举目张的监察法律体系。从六部三院到内务府，从中央大员到地方各级官吏，从立法、司法、行政到科举、朝仪、考核官吏，无不在监察法所涉及的范围之内。"②也有学者认为清代"在监察立法方面颇有建树，逐步从较为简单的立法发展为完备的监察法律体系，从专门法典到实施细则，再到配套法规和专门实施机构，一应俱全，相当完备，雄踞我国古代监察法的最高峰"③。这些评价显然并不为过。

第二节　近代监察立法体系

  近代监察立法体系发端于清末新政时期，形成于辛亥革命时期，发展于北洋政府时期，最终成熟于国民政府时期，从而出现了一种独特的监察立法体系。此外，革命根据地时期也出现了新型监察立法体系。

---

① 焦利著：《清代监察法及其效能分析》，法律出版社2018年版，第37-39页。
② 张晋藩主编：《中国古代监察法制史(修订版)》，江苏人民出版社2017年版，第463页。
③ 焦利著：《清代监察法及其效能分析》，法律出版社2018年版，第25页。

一、清末新政时期监察立法

清末新政时期,监察立法形式依然延续了传统立法体系。光绪二十七年(1901年)启动变法之后,就对一些监察机构进行改革。比如光绪三十一年七月初五(1905年8月5日),裁撤了五城察院及五城、督理街道及查仓、查漕等御史差缺。光绪三十二年(1906年)清廷宣布预备仿行立宪之后,进一步改革都察院官制。例如,光绪三十二年九月二十日(1906年11月6日),发布上谕,宣称"都察院本纠察行政之官,职在指陈阙失、伸理冤滞,着改为都御史一员、副都御史二员;六科给事中着改为给事中,与御史各员缺,均暂如旧"①。此后,围绕都察院整顿出台了相应规定。光绪三十二年十二月十二日(1907年1月25日),拟定都察院整顿变通章程,并得到批准实施。此后虽然都察院屡有争议,但是没有大的改革。宣统三年(1911年)实行责任内阁制之后,都察院受到冲击。该机关最终在辛亥革命之后被袁世凯下令取消。从这一时期来看,虽然围绕都察院改革出台了相应的改革方案,但是由于都察院在君主立宪体制下地位日益式微,因此,其并没有按照新的法律形式进行立法。

二、辛亥革命时期监察立法

辛亥革命期间,各地建立军政府体制,制定军政府组织条例,有些规定涉及监察组织。特别是湖北军政府成立时期,就制定了有关监察组织的立法。1911年10月25日改订的《军政府暂行条例》设立稽查员制度。② 1911年10月制定《鄂军政府总监察处暂行简章》,成立总监察处,规定总监察处的职员和机构,如设总监察一人、秘书长一人,设稽查、参议

---

① 《裁定奕劻等覆拟中央各衙门官制谕》,载故宫博物院明清档案部编:《清末筹备立宪档案史料》(上册),中华书局1979年版,第471-472页。
② 蔡鸿源主编:《民国法规集成》第二册,黄山书社1999年版,第29页。

二部。① 1912年3月31日,制定《纠察权限》,将总监察处改为纠察处。②不过,从各地军政府成立之后制定的约法和组织条例来看,其大多未规定监察组织。此外,南京临时政府时期参议院虽然开展了一些立法,但是其并未涉及专门监察立法。

三、北洋政府时期监察立法

临时政府参议院北迁之后,北洋政府时期针对平政院设立问题进行争论。由于《中华民国约法》规定,人民依法律所定,有请愿于行政官署及陈诉于平政院之权,因此,袁世凯主政之后就开始讨论平政院编制问题,甚至在国会召开起草宪法过程中也引起是否设立平政院的争议。最终,法制局多次改订平政院官制草案,并进行发布。1913年12月《平政院院制草案》发布,共分四编,59条。随后,《平政院编制草案》发布,共29条。最终在上述两个草案基础上,1914年3月31日,大总统公布《平政院编制令》。平政院下设肃政厅,从此,又开始出现类似都察院的专门监察机构。在此基础上,北洋政府时期出现了两类监察立法:一是肃政厅规则。肃政厅制定了一系列规范本身行事的规章,大致为:1914年8月10日公布了《肃政厅处务规则》。③ 1914年8月14日公布了《肃政厅书记处办事细则》。④ 1914年8月27日公布了《肃政厅总会议规则》《肃政厅询问当事人及证人规则》。⑤ 1914年9月3日公布了《肃政厅告诉告发章程》,并有告诉告发状样式。⑥ 1914年9月19日公布了《肃政厅肃政史办事细则》。⑦ 二是纠弹立法。1914年4月10日,大总统以教令形式公布《纠弹

---

① 蔡鸿源主编:《民国法规集成》第五册,黄山书社1999年版,第206页。
② 蔡鸿源主编:《民国法规集成》第三册,黄山书社1999年版,第200页。
③ 《政府公报》1914年8月11日,第814号。
④ 《政府公报》1914年8月15日,第819号。
⑤ 《政府公报》1914年8月28日,第831号。
⑥ 《政府公报》1914年9月3日,第837号。
⑦ 《政府公报》1914年9月19日,第853号。

条例》,专门规定肃政史职权。① 1914年7月20日,公布《纠弹法》。② 此外,平政院有关规定中也有纠弹事项。1914年6月9日,制定《平政院裁决执行条例》,其中规定纠弹决定的执行。从上述立法来看,其初步构建了专门监察机构的立法体系。不过,随着肃政厅的裁撤,上述立法也相应废止。1916年6月29日,"总统黎元洪发布命令,恢复《临时约法》的效力,废止《中华民国约法》,由于肃政厅为约法中规定的机构,因此同日发布命令裁撤平政院所属之肃政厅"③。大总统通过申令裁撤肃政厅,宣告了具有类似都察院的监察机构的终结。

四、国民政府时期监察立法④

国民政府时期监察立法主要是指以监察院为中心的监察活动立法。其立法体系伴随着国民政府的建立、发展和废除,大致可以分为三个时期,即军政时期监察立法(包括广州国民政府时期、武汉国民政府时期)、训政时期监察立法、"宪政"时期监察立法。由于不同时期政权组织变更频繁,因此监察组织构造也不断发生变迁,因而许多监察立法修改频繁。

(一)军政时期监察立法

军政时期监察立法主要有《监察院组织法》,共进行四次修改,在立法名称上称为《国民政府监察院组织法》。1925年7月17日公布《国民政府监察院组织法》,共13条。1925年9月30日公布《国民政府监察院组织法》,共21条。1926年10月4日公布《国民政府监察院组织法》,共14

---

① 《政府公报》1914年4月11日,第692号。
② 《政府公报》1914年7月21日,第793号。
③ 赵勇、王学辉:《中国行政审判制度的第一次实践——平政院制度的创设与演变》,《人民论坛》2014年第5期。
④ 本部分法律法规数据除了明确注明之外,主要来自彭勃主编:《中华监察大典》,中国政法大学出版社1994年版;蔡鸿源主编:《民国法规集成》,黄山书社1999年版;夏新华等:《近代中国宪政历程:史料荟萃》,中国政法大学出版社2004年版。由于其仅列举了制定和修正时间,只能从简,特此说明并致谢。

条,该组织法虽然条文数减少,但是在职权上进行了扩张,包括纠弹、惩戒、审判行政诉讼、考查、财政监督等。1927年11月5日公布《监察院组织法》,此法内容,与1926年10月之修正案大致相同。唯监察院之职权,将"关于惩戒官吏事项",改为"关于弹劾官吏事项",并删去"关于审判行政诉讼事项"。同时,监察院之组织,不设审判委员,置监察委员7人,院内置秘书处及3司,并各分科办事。[①]

(二)训政时期监察立法

训政时期监察立法种类不再局限于组织法,而是制定了大量配套立法。这些配套立法,既有国民政府公布施行的规定,也有监察院公布施行的规定。根据其内容可以分为以下种类:

1. 监察组织立法

监察组织立法主要有监察院组织、监察派出机构组织和监察委员保障等方面内容。在此基础上,监察院制定了实施细则。

(1)《监察院组织法》

在训政时期不再采用《国民政府监察院组织法》这一名称,而是采用《监察院组织法》名称。从立法过程来看,其修改频率较高。

1928年10月20日,国民政府公布《监察院组织法》,共23条。从该组织法规定来看,由于其将审计纳入其中,因此在数量上逐渐增加,在监察院组织机构和人员上也作了较大调整。

1929年9月17日,国民政府公布《监察院组织法》。由于这次修改仅限于第十三条审计部事项,因此,并没有涉及弹劾事项。

1932年6月24日,国民政府修正公布《监察院组织法》。由于其另行制定了弹劾法,因此,该组织法在条文上大为减少,仅有14条。

1932年10月17日,国民政府修正公布《监察院组织法》第十一条条文,主要规定,增设荐任职调查专员10人。

---

① 谢振民编著:《中华民国立法史(上)》,张知本校订,中国政法大学出版社2000年版,第356页。

1933年4月24日,国民政府公布《修正监察院组织法》第四条条文,主要涉及审计部事项。

1935年3月9日,国民政府公布施行修正第十一条条文,主要涉及监察院内设机构人员。

1936年4月14日,国民政府公布施行修正第六条条文,主要涉及监察区规定。第六条规定,监察院院长得提请国民政府,特派监察使分赴各监察区,巡回监察,行使弹劾职权。监察使得由监察委员兼任。监察院于必要时,得于监察区内设监察使署,其组织条例另定之。监察使任期二年,但在任期内得由监察院调往他区巡回监察。监察区及监察使巡回监察规程由监察院定之。

1936年10月30日,国民政府公布施行修正第八条、第十一条条文。第八条规定,秘书处掌下列事项:一、关于文书、收发、编制及保管事项;二、关于文书分配事项;三、关于文件之撰拟及翻译事项;四、关于典守印信事项;五、关于庶务事项;六、其他不属于参事处之事项。其删除了会计事项。第十一条规定,监察院置秘书长一人,参事四人至六人,简任;秘书六人至十人,其中四人简任,余荐任;科员十人至二十人,委任。监察院设会计主任一人,统计主任一人,办理岁计、会计、统计事项,受监察院院长之指挥监督并依国民政府主计处组织法之规定直接对主计处负责。会计室及统计室需用佐理人员名额由监察院及主计处就本法所定委任人员及雇员名额中会同决定之。其增加了会计和统计内设机构。

1937年1月19日,国民政府公布施行修正第十一条条文。

1940年3月19日,国民政府公布施行修正第十一条条文。

1940年5月17日,国民政府公布施行修正第十一条条文。

1942年4月27日,国民政府公布施行修正第十一条条文。

1943年10月29日,国民政府公布施行修正第十一条、第十二条条文。第十一条规定,监察院置秘书长一人,特任。参事四人至六人,简任。秘书六人至十人,其中四人简任,余荐任。科长四人至六人,荐任。调查专员六人至十人,荐任。科员四十人至六十人,委任,但其中十二人得为荐任。书记官二十人至四十人,办事员二十人至四十人,均委任。监察院得聘用编纂四人至六人,并酌用雇员四十人至六十人。第十二条规定,监察院设会计室,置会计主任一人,荐任。统计室,置统计主任一人,荐任。依国民政府主计处组织法之规定,办理岁计会计统计事务。监察院设人事室,置主任一人,荐任。依人事管理条例之规定,办理人事管理事务。会计室、统计室佐理人员,人事室助理人员,其名额由监察院分别会同主计处、铨叙部就本法所定员额中决定之。

在组织法基础上,监察院还制定了实施细则,如《监察院分层负责办事细则》。

(2) 监察派出机构立法

1932年12月28日,监察院第二十一次会议通过《监察使巡回监察规程》,1934年1月27日监察院第二十八次会议修正通过,1935年5月2日监察院第三十二次会议修正通过,同年5月22日监察院公布施行,共10条。

根据《监察使巡回监察规程》第八条,1935年5月22日,监察院公布施行《监察使署办事通则》,对监察使署秘书处、总务科、调查科、参赞等内设机构和人员职责进行专门规定。

根据监察院组织法规定,其在巡回区设立监察使署,作为监察派出机构。1936年4月14日公布《监察使署组织条例》,并于1942年1月7日修正公布,1943年12月31日修正公布。

1943年3月1日,国防最高委员会决定设立新疆监察使署。1943年7月12日,《监察院新疆监察区监察使署组织条例》公布实施。[①]

抗战胜利后,监察院再度对《监察使署组织条例》进行了修订,并于1946年6月20日公布。

(3) 监察委员立法

尽管《监察院组织法》没有专门条款要求制定《监察委员保障法》,但是1928年10月《监察院组织法》第七条提到了《监察委员保障法》。1929

---

① 孙宗一著:《国民政府监察院分区监察制度的历史考察与当代启示》,科学出版社2018年版,第21页。

年9月3日,国民政府公布《监察委员保障法》,共11条。1932年6月24日,国民政府公布修正《监察委员保障法》,共7条。

此外,监察院还制定了监察委员配套实施细则。1933年5月31日,监察院公布《监察委员办公室办事细则》,并于1935年10月1日修正。1935年10月1日,监察院公布《监察委员审查室暂行办事细则》。1938年2月9日,监察院公布《非常时期监察委员分赴各省市工作准则》,共5条。①

2. 监察活动立法

监察活动立法主要分为两类:一类是国民政府公布实施的监察活动立法。1929年5月19日,国民政府公布《弹劾法》,共11条。1932年6月24日,国民政府修正公布《弹劾法》,共14条。1937年12月17日,国民政府公布《非常时期监察权行使暂行办法》,1938年8月27日国民政府修正公布,共7条。1930年公布《监试法》,历经1933年、1950年修正,共6条。一类是监察院公布实施的监察程序立法。1933年6月27日,监察院第二十五次会议通过《监察院收受人民书状办法》,1940年10月修正,共8项规定。1930年2月25日,监察院第二次会议通过《监察院审查规则》,1932年10月28日、1933年1月24日,监察院第二十一、二十二次会议修正第一条、第三条条文。1933年3月18日,监察院第二十三次会议修正第二条条文,1941年10月修正。1933年2月27日,监察院第二十七次会议通过《监察院调查规则》,1941年10月17日修正。1938年9月9日,监察院第四十次会议修正通过《非常时期监察权行使暂行办法施行细则》,共10条。

(三)"宪政"时期监察立法

1947年《中华民国宪法》制定以后,监察立法体系又进入了新的发展阶段。这一时期监察立法体系大致分为以下内容:

---

① 孙燕京、张研主编:《民国史料丛刊续编》50 政治法律法规《战时法规汇编(一)》,大象出版社2009年版,第373页。

1. 监察委员选举罢免规定

1947年3月31日,国民政府公布《监察院监察委员选举罢免法》,同年10月7日通过《监察院监察委员选举罢免法第五条第六条及第十条修正条文》,同年12月8日,通过《监察院监察委员选举罢免法第六条修正条文》,共24条。①

1947年5月28日,国民政府公布《监察院监察委员选举罢免法施行条例》,共28条。②

1948年6月8日,行宪第一届监察院集会第二次预备会议通过《监察委员互选院长、副院长选举事务进行程序》,共10项;通过《监察委员互选院长、副院长投票及开票办法》,共18项;通过《监察院监察委员互选院长副院长办法》,共9项。③

1948年7月27日,监察院会议第二十六次会议通过《行署监察委员推选办法》,共5项。④

2. 监察组织规定

1947年3月31日,公布《监察院组织法》,同年12月25日修正,1948年4月3日再修正第九条条文,1948年6月5日起施行,共15条。⑤

1948年7月28日,制定《监察院各委员会组织办法》,共11条;制定《监察院监察委员行署组织条例》,共12条。⑥

1948年7月30日,监察院会议第二十八次会议通过《监察院监察委员行署委员会议规则》,共11条;通过《监察院监察委员行署办事细则》,

---

① 田奇、黄萍选编:《民国时期监察史料汇编(第五册)》,国家图书馆出版社2013年版,第416－420页。
② 田奇、黄萍选编:《民国时期监察史料汇编(第五册)》,国家图书馆出版社2013年版,第424－428页。
③ 田奇、黄萍选编:《民国时期监察史料汇编(第五册)》,国家图书馆出版社2013年版,第452－458页。
④ 田奇、黄萍选编:《民国时期监察史料汇编(第五册)》,国家图书馆出版社2013年版,第459页。
⑤ 田奇、黄萍选编:《民国时期监察史料汇编(第五册)》,国家图书馆出版社2013年版,第429－431页。
⑥ 田奇、黄萍选编:《民国时期监察史料汇编(第五册)》,国家图书馆出版社2013年版,第432－438页。

分为第一章总则、第二章职责、第三章调查、第四章文书处理、第五章服务通则、第六章附则,共 41 条。①

1948 年 9 月 7 日,监察院会议第三十次会议通过《监察院各委员会办事通则》,共 12 条;通过《监察院处务规程》,分为第一章总则、第二章职掌、第三章业务会议、第四章文书处理、第五章案件调查、第六章服务通则、第七章附则,共 56 条。②

3. 监察活动规定

1948 年 6 月 15 日,监察院会议第二次会议制定《监察院会议规则》,分为第一章总则、第二章提案、第三章议事日程、第四章开会、第五章讨论、第六章表决、第七章同意权之行使、第八章会议记录、第九章秩序、第十章各委员会会议、第十一章附则,共 52 条。③

1948 年 7 月 17 日,以总统令公布《监察法》,分为第一章总则、第二章弹劾权、第三章纠举权、第四章纠正、第五章调查、第六章附则,共 30 条。④ 1949 年 6 月 11 日,修正公布第九条、第十三条、第十七条、第十八条及第二十二条条文,并增订第二十三条条文。

1948 年 7 月 20 日,监察院第二十二次会议通过施行《监察院及监察委员收受人民书状及处理办法》,共 10 条⑤;通过《监察院纠举案审查办法》,共 9 条;通过《监察院弹劾案审查规则》,共 11 条⑥;通过《监察院调查

---

① 田奇、黄萍选编:《民国时期监察史料汇编(第五册)》,国家图书馆出版社 2013 年版,第 479-484 页。
② 田奇、黄萍选编:《民国时期监察史料汇编(第五册)》,国家图书馆出版社 2013 年版,第 471-478 页。
③ 田奇、黄萍选编:《民国时期监察史料汇编(第五册)》,国家图书馆出版社 2013 年版,第 445-451 页。
④ 田奇、黄萍选编:《民国时期监察史料汇编(第五册)》,国家图书馆出版社 2013 年版,第 439-444 页。
⑤ 田奇、黄萍选编:《民国时期监察史料汇编(第五册)》,国家图书馆出版社 2013 年版,第 466 页。
⑥ 田奇、黄萍选编:《民国时期监察史料汇编(第五册)》,国家图书馆出版社 2013 年版,第 462-463 页。

证使用规则(附调查证式样)》,共 9 条[1];通过《监察院监察证使用规则(附监察证式样)》,共 8 条[2]。

1948 年 7 月 21 日,监察院会议第二十三次会议通过《监察委员分区巡回监察规程》,共 8 条。[3]

4. 监察同意权规定

1948 年 6 月 21 日,监察院会议第六次会议通过《监察院同意权行使办法》,共 10 项。[4] 其对同意程序作了规定。

五、革命根据地时期监察立法

革命根据地时期监察立法体系则表现出另一种历史形态。这种历史形态既有以"监察"命名的监察组织,也有不以"监察"命名的监察组织,从而使法律体系更为复杂多样。

(一) 苏维埃民主政权时期监察立法

苏维埃民主政权时期监察立法体系中最为典型的立法类型就是工农检察立法,如 1932 年《工农检察部的组织条例》、1933 年《中华苏维埃共和国地方苏维埃暂行组织法(草案)》等。其中数量较多的是工农检察部发布的命令,如《工农检察部控告局的组织纲要》《突击队的组织和工作》《工农通讯员任务》《各级工农检察部在目前的中心任务》《关于检查优待红军条例问题》《关于检查苏维埃政府机关和地方武装中的阶级异己分子及贪污腐化动摇消极分子问题》《怎样检举贪污浪费》《检举中央各机关的贪污案件的结论》《继续开展检举活动》等。

---

[1] 田奇、黄萍选编:《民国时期监察史料汇编(第五册)》,国家图书馆出版社 2013 年版,第 469 页。
[2] 田奇、黄萍选编:《民国时期监察史料汇编(第五册)》,国家图书馆出版社 2013 年版,第 467 页。
[3] 田奇、黄萍选编:《民国时期监察史料汇编(第五册)》,国家图书馆出版社 2013 年版,第 461 页。
[4] 蔡鸿源主编:《民国法规集成》第六十九册,黄山书社 1999 年版,第 79 页。

1931年11月,中华苏维埃共和国第一次全国工农兵代表大会通过《工农检察处问题的决议案》,之后,成立了中华苏维埃共和国临时中央政府工农检察人民委员部。1932年,颁布《工农检察部的组织条例》,该条例共16条,分为五章,即第一章工农检察部的组织系统、第二章各级工农检察机关的任务、第三章各级工农检察机关的工作方式、第四章工农检察各机关的工作人员、第五章附则。

(二) 抗日民主政权时期监察立法

抗日民主政权时期,实行参议会制度,因此,没有专门的监察组织,因为参议会承担了监察职责。例如,1941年11月边区第二届参议会修正通过《陕甘宁边区各级参议会组织条例》,1942年4月边区政府公布,其中第十三条第三项规定,边区参议会职权之一是监察及弹劾边区各级政府、司法机关之公务人员。不过,在晋察冀边区区、村镇层面出现了监察委员会组织,有相应的组织立法,如1938年3月23日《晋察冀边区区村镇公所组织法暨区长、村长、镇长、闾邻长选举法》。该组织法分为两个部分:一是区监察委员会,分别规定组织和职权;二是村镇监察委员会,也分为组织和职权。不过,这里所出现的区监察委员会、村镇监察委员会并不是本书所讨论的专门监察机关,而是地方政权中的监督组织。

(三) 解放区政权时期监察立法

解放战争时期,虽然华北人民政府和陕甘宁边区政府等均出现了人民监察委员会机构,但是监察立法并不多见,主要有政府组织法和人民监察委员会命令。

第三节 新中国时期监察立法体系

新中国时期,监察立法大致可以分为三个时期:一是共同纲领时期监察立法。这一时期监察立法基本继承了革命根据地时期监察立法形态,初步形成新中国初期监察组织运行体系。二是宪法时期行政监察立法。这一时期监察立法在宪法下形成了新的组织体系，并进行了立法调整。特别是在"文革"期间，监察机构被撤销，其相应立法也被废弃。改革开放以后，监察组织得到恢复，在立法上继承了五四宪法所开创的传统。三是宪法时期国家监察立法。随着2018年宪法修正案的出台，监委员会得到了宪法承认，并在立法上进行了重大调整，这种调整对监察法律体系产生了深刻影响。

一、共同纲领时期监察立法

共同纲领时期是新中国政权建立时期，监察组织也是其中考虑的重要问题。根据《中国人民政治协商会议共同纲领》（简称《共同纲领》）和1949年《中华人民共和国中央人民政府组织法》（简称《中央人民政府组织法》）的规定，相关机关公布了一系列关于人民监察委员会的组织条例。1950年10月24日，政务院批准试行《中央人民政府政务院人民监察委员会试行组织条例》（简称《政务院人民监察委员会试行组织条例》）。1951年7月6日，政务院第九十二次政务会议通过《大行政区人民政府（军政委员会）人民监察委员会试行组织通则》《省（行署、市）人民政府人民监察委员会试行组织通则》和《县（市）人民政府人民监察委员会试行组织通则》，并于1951年10月25日由政务院公布。此时期，国家行政监察组织体系基本建立。

在上述组织立法基础上，政务院经常制定监察组织命令。例如，1951年9月3日，政务院发布《关于在政务院财政经济委员会所属财政部等七个部门设置监察机构的命令》。1952年12月27日，政务院发布《关于颁发省（市）以上各级人民政府财经机关与国营财经企业部门监察室暂行组织通则及编制原则的命令》，并公布《省（市）以上各级人民政府财经机关与国营财经企业部门监察室暂行组织通则》。1954年6月24日，政务院第二百一十九次政务会议通过《政务院关于在铁道部建立人民监察局和加强监察工作的决定》，并制定《中央人民政府铁道部人民监察局工作条例》。诸如此类命令和条例的制定，充实了监察组织立法内容。

共同纲领时期除了监察组织立法之外，还制定了许多监察活动规定，如1954年8月14日《政务院人民监察委员会、铁道部关于铁道部人民监察局及其所属监察机构受理人民来信来访工作的暂行规定》。

二、宪法时期行政监察立法

自1954年宪法制定以后,政务院人民监察委员会为国务院监察部所代替,因此在监察立法上也发生了重大变化。此后,监察部被撤销,监察组织立法被废弃。这种情况一直持续到改革开放时期。1986年,我国恢复监察部,监察立法也由此展开。由于这一时期监察机构属于政府机关,因此其在立法上表现为行政监察立法。

(一) 1954年宪法时期监察立法

1954年宪法时期监察立法基本上延续了共同纲领时期监察立法体系,并逐渐制定了新的监察组织和监察活动规定。其大致有以下三类立法:

1. 全国人大制定的法律和决定。其中,1954年《国务院组织法》规定,国务院下设监察部。全国人大常委会1957年10月23日批准,同年10月26日公布《国务院关于国家行政机关工作人员的奖惩暂行规定》,规定了国家监察机关管理奖惩工作的范围。

2. 国务院批准发布的条例和命令。其中,1955年10月10日,国务院批准发布《监察部关于中央和地方财经部门国家监察机关组织设置及对现有监察室(局、司)进行组织调整的方案》。该方案加强了原各监察室的独立性,在国务院所属13个部设立国家监察局,各国家监察局可以有重点地向各该部所属管理局和大型联合企业派驻监察专员办事处或监察室。省(市)人民委员会所属工业、公用事业、建筑、交通、粮食、水利、农林(牧)等厅(局)的监察室及其所属企业、事业单位的监察室,一律改为各该省(市)监察厅(局)的组成部分,在省(市)监察厅(局)内单独设立或合并设立相应的监察机构。1955年11月2日国务院常务会议批准,1955年11月2日国务院公布《中华人民共和国监察部组织简则》,对监察部组织进行了明确规定。

3. 监察部发布的命令。其中,1956年1月6日,发布《监察部关于派驻县监察组的若干工作问题的指示》。1956年4月30日,发布《监察部关于监察干部职称的规定》。1956年7月27日,发布《监察部关于监察干部职称的规定中几个问题的通知》。1956年10月18日,发布《监察部关于法院工作人员纪律处分管理问题的通知》。1957年8月30日,发布《监察部关于国家监察机关处理公民控诉工作的暂行办法》。

上述立法随着监察部的撤销而不再有效。1959年4月28日第二届全国人民代表大会第一次会议通过《第二届全国人民代表大会第一次会议关于撤销司法部、监察部的决议》,其中规定,撤销监察部。该决议主要是根据1959年4月28日《国务院提请第二届全国人民代表大会第一次会议决定撤销司法部、监察部的议案》作出的决议。该议案指出,监察部自设立以来,在维护国家纪律、监察国家行政机关工作人员方面做了许多工作。根据几年来的经验,这项工作必须在各级党委领导下,由国家机关负责,并且依靠人民群众,才能做好。因此,监察部亦无单独设立之必要。建议撤销监察部,今后对于国家行政机关工作人员的监督工作,一律由各有关国家机关负责进行。①

(二) 1982年宪法时期监察立法

1986年12月2日,全国人大常委会通过《关于设立中华人民共和国监察部的决定》,决定"设立中华人民共和国监察部",决定所附《设立国家行政监察机关的方案》,对国家行政监察机关的性质和领导体制、管辖范围、主要任务和职责、权限,以及机构设置做出详细安排。之后,国家相继发布《国务院关于监察部机构设置和人员编制的通知》(1987)、《国务院关于在县以上地方各级人民政府设立行政监察机关的通知》(1987)、《国务院关于监察部设置派出机构的批复》(1988)、《监察部"三定"方案》(1988)等系列文件,中断了近30年的监察组织得以恢复和确立,监察体制开始

---

① 梁玥主编:《行政组织法典汇编(1949—1965)》,山东人民出版社2016年版,第321页。

不断完善。这一时期监察立法体系逐渐形成。其大致分为以下种类①：

1. 全国人大常委会制定的法律。这方面立法主要是《行政监察法》的制定和修改。《行政监察法》制定经过如下：监察部1994年初开始进行监察法的调研论证和起草工作，形成了《中华人民共和国行政监察法（草案送审稿）》，于1995年8月报送国务院。之后，国务院法制局又进一步广泛征求意见并同监察部对送审稿反复进行研究、修改，形成《中华人民共和国行政监察法（草案）》。该草案于1995年12月4日经国务院常务会议讨论通过。1997年5月9日，第八届全国人民代表大会常务委员会第二十五次会议通过《行政监察法》，自公布之日起施行。

《行政监察法》修正案修改经过如下：监察部起草了《中华人民共和国行政监察法（修订草案送审稿）》，于2008年4月报请国务院审议。国务院法制办在广泛征求意见和认真审查修改基础上形成了《中华人民共和国行政监察法修正案（草案）》，该草案由国务院第一百次常务会议讨论通过。2010年6月25日，全国人大常委会通过关于修改《中华人民共和国行政监察法》的决定。

2. 国务院制定的行政法规。1990年11月23日，国务院第七十二次常务会议通过《中华人民共和国行政监察条例》，该条例在1997年《行政监察法》制定后事实上就被废止。此后，2004年9月6日，国务院第六十三次常务会议通过《中华人民共和国行政监察法实施条例》，自2004年10月1日起施行。2020年4月2日，国务院决定废止《中华人民共和国行政监察法实施条例》。

3. 监察部单独发布的规章和规范性文件。（1）信访和举报规定。1987年12月10日，制定《监察部信访工作暂行办法》。1988年7月31日，制定《监察部处理外国人和华侨、港澳台胞来信来访试行办法》。1988年9月20日，监察部办公会议通过《监察部处理电话举报暂行办法》。1991年8月23日第十六次部务会议通过，1991年12月24日监察部第3

---

① 以下3、4、5部分法律法规规范性文件均参考《纪检监察法规政策全书》（第三版），中国法制出版社2020年版。

号令发布《监察机关举报工作办法》。(2)监察工作规定。1988年5月11日,制定《中华人民共和国监察机关调查处理政纪案件试行办法》(简称《监察机关调查处理政纪案件试行办法》)。1991年8月31日第十七次部务会议通过,1991年11月22日监察部第1号令发布《监察机关调查处理政纪案件办法》。1991年8月23日第十六次部务会议通过,1991年11月30日监察部第2号令发布《监察机关处理不服行政处分申诉的办法》。1992年11月16日,监察部令第4号发布《监察机关在调查处理政纪案件中相互协作配合的规定》。1992年11月16日,监察部令第5号发布《监察机关实行回避制度暂行办法》,自发布之日起施行。《行政监察法》制定之后,1999年1月15日,监察部令第8号发布《监察机关审理政纪案件的暂行办法》,自公布之日起施行。2012年11月15日监察部令第28号公布《监察机关参加生产安全事故调查处理的规定》,自2013年1月1日起施行。

4. 监察部和其他部门联合发布的规章和规范性文件。2009年1月23日,监察部、人力资源和社会保障部、国务院国有资产监督管理委员会令第17号发布《关于国有企业领导人员违反廉洁自律"七项要求"政纪处分规定》。2010年1月5日,监察部、人力资源和社会保障部、财政部、审计署令第19号发布《设立"小金库"和使用"小金库"款项违法违纪行为政纪处分暂行规定》。2010年8月12日,监察部、人力资源和社会保障部令第23号发布《用公款出国(境)旅游及相关违纪行为处分规定》。2010年7月8日,监察部、人力资源和社会保障部令第22号发布《违反规定插手干预工程建设领域行为处分规定》。2009年3月25日,监察部、人力资源和社会保障部、国家统计局令第18号发布《统计违法违纪行为处分规定》。2012年6月6日,监察部、人力资源和社会保障部、国家税务总局令第26号发布《税收违法违纪行为处分规定》。2006年11月22日,监察部、国家安全生产监督管理总局令第11号发布《安全生产领域违法违纪行为政纪处分暂行规定》。2008年5月9日,监察部、人力资源和社会保障部、国土资源部令第15号发布《违反土地管理规定行为处分办法》。2016年1月18日,监察部、人力资源和社会保障部、住房和城乡建设部令第33号发布《城乡规划违法违纪行为处分办法》。2012年8月22日，人力资源和社会保障部、监察部令第18号发布《事业单位工作人员处分暂行规定》。2010年4月21日，监察部、人力资源和社会保障部、公安部令第20号发布《公安机关人民警察纪律条令》。2012年5月21日，监察部、人力资源和社会保障部、司法部令第25号发布《监狱和劳动教养机关人民警察违法违纪行为处分规定》。2012年3月29日，监察部、人力资源和社会保障部、海关总署令第24号发布《海关工作人员处分办法》。2006年2月20日，监察部、国家环境保护总局令第10号发布《环境保护违法违纪行为处分暂行规定》。2007年12月25日，监察部、人事部、财政部令第13号发布《违反大中型水库移民后期扶持基金征收使用管理规定责任追究办法》。2008年2月26日，监察部、人事部、财政部、国家海洋局令第14号发布《海域使用管理违法违纪行为处分规定》。2013年2月22日，监察部、人力资源和社会保障部、国家档案局令第30号发布《档案管理违法违纪行为处分规定》。2013年6月13日，监察部、人力资源和社会保障部、财政部、审计署令第31号发布《违规发放津贴补贴行为处分规定》。

5. 党政联合发布的监察文件。1996年6月27日，中共中央纪委办公厅、监察部办公厅发布《关于禁止对普通轿车进行豪华装修的通知》（中纪办〔1996〕114号）。2001年3月26日，中共中央纪委、监察部发布《关于各级领导干部接受和赠送现金、有价证券和支付凭证的处分规定》（中纪发〔2001〕6号）。2005年1月4日，中共中央纪委、中共中央组织部、监察部发布《关于维护党的纪律严肃处理党风方面若干突出问题的意见》（中纪发〔2005〕2号）。2003年2月24日，中共中央纪委、监察部发布《关于坚决制止开具虚假发票公款报销行为的通知》（中纪发〔2003〕1号）。2005年8月30日，中共中央纪委、监察部、国务院国有资产监督管理委员会、国家安全生产监督管理总局发布《关于清理纠正国家机关工作人员和国有企业负责人投资入股煤矿问题的通知》（中纪发〔2005〕12号）。2003年9月23日，中纪委办公厅、监察部办公厅、国资委办公厅发布《关于加强国有企业领导人员廉洁自律工作的意见》（中纪办发〔2003〕18号）。

此外,在全国人大常委会、国务院等所制定的其他法律法规规范性文件和党内法规中也有大量涉及监察工作的规定。

三、宪法时期国家监察立法

随着国家监察体制改革的展开,国家监察立法也随之铺开,逐渐形成以《监察法》为中心的监察立法体系。其主要有以下立法种类:

1. 全国人大及其常委会制定的法律。其主要有《监察法》《公职人员政务处分法》和《监察官法》。2018年3月20日第十三届全国人民代表大会第一次会议通过《监察法》,分为第一章总则、第二章监察机关及其职责、第三章监察范围和管辖、第四章监察权限、第五章监察程序、第六章反腐败国际合作、第七章对监察机关和监察人员的监督、第八章法律责任、第九章附则,共69条。同时,2020年6月30日,第十三届全国人大常委会第十九次会议通过《公职人员政务处分法》,分为第一章总则,第二章政务处分的种类和适用,第三章违法行为及其适用的政务处分,第四章政务处分的程序,第五章复审、复核,第六章法律责任,第七章附则,共68条。此外,2021年8月20日,第十三届全国人大常委会第三十次会议通过《监察官法》,分为第一章总则,第二章监察官的职责、义务和权利,第三章监察官的条件和选用,第四章监察官的任免,第五章监察官的管理,第六章监察官的考核和奖励,第七章监察官的监督和惩戒,第八章监察官的职业保障,第九章附则,共69条。

2. 国家监察委员会制定的监察法规。由于国家监察委员会被赋予监察法规制定权,因此,其有权制定相应的监察法规。2021年7月20日,国家监察委员会全体会议决定,将《中华人民共和国监察法实施条例》予以公布,自2021年9月20日起施行。2021年9月20日,国家监察委员会发布公告,公布《中华人民共和国监察法实施条例》(简称《监察法实施条例》),自2021年9月20日起施行。

3. 监察委员会文件。在国家监察体制改革过程中,规范性文件始终居于主导地位。2018年4月17日,中央纪委国家监委印发《国家监察委员会管辖规定(试行)》和《公职人员政务处分暂行规定》。2018年6月，印发《中央纪委国家监委监督检查审查调查措施使用规定(试行)》。2018年8月24日，中央纪委国家监委印发《国家监察委员会特约监察员工作办法》，该办法自2018年8月24日起施行。2018年11月，中央纪委国家监委印发《中央纪委国家监委立案相关工作程序规定(试行)》。2019年7月，经党中央批准，中央纪委国家监委印发《监察机关监督执法工作规定》。此外，还制定有《国家监察委员会与最高人民检察院办理职务犯罪案件工作衔接办法》《人民检察院提前介入监察委员会办理职务犯罪案件工作规定》《国家监察委员会移送最高人民检察院职务犯罪案件证据收集审查基本要求与案件材料移送清单》等。这些文件有的正式对外公布，如《国家监察委员会与最高人民检察院办理职务犯罪案件工作衔接办法》，有的没有对外公布。此外，一些地方也开始制定监察文件。例如，甘肃省纪委监委印发《甘肃省纪检监察法规制度制定工作五年规划(2019—2023年)》，围绕完善坚持和加强党对纪检监察工作统一领导、信访举报办理、案件监督管理、监督检查和审查调查、党风政风监督、案件审理、纪检监察法规制度制定程序、机关内部管理等15个方面，制定或修订53项重点法规制度。① 尽管以监察为主题的规范性文件并不多，但是地方监察规范性文件显然也值得关注。

---

① 《甘肃:五年内制定或修订53项纪检监察法规制度》，中央纪委国家监委网站，http://www.ccdi.gov.cn/yaowen/202001/t20200109_207389.html，访问日期:2021年4月10日。

第三章 监察宪法的制定

所谓监察宪法,是指规定监察机关的宪法。① 从世界各国宪法制定过程来看,监察机关在宪法中获得了相应的法律地位,从而使监察机关成为国家机关的重要组成部分。西法东渐以来,宪法也成为我们认识监察机关的重要窗口。然而,近代中国正式制定的宪法一度并不专门规定监察机关。直至接受孙中山五权宪法思想之后才付之于制宪活动之中,并影响了南京国民政府时期制宪活动。随着新中国时期制宪活动的展开,监察机关再次淡出宪法视野,直至 1982 年宪法才有所涉及。监察机关真正获得宪法地位则是 2018 年第五次宪法修改。因此,从立法角度来看,立宪者在宪法制定和修改过程中对监察机关的认识属于监察立法研究首先需要关注的课题。本章研究包括古代监察宪法、近代监察宪法和新中国时期监察宪法。

第一节 古代监察宪法

中国古代是否有宪法曾经是中国法制史的重要命题。通常认为,中国古代没有现代意义的宪法。这并不意味着中国古代不存在类似具有现代意义的宪法的形式。对此,有学者提出了"祖制"的概念。② 该概念虽然能够代表中国古代宪法的核心内容,但是似乎难以涵盖许多具有宪法

---

① 有学者认为:"作为法的一个部门的监察法,应包括监察宪法、监察法、监察组织法、监察官法、监察程序法、监察赔偿法等。"秦前红主编:《监察法学教程》,法律出版社 2019 年版,第 1—2 页。监察宪法概念似由此而发。本书沿用之,特此说明。

② 朱勇:《"祖制"的法律解读》,《法学研究》2016 年第 4 期。

地位的内容,因为现代意义宪法内容在中国古代的表现形式却是五花八门的,没有统一规定在同一部立法之中。这种做法实际上类似于英国等典型不成文宪法国家的做法。中国历朝历代高度重视监察机关的地位和作用。从立法角度来看,中国古代法律哪一部分属于"监察宪法"的范围,则并不清晰。监察机关在古代被视为"宪台",其行为准则称为"宪纲","宪纲"虽然也是由皇帝批准的,但是其更多地类似于监察立法总则,恐怕不能视为现代意义的"监察宪法"。为了描述中国古代监察宪法,这里将其归纳为三个方面:

一、君主掌握监察主权

在君主政体下,主权属于君主,任何一种权力均属于君主,因此,监察权力作为中国古代最为重要的权力类型之一,其最终也是由君主所掌握。任何监察机构的设立、监察人员的委派、监察活动的展开以及监察结果的决定,均必须经过君主的批准或者认可。在立法上,君主对监察的重要旨意常常列举在第一位。元代《元典章》专门有《圣政卷》,其中设《肃台纲》一项,列举了至元三十一年(1294年)七月、大德五年(1301年)三月、大德五年八月、大德十年(1306年)五月十八日、至大二年(1309年)九月、至大四年(1311年)四月等颁布的圣旨,其中多次强调"依累降圣旨条画施行""累降诏条""依已降圣旨""遵世祖皇帝以来累朝成宪"等。① 清代《钦定台规》在编修过程中则专门增加训典,将历朝皇帝重要的对监察颁布的圣旨一一列举。这种做法首先出现在嘉庆朝,此后,道光朝和光绪朝在编修时沿用此一体例。从光绪朝修订的《钦定台规》训典来看,其分为三类:(1)"圣制",是皇帝题词和专论;(2)"圣谕";(3)"上谕"。上述三类均是历代皇帝的指示、要求和规定。② 这种做法体现出皇帝圣旨在监察活动中具有重要的法律地位。

---

① 《沈刻元典章(上、下)》,中国书店2011年版,第42-43页。
② 焦利著:《清代监察法及其效能分析》,法律出版社2018年版,第28页。

二、监察具有相对独立性

在皇帝掌握最终主权权力的前提下,监察相对于行政和军事等国家职能具有相对的独立性。这种独立性意味着监察不仅在机构上是独立的,而且在人员上具有独特性,在监察活动上更是自成一体的。在立法上,虽然监察没有如刑律那样制定单独的立法,但是从历代编修的《唐六典》《元典章》《大明会典》《大清会典》等文献中可以看出监察的重要性。唐代《唐六典》分三十卷,御史台一卷位列十三,排在三师、三公、尚书省、吏部、户部、工部、礼部、兵部、刑部、门下省、中书省、秘书省、殿中省、内官侍中省之后。元代《元典章》分诏令、圣政、朝纲、台纲、吏部、户部、礼部、兵部、刑部和工部,台纲排在六部之前。即使是《元典章新集至治条例》,分为国典、朝纲、吏部、户部、礼部、兵部、刑部和工部,御史台也列于朝纲之下,排在六部之前。《大明会典》全书共二百二十八卷,合凡例目录共二百四十卷,其卷一至卷二百二十六记文职衙门,卷二百二十七和卷二百二十八记武职衙门,卷二百零九至卷二百一十一为都察院,位于宗人府、吏部、户部、礼部、兵部、刑部、工部之后。《大清会典》卷八十一为都察院,也是位列六部之后。虽然监察机构在编修过程中位置不一,但是其始终是独立的国家机关。

三、监察具有全覆盖性

虽然监察机关在国家机关体系中规模不大,但是其监察范围具有全覆盖性。如果行政和军事的范围具有一定的界限,那么监察则可以广泛地覆盖所有行政和军事领域。事实上,由于皇帝所拥有的权力具有主权性,因此监察范围也可以覆盖所有主权事项。在立法上,没有一部法律对此进行统一规定,但是监察又无处不在。所以,有学者指出:"中国古代监察法所确认的监察机关的职权范围十分广泛,涉及行政、司法、财经、军事、人事、文教等诸多领域。监察官依法行使建言政事、纠弹官吏、监督司法、巡查政务、审计财务、考核人事等多方面的权力。尤其是被派往地方'代天子巡狩'的御史,具有一职多能的监察权限,可以参与审核大案或疑案、受理申诉和控告、巡视刑狱、审录囚徒等等,以至御史既是监察官,又是'天子之法官'。"①其范围之广,无所限制。

第二节　近代监察宪法

近代以来,宪法思想逐渐为人们所接受,并付之于政治实践。由于中国传统监察机关在宪法中没有相对应的组织形式,因此,其逐渐被削弱。清末仿行宪政时期,作为传统国家重要支柱的监察机关,都察院虽然得以保留,但是其权力受到了一定的约束。辛亥革命以后,监察机关在《中华民国宪法》制定过程中虽然受到一定的关注,但是其没有被视为宪法的组成部分。直至省宪运动时期,监察机关才重新被纳入宪法视野,并最终影响到南京国民政府时期约法和宪法的制定。

一、清末新政时期监察宪法的制定

清末新政时期,由于《钦定宪法大纲》和《宪法重大信条十九条》没有规定专门监察机关,因此,都察院并无专门的宪法地位。不过,从当时人们的讨论来看,都察院在仿行宪政过程中围绕废立问题曾经有过以下设想:

第一,都察院改为集议院。在1906年五大臣出国考察后,时任出使各国考察政治大臣的戴鸿慈在奏请改定全国官制时,拟改都察院为"集议院"。其理由有二:(1)"国会既难骤开,若不设此机关,则宪制终难成立,不如先立此院以为练习之区。凡各省外县所陈利病得失,皆上达政府,以备采择,而定从违,亦准建议条陈,兼通舆论情,而觇众见"。(2)"各国设

---

① 张晋藩:《中国古代监察法的历史价值——中华法系的一个视角》,《政法论坛(中国政法大学学报)》2005年第6期。

此于司法行政之外,上图国家公益,使行政官吏不敢逾法,下保人民权利,使举国民族不致受损。虽制度各有不同,而公开裁判许众庶旁听,扶助私益许吏民对质实与中国都察院大略相等。"① 其最终仍然肯定都察院的存在,再根据情况来决定都察院的去留。

第二,都察院改为惩戒裁判所。随着行政审判院和国会的即将设立,都察院的存废又引起了争议。到宣统三年(1911年)清朝灭亡前夕,革命党人宋教仁主张保留其职能,将之改为惩戒裁判所。首先他指出,君主专制时代有都察院制度,而在立宪时代,议会为监督政府机关,而行决议、质问、弹劾等权;必有裁判所为司法机关,而行普通裁判之权。故都察院与议会、法院有职权冲突之处。其次,他认为应该对都察院职掌事项进行分辨,去除不符合立宪原则的内容,保存其有立法精义的内容。② 这种认识从一个层面反映了都察院与惩戒裁判所在功能上的相似性。

从历史来看,上述主张均没有得到认同。都察院在清末新政时期逐渐没落,最终在辛亥革命之后被废除。

二、北洋政府时期监察宪法的制定

辛亥革命以后,监察宪法在根本法、政府组织法乃至宪法中一度销声匿迹。1912年《中华民国临时约法》没有专门规定监察机关。随着政府北迁,袁世凯主政时期通过1914年《中华民国约法》。其第四十三条规定,国务卿、各部总长有违法行为时,受肃政厅之纠弹及平政院之审理。这一规定重新开启了辛亥革命以来将监察机关纳入根本法之中的成例。"所谓肃政厅之肃政史,则由大总统委任,其职位与帝制时代之御史相同。"③

尽管北洋政府时期制宪过程中没有专门讨论监察机关,但是省宪运

---

① 《出使各国考察政治大臣戴鸿慈等奏请改定全国官制以为立宪预备折》,故宫博物院明清档案部编:《清末筹备立宪档案史料》(上册),中华书局1979年版,第374页。
② 李启成:《清末民初关于设立行政裁判所的争议》,《现代法学》2005年第5期。
③ 夏新华等:《近代中国宪政历程:史料荟萃》,中国政法大学出版社2004年版,第478页。

动使监察宪法的制定走上了历史舞台。监察宪法之所以在省宪运动中受到关注,首先源于1921年《浙江省宪法》。当时有作者在比较湖南省宪法和浙江省宪法时认为:"除上述各项规定外,尚有所谓审计会、监察会(湘宪止规定审计院)。审计会,即今之北京审计院;监察会,类于今之北京平政院。此两种机关,在立法理论上,固大有研究之余地,然就事实言,当日审计院平政院之创立,确系因人设官,历来长该院者,自身固视同鸡肋,政府亦视为不甚爱惜之官。今湘浙省宪于两种机关组织,均有根本改革(会长均出自民选),意在化无用为有用,立法上不可谓无进步。然鄙见以为财政监督,责任在议会,行政裁判,可并入司法。吾国正苦官多,又何必为此叠床架屋之规制?"①此种做法也为其他省宪乃至联省宪法所效仿。从当时出台的省宪文本来看,并不是所有省宪都规定监察机关,只有《浙江省宪法》,还有一些省宪法草案,如《四川省宪法草案》、《河南省宪法草案》、叶夏声所拟的《五权宪法草案》中有所提及。

1921年9月9日,浙江省宪法会议议决《浙江省宪法》,同时公布了施行法。前者分18章,共158条,后者共23条。其第七章第八十条至第八十六条规定监察院。

第八十条 监察院置监察员十一人,由全省选民分区组织选举会选举之,其选举程序另以法律定之。监察院院长一人由监察员互选之。

第八十一条 本省选民满三十五岁,有学识、经验、声望素著者,得被选为监察员。

第八十二条 监察员任期四年,连举得连任。

第八十三条 监察员不得兼任他项公职。

第八十四条 监察院有下列之职权:

(一)省议院议员有依法律应惩罚之事项而省议院未提议者,得咨请省议院审查之。

(二)省长、政务员、省法院长、省法院审判员、审计员有违法行

---

① 夏新华等:《近代中国宪政历程:史料荟萃》,中国政法大学出版社2004年版,第707页。

为时,得胪举事实,咨请省议院弹劾之。弹劾案成立后适用第四十八条第五款之规定。

(三)查办行政、司法官吏。

(四)监视各项选政及各项官吏考试。

第八十五条 监察员全体或一人不称职或有违法行为时,由各选举区选民十分一以上之提议,交付全省选民总投票表决。如过半数可决时,应即退职。

第八十六条 监察院法另定之。①

上述方式规定了监察员的产生方式、资格、任期、兼职限制、职权、退职条件、监察院法制定方式。之所以要规定监察院,其原因在于平政院要废除。"就制度而言,'九九宪法'的监察院来源于平政院。平政院之设置,其重要目的在于纠弹百官。既然废除平政院,那么根据五权宪法的基本原理,就须设置一个新的监察制度,这就为监察院的设立带来了理论基础与制度需求。"②在起草过程中,围绕监察院设置与否也展开了激烈争执,从制度演变来看,"考察制宪过程,以及比照草案与最后公布的'九九宪法'可知监察院与平政院有着密切的渊源关系:监察院来自监察会,而监察会事实上就是负责弹劾与行政诉讼,外加考试的平政院。把行政诉讼与普通诉讼合并之后,就只剩下了弹劾纠察与考试"③。

《浙江省宪法》对监察院的规定也影响了四川省省宪运动对监察院的态度。虽然1923年3月10日起草完成的《四川省宪法草案》并没有正式颁布,但是从其条文来看,其专门规定了监政院。该宪法草案共159条,第十章第一百二十三条至第一百三十一条规定监政院。

第一百二十三条 监政院置监政员五人,由各县县议会选举之。监政员之选举及监政院之组织以省法律定之。

第一百二十四条 省公民年满三十五岁有学识风节者得被选为

---

① 夏新华等:《近代中国宪政历程:史料荟萃》,中国政法大学出版社2004年版,第691-692页。
② 林孝文:《浙江省宪研究》,西南政法大学2009年博士学位论文,第198页。
③ 林孝文:《浙江省宪研究》,西南政法大学2009年博士学位论文,第199页。

监政员。

第一百二十五条 监政员每五年改选一次,再被选得连任。监政员有缺额时由各县县议会补选之。

第一百二十六条 监政院置院长一人由监政院互选之。

第一百二十七条 监政员在职中不得兼任其他官吏及有给之公职。

第一百二十八条 监政院之职权如左:

一、省议会有违法行为时,得咨请省长提出解散案付省公民总投票表决。

二、省议员有应受惩戒行为省议会不为提议时,得咨请省议会议决。

三、官吏有违法行为时,得咨请省长查办。

四、省长政务员省法院司法官审计员依本法第三十四条之规定应行弹劾。省议会不为提议时得提出弹劾案咨请省议会议决。

五、省长政务员省法院司法官审计员依本法第三十四条之规定应行弹劾。检察官不为起诉时,得咨请司法司令检察局提起公诉。

六、监察各项官吏之考试。

第一百二十九条 监政院得向各机关要求提出文书证据。

第一百三十条 监政院得传讯人证但不得羁押。

第一百三十一条 监政员之全体或一人有渎职违法行为时,经全省县议会十分之一提议纠举过半数之可决,即须退职。①

从条文来看,其虽然将监政院予以独立,但是在职权规定上似乎和《浙江省宪法》不太一致。"这种组织,实为一种监察行政立法司法之特殊机关,在宪法上实为创举,也是孙中山所倡导的'纠察权'或'弹劾权'的一种应用。"②不过,也有人认为存在重复规定之嫌。"监政权与法院中设立的检察官的权力是什么关系?如果重合,岂不是重复设置;如不相同,《四

---

① 周叶中、江国华主编:《自下而上的立宪尝试——省宪评论》,武汉大学出版社 2010 年版,第 391-392 页。

② 龙长安:《民国初年〈四川省宪法〉述论》,《中南大学学报(社会科学版)》2015 年第 4 期。

川省宪法草案》中没有规定彼此界限。"①

同时,《浙江省宪法》对监察院的规定对《河南省宪法草案》也产生了一定影响。由于《河南省宪法草案》起草时间并不清楚,因此,这里可以将其和《浙江省宪法》相关规定进行比较。《河南省宪法草案》第八章第一百条至一百零六条规定监察院。

第一百条 监察院置十一人,由全省公民分区组织选举会选举之,其选举程序另以法律定之。

监察院院长一人由监察员互选之。

第一百零一条 本省选民满三十五岁,有学识、经验、声望素著者,得被选为监察员。

第一百零二条 监察员任期四年,连举得连任。

第一百零三条 监察员不得兼任他项公职。

第一百零四条 监察院有下列各职权:

一、省议会议员有依法律应惩罚之事项而省议院未提议者,得咨请省议院审查之。

二、省长、省务员、省法院长、省法院审判员、省审计院长、审计员有违法行为时,得胪举事实,咨请省议会弹劾之。弹劾案成立后适用第四十八条第八款第二项及第十款第二、第三、第四各项之规定。

三、查办行政司法官吏。

四、监视各项选政及各项官吏考试。

第一百零五条 监察员全体或一人不称职或有违法行为时,由各选举区公民十分一以上之提议,交付全省公民总投票表决,如过半数可决时,应即退职。

第一百零六条 监察院法另定之。②

显然,《河南省宪法草案》监察院部分几乎照抄《浙江省宪法》监察院

---

① 周叶中、江国华主编:《自下而上的立宪尝试——省宪评论》,武汉大学出版社 2010 年版,第 376 页。

② 夏新华等:《近代中国宪政历程:史料荟萃》,中国政法大学出版社 2004 年版,第 729 - 730 页。

部分。所以,"这7个法律条文均沿袭《浙江省宪法》之规定"①。有差异的地方就是第一百零四条第二项增加"省审计院长"。从上述规定来看,监察院组织规定也涉及人员和职权。

此外,也有学者根据孙中山五权宪法思想专门拟定了宪法草案。1922年,受孙中山委托,叶夏声也起草了五权宪法草案,其按照五权宪法模式分别设立考试院、立法院、行政院、司法院、监察院。其第六章第五十条至第五十七条规定监察院。

第五十条 中华民国之监察权,以监察院行之。

第五十一条 监察院由国民大会选出之监察组织之。

第五十二条 监察院设监察二十八人,互选总监一人、副总监一人。

第五十三条 有下列资格之一者得被选为监察:

一、曾为立法院议员、考试院主试、司法院各级长官简任以上之官员三年以上,而现未就荐任以下之官吏及现营商业者;

二、在本国或外国大学高等专门学校修各科之学三年以上、毕业及国试及格之博士、甄别之赠博士,而现未就荐任以下之官吏及现营商业者。

第五十四条 监察院之职权如下:

一、监察各院长官及所属一切官员之行检。

二、纠弹各院长官及所属一切官员之违法渎职及其他不法行为。前项纠弹,一经向各院提出时,即应将弹之官员分别情事立予谴责、罚俸、休职、停职、罢免及褫夺就官资格,如认为有犯罪时,除免职外,并得逮送司法院交付法庭审理。

三、大总统有谋叛及违反宪法时,即提出弹劾并得组织特别法庭审判之。

四、受理人民关于罢免权之请愿。

---

① 周叶中、江国华主编:《自下而上的立宪尝试——省宪评论》,武汉大学出版社2010年版,第476页。

五、对于各院职权上之行使提出质问要求答复。

　　第五十五条　监察院提出弹劾大总统案时,须经监察三分二以上人数之连署。

　　第五十六条　监察院总监、副总监、监察任期三年,得连任一次。

　　第五十七条　监察院之官制及其他规则,另定之。①

　　上述规定分别规定监察权、监察院组成方式和人员、监察院组成人员人数、监察院组成人员资格、监察院职权、弹劾大总统程序、监察院组成人员任期、监察院官制及其他规则。由于该草案仅仅是五权宪法的初步设想,因此并未付诸出台。有学者认为:"该文本虽然与孙中山的关系尚待证明,但却是一个与孙中山五权宪法思想有较大关联的文件。"②还有学者进一步作了考证:"总体上讲,叶夏声所拟'草案'是符合当时孙中山的宪政构想的。但也不排除有少数条目掺入了叶夏声的个人主张,特别是孙中山没有说或说得不够明确的问题。研究孙中山的五权宪法思想,还应结合孙中山本人的著述进行,但不能以国民党后来约(宪)法的规定为标准否定叶拟'草案'。"③不过,其的确是历史上第一个五权宪法草案,对后续五院制的实施起到了示范作用。

三、南京国民政府时期监察宪法的制定

　　虽然从广州国民政府到武汉国民政府已经实行国民政府制,但是尚未专门设立监察院。南京国民政府正式成立以后,由于五院制实施,因此,监察宪法得以实施,尽管其并非以宪法名义,而是以政府组织法和约法名义。不过,随着制宪活动的展开,正式的监察宪法才得以真正公布。

---

　　①　夏新华等:《近代中国宪政历程:史料荟萃》,中国政法大学出版社2004年版,第594-595页。

　　②　臧运祜:《孙中山五权宪法思想的文本体现——叶夏声〈五权宪法草案〉研析》,《民国档案》2005年第4期。

　　③　欧阳湘:《孙中山、叶夏声与"五权宪法"草案》,《历史档案》2008年第4期。

(一) 约法中监察院规定

南京国民政府时期,国民党实行训政体制,其根本法基础是《中华民国训政时期约法》。在这些约法制定出台过程中,对监察事项进行了专门规定。1928年10月3日,制定《训政纲领》,其中规定,治权之行政、立法、司法、考试、监察五项付托于国民政府总揽而执行之,以立宪政时期民选政府之基础。1931年5月12日,国民会议通过《中华民国训政时期约法》,并于6月1日公布。其第三十二条规定,行政、立法、司法、考试、监察五种治权由国民政府行使之。此规定显然承继了《训政纲领》规定的精神。

值得注意的是,由于国民党内部斗争,因此曾经出现过一个约法草案。1930年10月27日,太原扩大会议议决约法草案,分八章,共211条。其在第四章"中央制度"第七节第一百二十二条至第一百四十条专门规定监察院。

第一百二十二条 训政时期,应即成立监察院,为国民政府最高监察机关。

第一百二十三条 监察院之职权如下:

一、审查决算及一切会计;

二、弹劾及审理官吏之违法或溺职行为。

第一百二十四条 监察院设院长一人。

第一百二十五条 监察院监察委员,由各省区监察分院各选一人,并由国民政府任命二十一人充之。

第一百二十六条 监察委员任期三年。

第一百二十七条 监察委员之保障,以法律定之。

第一百二十八条 监察委员不得兼任其他官吏。

第一百二十九条 监察委员对于弹劾违法或溺职之官吏,得单独行使职权;对于国民政府委员之弹劾,须有十五人以上之连署,方得提出。

第一百三十条 监察委员互选十五人组织惩戒委员会,凡政府对于官吏之惩戒案及各种弹劾案,均由其审理。

第一百三十一条 惩戒委员会之委员,专司审理,不执行弹劾事务。

第一百三十二条 惩戒委员会之审理,以会议制行之。

第一百三十三条 惩戒委员会对于各种案件,得分组审理,每组至少三人。

第一百三十四条 惩戒委员会独立行使职权,无论何人不得干涉。

第一百三十五条 被惩戒人对惩戒委员会之裁决,得呈请复审。凡复审时,原审员不得参加裁决。

第一百三十六条 惩戒委员会之裁决,由监察院长提请国民政府执行之。

第一百三十七条 惩戒之种类,以法律定之。

第一百三十八条 被惩戒之官吏,如有触犯刑法时,应于惩戒外,再移法院审判之。

第一百三十九条 总统被全国国民代表会弹劾时,或国民政府委员被弹劾时,开全院委员会审理之,须有委员过半数之出席,及出席委员三分之二以上之议决,方得裁决。如有停职之裁决时,应即停职。

第一百四十条 监察院之组织,以法律定之。①

该约法草案首先分别规定监察院性质、职权、组成人员和产生方式、监察委员任期、监察委员保障、兼职限制、职权行使方式,其次对惩戒委员会组成人员、职权行使、法律地位、裁决程序、惩戒种类、案件移送进行了规定,最后对总统、国民政府委员弹劾程序予以明确。此外还涉及监察院组织法的制定方式。从其规定来看,不仅涉及弹劾问题,而且涉及惩戒问题,实际上综合了议会监督和公务惩戒两种职责。

---

① 夏新华等:《近代中国宪政历程:史料荟萃》,中国政法大学出版社2004年版,第823-824页。

(二)国民政府组织法中监察院规定

由于《中华民国训政时期约法》没有详细规定治权行使组织,因此,这一任务主要由 1925 年开始出现的《国民政府组织法》来承担。1925 年以来,《国民政府组织法》修订几乎伴随着国民政府存续时期。《国民政府组织法》每一次修订并不必然涉及监察院规定,但是由于国民政府组织体制变动必然涉及监察院,因此,其在立法上仍然变动较多。这里侧重于介绍《国民政府组织法》监察院规定演变情况。

1928 年 2 月 10 日,国民政府公布《国民政府组织法》,共 10 条。该组织法正式将监察院纳入其中。其第七条规定,国民政府设内政、外交、财政、交通、司法、农矿、工商等部,并设最高法院、监察院、考试院、大学院、审计院、法制局、建设委员会、军事委员会、蒙藏委员会、侨务委员会。但是,在该组织法存续期间,并未成立监察院。[①]

1928 年 10 月 8 日,国民政府公布《国民政府组织法》,分六章,共 48 条。该组织法正式将监察院作为独立部分予以详细规定。其第六章第四十一条至第四十七条规定监察院。

第四十一条 监察院为国民政府最高监察机关,依法律行使下列职权:

一、弹劾;

二、审计。

第四十二条 监察院设院长、副院长各一人。院长因事故不能执行职务时,由副院长代理之。

第四十三条 监察院设监察委员十九人至二十九人,由监察院院长提请国民政府任命之。监察院监察委员之保障以法律定之。

第四十四条 监察院会议以监察委员组织之,监察院院长为监察院会议之主席。

[①] 谢振民编著:《中华民国立法史(上)》,张知本校订,中国政法大学出版社 2000 年版,第 342 页。

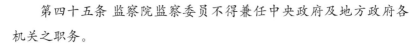

第四十五条 监察院监察委员不得兼任中央政府及地方政府各机关之职务。

第四十六条 监察院关于主管事项,得提出议案于立法院。

第四十七条 监察院之组织以法律定之。①

该组织法对监察院性质、职权、院长和副院长、监察委员、兼职限制、议案提出、监察院组织法事项进行了规定。从其规定来看,监察院不仅负责弹劾事项,而且负责审计事项。

1931年6月15日,国民政府公布施行《国民政府组织法》。该组织法第九章第四十五条至第五十一条规定监察院,内容基本未变,只是在监察委员人数方面改为"二十九人至四十九人"。

1931年12月30日,国民政府公布《国民政府组织法》。该组织法第八章第四十六条至第五十三条规定监察院,除了条文文字表述简化之外,主要对监察委员人数和产生方式作了修订。一方面,将监察委员人数改为"三十人至五十人"。另一方面规定,监察委员半数由法定人民团体选举。

1932年3月15日,国民政府公布《国民政府组织法》。该组织法第八章第四十六条至第五十三条规定监察院,删除了监察委员半数由法定人民团体选举的规定,重新将监察委员人数调整为"二十九人至四十九人"。其第四十八条规定,监察院设监察委员二十九人至四十九人,由监察院院长提请国民政府主席依法任免之。

1932年12月26日,国民政府公布《国民政府组织法》。其删除关于参加半数民选立法、监察委员之第二项,监察委员仍定为二十九人至四十九人,均由各该院院长提请国民政府主席依法任命。

1943年5月29日,国民政府修正公布《国民政府组织法》。其第八章第四十六条至第五十三条规定监察院。其规定有两处变化:一是监察委员由监察院院长提请国民政府主席依法任免;二是监察委员不得兼任其他

---

① 夏新华等:《近代中国宪政历程:史料荟萃》,中国政法大学出版社2004年版,第788-789页。

公职。

1947年4月17日,国民政府修正公布《国民政府组织法》。其第八章第四十八条至第五十五条规定监察院。

  第四十八条 监察院为国民政府最高监察机关,依法行使弹劾审计之职权。

  第四十九条 监察院院长因事故不能执行职务时,由副院长代理之。

  第五十条 监察院设监察委员五十四人至七十四人,由监察院院长提请国民政府主席提出国民政府委员会议决后,依法任用之。

  第五十一条 监察委员之保障,以法律定之。

  第五十二条 监察院会议以监察委员组织之,监察院院长为监察会议主席。

  第五十三条 监察委员不得兼任其他公职。

  第五十四条 监察院关于主管事项,得提出议案于立法院。

  第五十五条 监察院之组织以法律定之。①

其主要规定监察院的法律地位、职权、监察委员人数、任免方式和保障授权立法、监察院会议、监察委员兼职限制、议案提出、组织授权立法。其修正之处在于,监察委员由监察院院长提请国民政府主席提出国民政府委员会议决后依法任用。不过,1947年4月22日修正公布《中华民国国民政府组织法第一条及第十五条修正条文》。其第一条规定,国民政府依据中华民国训政时期约法第七十七条之规定,为由训政达到宪政之过渡期间,特制定中华民国国民政府组织法。同时,第十五条规定,国民政府五院院长、副院长,由国民政府主席选任之。虽然其修正没有涉及第八章监察院,但是涉及监察院院长、副院长的选任方式。

---

① 夏新华等:《近代中国宪政历程:史料荟萃》,中国政法大学出版社2004年版,第1129页。

(三) 宪法中监察院规定[①]

随着南京国民政府制宪活动的展开,监察院规定成为宪法的重要组成部分,并列入宪法起草和讨论之中。之所以要将监察院规定于宪法之中,不仅是对五院制的确认,也是对孙中山五权宪法思想的认同。按照孙中山设想,五权宪法分别由立法权、司法权、行政权、弹劾权和考试权五种权力组成,而治国机关由国民大会选出的政府的五个机关考试院、立法院、行政院、司法院和监察院组成。[②] 特别是在国共合作期间,专门监察机构开始受到了前所未有的重视。孙中山1924年发布《建国大纲》,明确提出,在宪法开始时期,中央政府当完成设立五院,以试行五权之治,其序列如下:曰行政院、曰立法院、曰司法院、曰考试院、曰监察院。这一指导思想成为南京国民政府时期制宪的基本指导原则。从南京国民政府制宪活动来看,监察院规定随着形势发展而不断变化。这里介绍宪法制定中监察院规定的演变。

1932年12月20日,国民党召开四届三中全会,通过有关决议,其中涉及宪政准备事项。在此基础上,立法院根据《立法院组织法》第二条"立法院得增置裁并各委员会"的规定成立"宪法草案起草委员会",由孙科兼任委员长,张知本、吴经熊为副委员长,傅秉常、焦易堂等三十六人为起草委员,张知本、吴经熊、焦易堂、陈肇英等为审查委员会委员,聘伍朝枢、王世杰等为顾问。同时,拟定《宪法草案起草委员会组织规程》,由国民政府于2月18日公布。宪法草案起草委员会于1933年2月9日至2月23日开会三次,决定宪法草案的起草程序,分组研究,拟具起草要点。3月2日至4月20日,连开九次会议,将各组所拟的起草要点详加讨论,议决了《宪法草案起草原则二十五点》。其中第十八条涉及监察院。其规定,考试司法两院院长、立法委员、监察委员,由国民大会选举。立法院院长、监

[①] 本部分历史背景介绍均参考夏新华等整理《中国近代宪政历程:史料荟萃》(中国政法大学出版社2004年版)一书,特此说明。

[②] 夏新华等:《近代中国宪政历程:史料荟萃》,中国政法大学出版社2004年版,第588-590页。

察院院长由各该院委员互选。同时拟定《宪法草案研究程序表》。张知本对此程序表进行逐项说明。关于监察权,其提道:"监察权在各国宪法上的规定,多数属于国会。国会因为有了监察权,于是国会常常有专制的情形。总理深知道这种弊病,所以创造五权宪法,使监察权也独立,考试权也独立。"①由此可以看出,监察院和监察权相当于国会一部分和监督权。

在宪法起草的准备工作完成之后,便开始宪法草案初稿的正式起草工作。孙科先后指定张知本、吴经熊、傅秉常、焦易堂、陈肇英、马寅初、吴尚鹰七人为初稿主稿委员,依据宪法起草委员会所决定的二十五项原则从事起草工作。主稿委员开会推选吴经熊担任初步起草工作。1933年6月初,吴经熊将初步稿件拟成,全文分为总则、民族、民权、民生、宪法之保障五篇,共二百一十四条,称为《中华民国宪法草案初稿试拟稿》,于6月8日由吴经熊以私人名义在报纸上发表。该稿第三篇"民权"第三章"中央政制"第七节第一百一十六条至第一百二十四条规定监察院。

第一百一十六条 监察院为国民政府最高弹劾及审计机关。

第一百一十七条 监察院设院长、副院长各一人,由监察委员互选之。

第一百一十八条 监察委员之名额不得过五十人,其任期为三年,连选得连任。

第一百一十九条 监察院设审计部掌理执行预算及其他财务事项之事前审计、事后审计及稽察事务。

第一百二十条 审计部设部长、次长各一人,以长于会计学术并富有经验者充之,由监察院院长提请国民政府任命之,其任期为十年。

第一百二十一条 监察委员于执行职务时所发之言论,对外不负责任;但出于故意诬陷他人者,不在此限。

第一百二十二条 监察委员于执行职务时,除现行犯外,非经监察院之许可,不得逮捕或监禁之。

---

① 夏新华等:《近代中国宪政历程:史料荟萃》,中国政法大学出版社2004年版,第865页。

第一百二十三条 监察委员不得兼任中央政府、地方政府各机关之职务。

第一百二十四条 监察院组织法另定之。①

上述规定主要涉及监察院性质、院长和副院长、监察委员、审计部、审计部组成人员、监察委员特权、兼职限制以及监察院组织法等事项。从该稿来看，监察院既是弹劾机关，也是审计机关。

在"吴稿"发表前后，立法院收到各方意见评论共二百余件。同时，起草委员张知本、陈肇英、陈长蘅也分别拟有宪法草案初稿条文。其中值得注意的是张知本所拟的《中华民国宪法草案》，其第三章"民权"第九节第一百零四条至第一百一十八条规定监察院。

第一百零四条 监察院院长，由国民大会就具有候选资格者选任之，任期三年。

第一百零五条 监察院依法律行使弹劾及审计之职权。

第一百零六条 弹劾置监察委员，由国民大会就具有候选资格者选任。

第一百零七条 除宪法及法律另有规定外，监察院院长任免所属公务员。

第一百零八条 监察委员就中央所属公务员之违法失职者弹劾之，但经行政院院长副署之大总统行为，除得认为犯罪行为者外，不得为弹劾大总统之事由。

第一百零九条 监察委员因执行职务，得赴各公署查阅文书。

第一百一十条 监察委员随时考查公务员之行为，驻于中央政府所在地以外之中央所属公务员，由监察委员巡回考查之。

第一百一十一条 监察委员受理人民对于公务员违法失职之告发。

第一百一十二条 受弹劾之人，为选任中央公务员，送交国民大

---

① 夏新华等：《近代中国宪政历程：史料荟萃》，中国政法大学出版社2004年版，第877－878页。

会审判,委任中央公务员,送司法院公务员惩戒委员会审判。

第一百一十三条 监察委员查知地方公务员违法失职时,得交地方监察院弹劾之。

第一百一十四条 监察委员独立弹劾,无论何人,不得干涉。

第一百一十五条 监察委员行使职务所发之言论,对外不负责任。

第一百一十六条 监察委员,非得监察院许可,不得逮捕;但现行犯不在此限。

第一百一十七条 审计委员监督预算执行审定决算,并核准收入命令及支付命令。中央所属各机关之计算,审计委员亦审定之。

第一百一十八条 审计委员独立审计,无论何人,不得干涉。①

上述规定主要涉及监察院院长、职权、组成人员、内部人员、监察委员弹劾权、监察委员查阅权、监察委员巡回考查权、监察委员受理告发权、选任中央公务员审判程序、地方公务员弹劾程序、监察委员特权、审计委员职责、审计委员身份保障。从其规定来看,既涉及弹劾事项,也涉及审计事项。

此后,主稿委员以"吴稿"为底本,参考各方意见评论及张知本等人的稿件,开会审查,并请起草委员林彬、史尚宽、陈长蘅、卫挺生列席参加。从1933年8月31日起至11月16日止,开会十八次,拟成《中华民国宪法草案初稿草案》。其第七章"中央政制"第七节第一百二十三条至第一百三十二条规定监察院。

第一百二十三条 监察院为国民政府行使监察权之最高机关。

第一百二十四条 监察院设院长、副院长各一人,由监察委员互选之。

第一百二十五条 监察委员之名额不得过五十人,其任期为三年,连选得连任。前项监察委员名额之分配应以区域及学术为标准,

---

① 夏新华等:《近代中国宪政历程:史料荟萃》,中国政法大学出版社2004年版,第893-894页。

其人选不以国民大会代表为限。

第一百二十六条 监察院设审计委员会,掌理审计及稽察事务。

第一百二十七条 审计委员会设审计委员五人,由监察院院长提请国民政府任命之。审计委员互选一人为委员长。

第一百二十八条 审计委员会之决算报告,应经监察院全院监察委员之审查公布之。

第一百二十九条 监察委员于院内之言论对外不负责任。

第一百三十条 监察委员,除现行犯外,非经监察院之许可,不得逮捕或监禁之。监察委员不得兼任中央政府、地方政府各机关之职务。

第一百三十一条 监察委员不得兼任其他公职或执行业务。

第一百三十二条 监察院之组织及委员与审计官之保障以法律定之。①

上述规定主要涉及监察院性质、院长和副院长、监察委员人数和任期、监察委员特权、兼职限制、身份保障。与"吴稿"相比,有以下变化:一是明确了监察院的权力属性,即监察权,不再具体化为弹劾和审计职权。二是将审计部改为审计委员会,并且职权更为明确。三是监察委员既不能兼任中央政府和地方政府各机关之职务,也不能兼任其他公职或执行业务,在范围上扩大化。

初稿草案拟成以后,即提出宪法起草委员会讨论。自1933年11月30日起至1934年2月23日止,宪法起草委员会开会十一次,将初稿草案逐条讨论,修正通过,形成《中华民国宪法草案初稿》。1934年3月1日,立法院将宪法草案初稿全文在《中央日报》上刊登,正式征求国人意见。其第七章第七节第一百二十条至第一百二十九条规定监察院。与前稿相比较,其有以下变化:一是删除了监察委员不得兼任中央政府、地方政府各机关之职务。二是细化了法律保障规定,即监察委员之选举,监察院之组织,及审计委员与审计官之保障,以法律定之。

---

① 夏新华等:《近代中国宪政历程:史料荟萃》,中国政法大学出版社2004年版,第925页。

宪法草案初稿完成后,宪法草案起草委员会即告结束。1934年3月22日,孙科另派傅秉常、马寅初等三十六人为宪草初稿审查委员,并指定傅秉常为召集人。1934年3月30日,宪草初稿审查委员会召开第一次会议,推定傅秉常、林彬、陶履谦三人为初步审查委员,先将各方意见加以整理。自宪草初稿刊布后,立法院接到各方意见书及摘自报纸杂志的评论共二百八十一件,均经初步审查委员详加研讨。自4月5日起至6月5日止,共开初步审查会议八次,决定采用的意见评论共二百一十六条,分别订为二十二辑。并分别摘要,列于宪草初稿各条文之后,编撰成《宪法草案初稿意见书摘要汇编》,刊印成册,以便参考。将各方意见评论整理完毕后,宪草初稿审查委员会召集第二次会议,议决分组将宪草初稿重新审查。各组参考各方意见,将初稿条文加以修正,拟具修正草案,提交全体审查委员会讨论。审查委员会自1934年6月13日起至6月30日止,开会九次,将各组所拟修正草案逐条讨论、重加修正,拟成《宪法草案初稿审查修正案》。7月9日,立法院将修正案公布。该修正案第四章"中央政府"第六节第一百零二条至第一百一十七条规定监察院。

第一百零二条 监察院为中央政府行使监察权之最高机关,掌理弹劾、审计,对国民大会负其责任。

第一百零三条 监察院设院长一人,任期四年,连选得连任。

第一百零四条 在国民大会闭会期间,监察院院长因故去职时,由监察委员互选代理院长,但须经国民大会委员会同意。

第一百零五条 监察委员由国民大会每省国民代表各选二人,蒙古西藏及侨居国外国民所选出之国民代表各选二人,其人选不以国民代表为限。

第一百零六条 监察委员任期四年,连选得连任。

第一百零七条 中央及地方公务员违法或失职时,监察委员依下列规定提出弹劾:

一、对于总统、副总统之弹劾案,经监察委员十人以上之提议,全体监察委员二分一以上之连署;

二、对于行政、立法、司法、考试、监察各院院长之弹劾案,经监察

委员五人以上之提议,全体监察委员三分一以上之连署;

三、对于政务委员、行政院各部部长、各委员会委员长、立法委员、监察委员之弹劾案,经监察委员二人以上之提议,五人以上之连署;

四、对于其他公务员之弹劾案,经监察委员一人以上之提议,三人以上之连署。

第一百零八条 弹劾案除宪法另定有受理机关外,应向公务员惩戒委员会提出之。

第一百零九条 弹劾案经公务员惩戒委员会决定,被弹劾人愿受免职或其他惩戒处分时,总统或主管长官应执行之。

第一百一十条 监察院对于现役军官之弹劾,其提出程序、受理机关及惩戒方法,以法律定之。

第一百一十一条 监察院设审计委员会掌理审计及稽察事务。

第一百一十二条 审计委员会设审计委员长一人,审计委员六人,由监察院院长提请总统任免之。

第一百一十三条 审计委员会之决算报告,经监察院会议审查后,依法律公布之。

第一百一十四条 监察委员于院内之言论及表决,对外不负责任。

第一百一十五条 监察委员除现行犯外,非经监察院许可,不得逮捕或拘禁。

第一百一十六条 监察委员不得兼任其他公职或执行业务。

第一百一十七条 监察委员之选举及监察院之组织,以法律定之。①

该修正案与初稿相比,有比较大的变化:一是国民大会对监察院组成人员的产生方式。为了突出监察院对国民大会负责,其不仅规定院长因

---

① 夏新华等:《近代中国宪政历程:史料荟萃》,中国政法大学出版社2004年版,第948—949页。

故去职代理院长须经国民大会委员会同意,而且规定监察委员由国民大会选举产生。二是详细规定了中央和地方公务员违法或者失职时不同的弹劾程序。三是弹劾案的处理方式,即公务员惩戒委员会决定,总统或主管长官执行。四是单独规定现役军官的弹劾,并作出授权规定。

宪法草案初稿审查修正案完成之后,宪法草案初稿的起草工作遂告结束。1934年9月14日,立法院开第三届第六十六次会议,将宪法草案初稿审查修正案提出讨论。会议议决先将各方对于修正案的意见评论交傅秉常、林彬、陶履谦审查。经审查决定采印的二十三件,分别摘要、汇编成册,以备参考。立法院自9月21日起至10月16日止开会七次,审议宪法草案初稿修正案,逐条讨论,将全案重加修正,三读通过,即《中华民国宪法草案》。1934年11月9日呈报国民政府。其第四章"中央政府"第六节第九十二条至第一百零七条规定监察院。与初稿修正案相比较,其有两大变化:一是弹劾案提出程序。其第九十八条规定,监察院对于中央及地方公务员违法或失职时,经监察委员一人以上之提议,五人以上之审查决定,提出弹劾案,但对于总统、副总统及行政、立法、司法、考试、监察各院院长之弹劾案,须有监察委员十人以上之提议,全体监察委员二分之一以上之审查、决定,始得提出。二是对总统、副总统、立法、司法、考试、监察各院院长弹劾案的处理。其第一百条规定,对于总统、副总统、立法、司法、考试、监察各院院长之弹劾案,依第九十八条规定成立后,应向国民大会提出之,在国民大会闭会期间,应请国民代表依法召集临时国民大会为罢免与否之决议。当然,也有一些文字上的处理,有些条款也予以删除,如对现役军官的弹劾问题。

1934年12月10日,国民党第四届五中全会开会,将立法院议定的宪法草案提出讨论,决定先予初步审查。12月14日,会议通过决议,提出草案核议要求。1935年10月17日,国民党中央执行委员会审查宪法草案完毕,议决原则五项。立法院指派傅秉常、吴经熊、马寅初等七人为审查委员,遵照中央原则将宪法草案重加审查。各审查委员于一周之内,连开会议将宪法审查完毕,拟成修正草案。其第四章"中央政府"第六节第八十七条至第九十八条规定监察院。与草案相比较,该修正草案有以下重大变化：一是删除了审计委员会的规定，但是仍然将审计作为监察院职权。二是增加监察院质询权。其第八十八条规定，监察院为行使监察权，得依法向各院各部各委员会提出质询。

立法院第二次议定的《中华民国宪法草案》呈送国民党中央后，1935年11月1日，国民党第四届六中全会开会讨论，并于11月5日会议议决将宪法草案送请第五次全国代表大会审查。11月12日，国民党第五次全国代表大会在南京召开，于18日会议通过后召集国民大会及宣布宪法草案，于21日会议作出决议。国民党第五届中央执行委员会于12月4日开会决议，设立宪法草案审查委员会。该委员会迭次召集会议，最终议决审议意见二十三点。国民党中央再次提出审查意见后，立法院即指派傅秉常、吴经熊等八人依照国民党中央意见，将宪法草案重加整理修正，经5月1日立法院开第四届第五十九次会议讨论，三读通过。1936年5月5日，由国民政府命令宣布，即《中华民国宪法草案》（"五五宪草"）。其第四章"中央政府"第六节第八十七条至第九十七条规定监察院。

第八十七条 监察院为中央政府行使监察权之最高机关，掌理弹劾、惩戒、审计，对国民大会负其责任。

第八十八条 监察院为行使监察权，得依法向各院、各部、各委员会，提出质询。

第八十九条 监察院设院长、副院长各一人，任期三年，连选得连任。

第九十条 监察委员由各省、蒙古、西藏及侨居国外国民所选出之国民代表，各预选二人，提请国民大会选举之，其人选不以国民代表为限。

第九十一条 监察委员任期三年，连选得连任。

第九十二条 监察院对于中央及地方公务员违法或失职时，经监察委员一人以上之提议，五人以上之审查决定，提出弹劾案；但对于总统、副总统及行政、立法、司法、考试、监察各院院长之弹劾案，须有监察委员十人以上之提议，全体监察委员二分之一以上之审查、决定，始得提出。

第九十三条 对于总统、副总统,立法、司法、考试、监察各院院长、副院长之弹劾案,依前条规定成立后,应向国民大会提出之;在国民大会闭会期间,应请国民代表依法召集临时国民大会,为罢免与否之决议。

第九十四条 监察委员于院内之言论及表决,对外不负责任。

第九十五条 监察委员,除现行犯外,非经监察院许可,不得逮捕或拘禁。

第九十六条 监察委员不得兼任其他公职,或执行业务。

第九十七条 监察委员之选举及监察院之组织,以法律定之。①

"五五宪草"规定了监察院性质、职权、质询权、院长和副院长、监察委员产生方式、任期、弹劾程序和处理方式、监察委员特权、兼职限制以及法律保障。从其规定来看,变化不大,但是增加将"惩戒"作为监察院职权。

1937年2月15日,国民党第五届三中全会决定于是年11月12日召开国民大会,制定宪法。但因7月7日卢沟桥事变,中日战争全面爆发,召开国民大会的日期只能推迟。但是宪法草案的讨论并没有完全中止。1938年3月,国民党于武昌召开临时全国代表大会,制定《抗日救国纲领》,决定组织国民参政机关,国民参政会因此成立,并于1938年7月召开第一届第一次会议。1939年9月9日,国民参政会第一届第四次大会通过"请政府明令定期召集国民大会,制定宪法,实施宪政,并由议长指定参议员若干人,组织国民参政会宪政期成会,协助政府促成宪政案"。1940年3月,期成会通过《草拟中华民国宪法草案修正案》,即"期成宪草"。1940年4月2日,国民参政会第五次大会正式通过。其第四章第六节第九十二条至第一百零二条规定监察院。该修正案与"五五宪草"基本相同,但是由于其规定国民大会设立国民大会议政会,因此进行了调整:一是删除了"监察院为中央政府行使监察权之最高机关"的规定;二是取消了监察院对国民大会负其责任的规定;三是规定对总统、副总统,行政、立法、考试、监察各院院长、

---

① 夏新华等:《近代中国宪政历程:史料荟萃》,中国政法大学出版社2004年版,第988-989页。

副院长的弹劾案在国民大会闭会期间,应向国民大会议政会提出。对于第一点,其在修正案说明中认为:"《五五宪草》中关于各权均有某院行使某权之最高机关之语。最高二字,于理尤有未合,故此条皆予删去。"①

1943年10月18日,国防最高委员会通过公布《宪政实施协进会组织规则》。1944年1月31日,宪政实施协进会提出研讨中华民国宪法草案各题。在监察院部分,重点关注两个议题:一是监察院长及监察委员之产生,及任期问题;二是行使弹劾惩戒权之程序问题。②

抗战结束以后,1946年1月10日,召开政治协商会议,会议关于宪法草案的协议有十二项。关于监察院,其提出,监察院为国家最高监察机关,由各省级议会及各民族自治区议会选举之。其职权为行使同意、弹劾及监察权。(同意权指司法院院长、副院长、大法官及考试院院长、副院长、委员等,由总统提名,监察院同意任命。)③从其规定来看,又将议会同意权转移给监察院。政治协商会议在决定宪草修改原则十二项之后,又决议组织宪草审议委员会,审议委员会由协商会议五方面(国民党、中国共产党、民盟、青年党、社会贤达五方面)各推五人组织而成,另外会推会外专家十人共同工作。1946年11月初,宪草审议委员会完成《五五宪草修正案》,后改称《中华民国宪法草案修正案》。经过国防最高委员会通过之后,即由国民政府送交立法院审议。立法院对修正案没有做出讨论和修改,只将该案送呈国民政府,转达国民大会,以完成立法程序。其第九章第九十六条至第一百零八条规定监察。

第九十六条 监察院为国家最高监察机关,行使同意、弹劾及监察权。

第九十七条 监察委员由各省、市议会及民族自治区议会选举之。其名额分配,依下列之规定:

一、每省五人;

二、每市二人;

---

① 夏新华等:《近代中国宪政历程:史料荟萃》,中国政法大学出版社2004年版,第1059页。
② 夏新华等:《近代中国宪政历程:史料荟萃》,中国政法大学出版社2004年版,第1090页。
③ 夏新华等:《近代中国宪政历程:史料荟萃》,中国政法大学出版社2004年版,第1092页。

三、民族自治区每区八人。

第九十八条 监察院设院长、副院长各一人,由监察委员互选之。

第九十九条 监察委员任期六年,连选得连任。

第一百条 监察院为行使监察权,得向行政院及各部会调阅其所发布命令及各种文件。

第一百零一条 监察院按行政院各部会之施政,分设若干委员会,调查一切设施,注意其是否违法或失职。

第一百零二条 监察院经各委员会之审查及决议,得提出纠正案,送交行政院及各部注意改善。监察院查明行政院与各部有重大违法事件,得提出弹劾案,如构成刑事责任,应移交法院审判。

第一百零三条 监察院对于中央及地方公务员违法或失职时,经监察委员三人以上之提议,九人以上之审查决定,提出弹劾案,移交惩戒机关依法办理。

第一百零四条 监察院对于总统、副总统之弹劾案,须有监察委员十人以上之提议,全体监察委员二分之一以上之审查决定,向国民大会提出之。

第一百零五条 监察委员于院内之言论及表决,对外不负责任。

第一百零六条 监察委员除现行犯外,非经监察院许可,不得逮捕、拘禁。

第一百零七条 监察委员不得兼任其他公职,或执行业务。

第一百零八条 监察院之组织以法律定之。[①]

以其和"五五宪草"相比较,虽然均规定了监察院性质、职权、组成人员、程序、身份保障、法律保障等,但是又有进一步变化:一是章的名称直接使用"监察",不再使用"监察院"。二是监察院的职权有三项:同意权、弹劾权、监察权。三是监察委员名额明确。四是监察院院长、副院长由监察委员互选。五是监察委员任期延长至六年。六是赋予监察院调阅权、

[①] 夏新华等:《近代中国宪政历程:史料荟萃》,中国政法大学出版社 2004 年版,第 1099 - 1100 页。

调查权、纠正案、移交权。这些规定表明，监察院的权力进一步强化，实际上被赋予了民意机关除立法权之外的几乎所有权力。

1946年11月15日，在中国共产党和民主同盟人士拒绝参加的情况下，国民党非法召开国民大会，《中华民国宪法草案》正本（政协会议拟定的《中华民国宪法草案修正案》）交由大会讨论。12月25日上午，国民大会对宪法草案三读完毕，全体代表一致起立表决通过，《中华民国宪法》遂告完成。1947年1月1日，国民政府公布，同年12月25日施行。其第九章第九十条至第一百零六条规定监察。

第九十条 监察院为国家最高监察机关，行使同意、弹劾、纠举及审计权。

第九十一条 监察院设监察委员，由各省、市议会，蒙古、西藏地方议会，及华侨团体选举之。其名额分配依左列之规定：一、每省五人。二、每直辖市二人。三、蒙古各盟旗共八人。四、西藏八人。五、侨居国外之国民八人。

第九十二条 监察院设院长、副院长各一人，由监察委员互选之。

第九十三条 监察委员之任期为六年，连选得连任。

第九十四条 监察院依本宪法行使同意权时，由出席委员过半数之议决行之。

第九十五条 监察院为行使监察权，得向行政院及其各部会调阅其所发布之命令及各种有关文件。

第九十六条 监察院得按行政院及其各部会之工作，分设若干委员会，调查一切设施，注意其是否违法或失职。

第九十七条 监察院经各该委员会之审查及决议，得提出纠正案，移送行政院及其有关部会，促其注意改善。监察院对于中央及地方公务人员认为有失职或违法情事，得提出纠举案或弹劾案，如涉及刑事，应移送法院办理。

第九十八条 监察院对于中央及地方公务人员之弹劾案，须经监察委员一人以上之提议，九人以上之审查及决定，始得提出。

第九十九条 监察院对于司法院或考试院人员失职或违法之弹

劾,适用本宪法第九十五条、第九十七条及第九十八条之规定。

第一百条 监察院对于总统之弹劾案,须有全体监察委员四分之一以上之提议,全体监察委员过半数之审查及决议,向国民大会提出之。

第一百零一条 监察委员在院内所为之言论及表决,对院外不负责任。

第一百零二条 监察委员除现行犯外,非经监察院许可,不得逮捕或拘禁。

第一百零三条 监察委员不得兼任其他公职或执行业务。

第一百零六条 监察院之组织,以法律定之。①

正本和政协宪法草案修正案相比较,又有一些变化:一是明确监察院职权为四项——同意权、弹劾权、纠举权、审计权。二是监察委员产生方式增加了华侨团体。三是规定同意权行使方式,由出席委员过半数议决。四是规定了纠举权行使方式。五是增加对司法院和考试院人员弹劾规定。六是增加审计长规定。

四、革命根据地时期监察宪法的制定

革命根据地时期由于特殊环境难以开展制宪活动,因此其更多地制定具有根本法性质的大纲、纲领和组织法。在这些立法中,虽然没有将监察作为专门机关和事项,但是类似监察的机构依然存在。特别是在抗战结束之后,不少政权组织法甚至专门规定监察机关。这说明,这一时期虽无监察宪法的形式,却有监察宪法的实质。

苏维埃民主政权时期各根据地政权组织法没有专门规定监察机构,但是在中央苏维埃和地方苏维埃组织立法中存在工农检察委员会这一类似专门负责监察的机构。1933 年 12 月 12 日中央执行委员会颁布《中华苏维埃共和国地方苏维埃暂行组织法(草案)》,其第四章各部第一百五十

---

① 夏新华等:《近代中国宪政历程:史料荟萃》,中国政法大学出版社 2004 年版,第 1111 页。

六条至第一百七十四条规定了省、县、区、市工农检察委员会。① 1934年2月17日公布的《中华苏维埃共和国中央苏维埃组织法》第五十条明确人民委员会下设工农检察委员会。② 值得注意的是,由于在法院体系中设立检察长、副检察长和检察员,因此,许多翻印资料将工农检察委员会改为"工农检查委员会",这种做法与原文不符合。对此,张希坡先生多次通过注释予以说明:"《红色中华》刊载的'第一号布告'为'工农监察',《中央苏维埃组织法》规定为'工农检察',应以后者为法定名称。凡印制'工农监察'或'工农检查'者,均不准确。"③"《红色中华》对所有'检察员''检察长'及'工农检察委员会',皆用'检察'二字,现在许多翻印本改为'检查',是与原文不符合的。"④之所以会出现《中央苏维埃组织法》同时使用工农检察委员会和检察长、检察员等词汇,原因在于工农检察委员会是一个新设立的机构。虽然将"工农检察"改为"工农检查"不符合历史,但是《红色中华》偶尔采用"工农监察"一词,其表明工农检察委员会的确具有监察功能。

抗日民主政权时期,在政权组织上采用边区政府体制。虽然其没有专门设立监察机构,但是其设立了参议会,并且赋予其监察和弹劾职责。1941年11月,陕甘宁边区第二届参议会修正通过,1942年4月边区政府公布的《陕甘宁边区各级参议会组织条例》规定,边区参议会职权之一是监察及弹劾边区各级政府、司法机关之公务人员。县(或等于县的市)参议会职权之一是监察及弹劾县(市)政府司法机关之公务人员。乡市参议会职权之一是监督与弹劾乡市及村坊行政人员。这种做法也为各根据地组织法所采用。1942年11月6日,晋西北临时参议会修正通过的《晋西北临时参议会组织

---

① 张希坡编著:《革命根据地法律文献选辑》(第二辑)上卷,中国人民大学出版社2017年版,第232-233页。
② 张希坡编著:《革命根据地法律文献选辑》(第二辑)上卷,中国人民大学出版社2017年版,第289页。
③ 张希坡编著:《革命根据地法律文献选辑》(第二辑)上卷,中国人民大学出版社2017年版,第284页注释1。
④ 张希坡编著:《革命根据地法律文献选辑》(第二辑)上卷,中国人民大学出版社2017年版,第288页注释2。

条例》规定,晋西北临时参议会职权之一是监察、弹劾本区各级行政人员及司法人员。1943年1月20日,晋察冀边区第一届参议会通过的《晋察冀边区参议会组织条例》规定,晋察冀边区参议会职权之一是监察弹劾边区各级行政人员及司法人员。这些规定说明,参议会具有监察机构的属性。

  解放战争时期,开始出现专门以监察命名的监察机构。1948年成立华北人民政府,并制定华北人民政府组织大纲。其第九条规定:一是华北人民监察院为行政监察机关,设人民监察委员会,以院长及华北人民政府委员会任命之人民监察委员五人至九人组织之。其任务为检查、检举并决议处分各级行政人员、司法人员、公营企业人员之违法失职、贪污浪费及其他违反政策、损害人民利益之行为,并接受人民对上述人员的控诉。二是华北人民监察院人员为行使职权,得向有关机关进行调查;各该有关机关必须接受检查,提供必要之材料。三是华北人民监察院有关处分之决议,须交法院审判者,得提请法院审查之;须交各行政机关执行者,得提请主席批交各有关行政机关处理之。

  1949年4月,陕甘宁边区参议会常驻议员会、陕甘宁边区政府委员会联席会议通过的《陕甘宁边区政府暂行组织规程》规定人民监察委员会职责和职权。(1)掌管事项。其第二十二条规定,人民监察委员会掌管下列事项:①检查、检举并拟议处分各级行政人员、司法人员、公营企业人员之违法失职,贪污浪费,违反政策,侵犯群众利益等行为;②接受人民及公务人员对各级行政人员、司法人员及公营企业人员之控诉及举发并拟议处置办法;③其他有关肃整政风事项。(2)调查。其第二十九条规定,人民监察委员会为行使职权,得向有关机关进行调查,各该有关机关必须接受检查,提供必要之材料。(3)处分决议。其第三十条规定,人民监察委员会有关处分之决议须交法院审判者,得提请法院审理之,须交行政机关执行者,得提请主席批交各有关行政机关处理之。(4)与法院关系。其第三十一条规定,人民监察委员会提请陕甘宁边区人民法院审理之案件,法院应予受理,法院关于此项案件之审理结果,应函告陕甘宁边区人民监察委员会,人民法院对于人民监察委员会提请审理之案件,如有不同意见,人民监察委员会应予说明,如遇疑难争执,会呈主席解决之。

人民监察委员会的设立为共同纲领时期监察机关的设立奠定了基础。

第三节　新中国时期监察宪法

新中国时期,监察宪法始终为立宪者所关注。在共同纲领时期,监察问题是新政权的重要组成部分。在宪法制定和修改过程中,监察问题也是宪法的组成部分。尽管1954年宪法一开始没有直接出现"监察"术语,但是从1982年宪法开始,监察宪法的完善是新中国宪法史的重大命题。

一、共同纲领时期监察机关规定

虽然将《共同纲领》视为具有临时宪法性质,但是作为政权合法性基础事实上由三部法律组成,即《中国人民政治协商会议组织法》《中央人民政府组织法》和《共同纲领》。1949年9月27日,中国人民政治协商会议第一届全体会议通过《中华人民共和国中央人民政府组织法》,其中第十八条规定,政务院设政治法律委员会、财政经济委员会、文化教育委员会、人民监察委员会和下列各部、会、院、署、行,主持各该部门的国家行政事宜。9月29日,中国人民政治协商会议第一届全体会议又通过《共同纲领》,其中第十九条第一款规定,在县市以上的各级人民政府内,设人民监察机关,以监督各级国家机关和各种公务人员是否履行其职责,并纠举其中之违法失职的机关和人员。这样,人民监察委员会就获得了应有的法律地位。

在《共同纲领》制定期间,对于人民监察委员会的地位有所讨论。"关于联系和指导性的委员会是否列为一级的问题,在代表讨论时,曾经出现过三种意见:(1)算作一级,像后来实行的那样。(2)不算一级,不发号施令。(3)不在法制上规定是否算一级,由事实发展去决定。鉴于政务院下设部门甚多,每星期一次的政务会议,一个部门的工作事实上每月无法轮到讨论一次。为了弥补这个缺陷,所以最后把它列为一级,以便联系和指导与其工作有关的各部门的工作。这样,各部门的工作是双重领导,一方面受政务院的领导,另一方面,又受它所隶属的指导委员会的领导。至于人民监察委员会是监察政府机关和公务人员是否履行其职责的,与人民检察署不同。起先曾有人主张人民监察委员会应隶属于中央人民政府委员会,地方高些,权威也更大。也有人主张它隶属于政务院,要比直接隶属于中央人民政府委员会更好些,因为同行政机关接近,熟悉实际情况,更便于执行服务,而且人民监察委员会所起作用之大小,实际上要看主持者是否负责以及此机构是否被重视而定。最后决定采用后一种主张,把人民监察委员会列在政务院之下。"① 这说明了人民监察委员会隶属于国务院的缘由。

二、宪法时期监察机关规定

从历史来看,1954年宪法、1975年宪法和1978年宪法均没有监察机关规定。这并不意味着宪法制定和修改过程中没有涉及监察问题的讨论。

1954年宪法制定过程中,多次涉及监察问题的讨论。在1954年6月8日中共浙江省委宣传部向各县委宣传部转发的田家英在宪法草案座谈会上的解答报告摘要中提道:检察和监督机关有什么区别?今后是否还有监察机关?检察权力第七十四条有了规定,检察机关的权力虽是集中的,但不是行政的。监察机关则可以是行政的,是国家管理机关的一部分,可以对各行政机关的问题进行监察,可以执行国务院的命令,对某些行政机关加以改组或撤销其行政人员。同样性质的问题,检察和监察都可以提。② 这里将监察和检察作了对比分析。

关于人民检察署的讨论。许崇德先生所收集的材料中予以介绍。会议讨论第七十四条。对第七十四条有两个意见:(1)移做第八十条,改写

---

① 许崇德:《中华人民共和国宪法史》,福建人民出版社2005年版,第68页。
② 韩大元编著:《1954年宪法与中国宪政》,武汉大学出版社2008年版,第87页。

为"中华人民共和国最高人民检察署直接或者通过地方各级人民检察署对中央人民政府所属各部门、对地方各级人民政府、对国家机关工作人员和公民是否遵守法律实行最高检察"。(2)有人主张：把"最高检察"改为"最高监督"。刘少奇说："既然叫做总检察长，又叫了个'监督'，好像不要'检察'了。检察机关只有决定逮捕之权和控诉之权，没有审判之权。它的权力很大，但也有一定的限制。"黄炎培提问："检察机关和监察委员会之间的职权划分有什么区别？"董必武解释道："监委会行使的是行政监察。它的主要任务是对财经方面实行监督。一般的行政处分也归它管。至于一个人是否犯了罪，就是检察机关的事情了。"邓小平也说："监委会行使监察职权的范围基本上是国家机关工作人员。它的主要职权是对财政金融实行监督，对于公务人员是否遵守纪律，也实行监督。"①

关于"检察"和"监督"的差异，韩大元教授收集的材料中对会议讨论情况进行了介绍：

钱端升：在召集人会议上有人主张把"检察"改为"监督"，多数人主张还是用"检察"。

李烛尘：既然叫做总检察长，也就可以行使最高"检察"职权。

刘少奇：既然叫做总检察长，又叫了个"监督"，好像不要"检察"了。检察机关只有决定逮捕之权和控诉之权，没有审判之权。它的权力很大，但也有一定的限制。

黄炎培：还是用"检察"好。在检察的对象中，国务院是否包括在内？

邓小平：不包括在内。

黄炎培："国家机关"是否包括全国人民代表大会？

刘少奇：不包括。全国人民代表大会代表、全国人民代表大会常务委员会委员和中华人民共和国主席、国务院总理、副总理犯了法要经过常务委员会批准，检察机关才能办。

邓小平：这一条的"国家机关"是指的工作人员。

---

① 许崇德：《中华人民共和国宪法史》，福建人民出版社2005年版，第131页。

黄炎培：国务院的一个副总理犯了法，怎么办？

邓小平：副总理犯了法，总检察长可以提到全国人民代表大会或者常务委员会，逮捕不逮捕也决定于全国人民代表大会或常务委员会。

刘少奇：假如一个副总理打死了人，常务委员会可以免掉他的职。然后再按普通公民处理。

邓小平：副总理犯罪，可以有两种，一种是职务内的罪，一种是个人的罪，属于个人的犯罪行为，应当按照普通公民处理，不能说成是副总理犯了罪。①

从上述讨论来看，其对监察问题的看法主要是附带讨论，而没有专门考虑监察机关的规定。

由于1954年宪法没有规定监察机关，所以，1975年宪法和1978年宪法也没有专门规定。

1982年宪法第八十九条规定，国务院有"领导和管理民政、公安、司法行政和监察等工作"的职权；第一百零七条规定，县级以上地方各级人民政府，也有管理本行政区域内监察工作的职权。这些规定为我国行政监察组织恢复运转提供了宪法依据。从1982年宪法修改过程来看，监察机关成为宪法修改讨论关注的问题。

1981年1月9日至10日在北京举行第二批外地专家学者座谈会。关于恢复国家监察机构的问题，潘念之、张光博、蒋碧昆都主张恢复国家监察机构。他们认为，现在违反党纪有党的纪委管，违反政纪则无人管，而且由党的纪委管政纪是党政不分。潘念之还建议人民代表大会设立监察委员会，此外，还要设立行政法院。因为国家机关和工作人员侵犯人民权利的问题，检察院很难管，应该在中央、省一级设立行政法院处理人民的控诉，也可考虑在人民法院设行政法庭。②

在宪法修改委员会全体会议讨论时，在讨论有关国务院的条文中，刘澜涛说，监察放在国务院职权第十六项里。③

---

① 韩大元编著：《1954年宪法与中国宪政》，武汉大学出版社2008年版，第187-188页。
② 许崇德：《中华人民共和国宪法史》，福建人民出版社2005年版，第374页。
③ 许崇德：《中华人民共和国宪法史》，福建人民出版社2005年版，第432页。

不过,1982年宪法修改对监察机关的讨论从现有文献来看并不多。

随着国家监察体制改革的展开,1982年宪法规定已经不适应现实需要,因此,监察宪法的修改就成为考虑的议题。从历史来看,其大致经历了两个阶段:一是全国人大常委会授权试点阶段;二是宪法修改阶段。在此过程中,监察宪法修改路径逐渐清晰。不过,在国家监察体制改革试点过程中,虽然通过全国人大常委会授权决定赋予了合法性,但是存在一定的宪法缺陷,因为监察委员会并不是宪法所确定的国家机关,因此,宪法修改成为必然选项。从2017年9月29日决定启动宪法修改工作开始至2018年3月11日通过宪法修正案,经过了将近半年的时间。这一次宪法修改在新中国宪法史上是非常重要的,其中,增加了监察委员会规定。

（一）全国人大常委会授权试点阶段

全国人大常委会针对国家监察体制改革试点工作的授权决定有两个:一是2016年12月25日,第十二届全国人大常委会第二十五次会议通过《全国人民代表大会常务委员会关于在北京市、山西省、浙江省开展国家监察体制改革试点工作的决定》;二是2017年11月4日,第十二届全国人大常委会第三十次会议通过《全国人民代表大会常务委员会关于在全国各地推开国家监察体制改革试点工作的决定》。

1.《全国人民代表大会常务委员会关于在北京市、山西省、浙江省开展国家监察体制改革试点工作的决定》

该决定是根据党中央确定的《关于在北京市、山西省、浙江省开展国家监察体制改革试点方案》所制定的,其有以下内容:

（1）在北京市、山西省、浙江省及所辖县、市、市辖区设立监察委员会,行使监察职权。将试点地区人民政府的监察厅（局）、预防腐败局及人民检察院查处贪污贿赂、失职渎职以及预防职务犯罪等部门的相关职能整合至监察委员会。试点地区监察委员会由本级人民代表大会产生。监察委员会主任由本级人民代表大会选举产生;监察委员会副主任、委员,由监察委员会主任提请本级人民代表大会常务委员会任免。监察委员会对本级人民代表大会及其常务委员会和上一级监察委员会负责,并接受监督。

（2）试点地区监察委员会按照管理权限，对本地区所有行使公权力的公职人员依法实施监察；履行监督、调查、处置职责，监督检查公职人员依法履职、秉公用权、廉洁从政以及道德操守情况，调查涉嫌贪污贿赂、滥用职权、玩忽职守、权力寻租、利益输送、徇私舞弊以及浪费国家资财等职务违法和职务犯罪行为并作出处置决定，对涉嫌职务犯罪的，移送检察机关依法提起公诉。为履行上述职权，监察委员会可以采取谈话、讯问、询问、查询、冻结、调取、查封、扣押、搜查、勘验检查、鉴定、留置等措施。

（3）在北京市、山西省、浙江省暂时调整或者暂时停止适用《中华人民共和国行政监察法》，《中华人民共和国刑事诉讼法》（简称《刑事诉讼法》）第三条、第十八条、第一百四十八条以及第二编第二章第十一节关于检察机关对直接受理的案件进行侦查的有关规定，《中华人民共和国人民检察院组织法》第五条第二项，《中华人民共和国检察官法》第六条第三项，《中华人民共和国地方各级人民代表大会和地方各级人民政府组织法》第五十九条第五项关于县级以上的地方各级人民政府管理本行政区域内的监察工作的规定。其他法律中规定由行政监察机关行使的监察职责，一并调整由监察委员会行使。

从其规定来看，其涉及监察委员会的设立、监察委员会的职权和措施、法律调整办法。

2.《全国人民代表大会常务委员会关于在全国各地推开国家监察体制改革试点工作的决定》

该决定是根据党中央确定的《关于在全国各地推开国家监察体制改革试点方案》而作出的。其主要有以下内容：

（1）在各省、自治区、直辖市、自治州、县、自治县、市、市辖区设立监察委员会，行使监察职权。将县级以上地方各级人民政府的监察厅（局）、预防腐败局和人民检察院查处贪污贿赂、失职渎职以及预防职务犯罪等部门的相关职能整合至监察委员会。监察委员会由本级人民代表大会产生。监察委员会主任由本级人民代表大会选举产生；监察委员会副主任、委员，由监察委员会主任提请本级人民代表大会常务委员会任免。监察委员会对本级人民代表大会及其常务委员会和上一级监察委员会负责,并接受监督。

(2) 监察委员会按照管理权限,对本地区所有行使公权力的公职人员依法实施监察;履行监督、调查、处置职责,监督检查公职人员依法履职、秉公用权、廉洁从政以及道德操守情况,调查涉嫌贪污贿赂、滥用职权、玩忽职守、权力寻租、利益输送、徇私舞弊以及浪费国家资财等职务违法和职务犯罪行为并作出处置决定;对涉嫌职务犯罪的,移送检察机关依法提起公诉。为履行上述职权,监察委员会可以采取谈话、讯问、询问、查询、冻结、调取、查封、扣押、搜查、勘验检查、鉴定、留置等措施。

(3) 在试点工作中,暂时调整或者暂时停止适用《中华人民共和国行政监察法》,《中华人民共和国刑事诉讼法》第三条、第十八条、第一百四十八条以及第二编第二章第十一节关于检察机关对直接受理的案件进行侦查的有关规定,《中华人民共和国人民检察院组织法》第五条第二项,《中华人民共和国检察官法》第六条第三项,《中华人民共和国地方各级人民代表大会和地方各级人民政府组织法》第五十九条第五项关于县级以上的地方各级人民政府管理本行政区域内的监察工作的规定。其他法律中规定由行政监察机关行使的监察职责,一并调整由监察委员会行使。

从其规定来看,其也涉及监察委员会的设立、监察职权和法律调整。

对于上述两个决定,学界主要关注其合法性问题。一种观点认为,国家监察体制改革具有合法性。有学者认为:"试点决定没有直接的宪法依据,其合宪性只能从《立法法》第十三条的规定中推定。"[1]还有学者认为:"由全国人大授权开展改革试点,在宪法学理论上有充足的解释空间,由全国人大常委会授权也同样具备相应的合宪性解释空间。"[2]另一种观点认为,国家监察体制改革存在合法性缺陷。有学者认为:"从目前的监察体制试点改革方案与宪法相关规定两相对照可以发现,不论从宪法的文

---

[1] 朱福惠、张晋邦:《监察体制改革与宪法修改之学理阐释》,《四川师范大学学报(社会科学版)》2017 年第 3 期。

[2] 焦洪昌、古龙元:《从全国人大常委会授权看监察体制改革》,《行政法学研究》2017 年第 4 期。

义解释,还是从国家机构的实际职能分工来看,目前的改革方案显然与宪法规范并不一致。"①之所以会产生如此大的分歧,就在于虽然《立法法》对全国人大常委会授权改革试点,但是这种试点授权只能解决合法性问题,而不能解决合宪性问题。② 因为宪法已经明确了监察职权的归属主体,在修改宪法之前,调整监察职权隶属主体,就存在一定的合宪性缺陷。当然,上述两个决定并没有直接停止宪法规定,而是停止相关法律规定,而这些法律规定的内容和宪法规定相同。所以,暂时中止法律规定的做法从形式上看并不存在合法性问题,但是在实质上可能存在一定的缺陷。正因为如此,宪法修改是必然的结果。

(二) 宪法修改阶段

随着宪法修改工作的启动,监察问题就成为宪法修改的重要课题。

2018年1月26日,中国共产党中央委员会向全国人大常委会提出《中国共产党中央委员会关于宪法修改部分内容的建议》。其中有多项涉及监察委员会修改内容。其内容如下:

六、宪法第三条第三款:"国家行政机关、审判机关、检察机关都由人民代表大会产生,对它负责,受它监督。"修改为:"国家行政机关、监察机关、审判机关、检察机关都由人民代表大会产生,对它负责,受它监督。"

十、宪法第六十二条"全国人民代表大会行使下列职权"中增加一项,作为第七项"(七)选举国家监察委员会主任",第七项至第十五项相应改为第八项至第十六项。

十一、宪法第六十三条"全国人民代表大会有权罢免下列人员"中增加一项,作为第四项"(四)国家监察委员会主任",第四项、第五项相应改为第五项、第六项。

十二、宪法第六十五条第四款:"全国人民代表大会常务委员会

---

① 任喜荣:《国家机构改革的宪法界限》,《当代法学》2017年第4期。
② 钱宁峰:《论国家监察体制改革的合宪性依据》,《江苏社会科学》2018年第2期。

的组成人员不得担任国家行政机关、审判机关和检察机关的职务。"修改为:"全国人民代表大会常务委员会的组成人员不得担任国家行政机关、监察机关、审判机关和检察机关的职务。"

十三、宪法第六十七条"全国人民代表大会常务委员会行使下列职权"中第六项"(六)监督国务院、中央军事委员会、最高人民法院和最高人民检察院的工作"修改为"(六)监督国务院、中央军事委员会、国家监察委员会、最高人民法院和最高人民检察院的工作";增加一项,作为第十一项"(十一)根据国家监察委员会主任的提请,任免国家监察委员会副主任、委员",第十一项至第二十一项相应改为第十二项至第二十二项。

十七、宪法第一百零一条第二款:"县级以上的地方各级人民代表大会选举并且有权罢免本级人民法院院长和本级人民检察院检察长。"修改为:"县级以上的地方各级人民代表大会选举并且有权罢免本级监察委员会主任、本级人民法院院长和本级人民检察院检察长。"

十八、宪法第一百零三条第三款:"县级以上的地方各级人民代表大会常务委员会的组成人员不得担任国家行政机关、审判机关和检察机关的职务。"修改为:"县级以上的地方各级人民代表大会常务委员会的组成人员不得担任国家行政机关、监察机关、审判机关和检察机关的职务。"

十九、宪法第一百零四条中"监督本级人民政府、人民法院和人民检察院的工作"修改为"监督本级人民政府、监察委员会、人民法院和人民检察院的工作"。这一条相应修改为:"县级以上的地方各级人民代表大会常务委员会讨论、决定本行政区域内各方面工作的重大事项;监督本级人民政府、监察委员会、人民法院和人民检察院的工作;撤销本级人民政府的不适当的决定和命令;撤销下一级人民代表大会的不适当的决议;依照法律规定的权限决定国家机关工作人员的任免;在本级人民代表大会闭会期间,罢免和补选上一级人民代表大会的个别代表。"

二十、宪法第一百零七条第一款："县级以上地方各级人民政府依照法律规定的权限，管理本行政区域内的经济、教育、科学、文化、卫生、体育事业、城乡建设事业和财政、民政、公安、民族事务、司法行政、监察、计划生育等行政工作，发布决定和命令，任免、培训、考核和奖惩行政工作人员。"修改为："县级以上地方各级人民政府依照法律规定的权限，管理本行政区域内的经济、教育、科学、文化、卫生、体育事业、城乡建设事业和财政、民政、公安、民族事务、司法行政、计划生育等行政工作，发布决定和命令，任免、培训、考核和奖惩行政工作人员。"

二十一、宪法第三章"国家机构"中增加一节，作为第七节"监察委员会"；增加五条，分别作为第一百二十三条至第一百二十七条。内容如下：

第七节　监察委员会

第一百二十三条　中华人民共和国各级监察委员会是国家的监察机关。

第一百二十四条　中华人民共和国设立国家监察委员会和地方各级监察委员会。

监察委员会由下列人员组成：

主任，

副主任若干人，

委员若干人。

监察委员会主任每届任期同本级人民代表大会每届任期相同。国家监察委员会主任连续任职不得超过两届。

监察委员会的组织和职权由法律规定。

第一百二十五条　中华人民共和国国家监察委员会是最高监察机关。

国家监察委员会领导地方各级监察委员会的工作，上级监察委员会领导下级监察委员会的工作。

第一百二十六条　国家监察委员会对全国人民代表大会和全国

人民代表大会常务委员会负责。地方各级监察委员会对产生它的国家权力机关和上一级监察委员会负责。

第一百二十七条　监察委员会依照法律规定独立行使监察权,不受行政机关、社会团体和个人的干涉。

监察机关办理职务违法和职务犯罪案件,应当与审判机关、检察机关、执法部门互相配合,互相制约。

第七节相应改为第八节,第一百二十三条至第一百三十八条相应改为第一百二十八条至第一百四十三条。

上述内容涉及宪法多处条文,既有增加,也有删除,更有补充。

2018年1月29日至30日,第十二届全国人大常委会召开第三十二次会议,会议通过了《中华人民共和国宪法修正案(草案)》。该修正案草案涉及监察委员会规定列举如下:

第三十七条　宪法第三条第三款:"国家行政机关、审判机关、检察机关都由人民代表大会产生,对它负责,受它监督。"修改为:"国家行政机关、监察机关、审判机关、检察机关都由人民代表大会产生,对它负责,受它监督。"

第四十一条　宪法第六十二条"全国人民代表大会行使下列职权"中增加一项,作为第七项"(七)选举国家监察委员会主任",第七项至第十五项相应改为第八项至第十六项。

第四十二条　宪法第六十三条"全国人民代表大会有权罢免下列人员"中增加一项,作为第四项"(四)国家监察委员会主任",第四项、第五项相应改为第五项、第六项。

第四十三条　宪法第六十五条第四款:"全国人民代表大会常务委员会的组成人员不得担任国家行政机关、审判机关和检察机关的职务。"修改为:"全国人民代表大会常务委员会的组成人员不得担任国家行政机关、监察机关、审判机关和检察机关的职务。"

第四十四条　宪法第六十七条"全国人民代表大会常务委员会行使下列职权"中第六项"(六)监督国务院、中央军事委员会、最高人民法院和最高人民检察院的工作"修改为"(六)监督国务院、中央军事委员会、国家监察委员会、最高人民法院和最高人民检察院的工作";增加一项,作为第十一项"(十一)根据国家监察委员会主任的提请,任免国家监察委员会副主任、委员",第十一项至第二十一项相应改为第十二项至第二十二项。

第四十六条　宪法第八十九条"国务院行使下列职权"中第六项"(六)领导和管理经济工作和城乡建设"修改为"(六)领导和管理经济工作和城乡建设、生态文明建设";第八项"(八)领导和管理民政、公安、司法行政和监察等工作"修改为"(八)领导和管理民政、公安、司法行政等工作"。

第四十八条　宪法第一百零一条第二款:"县级以上的地方各级人民代表大会选举并且有权罢免本级人民法院院长和本级人民检察院检察长。"修改为:"县级以上的地方各级人民代表大会选举并且有权罢免本级监察委员会主任、本级人民法院院长和本级人民检察院检察长。"

第四十九条　宪法第一百零三条第三款:"县级以上的地方各级人民代表大会常务委员会的组成人员不得担任国家行政机关、审判机关和检察机关的职务。"修改为:"县级以上的地方各级人民代表大会常务委员会的组成人员不得担任国家行政机关、监察机关、审判机关和检察机关的职务。"

第五十条　宪法第一百零四条中"监督本级人民政府、人民法院和人民检察院的工作"修改为"监督本级人民政府、监察委员会、人民法院和人民检察院的工作"。

第五十一条　宪法第一百零七条第一款:"县级以上地方各级人民政府依照法律规定的权限,管理本行政区域内的经济、教育、科学、文化、卫生、体育事业、城乡建设事业和财政、民政、公安、民族事务、司法行政、监察、计划生育等行政工作,发布决定和命令,任免、培训、考核和奖惩行政工作人员。"修改为:"县级以上地方各级人民政府依照法律规定的权限,管理本行政区域内的经济、教育、科学、文化、卫生、体育事业、城乡建设事业和财政、民政、公安、民族事务、司法行

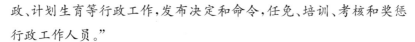

政、计划生育等行政工作,发布决定和命令,任免、培训、考核和奖惩行政工作人员。"

第五十二条　宪法第三章"国家机构"中增加一节,作为第七节"监察委员会";增加五条,分别作为第一百二十三条至第一百二十七条。内容如下:

第七节　监察委员会

第一百二十三条　中华人民共和国各级监察委员会是国家的监察机关。

第一百二十四条　中华人民共和国设立国家监察委员会和地方各级监察委员会。

监察委员会由下列人员组成:

主任,

副主任若干人,

委员若干人。

监察委员会主任每届任期同本级人民代表大会每届任期相同。国家监察委员会主任连续任职不得超过两届。

监察委员会的组织和职权由法律规定。

第一百二十五条　中华人民共和国国家监察委员会是最高监察机关。

国家监察委员会领导地方各级监察委员会的工作,上级监察委员会领导下级监察委员会的工作。

第一百二十六条　国家监察委员会对全国人民代表大会和全国人民代表大会常务委员会负责。地方各级监察委员会对产生它的国家权力机关和上一级监察委员会负责。

第一百二十七条　监察委员会依照法律规定独立行使监察权,不受行政机关、社会团体和个人的干涉。

监察机关办理职务违法和职务犯罪案件,应当与审判机关、检察机关、执法部门互相配合,互相制约。

第七节相应改为第八节,第一百二十三条至第一百三十八条相应改为第一百二十八条至第一百四十三条。

从上述条文来看,中国共产党中央委员会关于修改宪法的建议和全国人大常委会通过的宪法修正案草案完全一致。

2018年3月5日,第十三届全国人大常委会副委员长兼秘书长王晨在第十三届全国人民代表大会第一次会议上作关于《中华人民共和国宪法修正案(草案)》的说明。在审议过程中,普遍赞同设立监察委员会的安排。2018年3月11日,第十三届全国人民代表大会第一次会议通过《中华人民共和国宪法修正案》,并公布施行。从修正案正式条文来看,涉及监察委员会规定和全国人大常委会拟定的宪法修正案草案也完全一致。从宪法规定来看,其第三章"国家机构"第七节第一百二十三条至第一百二十七条规定监察委员会,内容涉及监察委员会的性质、组成人员和任期、法律保障、监察委员会领导体制、监察委员会与人大关系、职权行使。

在宪法修改过程中,其主要关注宪法是否需要修改以及宪法修改的内容。关于宪法是否需要修改的问题,其主要关注通过不修宪设立监察委员会是否可行。一种观点认为,不修宪也可以设立监察委员会。有学者认为:"人民代表大会是人民行使权力的最高机关,人民代表大会可以制定有关国家机构方面的基本法律等。因此,人民代表大会授权或者通过制定《国家监察法》设立国家监察委员会是可行的。"[①]另一种观点认为,必须通过修宪才能设立监察委员会。有学者认为:"全国人大并不具有构建新的权力单元的职权,无论是通过授权还是通过制定基本法律。"[②]通常认为,监察委员会设立必须通过宪法规定才能确定其合宪性,因此宪法修改是最终方案,因为宪法正文已经明确了监察职权,不通过宪法修改,单独通过法律设立监察委员会,必然造成法律与宪法明文规定相抵触,更何况不符合宪法精神。

---

① 马怀德:《国家监察体制改革的重要意义和主要任务》,《国家行政学院学报》2016年第6期。

② 林彦:《从"一府两院"制的四元结构论国家监察体制改革的合宪性路径》,《法学评论》2017年第3期。

第四节　监察宪法比较研究

由上可见,监察宪法始终存在,并不因为政权更迭而消失。其关键在于,监察权安排必须适应宪法体制安排。从比较宪法角度来看,虽然监察问题越来越受到宪法的关注,但是由于不同国家对监察问题的认识不同,因此在体制安排上就出现了各种监察形式,如议会监察、行政监察、司法监察等等。就我国近代以来监察宪法演进过程来看,其大致存在一个从监察院到监察委员会的发展过程。如果说监察院受到了域外宪法观念的影响,那么,监察委员会的设立则更多地体现了本土观念的影响,因为监察委员会的职权从形式上看没有取消人大监督权。这是新中国监察宪法有别于南京国民政府时期监察宪法最突出的差异之处。尽管随着2018年宪法修正案的公布实施,监察宪法规定在相当长时期内不会有大的变化,但是从宪法角度来认识监察宪法却仍然是一个新的课题。

一、代议机关和监察机关的比较研究

随着传统监察机关的消失,代议机关取代了传统监察机关,对行政机关和司法机关等公权力机关进行监督。此种做法通常被视为权力彼此制约的典范。然而,从历史来看,由于民国时期监察院监察委员和立法委员相互独立,监察委员在性质上仍然是民意代表,监察委员和立法委员合并才是民意机构的完整代表。因此,其并不存在监察委员和立法委员在监督权上的冲突问题。在这种情况下,监察委员当然可以对立法委员进行调查监督。新中国时期,从形式上看采用了共同纲领时期人民监察委员会模式和宪法时期行政监察模式,但是这两种模式在性质上均是行政监察。虽然其有监察名义,但是本质上属于行政督察。行政监察机关只能监督行政机关及其公务人员,而不能监督代表机关。相反,代表机关可以监督行政机关,包括行政监察机关。从宪法逻辑来看,其仍然具有权力制约的特点。随着国家监察体制改革的展开,上述做法随着监察委员会的

设立而产生了本质的差别。根据宪法的规定,人大及其常委会对监察委员会组成人员具有选举、罢免、任免等项权力。同时,监察委员会负其责任。但是由于监察委员会可以对人大及其常委会机关公职人员进行监察,因此,出现了人大及其常委会监督监察委员会,可能同时出现监察委员会对人大及其常委会机关进行监察的局面。但在理论上可以认为监察委员会是对人的监察,而不是对机关的监察。从目前来看,通常认为在人大代表和人大常委会组成人员符合一定条件和程序情况下可以由监察委员会进行监察。从理论上来说,监察委员会由于具有调查权,因此其可以对人大代表和人大常委会组成人员的违法犯罪行为进行调查,但是监察权的行使需要在完成相关许可程序后才能进行。因此,从形式上,代议机关和监察机关在许多方面存在交叉的可能性,在一定程度上模糊了权力界限。其暗合了传统权力混合的构造,因为传统监察机关虽然存在专门机构,但是在传统政治体制下,监察权并不为传统监察机关单独拥有。

二、行政机关和监察机关的比较研究

从历史来看,古代监察机关相对独立于行政机关和军事机关等国家机关。进入近代以来,随着代议机关主导监督的格局形成,监察机关事实上就不复存在。不过,袁世凯主政时期则将肃政厅置于平政院之下,同时,肃政史直接隶属于大总统。在这种情况下,代议机关监督权又转移到国家元首之中,因为根据《中华民国约法》规定,没有设立代议机关,而只有专门的立法机关立法院。这种做法实际上反映了当时人们对国家监督职能的基本认识,要么属于代议机关,要么属于行政机关。正因为如此,南京国民政府时期,行政机关虽然具有行政督察权,但是其只限于行政系统。即使在新中国时期,虽然具有监察之名义,但是人民监察委员会和监察部均属于行政机关,行政机关和监察机关融合在一起。由于监察委员会的设立,行政机关和监察机关开始分离,但是其并没有如监察院那样将监察委员会视为一个民意机关,而是一个类似于行政机关性质的监察机关,因为其具有职务违法犯罪调查权力。这就意味着监察委员会采用了监察院独立于立法院的模式,但是在运作方式上采用了行政机关的做法。实际上,监察院虽然历史上职权多有变化,但是其主要有代议机关的弹劾权,但是随着形势的发展,监察委员除了弹劾权,也开始具有纠举权、纠正权。这意味着作为代议机关的监察院开始具有行政权力,从而使监察院既有代议机关的形式,又有行政机关的权力。而监察委员会在一定程度上也具有类似的情况。需要注意的是,传统监察机关除了对行政机关进行监督之外,也对军事机关进行监督。但是,在现行宪法体制下,监察委员会与中央军事委员会之间的关系也必须充分考虑。虽然《监察法》对中央军事委员会进行了授权,但是监察委员会对军事领域的监察也不同于古代和近代监察模式。

三、司法机关和监察机关的比较研究

传统监察机关具有调查和处理案件的权力。近代的肃政史和监察委员只有调查和弹劾的权力,但是并不具有惩戒和审判的权力。而新中国时期,行政监察机关则通常只有调查权,以及有限的行政处分权力。而监察委员会既有调查权,也有处分权,但是其没有审判权力。因此,监察委员会虽然具有职务犯罪调查权,但是这种调查权本质上仍然是行政权,而不是审判权。我国对违法调查权和犯罪调查权作了严格区分,才导致了监察委员会是否属于司法机关的争议。因此,监察委员会虽然不具有传统监察机关参与审判的权力,但是其拥有了调查和惩戒的权力,显然是一种非常独特的权力构造。

第四章 监察组织立法

监察组织是监察活动的基本载体。因此,监察立法通常首先规定监察组织。监察组织涵盖机构、人员、职责和设施等内容。组织法是现代法律体系的重要组成部分,监察组织法也是监察立法的相对独立部分。这就有必要对监察组织立法进程及其规律进行深入研究。本章内容主要包括监察机构、监察人员、监察职权、监察会议、监察领导体制、派出监察机构、监察规则。

第一节 监察机构

监察机构是监察机关的内部组织。任何监察机关都由监察机构组成。由于不同时期监察机关组织结构不同,因此,监察机构设置也会有一定的差异。监察机构是否在立法中予以规定,以及如何规定是监察组织法需要考虑的重要课题。

一、古代监察机构规定

中国古代监察组织体系大体经历了从御史台到都察院的演变过程,始终自成一体,独立于行政组织体系和军事组织体系之外。古代监察机构规定不多。这里介绍史书记载的御史台监察机构和都察院监察机构。

(一)御史台监察机构

御史台设立以来,其下设机构历代多有变迁。不过,史书记载似乎不多。

唐代御史台曾设台院、殿院和察院三院。《新唐书》记载:"其属有三院:一曰台院,侍御史隶焉。二曰殿院,殿中侍御史隶焉。三曰察院,监察御史隶焉。"①

宋代御史台也曾设台院、殿院和察院三院。《宋史》同样记载:"其属有三院:一曰台院,侍御史隶焉;二曰殿院,殿中侍御史隶焉;三曰察院,监察御史隶焉。"②

元代御史台曾设殿中司和察院。一是"殿中司,殿中侍御史二员,正四品。至元五年(1339年)始置,秩正七品,后升正四品。凡大朝会,百官班序,其失仪失列,则纠罚之;在京百官到任假告事故,出三日不报者,则纠举之;大臣入内奏事,则随以入,凡不可与闻之人,则纠避之。知班四人,通事、译史各一人"③。二是"察院,秩正七品。监察御史三十二员。司耳目之寄,任刺举之事。至元五年,始置御史十一员,悉以汉人为之。八年,增置六员。十九年,增置一十六员,始参用蒙古人为之。至元二十二年,参用南儒二人。书吏三十二人"④。

上述文献记载基本上反映了御史台的内部机构设置情况。

(二)都察院监察机构

洪武十四年(1381年),朱元璋将御史台改为都察院,为正七品衙门。都察院出现以来,其下设机构有所变化。明代都察院下设机构并不清楚。史书记载,洪武"二十九年,置照磨所照磨、检校"⑤。由此可知,都察院下设有照磨所。清代"都察院有经历厅、都事二厅和值月处、督催所,承办院内行政事务"⑥。上述机构都是都察院的办事机构,而不像御史台那样下设三院或者二院。其反映了都察院监察机构的特点。

---

① 《新唐书》卷四十八《百官志三》。
② 《宋史》卷一百六十四《职官志四》。
③ 《元史》卷八十六《百官志二》。
④ 《元史》卷八十六《百官志二》。
⑤ 《大明会典》卷二百零九。
⑥ 焦利著:《清代监察法及其效能分析》,法律出版社2018年版,第69页。

二、国民政府时期监察机构规定

国民政府时期,监察院组织法对监察院内设机构作了细致规定。这里介绍典型的监察院组织法相关规定。

(一) 1925年7月17日《国民政府监察院组织法》监察院机构规定

1. 内设机构及其职掌。

监察院分设五个局及一个政治宣传科。除政治宣传科另由中国国民党派一人处理事务外,余均由监察委员五人分任。各局事务如下:第一局,掌理总务及吏治事宜;第二局,掌理训练及审计事宜;第三局,监查邮电及运输事宜;第四局,监查税务及货币事宜;第五局,掌理密查及检察事宜。政治宣传科,专理宣传"本党主义"(国民党新三民主义)及指导各党员与官吏遵守党规。① 其先规定各机构名称,再分别列举各机构职掌。

2. 内设机构下设机构及其职掌。

第一局分设下列诸科:(1) 总务,掌理本院文书、会计、庶务及其他不属各科之事务。(2) 吏治科,包括考察各官吏之称职与渎职,以便升降;调查各大学及专门学校之人才,以便荐举;建立考试制度,以求政府各种适当人才。②

第二局分设下列诸科:(1) 训练科。训练科职任为使各行政职员能熟悉其所任事务之真确性质,并以有效之方法执行,职员为实现此项目的,须开设夜校召集会议以及个人谈话,公开宣传等。(2) 审计科。审查各机关所用之簿记方法是否遵守训练科所议定统一方式。审计科有审核政府一切机关各项收支之权。审计科设科长一人为审计长,文牍一人,出外审计员四人,书记二人,什役二人。审计科派员亲赴各地各机关审查账项。在广州市内,各机关至少一月审查一次。在广州市外各地,各机关至少三月派员审查一次。审查后,审计科即将一切经过情形报告于监察院。

---

① 1925年7月17日《国民政府监察院组织法》第四条。
② 1925年7月17日《国民政府监察院组织法》第五条。

无论任何机关,均须开列职员俸给表,送交审计科备案。及后如有新委职员,亦宜随时报告,以便稽核。审计科存有各机关职员俸给表一份,以备核对。审计科有权查核各机关职员所领俸薪,是否依照审定俸给表发给。当审计科派员审核各机关时,如遇有怀疑及质问,无论任何高级官吏应即予以圆满之答复。倘经审计科查出舞弊事情,应即报告监察院,再由监察院起诉于惩吏院依法办理之。①

第三局分设下列诸科:(1) 邮电科,调查政府所属邮政、电报及电话等局状况,以期收迅速之效。(2) 运输科,调查政府所管理之铁路、航政所用之材料。②

第四局分设下列诸科:(1) 税务科,调查田赋、税契、盐务、海关及其他税项。(2) 货币科,调查银币铸造及中外纸币发行之情况。③

第五局分设下列诸科:(1) 密查科,密查各机关所发生之非法案件而报告之。(2) 检查科,搜集各官吏舞弊渎职违令及滥费公家财产等案件之证据,以起诉于惩吏院。检查科科长须富有法律的学识及经验者方可任之。④

其规定"局"下设"科",进一步明确各科职掌。

3. 内设机构下设机构人员任免。

每科设科长一名,须富有专门学识及经验者方可任之。视各事务之繁简,得设科员若干人,雇员若干人。各科长由本院委员会任之。各科员及雇员由局主任分别委任之。⑤ 其规定各科科长、科员、雇员的名称、数量、资格、任免方式。

(二) 1925 年 9 月 30 日《修正国民政府监察院组织法》监察院机构规定

1. 内设机构。监察院共设三个局、一个政治宣传科和一个秘书处。其组织如下:(1) 第一局,分设下列二科:考试科;实业科。考试科下设二

---

① 1925 年 7 月 17 日《国民政府监察院组织法》第六条。
② 1925 年 7 月 17 日《国民政府监察院组织法》第七条。
③ 1925 年 7 月 17 日《国民政府监察院组织法》第八条。
④ 1925 年 7 月 17 日《国民政府监察院组织法》第九条。
⑤ 1925 年 7 月 17 日《国民政府监察院组织法》第十条、第十一条。

股,实业科下设二股。(2)第二局,分设下列二科:审计科;财政科。审计科下设五股,财政科下设三股。(3)第三局,分设下列二科:吏治科;训练科。吏治科下设二股,训练科下设三股。(4)秘书处,秘书处分设文书股、会计股、庶务股三股及法官一人。(5)政治宣传科。此科由中国国民党中央执行委员会派员组织之。① 其规定各机构,特别是组织架构,"局"下设"科","科"下设"股",各"局""科""股"均有数量,不再规定"局"的职掌。

2. 内设机构组成人员和任免方式。各局设局长一人,由监察委员兼任之;局长室各设书记一人。各科设科长一人,科员若干人。秘书处设书记长一人,法官一人,科员若干人。书记长、科长由本院荐任之,各科员由本院委任之。各科及秘书处因缮写文件,助理庶务,得酌用雇员。② 其规定局长、书记、科长、科员、雇员的名称、人数、任免方式。

3. 内设机构职掌。监察院各局之职务分掌如下:

(1)第一局。考试科:包括关于专门人才之登用事项;关于官吏资格之审查事项;关于考试制度之制定事项;关于各种考试之监察事项。实业科:包括关于交通事业之监察事项;关于农、工、商、矿、林业、公用等之监察事项。

(2)第二局。审计科:包括关于国库收支预算之审查事项;关于国库收支决算之审查事项;关于国库收支事务之监察事项;关于监收公共工程及官业公产投票之监视事项;关于国库收支统计之编成事项。财政科:包括关于租税制度之审查及税务行政之监察事项;关于公债条例之审查暨整理发行之监察事项;关于官产公产之调查及监察事项;关于金融事业之监察事项。

(3)第三局。吏治科:包括关于官吏行为之监察事项;关于官吏治绩之考成事项。训练科:包括关于行政官吏之指导及训练事项;关于特种官吏之养成事项;关于官厅簿记、册籍、公牍程式之编订事项;关于监察事业之宣传事项。

---

① 1925年9月30日《修正国民政府监察院组织法》第十三条。
② 1925年9月30日《修正国民政府监察院组织法》第十四条、第十五条、第十六条、第十七条、第十八条。

(4) 秘书处，包括关于院印之保管事项；关于文件之收发事项；关于文书之撰拟及综核事项；关于会议之记录及编纂事项；关于金钱之出纳及保管事项；关于用具采买、供给、院舍之营缮、整理，什役之进退、调度等事项；关于预审及起诉事项。①

其规定第一局、第二局、第三局分科及各科职掌，同时明确秘书处职掌。

(三) 1926 年 10 月 4 日《修正国民政府监察院组织法》监察院机构规定

1. 内设机构。监察院置秘书处及下列各科：秘书处承委员会之命，处理印信、记录编撰、文书收发、文书综阅、庶务及其他不属于各科事务。各科承委员会之命办理下列事务：(1) 第一科，关于考查各种行政事务。(2) 第二科，关于稽核中央及地方财政收入支出及统一官厅簿记表册事项。(3) 第三科，关于弹劾官吏违法及提行政诉讼事项。(4) 第四科，关于审判官吏惩戒处分及行政诉讼事项。② 其规定秘书处职掌和各科职掌，在组织上取消了局的设置。

2. 内设机构人员和任免方式。监察院置秘书长一人，科长四人，分管秘书处及各科事务。秘书处及各科设科员若干人，并得视事务之繁简分股办事。监察院得因必要置监察员若干人，逐日分赴行政、司法各机关调查。秘书长、科长、监察员由监察院委员委任之，其余职员由监察院委员分别委任之。监察院因缮写文件，助理庶务，得酌用雇员。③ 其规定秘书长、科长、监察员、科员、雇员的任免方式。

(四) 1928 年 10 月 20 日《监察院组织法》监察院机构规定

监察院内置下列各处：秘书处；参事处。秘书处置下列各职员：(1) 秘书长一人，简任；(2) 秘书六至十人，其中四人简任，余荐任；(3) 科

---

① 1925 年 9 月 30 日《修正国民政府监察院组织法》第十九条。
② 1926 年 10 月 4 日《修正国民政府监察院组织法》第七条。
③ 1926 年 10 月 4 日《修正国民政府监察院组织法》第八条、第九条、第十条、第十一条、第十二条。

员十人至二十人,委任。秘书处掌下列事项:关于文书、收发、编制及保管事项;关于文书分配事项;关于文件之撰拟及翻译事项;关于典守印信事项;关于会计、庶务事项;其他不属于参事处主管事项。参事处置参事四人至六人,简任。参事处掌撰拟、审核关于监察之法律、命令事项。① 其规定秘书处和参事处人员人数、任免方式、主管事项,不再分科设置。

(五)1932年6月24日《监察院组织法》监察院机构规定

1. 内设机构。监察院内置下列各处:秘书处;参事处。秘书处掌下列事项:关于文书、收发、编制及保管事项;关于文书分配事项;关于文件之撰拟及翻译事项;关于典守印信事项;关于庶务、会计事项;其他不属于参事处之事项。参事处掌下列事项:撰拟审核关于监察之法案、命令事项;院长交办事项。② 其规定秘书处和参事处主管事项。

2. 内设机构人员和任免方式。监察院院长总理院务。监察院置秘书长一人,参事四人至六人,简任;秘书六人至十人,其中四人简任,余荐任;科员十人至二十人,委任。监察院得酌用雇员。③ 其规定秘书长、参事、秘书、科员、雇员人数和任免方式。

(六)1948年6月5日《监察院组织法》监察院机构规定

1. 委员会组织。监察院得分设委员会,其组织另以法律定之。④ 其规定委员会这种组织形式。

2. 秘书处职掌。监察院设秘书处,其职掌如下:关于会议记录事项;关于派查案件及搜集有关资料事项;关于文书收发及保管事项;关于文书分配撰拟及编制事项;关于印信典守事项;关于出纳庶务事项。⑤ 其规定秘书处职掌。

---

① 1928年10月20日《监察院组织法》第十六条、第十七条、第十八条、第十九条、第二十条。
② 1932年6月24日《监察院组织法》第七条、第八条、第九条。
③ 1932年6月24日《监察院组织法》第十条、第十一条、第十二条。
④ 1948年6月5日《监察院组织法》第三条。
⑤ 1948年6月5日《监察院组织法》第十条。

3. 内设机构组成人员。(1) 参事。监察院置参事四人至六人,简任,掌理撰拟审核关于监察之法案命令事项。(2) 秘书、调查专员、科长、速记员、科员、书记官、办事员、雇员、专家委员会。监察院置秘书八人至十二人;其中六人简任或简派,余荐任或荐派。调查专员八人至十六人,其中六人简任,余荐任。科长四人至六人,荐任。速记员二人至四人,其中二人荐任,余委任。科员四十人至五十人,委任,其中十二人得为荐任。书记官二十人至四十人,办事员二十人至四十人,均委任。并得用雇员四十人至六十人。监察院得聘用专门委员会六人至十二人。(3) 会计处、统计室及人事室。监察院设会计处、统计室及人事室,依法律之规定分别办理岁计会计统计及人事事项。会计处置会计长一人,简任。科长二人,荐任。科员四人至六人,委任。并得用雇员四人至六人。统计室置主任一人,荐任。科员二人至四人,委任。并得用雇员二人至四人。人事室置主任一人,荐任。科员三人至六人,助理员二人至四人,均委任。并得用雇员一人或二人。[①] 其规定参事、秘书、调查专员、科长、速记员、科员、书记官、办事员、雇员、专家委员会、会计处、统计室及人事室的人数、任免方式。

三、共同纲领时期监察机构规定

共同纲领时期,监察机关主要有中央人民政府政务院人民监察委员会、大行政区人民政府(军政委员会)人民监察委员会(简称"大行政区监委")、省(行署、市)人民政府人民监察委员会(简称"省监委")、县(市)人民政府人民监察委员会[简称县(市)监委]。同时,各级人民政府组成部门设立人民监察局等。这些监察机关内部均设置相应的监察机构。

(一)《政务院人民监察委员会试行组织条例》政务院人民监察委员会工作机构规定

1. 工作机构。中央人民政府政务院人民监察委员会设下列工作机

[①] 1948年6月5日《监察院组织法》第十一条、第十二条、第十三条。

构,分别掌管监察及通常行政事务。

(1) 第一厅,掌管关于财政、银行、海关、合作、贸易、农业、林垦、水利各机关及其企业部门的监察、纠举及对该各机关或人员控告的处理之事项。

(2) 第二厅,掌管关于各种工业、铁道、邮电、交通、劳动各机关及其企业部门的监察、纠举及对该各机关或人员控告的处理之事项。

(3) 第三厅,掌管关于内务、公安、司法、法制、民族事务、华侨事务、文化、教育、卫生、科学、出版、新闻及不属于第一、第二厅之其他一切机关及其企业部门的监察、纠举及对该各机关或人员控告的处理之事项。

(4) 办公厅,掌管工作检查,会议组织及其他不属于第一、二、三厅之通常行政事项,下设二处:第一处下设秘书、人事、总务三科,分掌各该主管事项。第二处下设研究和编译资料二室,分掌各该主管事项。①

其规定第一厅、第二厅、第三厅、办公厅主管事项。

2. 工作机构人员。中央人民政府政务院人民监察委员会第一、二、三厅各设厅长1人,高级监察专员、中级监察专员、助理监察员各若干人,必要时得分设专员办公室。办公厅设主任1人,专员办公室主任1人,处设处长1人,科设科长1人,研究室、编译资料室各设主任1人,各厅、处、室于必要时,均得设副职。中央人民政府政务院人民监察委员会于必要时,得设顾问及参事。第一、二、三厅及办公厅各设秘书、科员及办事员若干人。中央人民政府政务院人民监察委员会得在中央直属各机关、各国营企业部门、人民团体及新闻机关设置监察通讯员若干人,分别受第一、二、三厅之领导。② 其规定第一厅、第二厅、第三厅、办公厅的人员名称、人数、副职等。

3. 工作机构调整。中央人民政府政务院人民监察委员会之工作机构,于必要时,得请准政务院增、减或合并之。③ 其规定工作机构调整的方式。

---

① 1950年10月24日《政务院人民监察委员会试行组织条例》第六条。
② 1950年10月24日《政务院人民监察委员会试行组织条例》第七条。
③ 1950年10月24日《政务院人民监察委员会试行组织条例》第八条。

第四章 监察组织立法

(二)《大行政区人民政府(军政委员会)人民监察委员会试行组织通则》大行政区监委工作机构规定

大行政区监委设下列工作机构,分别掌管监察工作及行政事务:

(1) 第一处:设处长1人,下设高级监察专员、中级监察专员、助理监察员、办事员各若干人,分掌财政、工业、贸易、交通、邮电、铁路、银行、海关、农林、水利、合作、劳动等机关和其所属企业部门的监督、纠举及对各该机关、部门或人员控告案件之处理事项。

(2) 第二处:设处长1人,下设高级监察专员、中级监察专员、助理监察员、办事员各若干人,分掌内务、公安、司法、民族事务及文化、教育、卫生、新闻、出版等机关和其所属部门的监督、纠举及对各该机关、部门或人员控告案件之处理事项。

(3) 第三处:设处长1人,下设若干科,各科设科长1人,科员、办事员各若干人,掌管工作检查、编译研究、会议组织及其他不属于第一、第二两处之行政事项。

(4) 各处必要时,得设副处长1人。①

其一并规定第一处、第二处、第三处的人员、人数、主管事项、副职。

(三)《省(行署、市)人民政府人民监察委员会试行组织通则》省监委工作机构规定

省监委设下列工作机构,分别掌管监察工作及行政事务:

(1) 第一处(科):设处(科)长1人,下设监察专员、助理监察员、办事员各若干人,分掌财经各机关和其所属企业部门的监督、纠举及对该机关、部门或人员控告案件之处理事项。

(2) 第二处(科):设处(科)长1人,下设监察专员、助理监察员、办事员各若干人,分掌政法文教等机关和其所属部门的监督、纠举及对各该机关、部门或人员控告案件之处理事项。

(3) 秘书室:设若干组,在秘书主任领导之下掌管工作检查、会议组

---

① 1951年7月6日《大行政区人民政府(军政委员会)人民监察委员会试行组织通则》第四条。

织及其他不属于第一、第二两处(科)之行政事项。①

其一并规定第一处(科)、第二处(科)、秘书科的人员、人数、主管事项。

(四)《县(市)人民政府人民监察委员会试行组织通则》县(市)监委工作机构规定

县(市)监委下设秘书、监察员3至7人,分掌政法、财经、文教等部门之监督纠举,及对各该机关、部门或人员控告案件之处理行政事务。② 其一并规定人员、人数和主管事项。

(五)《中央人民政府铁道部人民监察局工作条例》监察局工作机构规定

铁道部人民监察局内设以下工作机构:(1) 秘书科,(2) 人事科,(3) 开支监督处,(4) 收支监督处,(5) 基本建设监督处,(6) 工厂监督处,(7) 人民来信受理处。③ 其仅规定工作机构名称。

四、1954年宪法时期监察机构规定

1954年宪法时期,人民监察委员会在各级人民政府中不再设立,而是分别设立监察部、监察厅、监察局等。这些监察机关内设机构在立法上不再进行分别详细列举,而是简单予以规定。例如,《中华人民共和国监察部组织简则》(简称《监察部组织简则》)即对监察机构及其组成人员分别规定如下:

1. 监察机构的设立和调整方式。监察部可以按照需要在部内设立办公厅和若干司、局、室等工作机构。这些机构的设立、合并或者撤销,由部门提请国务院批准。④ 其规定监察机构通用名称、调整方式。

2. 监察机构组成人员。监察部的厅、室设主任、副主任,司设司长、

---

① 1951年7月6日《省(行署、市)人民政府人民监察委员会试行组织通则》第四条。
② 1951年7月6日《县(市)人民政府人民监察委员会试行组织通则》第三条。
③ 1954年6月24日《中央人民政府铁道部人民监察局工作条例》第六项。
④ 1955年11月2日《中华人民共和国监察部组织简则》第十二条。

副司长,局设局长、副局长;并且可以按照需要设监察专员、监察员、助理监察员和其他工作人员若干人。① 其规定工作机构人员、正副职、人数。

五、1982年宪法时期监察机构规定

1982年宪法时期,监察机关分为行政监察时期监察机关和国家监察时期监察机关,前者包括监察部、监察厅、监察局等,后者包括国家监察委员会、省监察委员会、市监察委员会和县监察委员会。这些监察机关设置相应的监察机构。从总体来看,无论是行政监察机关还是国家监察机关,监察机构不再出现在立法之中,而是由"三定"方案予以规定。该方案曾由人大决定批准,后逐渐采用政府决定批准。

(一) 行政监察时期监察机构规定

这一时期,监察机构主要规定于人大决定或者政府决定之中。例如,1986年恢复建立监察部时,全国人大通过《设立国家行政监察机关的方案》。其中对监察机构规定如下:国家监察部下设政法教科文卫局,工业局,财贸外事局,农林城建交通局,地方一、二、三局,干部局,办公厅,研究室。地方各级监察机关应从实际情况出发,参照国家监察部的机构设置进行组建。其仅规定监察机构名称。又如,1988年制定了《监察部"三定"方案》专门规定内设机构,分别规定各内设机构名称和职责。根据该方案,国家监察部有十四个机构,如办公厅、政策法规司、信访司(又名举报中心,即一个单位,两个名称)、第一监察司、第二监察司、第三监察司、第四监察司、第五监察司、第六监察司、第七监察司、案件审理司、宣传教育司、人事司、行政司。在方案中,也详细列举了各内设机构的具体职责。

无论是监察部还是地方各级行政监察机关,通常会通过"三定"方案规定其监察机构。例如,某地2014年公布的县纪委、县监察局"三定"方案专门规定,县纪委机关、县监察局设九个内设机构,包括办公室(监察局

---

① 1955年11月2日《中华人民共和国监察部组织简则》第十三条。

办公室)、纪检监察室、案件监督管理室、案件审理室、信访室(监察局举报中心)、执法监察室、宣传教育室、党风廉政建设室、纠正行业不正之风工作室(挂"县人民政府纠正行业不正之风办公室"牌子),分别规定内设机构职责。从"三定"方案规定来看,监察机构种类是非常多的。

此外,自行政监察机关和纪律检查机关合署办公以后,由于纪检监察机关"三定"方案很少对外公布,因此,除了有限对外公布的文件之外,难以了解监察机构的设置情况。

(二)国家监察时期监察机构规定

国家监察时期,监察机关是监察委员会。《监察法》第七条规定,中华人民共和国国家监察委员会是最高监察机关。省、自治区、直辖市、自治州、县、自治县、市、市辖区设立监察委员会。对各监察委员会的内设机构法律没有明确规定。同时,各级监察委员会"三定"方案很少对外公布,因此,对监察委员会的监察机构设置也不够清晰。不过,从某地2020年公布的区纪委监委机关"三定"职责来看,区纪委监委内设机构包括办公室、纪检监察干部管理监督室、宣传教育室、党风政风监督室、信访室、案件监督管理室、第一至第三审查调查室、第四至第七监督检查室、案件审理室,并分别规定各内设机构职责。其在设置方式上仍然延续了以往"三定"方案的做法。

六、监察机构立法比较研究

监察机构在立法中主要规定内设机构、内设机构职责和内设机构人员。

1. 内设机构设置。对于御史台和都察院内设机构,古代监察立法虽然有相应规定,但是规定不详。对于监察院内设机构,在广州和武汉国民政府时期规定细致,而在南京国民政府时期则有所简略,不过在行宪时期则又进一步细化。共同纲领时期对人民监察委员会等监察机关内设机构规定较为明确。1954年宪法时期则简略规定监察部等监察机关内设机构。1982年宪法时期不再规定监察机关内设机构,而是在"三定"方案中予以规定。对于监察委员会机构规定,理论上有所争议。有学者认为:"国家监察委员会的组织立法不应当继续采用以往的立法模式,应当明确规定国家监察委员会的内部机构设置。"①同时,"内设机构的设置应当以保障监察活动的专业和高效为核心,根据监察权的自身属性和监察行使各个阶段的特点,科学设置监察委员会之下的内设机构,以确保机构组织的有序和高效"②。不过,从现有立法模式来看,其主张并不具有现实性。我国现有国家机关组织法对内设机构均没有详细规定。例如,1983年《人民检察院组织法》仅规定,最高人民检察院根据需要,设立若干检察厅和其他业务机构。地方各级人民检察院可以分别设立相应的检察处、科和其他业务机构。即使2018年修改之后,《人民检察院组织法》也没有明确规定内设机构问题,而且仅两个条文有所涉及。其第十八条规定,人民检察院根据检察工作需要,设必要的业务机构。检察官员额较少的设区的市级人民检察院和基层人民检察院,可以设综合业务机构。第十九条规定,人民检察院根据工作需要,可以设必要的检察辅助机构和行政管理机构。又如,1982年《国务院组织法》第十一条规定,国务院可以根据工作需要和精简的原则,设立若干直属机构主管各项专门业务,设立若干办事机构协助总理办理专门事项。其同样没有详细规定内设机构。综上,我国组织立法对内设机构规定基本上延续了1954年宪法时期以来简要规定内设机构的做法。一旦需要制定《监察委员会组织法》,可能延续这种立法做法,只是原则性规定监察委员会内设机构,而不会如"三定"方案那样详细列举。这种做法已经形成了立法惯例。

2. 机构职责配置。对于御史台和都察院内设机构职责,古代监察立法通常将其和官职联系起来规定,而不涉及机构职责。对于监察院内设机构职责,国民政府时期既有在规定内设机构设置时一并规定机构职责,也有将内设机构设置与机构职责配置分别规定。共同纲领时期通常在规

---

① 江国华编著:《国家监察立法研究》,中国政法大学出版社2018年版,第17页。
② 江国华编著:《国家监察立法研究》,中国政法大学出版社2018年版,第46-47页。

定内设机构设置时一并规定机构职责。1954年宪法时期和1982年宪法时期在立法上不再规定机构职责。目前,其主要在"三定"方案中予以规定。对于监察委员会机构职责规定,有学者认为:"在制定监察委员会组织法时,至少亦应像这样对监察委员会各个内设机构的职能事项予以明确界定。"①不过,内设机构职责事项在现代社会是否有必要如近代监察立法那样事无巨细,可能需要进一步考量,因为虽然其符合组织法定义的要求,但是过于追求组织形式合法性可能会损害组织效率性要求。

3. 机构人员分配。对于御史台和都察院机构人员名称和数量,古代监察立法规定较为详细。对于监察院机构人员、人数和任免方式,国民政府时期规定也比较细致。共同纲领时期通常仅规定机构人员名称和数量。1954年宪法时期通常仅规定机构人员名称,对人数则多数规定"若干人"等。1982年宪法时期通常不再规定机构人员分配。对于监察委员会机构人员规定,有学者认为:"在制定监察委员会组织法时还应重申一个原则,那就是各级监察委员会内设机构及其人员配置数额(包括领导职数)以组织法之规定为准,无论是裁减还是新增内设机构及其人员配置,均得以全国人大及其常委会修改监察委员会组织法的方式为之。"②虽然将人员数量在立法中予以规定有助于形成对人员分配权力的约束,但是这种做法在一定程度上也会影响到监察机关对人员管理的自由裁量权。

第二节 监察人员

监察人员是指行使监察权力的监察机关工作人员。由于监察人员具有监察权力,因此在立法上通常作为重点内容予以规定。

一、古代监察人员规定

古代监察人员和机构多不区分,因此,设置一个官职,就是一个机构。

---

① 刘练军:《监察委员会组织立法刍议》,《法治研究》2018年第6期。
② 刘练军:《监察委员会组织立法刍议》,《法治研究》2018年第6期。

这里重点介绍御史台和都察院监察人员情况。

（一）御史台监察人员

自御史台设立以来,各代监察人员各有不同规定。

汉代监察人员主要有御史大夫、侍御史等。例如,《汉书》记载:"御史大夫,秦官,位上卿,银印青绶,掌副丞相,有两丞,秩千石,一曰中丞,在殿中兰台,掌图籍秘书,外督部刺史,内领侍御史,员十五人,受公卿奏事举劾按章。成帝绥和元年(前8年),更名大司空,金印紫绶,禄比丞相。置长史如中丞,官职如故。哀帝建平二年(前5年),复为御史大夫。元寿二年(前1年),复为大司空,御史中丞更名御史长史。侍御史,有绣衣直指,出讨奸猾、治大狱。武帝所制,不常置。"①该文献描述内容涉及御史台监察人员的官职名称、历史演变、地位、官印、监察人员人数以及具体职责。

唐代监察人员主要有御史大夫、侍御史、殿中侍御史、监察御史等。例如,《唐六典》记载:"御史大夫一人,从三品。中丞二人,正五品上。御史大夫之职,掌邦国刑宪典章之政令,以肃正朝列。中丞为之贰。凡天下之人,有称冤而无告者,与三司诘之。凡中外百僚之事,应弹劾者,御史言于大夫。大事则方幅奏弹,小事则署名而已。若有制使覆囚徒,则刑部尚书参择之。凡国有大礼,则乘辂车以为之导。"②其所记载内容涉及御史台监察人员的人数、品位以及职责。

宋代监察人员主要有御史大夫、中丞、侍御史等。例如,《宋会要辑稿》记载:"御史台大夫,从二品;中丞,从三品;侍御史,从六品:各一人。大夫掌肃正朝廷纲纪及以仪法纠治百官之罪失,而中丞、侍御史为之贰。凡其属有四殿中侍御史二人,正七品,掌言事分纠大朝会及朔望六参班序;监察御史六人,从七品,掌以吏、户、礼、兵、刑、工之事,分京百司而察其谬误及监祠祭定谥;检法官掌检详法律,主簿掌钩考簿书,各一人,从八品。"③其记载内容涉及监察人员的名称、品级和职责。

---

① 《汉书》卷十九上《百官公卿表第七上》。
② 《唐六典》卷十三《御史台》。
③ 《宋会要辑稿》第六十九册《职官十七》。

元代监察人员主要有御史大夫、中丞、侍御史、治书御史等。例如，《元史》记载："御史台，秩从一品。大夫二员，从一品；中丞二员，正二品；侍御史二员，从二品；治书侍御史二员，从二（校勘为"正三"）品。掌纠察百官善恶、政治得失。"①其内容涉及监察人员的名称、品秩、职责等。

（二）都察院监察人员

自都察院设立以来，明清两代对监察人员也各有专门规定。

明代监察人员主要有监察御史、都御史、副都御史、佥都御史等。例如，《大明会典》记载："国初，置御史台，从一品衙门，设左右御史大夫、御史中丞、侍御史、治书侍御史、殿中侍御史、经历、都事、照磨、管勾、监察御史、译事、引进使等官。洪武十三年（1380年），改正二品衙门，止设左右中丞。十四年，改都察院，正七品衙门，止设监察御史。分设浙江、江西、福建、北平、广西、四川、山东、广东、河南、陕西、湖广、山西十二道，铸监察御史印，文曰绳愆纠缪。十六年，升正三品衙门，设司务。十七年，始定为正二品衙门，设左右都御史、左右副都御史、左右佥都御史、经历、都事、十二道监察御史。二十九年，置照磨所照磨、检校。永乐元年（1403年），改北平道为北京道。十九年，北京道革，添设贵州、交阯（即交趾）、云南三道。宣德十年（1435年），交阯道革，定为十三道。"②其涉及监察人员设置、管辖区域、品级等。特别需要注意的是，虽然御史台改为都察院，但是监察人员名称却无大的变化，其仍然称为御史。

清代监察人员主要有都御史、副都御史、经历、都事等。例如，《钦定台规》记载："左都御史满、汉各一员，左副都御史满、汉各二员，掌察核官常、整饬纲纪。右都御史为总督兼衔，右副都御史为巡抚、河道总督、漕运总督兼衔。"③其内容涉及监察人员的名称、民族身份、人员数量、具体职责以及兼职人员等。

---

① 《元史》卷八十六《百官志二》。
② 《大明会典》卷二百零九。
③ 《钦定台规》卷九《宪纲一》。

二、近代监察人员规定

近代监察立法对监察人员多有具体规定。

(一)北洋政府时期肃政史规定

《平政院编制令》规定,肃政厅监察人员主要有都肃政史和肃政史。其主要规定如下:

(1)都肃政史。平政院肃政厅,置都肃政史一人,指挥监督全厅事务。都肃政史有事故时,以肃政厅官等最高之肃政史代理之。官等同者,以任官在前者代理之。肃政厅都肃政史,由大总统任命之。① 其规定都肃政史人数、职责、代理以及任命方式等。

(2)肃政史。平政院肃政史,须年满三十岁,具有下列资格之一:①任荐任以上行政职三年以上,著有成绩者;②任司法职二年以上,著有成绩者。平政院肃政史,定额十六人。肃政史,由平政院院长、各部总长、大理院院长及高等咨询机关密荐具有第十四条资格之一者,呈由大总统选择任命之。② 其规定肃政史资格、定额、任命方式等。

(二)国民政府时期监察委员规定

国民政府时期监察人员主要有监察委员,规定在《监察院组织法》和《监察委员保障法》之中。

1.《监察院组织法》监察委员规定

在《监察院组织法》中,有关监察委员的规定方式大致有三种情况:

(1)规定监察委员人数和职责。这种规定方式出现于广州国民政府和武汉国民政府时期。1925年7月17日,《国民政府监察院组织法》第二条规定,监察院设监察委员五人执行院务。1925年9月30日,《修正

---

① 1914年3月31日《平政院编制令》第十三条、第十六条。
② 1914年3月31日《平政院编制令》第十四条、第十五条、第十八条。

国民政府监察院组织法》第十一条规定,监察院设监察委员五人,统理院务。1926年10月4日,《修正国民政府监察院组织法》第六条规定,监察院置监察委员五人,审判委员三人,分掌监察及审判事务。其他院内行政事务,由委员会议处理之。

(2) 规定监察委员兼任监察使。这种规定方式出现于南京国民政府时期。1928年10月20日,《监察院组织法》第三条规定,监察院院长得提请国民政府特派监察使,分赴各监察区行使弹劾职权。监察使得由监察委员兼任。监察区由监察院定之。1932年6月24日,《监察院组织法》第六条规定,监察院院长得提请国民政府,特派监察使分赴各监察区,巡回监察,行使弹劾职权。监察使得由监察委员兼任。监察区及监察使巡回监察规程,由监察院定之。

(3) 不再规定监察委员。这种规定方式出现于所谓行宪时期。1947年,《监察院组织法》对监察院院长和秘书长作了专门规定:①院长。监察院院长综理院务,并监督所属机关。监察院院长因事故不能视事时,由副院长代理其职务。① 其规定院长职责和代理方式。②秘书长。监察院置秘书长一人,由院长就监察委员外遴选人员,提出监察院会议决定后,由政府特派之。秘书长承院长之命,处理本院事务,并指挥监督所属职员。② 其规定秘书长人选选拔和职责。

2.《监察委员保障法》监察委员规定

国民政府时期专门制定《监察委员保障法》,对监察委员履职行为予以保障。1929年9月3日,国民政府公布《监察委员保障法》,共11条。其要点如下:

(1) 惩戒事项。监察委员非有下列情事之一者,不得免职、停职、转任或罚俸:①经中国国民党开除党籍者;②受刑事处分者;③受禁治产之宣告者;④受监察委员惩戒委员会之惩戒处分者。③ 其列举规定四类惩戒事项。

---

① 1947年3月31日《监察院组织法》第六条。
② 1947年3月31日《监察院组织法》第九条。
③ 1929年9月3日《监察委员保障法》第一条。

（2）逮捕条件。监察委员除现行犯外，非经监察院许可，不得逮捕监察。监察委员为现行犯被逮捕时，逮捕机关须于二十四小时以内，将逮捕之理由，通知监察院。① 其规定逮捕监察委员的程序要求。

（3）言论豁免。监察委员行使职权时所发之言论，对外不负责任。② 其规定监察委员言论豁免责任。

（4）人身保护。监察委员在职中，所在地之军警机关应予以充分保护。③ 其规定监察委员履职人身保护方式。

（5）失职处理。监察委员非有下列情事之一者，不得以失职论：①受人指使，因而提出证据不真确之弹劾案者；②受公务员之馈遗、供应有据者；③在中央或该监察区内之公务员，有应受弹劾之显著事实，经人民举发而故意不予弹劾者。前项第一款之规定，限于监察院组织法第七条所规定；复提弹劾案，经议决被弹劾人不应受处分时，适用之。④ 其规定监察委员三种失职情形。

（6）惩戒方式。监察委员复提弹劾案，经议决被弹劾人不应受处分时，如无前条第一款之情事时，仅由监察院院长加以警告处分。监察委员会之惩戒处分，以监察委员惩戒委员会行之。监察委员被弹劾，或经立法院提出质问，或监察院院长认为失职时，非由院长指定其他监察委员三人以上审查，经多数认为有本法第五条第一项各款情事之一者，不得移付惩戒。⑤ 其规定监察委员惩戒方式和程序。

（7）监察使保障。监察使之保障，准用本法之规定。⑥ 其规定监察使保障方式等同于监察委员保障方式。

（8）监察委员惩戒委员会组织法规定。监察委员惩戒委员会组织法另定之。⑦ 其规定监察委员惩戒委员会立法方式。从历史来看，其似乎

---

① 1929年9月3日《监察委员保障法》第二条。
② 1929年9月3日《监察委员保障法》第三条。
③ 1929年9月3日《监察委员保障法》第四条。
④ 1929年9月3日《监察委员保障法》第五条。
⑤ 1929年9月3日《监察委员保障法》第六条、第七条、第八条。
⑥ 1929年9月3日《监察委员保障法》第九条。
⑦ 1929年9月3日《监察委员保障法》第十条。

并未专门制定监察委员惩戒委员会组织法。

1932年6月24日,国民政府公布修正《监察委员保障法》,共7条,其修正内容如下:

(1) 将转任情形和免职、停职或罚俸情形区别。第一条第二款规定,监察委员非经本人同意,不得转任。

(2) 因1932年《监察院组织法》修改,因此删除原第五条第二款失职规定。

(3) 修改监察委员惩戒规定。第五条规定,监察委员被弹劾,或监察院院长认为第四条所定失职之情事时,非由其他监察委员三人审查,经多数认为应付惩戒者,不得移付惩戒。

三、共同纲领时期监察人员规定

共同纲领时期,监察人员主要是人民监察委员会组成人员。

(一)《政务院人民监察委员会试行组织条例》监察人员规定

中央人民政府政务院人民监察委员会,设主任1人,副主任2至3人,委员15至21人;主任主持委务,副主任协助之。前项副主任及委员之人数,于必要时,得呈经政务院转中央人民政府批准增、减之。中央人民政府政务院人民监察委员会设秘书长1人,副秘书长1人。秘书长承主任之命,处理日常行政事务,副秘书长协助之。[①] 其规定政务院人民监察委员会人员、人数、调整方式以及职责。

(二)《大行政区人民政府(军政委员会)人民监察委员会试行组织通则》监察人员规定

大行政区监委设主任1人,副主任1人至2人,委员若干人,秘书长1人,视工作需要,得设副秘书长1人。主任主持委务,副主任协助之。秘

---

① 1950年10月24日《政务院人民监察委员会试行组织条例》第三条、第四条。

书长承主任之命,处理日常行政事务,副秘书长协助之。① 其规定大行政区监委人员、人数、副职以及职责。

(三)《省(行署、市)人民政府人民监察委员会试行组织通则》监察人员规定

省监委设主任1人,副主任1人,委员若干人,秘书主任1人。主任主持委务,副主任协助之。秘书主任承主任之命,处理日常行政事务。② 其规定省监委人员、人数、副职和职责。

(四)《县(市)人民政府人民监察委员会试行组织通则》监察人员规定

县(市)监委设主任1人,委员5至7人,视工作之需要,得设副主任1人。主任主持委务,副主任协助之。下设秘书、监察员3至7人,分掌政法、财经、文教等部门之监督纠举,及对各该机关、部门或人员控告案件之处理行政事务。30万人以上人口及商业发达之城市,委员得增至9人,职员得增至13人。③ 其规定县(市)监委人员、人数、副职和职责。

除了上述监察人员一般性规定之外,在特定领域监察人员也有规定。例如,《省(市)以上各级人民政府财经机关与国营财经企业部门监察室暂行组织通则》对监察室工作人员设置也作了规定。该通则第四条规定,各机关监察室设主任1人,必要时,得设副主任1人。主任综理室务,副主任协助之。设秘书1人。视工作需要,得本精简原则,设监察专员、监察员若干人,分掌各项工作。又如,《中央人民政府铁道部人民监察局工作条例》对人民监察局工作人员任免方式作了规定。其第七条规定,铁道部人民监察局各级工作人员的任免:①人民监察局局长、副局长、总监察、副总监察由铁道部商同政务院人民监察委员会报请政务院批准任免。②人民监察局内各处长、副处长由铁道部商得政务院人民监察委员会同意后任免。③人民监察局内科长、副科长、主任监察员、监察员及其他工作人员由人民监察局

---

① 1951年7月6日《大行政区人民政府(军政委员会)人民监察委员会试行组织通则》第三条。
② 1951年7月6日《省(行署、市)人民政府人民监察委员会试行组织通则》第三条。
③ 1951年7月6日《县(市)人民政府人民监察委员会试行组织通则》第三条。

局长任免。④总监察所属各科长、副科长、人民监察室主任、主任监察员由人民监察局局长任免;其他人员由总监察任免。

四、1954年宪法时期监察人员规定

1954年宪法时期,监察人员在立法上开始简化。例如,《中华人民共和国监察部组织简则》主要规定以下内容:(1)部长、副部长和部长助理。监察部设部长1人和副部长若干人,并且可以按照需要设部长助理若干人。① 其仅规定监察部领导人员和人数。(2)厅、室、司、局工作人员。监察部的厅、室设主任、副主任,司设司长、副司长,局设局长、副局长;并且可以按照需要设监察专员、监察员、助理监察员和其他工作人员若干人。② 其仅规定监察部内设机构人员和人数。(3)监察人员职业要求。监察人员必须严肃地、慎重地履行自己的职责,在工作中必须依靠群众,公正无私,坚持原则。③ 其规定监察人员的职业要求。

五、1982年宪法时期监察人员规定

1982年宪法时期,监察人员规定因行政监察时期和国家监察时期而有差异。

(一)行政监察时期监察人员规定

这一时期,监察人员是指行政监察机关工作人员。

1990年《行政监察条例》对监察人员规定以下内容:(1)县以上地方各级监察机关领正副领导人员的任免和调动。县以上地方各级监察机关的正、副厅,正、副局长的任免、调动,应当分别在提请本级人民代表大会

---

① 1955年11月2日《中华人民共和国监察部组织简则》第十条。
② 1955年11月2日《中华人民共和国监察部组织简则》第十三条。
③ 1955年11月2日《中华人民共和国监察部组织简则》第十六条。

常务委员会或者人民政府决定之前,征得上一级监察机关的同意。① 其规定征得同意的要求。(2)派出监察机构和派出监察人员的任免和调动。监察机关的派出监察机构的负责人或者派出监察人员由派出它的机关任免、调动,但应当事先征求驻在地区或者部门、单位的意见。② 其规定征求意见的要求。(3)监察专员等职务的设置。监察机关根据有关规定可以设置监察专员等职务。③ 其规定授权方式。(4)兼职监察员的聘请。监察机关根据工作需要可以聘请兼职监察员。兼职监察员根据监察机关的委托进行工作。④ 其规定兼职监察员的聘请和工作要求。(5)监察人员职业要求。监察人员必须熟悉监察业务,忠于职守,秉公执法,清正廉明,保守秘密。⑤ 其规定监察人员的职业要求内容。

1997年《行政监察法》对监察人员主要规定以下内容:(1)监察人员的职业道德要求。监察人员必须遵纪守法,忠于职守,秉公执法,清正廉洁,保守秘密。⑥ 其规定监察人员的职业道德内容。(2)监察人员的业务素质要求。监察人员必须熟悉监察业务,具备相应的文化水平和专业知识。⑦ 其规定监察人员的业务素质内容。(3)县级以上地方各级人民政府监察机关正职、副职领导人员的任免。县级以上地方各级人民政府监察机关正职、副职领导人员的任命或者免职,在提请决定前,必须经上一级监察机关同意。⑧ 其规定必须同意的程序要求。

(二)国家监察时期监察人员规定

这一时期,监察人员是指监察委员会工作人员。2018年宪法修正案首先对监察委员会组成人员进行了规定。此后,《监察法》进一步作出规

---

① 1990年《行政监察条例》第十条。
② 1990年《行政监察条例》第十条。
③ 1990年《行政监察条例》第十一条。
④ 1990年《行政监察条例》第十二条。
⑤ 1990年《行政监察条例》第十三条。
⑥ 1997年《行政监察法》第九条。
⑦ 1997年《行政监察法》第十条。
⑧ 1997年《行政监察法》第十一条。

定。由于《监察法》对监察官制度进行了授权规定,因此,《监察官法》进一步明确规定监察官制度。

1.《监察法》监察人员规定

(1)国家监察委员会组成人员规定。国家监察委员会由全国人民代表大会产生,负责全国监察工作。国家监察委员会由主任、副主任若干人、委员若干人组成,主任由全国人民代表大会选举,副主任、委员由国家监察委员会主任提请全国人民代表大会常务委员会任免。国家监察委员会主任每届任期与全国人民代表大会每届任期相同,连续任职不得超过两届。国家监察委员会对全国人民代表大会及其常务委员会负责,并接受其监督。① 上述法律规定主要明确了以下内容:其一,国家监察委员会的产生方式和职能。其二,国家监察委员会组成人员及其任免方式。其三,国家监察委员会主任的任期和限制。其四,国家监察委员会和全国人大及其常委会之间的关系。

(2)地方各级监察委员会组成人员规定。地方各级监察委员会由本级人民代表大会产生,负责本行政区域内的监察工作。地方各级监察委员会由主任、副主任若干人、委员若干人组成,主任由本级人民代表大会选举,副主任、委员由监察委员会主任提请本级人民代表大会常务委员会任免。地方各级监察委员会主任每届任期与本级人民代表大会每届任期相同。地方各级监察委员会对本级人民代表大会及其常务委员会和上一级监察委员会负责,并接受其监督。② 上述法律规定主要明确了以下内容:其一,地方各级监察委员会产生方式和职能。其二,地方各级监察委员会组成人员和任免方式。其三,地方各级监察委员会主任任期。其四,地方各级监察委员会和本级人大及其常委会、上一级监察委员会的关系。

(3)监察官制度规定。国家实行监察官制度,依法确定监察官的等级设置、任免、考评和晋升等制度。③ 该条款为授权性规定,为《监察官法》制定提供法律依据。

---

① 2018年《监察法》第八条。
② 2018年《监察法》第九条。
③ 2018年《监察法》第十四条。

(4) 监察人员职业要求。监察人员必须模范遵守宪法和法律,忠于职守、秉公执法,清正廉洁、保守秘密;必须具有良好的政治素质,熟悉监察业务,具备运用法律、法规、政策和调查取证等能力,自觉接受监督。①其分别规定个人素质、政治素质、业务素质,在立法方式上与《行政监察法》规定相比,要求更为详细。

2.《监察官法》监察人员规定

《监察官法》从形式上看是规定监察官,但在本质上是指监察人员,因为监察官是具有监察权力的监察委员会工作人员。若没有监察权力,即使在监察委员会中工作,也不具有监察官身份。从立法上看,《监察官法》对监察官规定如下内容:

(1) 监察官的范围。监察官包括下列人员:①各级监察委员会的主任、副主任、委员;②各级监察委员会机关中的监察人员;③各级监察委员会派驻或者派出到中国共产党机关、国家机关、法律法规授权或者委托管理公共事务的组织和单位以及所管辖的行政区域等的监察机构中的监察人员、监察专员;④其他依法行使监察权的监察机构中的监察人员。对各级监察委员会派驻到国有企业的监察机构工作人员、监察专员,以及国有企业中其他依法行使监察权的监察机构工作人员的监督管理,参照执行本法有关规定。② 具有监察官身份的人员主要有监察委员会组成人员、监察人员、监察专员。此外,有些监察机构工作人员的监督管理虽然参照执行,但是是否属于监察官在立法上似乎不够明确。

(2) 监察官的义务和权利。监察官应当履行下列义务:①自觉坚持中国共产党领导,严格执行中国共产党和国家的路线方针政策、重大决策部署;②模范遵守宪法和法律;③维护国家和人民利益,秉公执法,勇于担当、敢于监督,坚决同腐败现象作斗争;④依法保障监察对象及有关人员的合法权益;⑤忠于职守,勤勉尽责,努力提高工作质量和效率;⑥保守国家秘密和监察工作秘密,对履行职责中知悉的商业秘密和个人隐私、个人

---

① 2018年《监察法》第五十六条。
② 2021年《监察官法》第三条。

信息予以保密;⑦严守纪律,恪守职业道德,模范遵守社会公德、家庭美德;⑧自觉接受监督;⑨法律规定的其他义务。① 从立法过程来看,正式文本和二审稿有所差异:一是第七项增加规定"严守纪律";二是将"依法接受监督"改为"自觉接受监督"。同时,监察官享有下列权利:①履行监察官职责应当具有的职权和工作条件;②履行监察官职责应当享有的职业保障和福利待遇;③人身、财产和住所安全受法律保护;④提出申诉或者控告;⑤《中华人民共和国公务员法》等法律规定的其他权利。② 从立法过程来看,正式文本和二审稿有所差异:一是删除二审稿中的一项,即非因法定事由、非经法定程序,不被调离、免职、降职、辞退或者给予政务处分、处分;二是将"法律规定的其他权利"改为"《中华人民共和国公务员法》等法律规定的其他权利"。从上述规定来看,监察官的义务和权利实际上针对的是职业要求和权利保障。

（3）监察官的条件。担任监察官应当具备下列条件:①具有中华人民共和国国籍;②忠于宪法,坚持中国共产党领导和社会主义制度;③具有良好的政治素质、道德品行和廉洁作风;④熟悉法律、法规、政策,具有履行监督、调查、处置等职责的专业知识和能力;⑤具有正常履行职责的身体条件和心理素质;⑥具备高等学校本科以上学历;⑦法律规定的其他条件。本法施行前的监察人员不具备前款第六项规定的学历条件的,应当接受培训和考核,具体办法由国家监察委员会制定。③ 从立法过程来看,正式文本和二审稿在第二款上有差异,即删除"适用学历条件确有困难的地方,经国家监察委员会审核确定,在一定期限内,可以将担任监察官的学历条件适当放宽"。同时,有下列情形之一的,不得担任监察官:①因犯罪受过刑事处罚,以及因犯罪情节轻微被人民检察院依法作出不起诉决定或者被人民法院依法免予刑事处罚的;②被撤销中国共产党党内职务、留党察看、开除党籍的;③被撤职或者开除公职的;④被依法列为失信联合惩戒对象的;⑤配偶已移居国（境）外,或者没有配偶但是子女均

---

① 2021年《监察官法》第十条。
② 2021年《监察官法》第十一条。
③ 2021年《监察官法》第十二条。

已移居国(境)外的;⑥法律规定的其他情形。① 上述条款从正反两个角度对监察官资格作出明确规定。

(4) 监察官的任免。国家监察委员会主任由全国人民代表大会选举和罢免,副主任、委员由国家监察委员会主任提请全国人民代表大会常务委员会任免。地方各级监察委员会主任由本级人民代表大会选举和罢免,副主任、委员由监察委员会主任提请本级人民代表大会常务委员会任免。新疆生产建设兵团各级监察委员会主任、副主任、委员,由新疆维吾尔自治区监察委员会主任提请自治区人民代表大会常务委员会任免。其他监察官的任免,按照管理权限和规定的程序办理。② 同时,监察官有下列情形之一的,应当免去其监察官职务:①丧失中华人民共和国国籍的;②职务变动不需要保留监察官职务的;③退休的;④辞职或者依法应当予以辞退的;⑤因违纪违法被调离或者开除的;⑥法律规定的其他情形。③ 与二审稿相比,正式文本将"因违纪违法不宜继续任职的"改为"因违纪违法被调离或者开除的",在规定上更加细致。此外,监察官不得兼任人民代表大会常务委员会的组成人员,不得兼任行政机关、审判机关、检察机关的职务,不得兼任企业或者其他营利性组织、事业单位的职务,不得兼任人民陪审员、人民监督员、执业律师、仲裁员和公证员。④ 与二审稿相比,正式文本增加了"人民监督员"。上述条款也是从正反两个方面对监察官的任免条件作了规定。

(5) 监察官的等级。监察官等级分为十三级,依次为总监察官、一级副总监察官、二级副总监察官,一级高级监察官、二级高级监察官、三级高级监察官、四级高级监察官,一级监察官、二级监察官、三级监察官、四级监察官、五级监察官、六级监察官。国家监察委员会主任为总监察官。监察官等级的确定,以监察官担任的职务职级、德才表现、业务水平、工作实绩和工作年限等为依据。监察官等级晋升采取按期晋升和择优选升相结

---

① 2021年《监察官法》第十三条。
② 2021年《监察官法》第十九条。
③ 2021年《监察官法》第二十一条。
④ 2021年《监察官法》第二十二条。

合的方式,特别优秀或者作出特别贡献的,可以提前选升。监察官的等级设置、确定和晋升的具体办法,由国家另行规定。① 其中,第二十七条第二款"特别优秀或者作出特别贡献的"是由二审稿"特别优秀或者工作特殊需要的"修改而来。

(6)监察官职业保障。一是调离情形。除下列情形外,不得将监察官调离:①按规定需要任职回避的;②按规定实行任职交流的;③因机构、编制调整需要调整工作的;④因违纪违法不适合继续从事监察工作的;⑤法律规定的其他情形。② 二是依法履职。任何单位或者个人不得要求监察官从事超出法定职责范围的事务。对任何干涉监察官依法履职的行为,监察官有权拒绝并予以全面如实记录和报告;有违纪违法情形的,由有关机关根据情节轻重追究有关人员的责任。③ 三是职业尊严和人身安全。监察官的职业尊严和人身安全受法律保护。任何单位和个人不得对监察官及其近亲属打击报复。对监察官及其近亲属实施报复陷害、侮辱诽谤、暴力侵害、威胁恐吓、滋事骚扰等违法犯罪行为的,应当依法从严惩治。④

六、监察人员立法比较研究

监察人员在立法中主要涉及监察人员种类、地位、资格、职级、任免方式、职业素质、任期等方面。

1. 监察人员种类。对于御史台和都察院监察人员,通常称之为各类御史。近代典型的监察人员有北洋政府时期肃政史和国民政府时期监察委员。新中国时期通常称为监察机关工作人员,在立法上大多只规定领导人员。目前,监察人员种类在立法上规定不一。特别是《监察官法》制定过程中,对于监察官的范围更是争论不休。一种观点认为,监察人员并

---

① 2021年《监察官法》第二十五条、第二十六条、第二十七条、第二十八条。
② 2021年《监察官法》第五十五条。
③ 2021年《监察官法》第五十六条。
④ 2021年《监察官法》第五十七条。

不等同于监察机关人员。"监察人员不同于监察机关工作人员。监察机关工作人员既包括监察人员,也包括监察机关里的行政、后勤人员。"①在这种情况下,监察人员范围小于监察机关工作人员。另一种观点认为,监察人员不等于监察机关组成人员。我国宪法和《监察法》只规定了监察委员会组成人员,没有明确监察人员范围。从历史来看,之所以产生上述争议,根本原因在于没有梳理清楚监察人员和工作人员的关系。任何监察机关既有领导人员,也有一般工作人员。不过这些人员中哪些具有监察权力则需要根据监察机关权力配置方式而定。古代和近代监察人员通常是特定的人员,不包括辅助人员,在这种情况下,监察人员是有限的。而新中国时期采用行政机关性质的监察人员规定方式,因此,监察人员范围大大扩展。虽然监察委员会组成人员具有以往特定监察人员的形式,但是监察人员范围显然不能局限于监察委员会组成人员。因此,监察官范围应该等同于监察人员范围。不过,《监察官法》的界定存在模糊之处。其虽然将监察官大致分为监察委员会组成人员、监察人员和监察专员,但监察委员会组成人员、监察专员在本质上属于监察人员。不过,派驻监察机构工作人员和其他行使监察权的监察机构工作人员是否具有监察官身份,立法只是规定参照。严格来说,如果不具有监察权,就不能视为监察人员,也就不具有监察官身份。依该条规定有可能出现一类人员,即不具有监察官身份但行使监察权。其在立法上似乎和监察官的内在含义相矛盾。

2. 监察人员地位。古代监察人员通常彼此独立,不存在隶属关系。近代监察人员同样如此,肃政史和监察委员具有独立的权力。新中国时期监察人员不是彼此独立的,而是具有行政化色彩的。不过,监察委员会组成人员在行使权力时具有一定的独立性,但是其不能单独作出决定。

3. 监察人员资格。从历史来看,古代非常重视监察人员选拔资格条件设置。近代监察立法对肃政史和监察委员资格条件也有明确规定。新中国时期监察立法通常不作规定。不过,《监察官法》对监察官资格作了

---

① 褚宸舸、王阳:《我国监察官制度的立法构建》,《浙江工商大学学报》2020年第4期。

非常详细的规定。这种做法在以往监察立法中是比较突出的。

4. 监察人员任免方式。古代监察人员通常是由君主钦定,而不是由监察机关自行任免。近代监察机关监察人员任免方式主要有两种:一是国家元首任免,如肃政史;二是选举产生,如监察委员。新中国时期监察机关监察人员任免方式也分为两种情况:一是行政监察时期由行政机关任免;二是国家监察时期监察委员会组成人员由人大及其常委会任免,其他监察人员则由监察委员会进行任免。《监察官法》规定一种特殊情形的任免,即新疆生产建设兵团各级监察委员会主任、副主任、委员的任免。这显然是历史发展的特殊产物。

5. 监察人员职级方式。古代监察人员具有相应的品级。近代监察人员并没有级别差异。新中国时期监察机关监察人员具有一定的级别差异。目前,监察委员会监察人员职级在立法上的规定方式受到一定关注。有学者认为:"监委会的调查部门、预防监督部门、廉洁教育部门的专业技术序列可分别命名为国家监察官调查职系、国家监察官预防监督职系、国家监察官教育职系。"[①]也有学者认为:"在综合上述两种方案以及吸收新修订的公务员法立法理念基础上,笔者认为,监察官等级序列分为四级十二等,分别是首席监察官、高级监察官、中级监察官和初级监察官,监察官职级不再与行政级别挂钩,从低一级向高一级晋升采取工作年限固定晋升和择优选升两种方式。"[②]还有学者认为:"关于监察官的称谓等级,建议与《公务员职务、职级与级别管理办法》《公务员职务与职级并行规定》等制度相对照,将监察官的称谓等级依次明确为总监察官(对应国家级副职职务)、副总监察官(一至二级,对应省部级正职、省部级副职职务)、高级监察官(一至四级,对应厅局级正职、一级巡视员职级及厅局级副职职务、二级巡视员职级)、监察官(一至六级,对应县处级正职、县处级副职职务及一级至四级调研员职级)。在正式的监察官体系之外,还可以考虑监

---

① 薛彤彤、牛朝辉:《建立专业化导向的国家监察官制度》,《河南社会科学》2017 年第 6 期。

② 周磊、焦利:《构建中国特色国家监察官制度:背景与建议》,《北京行政学院学报》2019 年第 3 期。

察辅助人员等制度安排。"①从立法来看,《监察官法》对此仿照检察官、法官等进行了一定的设计。需要注意的是,在立法上,监察官等级十三级,不同于公务员十二级、法官十二级和检察官十二级,其突破了公务员立法通常的等级规定。

6. 监察人员职业要求。古代对监察人员职业要求有许多特殊规定。近代监察立法很少规定。新中国时期监察立法也有相应规定。其主要涉及职业道德和业务素质两个方面。《监察官法》对此规定尤为细致,反映了监察官这一身份的特殊性。

7. 监察人员任期及其限制。古代监察人员任期并不固定,有时视监察事项而定,不一而足。近代监察人员任期没有明确规定。新中国时期监察人员通常无任期要求。不过,目前监察立法对国家监察委员会主任和地方各级监察委员会主任均有任期规定,前者还有任期限制。之所以要有任期规定,原因在于要保证监察委员会和人民法院、人民检察院的任期规定相一致。

第三节　监察职权

监察职权是指监察机关的职责,而不是监察机关内部机构的职责。从历史来看,虽然监察机关的职责和监察机关内设机构的职责曾经一起规定在立法中,但是随着监察内设机构规定在立法中的消失,监察立法主要规定监察机关职权成为通常做法。

一、古代监察职权规定

古代监察职权主要体现在监察人员的职责中,古代监察立法通常只规定监察人员职责。即使规定监察机关职权,实质上依然是监察人员的职责。

---

① 丁方旭、任进:《国家监察体制改革视域下中国特色监察官制度的构建》,《行政管理改革》2021年第1期。

(一) 御史台职权

御史台职权规定有两种方式：一是规定御史台职权。此种规定不常见。二是规定御史台人员职权。此种规定方式较为常见。

唐代御史台职权没有统一规定，而是对御史大夫、侍御史、殿中侍御史、监察御史职责予以分别规定。例如，"监察御史掌分察百僚，巡按郡县，纠视刑狱，肃整朝仪。凡将帅战伐，大克杀获，数其俘馘，审其功赏，辨其真伪。若诸道屯田及铸钱，其审功纠过亦如之，凡岭南及黔府选补，亦令一人监其得失。凡决囚徒，则与中书舍人、金吾将军监之。若在京都，则分察尚书六司，纠其过失及知太府司农出纳。凡冬至祀圜丘，夏至祭方丘，孟春祈谷，季春祀明堂，孟冬祭神州，五郊迎气及享太庙，则二人共监之。若朝日夕月及祭社稷、孔宣父、齐太公，蜡百神，则一人率其官属，阅其牲牢，省其器服，辨其轻重，有不修不敬则劾之，凡尚书省有会议，亦监其过谬。凡百官燕会、习射，亦如之"①。其规定监察御史的职责。

宋代御史台职权为"掌纠察官邪，肃正纲纪。大事则廷辩，小事则奏弹"②。同时，规定不同监察人员职责。例如，"监察御史六人，掌分察六曹及百司之事，纠其谬误，大事则奏劾，小事则举正。迭监祠祭。岁诣三省、枢密院以下轮治。凡六察之事，稽其多寡当否，岁终条具殿最，以诏黜陟。百官应赴台参谢辞者，以拜跪、书礼，体验其老疾。凡事经郡县、监司、省曹不能直者，直牒阁门，上殿论奏。官卑而入殿中监察御史者，谓之'里行'"③。其规定监察御史的职责。

元代对御史台职权有单独规定。御史台"掌纠察百官善恶、政治得失"④。其不再单独规定监察人员职责，而是与监察人员的名称、品秩等混合规定。例如，"殿中司，殿中侍御史二员，正四品。至元五年（1339年）始置，秩正七品，后升正四品。凡大朝会，百官班序，其失仪失列，则纠罚之；在

---

① 《唐六典》卷十三《御史台》。
② 《宋史》卷一百六十四《职官志四》。
③ 《宋史》卷一百六十四《职官志四》。
④ 《元史》卷八十六《百官志二》。

京百官到任假告事故,出三日不报者,则纠举之;大臣入内奏事,则随以入,凡不可与闻之人,则纠避之。知班四人,通事、译史各一人"①。其规定殿中侍御史的职责。

(二)都察院职权

明代不规定都察院职权,而是规定监察人员职责。例如,"都御史职专纠劾,为天子耳目风纪之司。凡大臣奸邪,小人构党,作威福乱政者,劾。凡百官猥茸贪冒,坏官纪者,劾。凡学术不正,上书陈言,变乱成宪,希进用者,劾。监察御史主察内外百司之官邪,或露章面劾,或封章奏劾"②。其规定都御史和监察御史的职责。

清代也不规定都察院职权,而是规定监察人员职责。例如,"左都御史满、汉各一员,左副都御史满、汉各二员,掌察核官常、整饬纲纪"③。其规定左都御史和左副都御史的职责。

二、近代监察职权规定

近代监察立法既有规定监察人员职责的情况,也有规定监察机关职权的情况。

(一)北洋政府时期肃政史职权规定

北洋政府时期,《平政院编制令》和《平政院裁决执行条例》对肃政史职权规定如下:

(1)提起行政诉讼。平政院肃政史,于人民未陈诉之事件,得依行政诉讼条例之规定,对于平政院提起行政诉讼。④ 其规定肃政史可以提起行政诉讼。

---

① 《元史》卷八十六《百官志二》。
② 《明会要》卷三十三《职官五》。
③ 《钦定台规》卷九《宪纲一》。
④ 1914年3月31日《平政院编制令》第八条。

(2) 纠弹行政官吏。平政院肃政史,依纠弹条例,纠弹行政官吏之违反宪法行贿受贿滥用权威玩视民瘼事件。① 其规定肃政史可以纠弹行政官吏。

(3) 监视执行。平政院之裁决,由肃政史监视执行。② 主管官署对于行政诉讼事件不按照平政院裁决执行者,肃政史得提起纠弹,请付惩戒。纠弹事件之执行,涉于刑律者,由平政院长呈请大总统令交司法官署执行;涉于惩戒法令者由平政院长呈请大总统以命令行之。③ 其规定肃政史监督主管官署执行平政院裁决。

(4) 纠弹意见协调。平政院肃政史之纠弹,以由行政职出身及由司法职出身之肃政史二人以上协议行之。意见不一时,取决于都肃政史。④ 其规定肃政史共同纠弹和纠弹意见不一时的处理方式。

(二) 国民政府时期监察院职权规定

国民政府时期,监察院职权在《监察院组织法》中的规定大致有三种情况。

1. 列举监察院职权。这种规定方式出现于广州和武汉国民政府时期。1925 年 7 月 17 日,《国民政府监察院组织法》第一条规定,监察院受中国国民党之指导监督与国民政府之命令,根据中国国民党中央执行委员会政府改组令第三条,监察国民政府所属各级机关官吏之行动,及考核税收与各种用途之状况。如查得有舞弊亏空及溺职等情形者,当即起诉于惩吏院惩办之。1925 年 9 月 30 日,《修正国民政府监察院组织法》第二条规定,监察院有监察国民政府所属各机关官吏之权。1926 年 10 月 4 日,《修正国民政府监察院组织法》第一条规定,国民政府监察院根据中国国民党中央执行委员会政府改组令第三条规定组织之,受中国国民党之监督指导与国民政府之命令,掌理监察国民政府所属行政司法各机关官

---

① 1914 年 3 月 31 日《平政院编制令》第九条。
② 1914 年 3 月 31 日《平政院编制令》第十条。
③ 1914 年 6 月 8 日《平政院裁决执行条例》第三条、第四条。
④ 1914 年 3 月 31 日《平政院编制令》第十一条。

吏事宜。其职权如下：(1) 关于发觉官吏犯罪事项；(2) 关于惩戒官吏事项；(3) 关于审判行政诉讼事项；(4) 关于考查各种行政事项；(5) 关于稽核财政收入支出事项；(6) 关于官厅簿记方式及表册之统一事项。

2. 规定监察委员职权。这种规定方式出现于南京国民政府时期。1928年10月20日，《监察院组织法》第一条规定，监察院以监察委员行使弹劾职权。1932年6月24日，《监察院组织法》第一条规定，监察院以监察委员行使弹劾职权。弹劾法另定之。

3. 没有列举监察院职权。这种规定方式出现于行宪时期。1947年《监察院组织法》第二条规定，监察院行使宪法所赋予之职权。其没有列举职权类型。

三、共同纲领时期监察职权规定

共同纲领时期，各级人民监察委员会职权规定大致相同。

(一)《政务院人民监察委员会试行组织条例》政务院人民监察委员会职权规定

中央人民政府政务院人民监察委员会，负责监察政府机关和公务人员是否履行其职责，其任务如下：(1) 监察全国各级国家机关和各种公务人员是否违反国家政策、法律、法令或损害人民及国家之利益，并纠举其中之违法失职的机关和人员；(2) 指导全国各级监察机关之监察工作，颁发决议和命令，并审查其执行；(3) 接受及处理人民和人民团体对各级国家机关和各种公务人员违法失职行为的控告。[①] 其规定列举监察三项任务。

(二)《大行政区人民政府(军政委员会)人民监察委员会试行组织通则》大行政区监委职权规定

各大行政区人民政府(军政委员会)人民监察委员会受各该大行政区

[①] 1950年10月24日《政务院人民监察委员会试行组织条例》第二条。

人民政府(军政委员会)之领导及中央人民政府政务院人民监察委员会之指导,其职权如下:(1)监督该区辖境内各级政府机关、企业部门及其工作人员是否履行其职责,有无违反国家政策、法律、法令或损害人民及国家利益之行为,并纠举其中违法失职的机关、部门或人员,予以惩戒或纠正。(2)指导所属各级监察机关之监察工作,颁发决议和命令,并审查其执行。(3)接受及处理人民和人民团体对政府机关、企业部门及其工作人员违法失职行为的控告。① 其规定列举监察三项任务。

(三)《省(行署、市)人民政府人民监察委员会试行组织通则》省监委职权规定

省(行署、市)人民政府人民监察委员会受省(行署、市)人民政府之领导,及所隶属的大行政区人民政府(军政委员会)人民监察委员会之指导。中央直属省(市)监委受中央人民政府政务院人民监察委员会之指导。其职权如下:(1)监督该省(行署、市)辖境内各级政府机关、企业部门及其工作人员,是否履行其职责,有无违反国家政策、法律、法令或损害人民及国家利益之行为,并纠举其中违法失职的机关、部门或人员,予以惩戒或纠正。(2)指导所属监察机关之监察工作,颁发决议和命令,并审查其执行。(3)接受及处理人民和人民团体对政府机关、企业部门及其工作人员违法失职行为的控告。② 其规定列举监察三项任务。

(四)《县(市)人民政府人民监察委员会试行组织通则》县(市)监委规定

县(市)人民政府人民监察委员会受该县(市)人民政府之领导及该省(行署)人民政府人民监察委员会、该管专员公署人民监察处之指导,其职权如下:(1)监督该县(市)辖境内各级政府机关、企业部门及其工作人员,是否履行其职责,有无违反国家政策、法律、法令或损害人民及国家利益之行为,并纠举其中违法失职的机关、部门或人员,予以惩戒或纠正。

---

① 1951年7月6日《大行政区人民政府(军政委员会)人民监察委员会试行组织通则》第二条。

② 1951年7月6日《省(行署、市)人民政府人民监察委员会试行组织通则》第二条。

(2) 接受及处理人民或人民团体对政府机关、企业部门及其工作人员违法失职行为的控告。① 其规定列举监察两项任务。与上述人民监察委员会相比,其少了第二项职权。

除了上述针对各级人民监察委员会职权作出的统一规定之外,此时期还针对各种监察机关职权进一步作了详细规定。

例如,《省(市)以上各级人民政府财经机关与国营财经企业部门监察室暂行组织通则》规定,省(市)以上各级人民政府财经机构及国营财经企业部门监察室的任务职权如下:(1) 监督与检查本机关、部门与所属独立单位及其工作人员对国家政策、法律、法令、方针、计划、决议、命令是否贯彻执行。(2) 监督与检查本机关、部门及其所属独立单位的基本建设、增产节约、经济核算、资金运用、安全生产、民主管理、财政制度、学习先进经验、提倡合理化建议等项工作;财经机关的监察室,并得监察其他机关遵守财政制度、纪律等情况。(3) 对消极怠工、阳奉阴违、贪污、浪费、官僚主义等违法失职的机关和人员,进行纠正、检举与提出惩戒意见;对于和不良倾向作坚决斗争、工作成绩卓著或挽救事故有功的机关和人员给以支持或提出奖励意见。(4) 受理职工、人民和人民团体对本机关、部门与所属独立单位及其工作人员违法失职行为的检举与控告。(5) 领导所属独立单位的监察室及本机关、部门与所属独立单位的人民监察通讯员的工作。(6) 组织、教育职工监督本机关、部门与所属独立单位及其工作人员的工作。(7) 接受并执行上级监察机关及本机关、部门首长交办的监察任务。② 其规定列举了七项任务。

又如,《中央人民政府铁道部人民监察局工作条例》规定,铁道部人民监察局的任务:(1) 对铁道系统各单位对国家资财的收入、使用、保管和统计工作,实行经常的、事前的和事后的监督;(2) 对经铁道部批准的生产财务计划的制订、执行和总结(决算、资产负债表)及各种技术指标和质量标准的完成情况,进行经常的监督和检查;(3) 监督和检查铁道系统各

---

① 1951年7月6日《县(市)人民政府人民监察委员会试行组织通则》第二条。
② 1952年12月27日《省(市)以上各级人民政府财经机关与国营财经企业部门监察室暂行组织通则》第三条。

单位和全体职工对国家有关铁路的决议和命令,铁道部部长的指示、命令和铁路章则制度的执行情况。[①] 其规定列举了三项任务。

四、1954年宪法时期监察职权规定

1954年宪法时期,监察机关虽然在名称上予以调整,但是在性质上依然属于行政监察机关,行使监督检查职责。例如,《中华人民共和国监察部组织简则》规定,监察部为维护国家纪律,贯彻政策法令,保护国家财产,对国务院各部门、地方各级国家行政机关、国营企业、公私合营企业、合作社实施监督。其任务如下:(1)检查国务院各部门、地方各级国家行政机关、国营企业及其工作人员是否正确执行国务院的决议、命令;(2)检查国务院各部门、地方各级国家行政机关、国营企业执行国民经济计划和国家预算中存在的重大问题,并对上述部门、机关、企业和公私合营企业、合作社的国家资财的收支、使用、保管、核算情况进行监督;(3)受理公民对违反纪律的国家行政机关、国营企业及其工作人员的控告和国家行政机关工作人员不服纪律处分的申诉,并审议国务院任命人员的纪律处分事项。[②] 从其规定来看,监察部除了监督检查之外,具有财务监督职责。同时,在受理控告基础上增加了受理申诉和审议纪律处分事项的职责。

五、1982年宪法时期监察职权规定

1982年宪法时期,行政监察机关和国家监察机关监察职权各不相同。

(一)行政监察时期监察职权规定

这一时期,行政监察机关监察职权规定先后出现在全国人大、国务院

---

① 1954年6月24日《中央人民政府铁道部人民监察局工作条例》第三条。
② 1955年11月2日《中华人民共和国监察部组织简则》第二条。

决定和立法之中。由于有关决定和立法的不同,因此在列举职权事项上有一定的差异。

1986年《设立国家行政监察机关的方案》是人大决定的,因此,该方案对监察职权的规定体现了人大决定的特点。其规定列举了5项任务,即国家行政监察机关的主要任务和职责:(1)检查监察对象贯彻国家政策和法律法规的情况;(2)监督处理监察对象违反国家政策、法律法规和违反政纪的行为;(3)受理个人或单位对监察对象违反国家政策和法律法规,以及违反政纪行为的检举、控告;(4)受理监察对象不服纪律处分的申诉;(5)按照行政序列分别审议经国务院任命的人员和经地方人民政府任命的人员的纪律处分事项。

1988年《监察部"三定"方案》是国务院决定的,因此,该方案对监察职权规定最为详细。其规定监察部的主要职能和任务有10项,包括:(1)贯彻落实党中央、国务院有关行政监察工作的指示,统一领导全国行政监察工作。(2)研究行政监察工作体制,制定行政监察工作方针、政策和法规,并组织、监督实施。(3)按照分级管理原则,监督检查国务院各部门及其工作人员,省级人民政府及其主要负责人,中央直属企事业单位及其由国家行政机关任命的领导干部执行国家政策、法律法规、国民经济和社会发展计划以及国务院颁布的决议和命令的情况。调查处理上述监察对象违反国家政策、法律法规以及违反政纪的行为,并根据所犯错误的情节轻重,可处以撤职及以下行政处分(涉及选举产生的领导干部按法定程序办)。(4)受理个人和单位对监察对象违反国家政策和法律法规以及违纪行为的检举、控告;受理监察对象不服政纪处分和申诉;审议监察对象的纪律处分事项。支持监察对象行使正当权利,保护他们的合法权益。对他们模范执行国家政策、法律法规和遵守政纪、尽职尽心的行为,提出表彰、奖励的建议。(5)会同有关部门,宣传行政监察工作的方针、政策和法律法规,教育国家工作人员遵纪守法、为政清廉。依靠人民群众开展监察工作。(6)调查研究国家行政机关及其工作人员、企事业单位中由国家行政机关任命的领导干部遵纪守法的情况。注意了解政纪、政风中出现的带普遍性或倾向性的问题,并向国务院报告。(7)决定部派出机构领导干部的任免;审核省、自治区、直辖市监察厅(局)领导干部的任免。(8) 了解国务院各部门和地方政府制定的有关政策、法规情况,对违反国家法律和有损国家利益的条款,提出修改、补充的建议。更改或撤销各级行政监察机关不适当的决定和规定。(9) 组织和领导全国行政监察系统干部的业务培训。(10) 承办党中央、国务院授权和交办的其他工作。

1990年《行政监察条例》对监察机关职权进行了专门规定,共4项。根据条例规定,监察机关的主要职责是:(1) 监督检查国家行政机关及其工作人员和国家行政机关任命的其他人员贯彻执行国家法律、法规和政策以及决定、命令的情况;(2) 受理对国家行政机关及其工作人员和国家行政机关任命的其他人员违反国家法律、法规以及违反政纪行为的检举、控告;(3) 调查处理国家行政机关及其工作人员和国家行政机关任命的其他人员违反国家法律、法规以及违反政纪的行为;(4) 受理国家行政机关工作人员和国家行政机关任命的其他人员不服行政处分的申诉,以及法律、法规规定的其他由监察机关受理的申诉。[①]

1997年《行政监察法》对监察机关职权也进行了专门规定,共5项,增加了兜底性条款。监察机关为行使监察职能,履行下列职责:(1) 检查国家行政机关在遵守和执行法律、法规和人民政府的决定、命令中的问题;(2) 受理对国家行政机关、国家公务员和国家行政机关任命的其他人员违反行政纪律行为的控告、检举;(3) 调查处理国家行政机关、国家公务员和国家行政机关任命的其他人员违反行政纪律的行为;(4) 受理国家公务员和国家行政机关任命的其他人员不服主管行政机关给予行政处分决定的申诉,以及法律、行政法规规定的其他由监察机关受理的申诉;(5) 法律、行政法规规定由监察机关履行的其他职责。[②] 2010年对《行政监察法》第十八条进行了修改,明确列举了监察内容,"监察机关对监察对象执法、廉政、效能情况进行监察";增加了监察机关对政务公开工作和纠

---

① 1990年《行政监察条例》第十九条。
② 1997年《行政监察法》第十八条。

正不正之风工作进行监察的条款,即"监察机关按照国务院的规定,组织协调、检查指导政务公开工作和纠正损害群众利益的不正之风工作"。

从上述规定来看,行政监察机关职权规定在有关决定和立法中的方式有较大的差异,而且随着形势变化,行政监察机关职权范围也在不断增加和变化。

(二) 国家监察时期监察职权规定

这一时期,监察委员会在性质上属于国家监察机关,履行监督、调查和处置职责。

1.《监察法》监察职权规定

监察委员会依照监察法和有关法律规定履行监督、调查、处置职责:(1) 对公职人员开展廉政教育,对其依法履职、秉公用权、廉洁从政从业以及道德操守情况进行监督检查。(2) 对涉嫌贪污贿赂、滥用职权、玩忽职守、权力寻租、利益输送、徇私舞弊以及浪费国家资财等职务违法和职务犯罪进行调查。(3) 对违法的公职人员依法作出政务处分决定;对履行职责不力、失职失责的领导人员进行问责;对涉嫌职务犯罪的,将调查结果移送人民检察院依法审查、提起公诉;向监察对象所在单位提出监察建议。[1] 其分别从监督、调查和处置三个方面进行规定。

2.《国家监察委员会管辖规定(试行)》监察职权规定

2018年4月16日,国家监察委员会出台《国家监察委员会管辖规定(试行)》,其对国家监察委员会职权作了进一步细化。

(1) 监督检查。国家监察委员会履行监督职责应当与党内监督有机统一,加强日常监督,运用党章党规党纪和宪法法律法规,了解掌握公职人员思想、工作、作风、生活等情况,加强教育和检查,贯彻惩前毖后、治病救人的方针,深化运用监督执纪"四种形态",抓早抓小、防微杜渐。[2] 其对国家监察委员会监督职责进行了细化。同时,派驻纪检监察组依法对

---

[1] 2018年《监察法》第十一条。
[2] 2018年《国家监察委员会管辖规定(试行)》第五条。

被监督单位的领导班子和公职人员进行日常监督,善于运用谈话提醒和诫勉谈话等监督方式。发现领导班子和中央管理的公职人员存在问题,应当及时向中央纪律检查委员会、国家监察委员会报告;发现其他公职人员的问题,应当会同被监督单位党组织开展调查处置,强化监督职责,发挥"探头"作用。① 其规定了派驻纪检监察组监督职责范围。

(2)调查职务违法。国家监察委员会调查公职人员在行使公权力过程中,利用职务便利实施的或者与其职务相关联的违法行为,重点调查公职人员涉嫌贪污贿赂、滥用职权、玩忽职守、权力寻租、利益输送、徇私舞弊以及浪费国家资财等职务违法行为。② 与《监察法》相比较,调查范围不仅是利用职务便利实施的违法行为,而且包括与其职务相关联的违法行为。

(3)调查职务犯罪。国家监察委员会负责调查行使公权力的公职人员涉嫌贪污贿赂、滥用职权、玩忽职守、权力寻租、利益输送、徇私舞弊以及浪费国家资财等职务犯罪案件。③ 与《监察法》相比较,没有变化。

3.《中华人民共和国监察法实施条例》(简称《监察法实施条例》)监察职权规定

2021年《监察法实施条例》对监察职权作了进一步细化。其要点如下:

(1)关于监察监督,其包括以下方面:

①一般规定。监察机关依法履行监察监督职责,对公职人员政治品行、行使公权力和道德操守情况进行监督检查,督促有关机关、单位加强对所属公职人员的教育、管理、监督。④ 该规定对监察机关的监督职责作了统一规定。

②政治品行。监察机关应当坚决维护宪法确立的国家指导思想,加强对公职人员特别是领导人员坚持党的领导、坚持中国特色社会主义制

---

① 2018年《国家监察委员会管辖规定(试行)》第八条。
② 2018年《国家监察委员会管辖规定(试行)》第九条。
③ 2018年《国家监察委员会管辖规定(试行)》第十一条。
④ 2021年《监察法实施条例》第十四条。

度,贯彻落实党和国家路线方针政策、重大决策部署,履行从严管理监督职责,依法行使公权力等情况的监督。① 其规定监察机关监督公职人员特别是领导人员政治品行等方面情况。

③道德操守。监察机关应当加强对公职人员理想教育、为人民服务教育、宪法法律法规教育、优秀传统文化教育,弘扬社会主义核心价值观,深入开展警示教育,教育引导其树立正确的权力观、责任观、利益观,保持为民务实清廉本色。② 其规定监察机关监督公职人员的道德操守等方面情况。

④日常监督。监察机关应当结合公职人员的职责加强日常监督,通过收集群众反映、座谈走访、查阅资料、召集或者列席会议、听取工作汇报和述责述廉、开展监督检查等方式,促进公职人员依法用权、秉公用权、廉洁用权。③ 其规定监察机关对公职人员特别是领导人员履职情况进行监督。

⑤教育提醒。监察机关可以与公职人员进行谈心谈话,发现政治品行、行使公权力和道德操守方面有苗头性、倾向性问题的,及时进行教育提醒。④ 其规定监察机关对公职人员采取教育提醒方式。

⑥专项检查。监察机关对于发现的系统性、行业性突出问题,以及群众反映强烈的问题,可以通过专项检查进行深入了解,督促有关机关、单位强化治理,促进公职人员履职尽责。⑤ 其规定监察机关对有关问题进行专项检查。

⑦监督整改。监察机关应当以办案促进整改、以监督促进治理,在查清问题、依法处置的同时,剖析问题发生的原因,发现制度建设、权力配置、监督机制等方面存在的问题,向有关机关、单位提出改进工作的意见或者监察建议,促进完善制度,提高治理效能。⑥ 其规定监察机关对有关问题进行监督整改。

---

① 2021年《监察法实施条例》第十五条。
② 2021年《监察法实施条例》第十六条。
③ 2021年《监察法实施条例》第十七条。
④ 2021年《监察法实施条例》第十八条。
⑤ 2021年《监察法实施条例》第十九条。
⑥ 2021年《监察法实施条例》第二十条。

⑧衔接机制。监察机关开展监察监督,应当与纪律监督、派驻监督、巡视监督统筹衔接,与人大监督、民主监督、行政监督、司法监督、审计监督、财会监督、统计监督、群众监督和舆论监督等贯通协调,健全信息、资源、成果共享等机制,形成监督合力。① 其规定监察监督与其他监督形式之间的协调。

与《监察法》相比较,其在监督职责规定上不仅明确了监督内容,而且对监督手段也进行了规定。

(2)关于监察调查,其包括以下方面:

①一般规定。监察机关依法履行监察调查职责,依据《监察法》、《中华人民共和国公职人员政务处分法》(简称《政务处分法》)和《中华人民共和国刑法》(简称《刑法》)等规定对职务违法和职务犯罪进行调查。② 其对监察机关调查职责作了统一规定。

②移送。监察机关发现依法应由其他机关管辖的违法犯罪线索,应当及时移送有管辖权的机关。监察机关调查结束后,对于应当给予被调查人或者涉案人员行政处罚等其他处理的,依法移送有关机关。③ 其规定调查线索的移送。

与《监察法》相比较,其在调查职责上仅作了授权规定,不过调查线索的移送规定弥补了《监察法》的缺失。

(3)关于监察处置,其包括以下方面:

①政务处分。监察机关对违法的公职人员,依据《监察法》《政务处分法》等规定作出政务处分决定。④ 其对政务处分作了统一授权规定。

②问责。监察机关在追究违法的公职人员直接责任的同时,依法对履行职责不力、失职失责,造成严重后果或者恶劣影响的领导人员予以问责。监察机关应当组成调查组依法开展问责调查。调查结束后经集体讨论形成调查报告,需要进行问责的按照管理权限作出问责决定,或者向有

---

① 2021年《监察法实施条例》第二十一条。
② 2021年《监察法实施条例》第二十二条。
③ 2021年《监察法实施条例》第三十二条。
④ 2021年《监察法实施条例》第三十三条。

权作出问责决定的机关、单位书面提出问责建议。① 其规定了问责条件、问责程序和问责结果。

③移送审查起诉。监察机关对涉嫌职务犯罪的人员,经调查认为犯罪事实清楚,证据确实、充分,需要追究刑事责任的,依法移送人民检察院审查起诉。② 其规定移送审查起诉的条件和方式。

④监察建议。监察机关根据监督、调查结果,发现监察对象所在单位在廉政建设、权力制约、监督管理、制度执行以及履行职责等方面存在问题需要整改纠正的,依法提出监察建议。监察机关应当跟踪了解监察建议的采纳情况,指导、督促有关单位限期整改,推动监察建议落实到位。③ 其规定监察建议的条件和落实方式。

与《监察法》相比较,其更为细致、严谨,特别是对处置条件和程序作了补充。

4.《监察官法》监察官职责规定

监察官依法履行下列职责:(1) 对公职人员开展廉政教育;(2) 对公职人员依法履职、秉公用权、廉洁从政从业以及道德操守情况进行监督检查;(3) 对法律规定由监察机关管辖的职务违法和职务犯罪进行调查;(4) 根据监督、调查的结果,对办理的监察事项提出处置意见;(5) 开展反腐败国际合作方面的工作;(6) 法律规定的其他职责。监察官在职权范围内对所办理的监察事项负责。④ 从立法过程来看,与二审稿相比较,正式文本增加了第二款内容,即"监察官在职权范围内对所办理的监察事项负责"。其规定了监察官的具体职责。

六、监察职权立法比较研究

监察职权在立法上主要涉及监察职权规定方式、监察职权内容和监

---

① 2021年《监察法实施条例》第三十四条。
② 2021年《监察法实施条例》第三十五条。
③ 2021年《监察法实施条例》第三十六条。
④ 2021年《监察官法》第九条。

察职权名称用法。

1. 监察职权规定方式。古代监察职权规定通常不规定监察机关职权，而是规定监察人员职责。北洋政府时期也主要规定肃政史职责，而不规定肃政厅职权。国民政府时期通常主要规定监察院职权。新中国时期则基本上规定监察机关职权。至于监察人员职责，则通常在派出监察机构中予以规定。同时，《监察官法》首次在立法上明确监察官的职责。之所以在立法上存在不同规定方式，原因与监察人员的独立性程度有关。

2. 监察职权内容。有关监察职权内容的立法往往比较模糊。古代监察职权内容通常规定为弹劾官邪，至于弹劾官邪的表现形式则难以明晰，需要进一步分析。近代监察职权规定虽然逐渐具体化，但是职权内容依然需要进行细化。新中国时期监察职权规定较为详细，但是也有模糊之处，特别是政策性术语较多，操作起来有难度，监察内容同样需要进一步明确。未来关于监察职权内容的立法，应在原则性规定基础上，辅以列举加兜底性条款方式进行细化。

3. 监察职权名称用法。监察职权规定通常使用"职权""职能""职责"和"任务"等立法术语。古代多用"掌""司"等引出关于监察职权的规定。"职权"出现于国民政府时期和共同纲领时期。"职能""职责"和"任务"则在1954年宪法时期开始出现，在使用方式上并不统一。之所以会出现这种立法现象，在于立法者可能对这些立法术语本身没有准确把握。所谓职权，通常是指组织所具有的职能。所谓职责，通常是指人员所能行使的权力。而所谓任务，通常是针对具体事项而言的。通常来说，监察职权与监察机关相联系，而监察职责则与监察人员相联系，在立法上应该予以区别。

第四节　监察会议

监察会议是监察机关议决监察事务的组织方式。尽管会议形式并不是立法的必然事项，但是从历史来看，监察会议在立法上曾经出现过，有必要讨论会议形式。

一、北洋政府时期肃政厅总会议规定

北洋政府时期,肃政厅有会议规定。

(一)《肃政厅处务规则》会议规定

1914年8月10日,大总统制定公布了《肃政厅处务规则》。其要点如下:

(1)肃政史总会议设立。肃政厅得设肃政史总会议,由都肃政史及肃政史组织之。① 其规定肃政史总会议形式。

(2)总会议决定形式。应经肃政厅总会议议决之事项,除法令有特别规定外,由都肃政史经肃政史四人以上之同意定之。② 其规定总会议决定通常采用肃政史同意方式。

(3)总会议议长。总会议以都肃政史为议长,都肃政史有事故时,准用平政院编制令第十三条第二项之规定。③《平政院编制令》第十三条第二项规定,都肃政史有事故时,以肃政厅官等最高之肃政史代理之。其规定总会议设置议长及其代理方式。

(4)总会议议决录和保守秘密。平政院处务规则第六条、第七条之规定,于肃政厅总会议准用之。④ 而《平政院处务规则》第六条规定,平政院总会议议决录,由书记官编制保存。第七条规定,平政院审理案件,于宣告裁决前,各职员均应保守秘密。其规定总会议议决录和宣告裁决要求。

(二)《肃政厅总会议规则》会议规定

1914年8月27日,大总统制定公布了《肃政厅总会议规则》,共10

---

① 1914年8月10日《肃政厅处务规则》第一条。
② 1914年8月10日《肃政厅处务规则》第二条。
③ 1914年8月10日《肃政厅处务规则》第三条。
④ 1914年8月10日《肃政厅处务规则》第四条。

条。其要点如下:

(1) 会议形式。凡关于肃政厅全体重要事项依肃政厅处务规则第二条之规定提出于肃政厅总会议。总会议每星期二开通常会一次,但有紧要事件时得开临时会议。① 其规定总会议的开会时间、次数和形式。

(2) 会议讨论和表决。会议事件之大要由议长于开会前一日先行印送于列席肃政史。讨论议题时应起立发言。一议题经反对赞成者相间讨论后议长得宣告讨论终止。议长宣告讨论终止后应以赞成或反对之旨宣付表决。前条表决之方法以起立行之。② 其规定会议讨论方式和表决方式。

(3) 请假。肃政史因事请假不能列席或于开会中因事退席须报告于议长。③ 其规定肃政史请假方式。

(4) 执行。总会议议决之事项应由肃政厅分别执行。④ 其规定总会议议决事项的执行。

(5) 修改。《肃政厅总会议规则》施行后有肃政史四人以上之同意得提议修改之。⑤ 其规定会议规则的修改方式。

二、国民政府时期监察院会议规定

国民政府时期,监察院会议形式在不同《监察院组织法》中有的作出规定,有的未作出规定。

(一) 规定院务会议

这种会议形式出现在广州国民政府时期。1925年7月17日,《国民政府监察院组织法》第三条规定,监察院监察委员会五人,互选一人为主

---

① 1914年8月27日《肃政厅总会议规则》第一条、第二条。
② 1914年8月27日《肃政厅总会议规则》第三条、第四条、第五条、第六条、第七条。
③ 1914年8月27日《肃政厅总会议规则》第八条。
④ 1914年8月27日《肃政厅总会议规则》第九条。
⑤ 1914年8月27日《肃政厅总会议规则》第十条。

席,所有全院事务,均由院务会议解决之。院务会议须有监察委员过半数出席议决后,由主席署名,以监察院名义行之。1925年9月30日,《修正国民政府监察院组织法》第十二条规定,监察院院务会议之处理,经监察委员半数之议决;但日常事务得由常务委员一人处理之。前项常务委员由监察委员一人按日轮值充之。监察院文书以监察院名义由全体委员署名行之。

(二) 规定委员会议

这种会议形式出现在武汉国民政府时期。1926年10月4日,《修正国民政府监察院组织法》第六条规定,监察院置监察委员五人,审判委员三人,分掌监察及审判事务。其他院内行政事务,由委员会议处理之。

(三) 规定监察院会议

这种会议形式出现于南京国民政府时期。

1. 1932年12月28日《监察院会议规则》会议规定

1931年3月2日,监察院公布《监察院会议规则》,1932年12月28日修正。其要点如下:(1)制定依据。本规则依监察院组织法第十三条制定之。① 其规定会议规则的法定依据。(2)会议人员。本会议依国民政府组织法第四十四条之规定由院长及监察委员组织之,以院长为主席,院长缺席时由副院长代之。本会议遇必要时得由院长指定所属部处人员列席。② 其规定会议组成人员。(3)会议形式。本会议以监察委员过半数之出席方得开议,以出席委员过半数之同意方得决议。监察委员非请假不得缺席。本会议议决下列事项:关于本院提出法律案及修改法律事项;院长交议事项;其他事项。本会议由院长召集之,至少得每月一次。③ 其规定会议开议方式、决议方式、请假、议决事项、会议召集人、会议次数。(4)规则修正和施行日期。本规则如有未尽事宜得由本会议修正之。本

---

① 1932年12月28日《监察院会议规则》第一条。
② 1932年12月28日《监察院会议规则》第二条、第三条。
③ 1932年12月28日《监察院会议规则》第四条、第五条、第六条、第七条。

规则自议决之日施行。① 其规定会议规则修正方式和施行日期。

2. 1948年6月15日《监察院会议规则》会议规定

1947年,《监察院组织法》第七条规定,监察院会议由院长副院长及监察委员组织之,以院长为主席。1948年6月15日,《监察院会议规则》对监察会议作了详细规定。其要点如下:

(1) 总则。本规则依监察院组织法第十四条制定之。本院会议除宪法及监察院组织法另有规定外,依本规则行之。本院会议每月举行一次,须有全体监察委员五分之一以上之出席方得开议,以出席过半数之同意方得决议,但每年三月份之会议作年度总检讨,须有全体委员过半数之出席。本院会议以院长为主席,院长因事不能出席时以副院长为主席,院长副院长均因事不能出席时,由出席委员互推一人为主席。本院会议时秘书长列席,并配置秘书处职员办理会议事务。本院会议遇必要时,得由院长指定所属部处人员列席。本院会议时出席及列席人员均应签到。本院会议监察委员因事不能出席时,应以书面通知秘书长提会报告。本院各委员会之工作,由各委员会召集人于本院会议时提出报告。参加会议之人员,对未经发表之文件,均有保守秘密之责。② 其规定会议规则的法定依据、会议次数、讨论方式、决议方式、院长代理、列席、出席等事项。

(2) 提案。议案之提出以书面行之。本院会议时,监察委员与报告事项或讨论事项完毕后,得提出临时议案。临时议案以具有亟待决定之特殊事由者为限,并应有委员二人以上之附议始得提出。③ 其规定议案和临时议案的提出方式。

(3) 议事日程。议事日程应记载开议日时,分列报告事项及讨论事项,详载各议案之提议书,审查报告,并附具关系文书。议事日程由秘书长编拟,经院长核定,至迟于开会前一日送达。遇应先议决事件,未列入议事日程或已列入而顺序在后者,经委员之提议,主席征询出席委员同意

---

① 1932年12月28日《监察院会议规则》第八条、第九条。
② 1948年6月15日《监察院会议规则》第一条、第二条、第三条、第四条、第五条、第六条、第七条、第八条、第九条、第十条。
③ 1948年6月15日《监察院会议规则》第十一条、第十二条、第十三条。

后,得变更议事日程。议事日程所定议案未能开议或议而未能完结者,主席征询出席委员同意后,得改定议事日程。出席委员非有前两条所规定置事由,及有五人以上之连署,不得提出变更议事日程之动议。前项动议应于报告事项后,未讨论议案前为之,不经讨论径付表决。① 其规定议事日程的确定、改定等事项。

(4) 开会。本院会议由院长召集之,除定期会议外,如院长认为必要时,或委员十人以上之提议,得召开临时会议。本院会议公开行之,遇必要时由主席或出席委员之提议,并经主席征询出席委员同意后,得宣告开秘密会议。秘书长于每次会议查点人数,如已足法定人数,主席即宣告开会。已届开会时间不足法定人数,主席得宣告延长,延长至二次仍不足法定人数时,主席即宣告延会或改开谈话会。议事日程所列报告事项按序报告之。报告事项毕主席即宣告开议。会议中主席得酌定时间宣告休息。议事日程所列之议案议毕后,主席宣告散会。散会时间已届而议事未毕,主席征询出席委员同意得延长之。② 其规定定期会议、临时会议、秘密会议、会议延期等事项。

(5) 讨论。主席于宣告开议后,即照议事日程所列议案次序,逐案提出讨论。出席委员欲发言者,须向主席请求,二人以上同时请求发言时,由主席定其先后。发言应就座次或发言台为之。每次发言不得逾十分钟,但取得主席许可者,以许可之时间为度。超过前项限度者,主席得终止其发言。除下列情形外,每委员就同一议题之发言,以一次为限:说明提案之要旨;说明审查报告之要旨;质疑或应答。主席对每案之讨论,认为已达付表决之程度时,征询出席委员同意后,得宣告停止讨论。③ 其规定发言方式、发言时间、发言内容等事项。

(6) 表决。讨论终结或停止讨论之议案,主席应即提付表决。讨论

---

① 1948年6月15日《监察院会议规则》第十四条、第十五条、第十六条、第十七条、第十八条。

② 1948年6月15日《监察院会议规则》第十九条、第二十条、第二十一条、第二十二条、第二十三条、第二十四条、第二十五条、第二十六条。

③ 1948年6月15日《监察院会议规则》第二十七条、第二十八条、第二十九条、第三十条、第三十一条、第三十二条。

结果有两个以上主张时,应就各该意见与原提案旨趣距离较远者,依次付表决,如先付表决者已得可决时,其余主张无须付表决。出席委员对于表决有疑问时,经十人以上之提议,得为复表决或反表决。表决方法以举手或起立行之,必要时得举行投票。表决之结果应当场报告并记录之。会议进行中,出席委员对于在场人员提出疑问,经查点不足法定人数时,不得付表决。① 其规定表决形式、表决方法、表决结果等事项。

(7) 同意权之行使。依宪法第七十九条及第八十四条行使同意权时,应由全院委员审查会审查后,提出本院会议投票。前项全院委员审查会,由委员互推一人为主席。同意权之行使,应有全体监察委员过半数之出席,其议决采用无记名投票法。② 其规定审查、投票、出席人员等事项。

(8) 会议记录。会议记录应记载左列事项,并附速记录:会次及其年月日时;会议地点;出席者之姓名人数;列席者之姓名职别;主席;记录者姓名;报告及报告者之姓名职别;议案;表决方法及可否之数;其他必要事项。会议记录于下次会议时由秘书长宣读之。记录如有错误遗漏时,经本院会议之决议更正之。会议记录经宣读及主席签名后,应印送各委员,除认为应守秘密事项并应登载于本院公报。③ 其规定会议记录事项、宣读、更正、公布等事项。

(9) 秩序。出席委员有共同维护会场秩序之责。出席委员先行退席者,不影响会议之进行。发言超出议题范围者,主席得提示其注意或停止其发言。出席委员亦得请求主席提示其注意或停止其发言。④ 其规定退席、超范围发言等事项。

(10) 各委员会会议。各委员会会议由各委员会召集人为主席。应委员会之请而列席委员会会议者,得就所询事项陈明事实或意见,但不得参加讨论表决。委员会会议除本章及监察院各委员会组织法规定者外,

---

① 1948年6月15日《监察院会议规则》第三十三条、第三十四条、第三十五条、第三十六条、第三十七条、第三十八条。
② 1948年6月15日《监察院会议规则》第三十九条、第四十条。
③ 1948年6月15日《监察院会议规则》第四十一条、第四十二条、第四十三条。
④ 1948年6月15日《监察院会议规则》第四十四条、第四十五条、第四十六条。

准用本规则之规定。① 其规定委员会会议召集、列席人员发言等事项。

（11）附则。本院会议旁听规则、采访规则，由本院秘书处拟订，呈请院长核定之。本规则如有未尽事宜，由本院会议出席委员过半数之决议修正之。本规则由本院会议通过后施行。② 其规定会议规则制定、修正和施行方式等事项。

3. 1948年9月7日《监察院处务规程》会议规定

1948年9月7日,《监察院处务规程》第三章规定业务会议。业务会议由下列人员组织之：(1) 秘书长；(2) 主任秘书；(3) 参事一人；(4) 秘书处各组组长；(5) 各委员会秘书；(6) 监察委员办公室主任副主任；(7) 调查专员一人；(8) 会计长；(9) 统计室主任；(10) 人事室主任。业务会议于必要时，得通知有关人员列席。业务会议之范围如下：(1) 工作报告；(2) 业务之联系及检讨改进；(3) 职员任用考核方法之研讨；(4) 各主管人员建议事项。业务会议由秘书长定期召集之，并为会议之主席。业务会议议决事项，由秘书长核准行之，其关系重大者呈由院长核准。③ 其规定了业务会议组成人员、业务会议范围、召集、执行等事项。

三、共同纲领时期人民监察委员会会议规定

共同纲领时期，人民监察委员会会议在立法中通常都作了专门规定，而且规定较为详细。

（一）《政务院人民监察委员会试行组织条例》政务院人民监察委员会会议、委务会议和工作会议规定

（1）议决内容。中央人民政府政务院人民监察委员会会议议决有关监察之政策、方针、重大案件及其他重要事项，并总结经验。④ 其规定了议决事项范围。

---

① 1948年6月15日《监察院会议规则》第四十七条、第四十八条、第四十九条。
② 1948年6月15日《监察院会议规则》第五十条、第五十一条、第五十二条。
③ 1948年9月7日《监察院处务规程》第十八条、第十九条、第二十条、第二十一条。
④ 1950年10月24日《政务院人民监察委员会试行组织条例》第五条。

(2) 人民监察委员会会议。中央人民政府政务院人民监察委员会会议,每月举行一次,由主任召集之,副主任、委员、秘书长、副秘书长参加。必要时,得提前或延期召集。① 其规定了人民监察委员会会议次数、召集、人员。

(3) 委务会议和工作机构工作会议。中央人民政府政务院人民监察委员会委务会议,每两周举行一次,由主任召集之,副主任、秘书长、副秘书长、办公厅主任、各厅厅长、副厅长参加,并得到指定专人列席。各工作机构工作会议,及全体工作人员会议,均定期举行之。② 其既规定委务会议次数、召集、人员、列席,也规定工作机构工作会议、全体工作人员会议。

(二)《大行政区人民政府(军政委员会)人民监察委员会试行组织通则》大行政区监委委员会议和委务会议规定

(1) 大行政区监委委员会议。大行政区监委委员会议,每三个月举行一次,由主任召集之,副主任、委员、秘书长、副秘书长参加会议,并得制定专人列席;讨论工作方针、任务、计划和重大案件,并总结经验。必要时,得提前或延期召集。③ 其规定大行政区监委委员会议次数、召集、人员、列席、会议内容。

(2) 委务会议。委务会议,每二周举行一次,由主任召集之,副主任、秘书长、副秘书长及各处处长、副处长参加会议,并得指定专人列席。④ 其规定委务会议次数、召集、人员、列席。

(三)《省(行署、市)人民政府人民监察委员会试行组织通则》省监委委员会议和委务会议规定

(1) 省监委委员会议。省监委委员会议,每月举行一次,由主任召集之,副主任、委员、秘书主任参加会议,并得指定专人列席;讨论工作方针、

---

① 1950年10月24日《政务院人民监察委员会试行组织条例》第十四条。
② 1950年10月24日《政务院人民监察委员会试行组织条例》第十五条。
③ 1951年7月6日《大行政区人民政府(军政委员会)人民监察委员会试行组织通则》第十二条。
④ 1951年7月6日《大行政区人民政府(军政委员会)人民监察委员会试行组织通则》第十二条。

任务、计划和重大案件,并总结经验。必要时,得提前或延期召集。① 其规定省监委委员会议次数、召集、人员、列席、会议内容。

(2) 委务会议。委务会议,每两周举行一次,由主任召集之,副主任、秘书主任及各处(科)长参加会议,并得指定专人列席。② 其规定委务会议次数、召集、人员、列席。

(四)《县(市)人民政府人民监察委员会试行组织通则》县(市)监委委员会议和委务会议规定

(1) 县(市)监委委员会议。县(市)监委委员会议,每月举行一次,由主任召集之,委员、秘书参加会议,并得指定专人列席;讨论工作、方针、任务、计划和重大案件,并总结经验。必要时,得提前或延期召集。③ 其规定县(市)监委委员会议次数、召集、人员、列席、会议内容。

(2) 委务会议。委务会议定期举行,由主任召集之。秘书、监察员参加会议。④ 其规定委务会议次数、召集、人员。

除了上述会议形式规定之外,其他立法和文件中也对会议形式作了规定。例如,《政务院人民监察委员会关于省人民政府专员公署人民监察处几项具体问题的指示》第七项规定,专署人民监察处处务会议,每两周举行一次,讨论监察工作及检查案件等问题,由处长召集,秘书、监察员参加。必要时,得提前或延期召开。其对省人民政府专员公署人民监察处会议次数、会议内容、召集、人员作了专门规定。又如,《各级人民政府人民监察委员会设置监察通讯员试行通则》第十二条规定,各级监委,每半年召开组长联席会议或通讯员代表会议一次,必要时得提前或延期召集之。其对组长联席会议或者通讯员代表会议作了专门规定。此外,《各级人民政府人民监察机关设置人民监察通讯员通则》第十三条规定,各级人民监察机关每三个月至半年召开人民监察通讯员全体大会或小组长联席会议一次,总结和交流工作经验。其对人民监察通讯员全体大会或小组

---

① 1951年7月6日《省(行署、市)人民政府人民监察委员会试行组织通则》第十三条。
② 1951年7月6日《省(行署、市)人民政府人民监察委员会试行组织通则》第十三条。
③ 1951年7月6日《县(市)人民政府人民监察委员会试行组织通则》第十一条。
④ 1951年7月6日《县(市)人民政府人民监察委员会试行组织通则》第十一条。

长联席会议作了专门规定。

从上述一系列规定来看,这一时期,监察机关会议形式较多,在立法上对会议形式、会议时间、会议人员、会议任务等都有较详细的规定。

四、1954 年宪法时期监察部会议规定

1954 年宪法时期,基本延续了前一时期对监察会议规定的方式。例如,《中华人民共和国监察部组织简则》规定两种会议形式:(1) 部务会议。监察部的部务会议,由部长召集,每月举行两次。在必要的时候,可以增加或者减少。① 其规定部务会议的召集、次数。(2) 监察委员会会议。监察部为集思广益,发扬民主,密切与各方面的联系,在部长领导下,设立监察委员会。监察委员会会议每三个月举行一次。在必要的时候由部长临时召集。监察委员会的委员由部长提请国务院任免。② 其规定监察委员会会议次数、召集、委员任免方式。

五、1982 年宪法时期监察委员会会议规定

这一时期,监察立法不再规定监察会议。当然,这并不是说这一时期没有监察会议这种工作形式,而只是没有将其纳入立法中予以规定。值得注意的是,在一些工作解答中曾经出现过有关监察会议的介绍。例如,中纪委研究室在回答"监察委员会如何进行议事决策"的问题时,就对监察委员会会议制度作了详细解读。③ 根据这些解读,此时期监察委员会会议的基本情况如下:

1. 会议召开方式。监察委员会实行民主集中制。根据纪委监委合署办公体制,监委委务会与纪委常委会议合并召开,一般不单独召开。

---

① 1955 年 11 月 2 日《中华人民共和国监察部组织简则》第十条。
② 1955 年 11 月 2 日《中华人民共和国监察部组织简则》第十一条。
③ 《监察委员会如何进行议事决策?》,中央纪委监察部网站,http://www.ccdi.gov.cn/special/sdjjs/pinglun_sdjxs/201712/t20171226_158161.html,访问日期:2021 年 3 月 1 日。

2. 会议相关规则。监察委员会会议的组织原则、审议事项、工作程序、调查决策等事项应按以下规则进行:

(1) 组织原则。坚持集体领导、民主集中、个别酝酿、会议决定和少数服从多数原则。凡属应当由监察委员会讨论和决定的事项,必须由集体讨论研究决定,任何个人无权擅自决定和改变。在集体讨论和决定问题时,个人应当充分发表意见。个人对集体作出的决定必须坚决执行,如有不同意见,可以在内部或向上一级组织提出,但在决定改变之前,不得有任何与决定相违背的言论和行为。

(2) 审议事项。包括传达学习、贯彻落实党中央和中央纪委的重要会议、重要文件、重大决策部署;向中央纪委、上级纪委监委和同级党委的重要请示、报告,拟下发的重要文件或出台的重要规章制度,召开的重要会议或举办的重要活动方案;政务处分、重大复杂敏感案件处理;组织建设等事宜;党风廉政建设和反腐败工作中的重大问题以及其他需要提请监察委员会研究讨论的重要事项。特别需要强调的是,监察委员会不设党组,根据党管干部原则,研究干部人事问题需以纪委常委会名义进行。

(3) 工作程序。监察委员会会议由主任召集并主持,特殊情况可以委托副主任召集并主持。会议议题由主任或受委托主持会议的副主任综合考虑后确定。会议必须有半数以上组成人员到会方能召开。案件审理、研究决定重大问题时,必须有三分之二以上组成人员到会。会议表决可根据讨论事项的内容,采取口头、举手、无记名投票或者记名投票等方式进行,赞成票超过应到会组成人员的半数为通过。会议讨论和决定多个事项时,应当逐项表决。对意见分歧较大的议题,除紧急情况外,应当暂缓作出决定,待进一步调查研究、交换意见后再行表决。会议讨论的事项,如涉及组成人员需要回避的应当回避。会议作出的决策,由组成人员按照工作分工负责组织实施。

(4) 调查决策。线索处置、案件调查、涉案款物管理、处置执行等方面重要问题,必须经集体研究后,按程序报批。为增强保密性,应根据研究问题的性质,严格控制参与研究的人员范围。如,研究线索处置的人员应控制在监察委员会主要负责人、分管承办室和案件监督管理室的委领导、承办室和案件监督管理室主要负责人、线索管理工作人员范围内。

从上述规定来看,监察委员会会议方式采用的是集体决定方式。

六、监察会议立法比较研究

监察会议在立法中主要涉及会议形式、会议人员、会议程序和会议事项等。

1. 会议形式。监察会议通常是指监察机关会议。这些会议主要有北洋政府时期肃政厅总会议、国民政府时期监察院会议、新中国时期人民监察委员会会议、监察部委务会议、监察委员会会议。不过,立法上也会涉及工作会议形式。可见,会议形式既可以指监察机关会议,也可以指监察机关内部工作会议。

2. 会议人员。会议人员是指参加各种会议形式的人员。会议人员有正式人员和列席人员两种类型。北洋政府时期肃政厅总会议正式人员有都肃政史和肃政史。国民政府时期监察院会议正式人员有院长、副院长和监察委员,有关部处人员则是列席人员。共同纲领时期人民监察委员会委员会议和委务会议正式人员则有差异。监察委员会会议人员通常是指监察委员会组成人员。正式人员和列席人员的主要区分标准为,前者具有表决权,而后者没有此项权力。

3. 会议程序。会议程序是指会议的各个环节、步骤,如会议召集、议事日程、讨论发言以及表决方式等。由于监察机关性质不同,会议程序安排则也有一定的差异。北洋政府时期肃政厅总会议和国民政府时期监察院会议安排类似于代议机关会议程序。而新中国时期人民监察委员会、监察部乃至监察委员会会议安排则类似于行政机关会议程序。虽然两者在性质上有所差异,但是仍然具有一些类似之处,如集体讨论决定,不过其正式、规范程度有所不同。

4. 会议事项。会议事项是指会议讨论的范围。立法对此规定不多。通常来说,监察机关职责所有事项均可以提交会议讨论议决。当然,这并不意味着均有必要提交会议议决。一般来说,只有重要事项,特别是监察机关对外作出决定的事项必须要经过会议议决。

第五节　监察领导体制

监察领导体制是指不同监察机关之间具有的组织关系。由于监察领导体制对一国监察体制具有重要的影响，因此，其在立法上也受到高度关注。不过，古代监察立法和近代监察立法对监察领导体制几乎不作规定，因此，监察领导体制主要出现于新中国时期监察立法之中。

一、共同纲领时期监察领导体制规定

共同纲领时期，监察领导体制主要规定体现在针对地方监察机关的立法之中。

（一）《大行政区人民政府（军政委员会）人民监察委员会试行组织通则》大行政区监委对上下级的工作关系规定

大行政区监委对上下级的工作关系，规定如下：(1) 中监委得根据政策、方针，就业务的指导范围内，行文致大行政区监委，大行政区监委亦得就同样范围内向中监委报告、请示。(2) 中监委对各大行政区所属各级监委的命令、通令、通报及对某一省（行署、市）监委、专署人民监察处、县（市）监委的工作指示，均由大行政区监委转发；各该级监察机关向中监委的报告、请示，亦由大行政区监委转送。(3) 关于某一特殊问题的询问与答复，或某一案件的查处，中监委与省（行署、市）监委、专署人民监察处、县（市）监委得直接令、报；但须分别抄送该管大行政区监委、省（行署、市）监委及专署人民监察处。[①] 从上述立法内容来看，其主要规定大行政区监委和上下级公文行文工作规范。

---

① 1951年7月6日《大行政区人民政府（军政委员会）人民监察委员会试行组织通则》第六条。

(二)《省(行署、市)人民政府人民监察委员会试行组织通则》省监委对上下级的工作关系规定

省监委对上下级的工作关系,规定如下:(1)大行政区监委,得根据政策方针,就业务的指导范围内,行文致监委;省监委亦得就同样范围内向大行政区监委报告、请示。(2)大行政区监委对专员公署人民监察处、县(市)监委的命令、通令、通报及对某一县(市)监委的工作指示,均由省监委转发;专员公署人民监察处、县(市)监委向大行政区或中监委的报告、请示,亦由省监委转送。(3)关于某一特殊问题的询问与答复,或某一案件的查处,中监委、大行政区监委与专员公署人民监察处、县(市)监委得直接令、报,但须同时抄送省监委。① 其主要规定省监委和上下级公文行文工作规范。

(三)《县(市)人民政府人民监察委员会试行组织通则》县(市)监委对上下级的工作关系规定

县(市)监委对上下级的工作关系,规定如下:(1)省(行署)监委、专员公署人民监察处得根据政策、方针,就业务的指导范围内,行文致县(市)监委;县(市)监委亦得就同样范围内,向省(行署)监委、专员公署人民监察处报告、请示。(2)关于某一特殊问题的询问与答复或某一案件的查处,中央及大行政区监委与县(市)监委得直接令、报;但应同时分别抄送省(行署)监委、专员公署人监察处,并抄送大行政区监委。② 其主要规定县(市)监委和上下级公文行文工作规范。

从上述规定来看,监察领导体制在立法上的表现形式主要为上下级之间公文形式关系。

二、1954年宪法时期监察领导体制规定

1954年宪法时期,监察领导体制在立法上没有明确规定。由于此时

---

① 1951年7月6日《省(行署、市)人民政府人民监察委员会试行组织通则》第七条。
② 1951年7月6日《县(市)人民政府人民监察委员会试行组织通则》第五条。

期各级监察机关均属于各级政府组成部分,因此,一方面,各级监察机关之间具有行政隶属关系,另一方面,各级监察机关也均服从于本级人民政府领导。

三、1982 年宪法时期监察领导体制规定

1982 年宪法时期,监察领导体制开始在立法上出现,并且成为立法的重要内容。

(一) 行政监察时期监察领导体制规定

这一时期,监察机关领导体制主要规定监察机关的性质、设立和领导体制等内容。

1986 年《设立国家行政监察机关的方案》主要规定以下内容:(1) 国家行政监察机关的性质。其规定,国家行政监察机关是各级人民政府负责监察工作的专门机构。(2) 国家行政监察机关的设立。其规定,国务院设立国家监察部,县以上地方各级人民政府设立相应的监察部门。(3) 领导方式。其规定,国家监察部受国务院领导,地方各级机关受上级监察机关和所在人民政府双重领导。地方各级监察机关主要领导干部的任免,必须征求上级监察机关的意见。

1990 年《行政监察条例》规定,监察部在国务院总理领导下,主管全国的行政监察工作。县以上地方各级人民政府的监察机关分别在省长、自治区主席、市长、州长、县长、区长和上一级监察机关的领导下,主管本行政区的行政监察工作。[①] 其规定明确"上一级监察机关"。

1997 年《行政监察法》规定,国务院监察机关主管全国的监察工作。县级以上地方各级人民政府监察机关负责本行政区域内的监察工作,对本级人民政府和上一级监察机关负责并报告工作,监察业务以上级监察

---

① 1990 年《行政监察条例》第八条。

机关领导为主。① 其规定明确地方监察机关的双重领导体制。

从上述规定来看,监察机关关系主要涉及本级监察机关与本级人民政府和监察机关上下级关系,明确了监察机关领导体系。

(二) 国家监察时期监察领导体制规定

这一时期,监察领导体制规定更加详细。

1. 《监察法》监察领导体制规定

(1) 监察委员会之间的关系。国家监察委员会领导地方各级监察委员会的工作,上级监察委员会领导下级监察委员会的工作。② 该规定主要涉及监察机关上下级关系。

(2) 监察委员会和人大之间的关系。国家监察委员会对全国人民代表大会及其常务委员会负责,并接受其监督。③ 其规定国家监察委员会和全国人大及其常委会之间的关系。同时,地方各级监察委员会对本级人民代表大会及其常务委员会和上一级监察委员会负责,并接受其监督。④ 其规定地方各级监察委员会和本级人大及其常委会、上一级监察委员会之间的关系。

2. 《监察法实施条例》监察领导体制规定

2021年《监察法实施条例》第二章监察机关及其职责第一节专门规定领导体制,但是此节并没有专门局限于领导体制。在领导体制方面,主要规定如下:

(1) 隶属关系。国家监察委员会在党中央领导下开展工作。地方各级监察委员会在同级党委和上级监察委员会双重领导下工作,监督执法调查工作以上级监察委员会领导为主,线索处置和案件查办在向同级党委报告的同时应当一并向上一级监察委员会报告。上级监察委员会应当加强对下级监察委员会的领导。下级监察委员会对上级监察委员会的决

---

① 1997年《行政监察法》第七条。
② 2018年《监察法》第十条。
③ 2018年《监察法》第八条。
④ 2018年《监察法》第九条。

定必须执行,认为决定不当的,应当在执行的同时向上级监察委员会反映。上级监察委员会对下级监察委员会作出的错误决定,应当按程序予以纠正,或者要求下级监察委员会予以纠正。① 其规定国家监察委员会与党中央的关系、地方各级监察委员会与同级党委和上级监察委员会的关系。

(2) 彼此关系。上级监察委员会可以依法统一调用所辖各级监察机关的监察人员办理监察事项。调用决定应当以书面形式作出。监察机关办理监察事项应当加强互相协作和配合,对于重要、复杂事项可以提请上级监察机关予以协调。② 其规定上级监察委员会统一调用的权力。

四、监察领导体制立法比较研究

监察领导体制在立法中主要涉及监察机关上下级关系和监察机关与代议机关的关系。

1. 监察机关之间的关系。新中国时期各级监察机关之间属于上下级关系,因此,上级监察机关领导下级监察机关,下级监察机关服从上级监察机关。这种领导体制无论是行政监察机关还是国家监察机关在本质上均是一样的。不过,从历史来看,这种领导体制并不是中国古代和近代所采用的领导体制,因为古代监察机关和近代监察机关通常在地方并不设立自成一体的监察系统。这并不意味着地方不存在具有监察职能的机构,如元代的行御史台、国民政府时期的监察使署。但是这些机构的监察人员大多仍然是由中央监察机关派出的人员兼任的。这种领导体制本质上与新中国时期监察领导体制是不同的。正因为如此,在讨论监察委员会层级时,有学者提出:"借鉴国境外经验,结合中国实际,考虑规模效应,笔者认为最优的层级设置方案应当是仅在中央和省两级设立监委会。这就是说,一个省仅设立一个统一的监委会。这相当于把原来一个省内的

---

① 2021 年《监察法实施条例》第十条。
② 2021 年《监察法实施条例》第十一条。

所有地市和县市的监委会都纵向整合到省一级,最终全国共设 32 个监委会(1 个国家监察会和 31 个省级监委会),而不是 3200 多个。"[①]这种设想实际上体现了传统监察区领导体制的思路。由于监察区通常具有临时性,并不一定在地方设立组织机构。但是,即使建立了相应的组织体系,由于其难以和地方政权体系相融合,并不一定能够实现监察目标,因此,这种设想并不符合当前的形势。实际上,即使监察委员会在组织体系上独立于政府体系,但是在上下级关系上仍然具有行政性质的领导关系。这种关系类似于我国检察机关领导体制。

2. 监察机关与代议机关的关系。在监察机关独立于行政机关情况下,监察机关就面临着与代议机关的关系。国民政府时期监察院独立于行政院和立法院,在性质上具有代议机关的特点,因此,其不同于新中国时期的监察机关。新中国时期行政监察机关通常隶属于各级政府,因此并不存在监察机关与代议机关的关系。只有在监察委员会独立于行政机关的情况下,才会涉及监察机关与代议机关的关系。在立法上,各级监察委员会由人大产生,对人大及其常委会负责,这种关系并不是领导和被领导关系,而是监督和被监督关系。

第六节 派出监察机构

派出监察机构是指由上级监察机关对地方或者部门进行监察的机构或者人员。之所以存在派出监察机构,其主要目的在于通过定期或者不定期巡回监察进行有效的监督。派出监察机构在立法上规定较多,需要深入探讨。

一、古代派出监察机构规定

古代监察活动通常均需要君主批准或者认可,因此君主派出监察人

[①] 任建明、杨梦婕:《国家监察体制改革:总体方案、分析评论与对策建议》,《河南社会科学》2017 年第 6 期。

员是一种常态。虽然存在专门监察机关,但是君主通常根据需要派出监察机构或者派出监察人员。因此,关于监察派出机构,其没有统一规定。

唐代派出监察机构大致分为两类:一类是对京城的监察机构。例如,"殿中侍御史掌殿廷供奉之仪式。凡冬至、元正大朝会,则具服升殿。若皇帝郊祀,巡省,则具服从,于旌门往来检察,视其文物之有亏阙,则纠之。凡两京城内,则分知左右巡,各察其所巡之内有不法之事"①。一类是对京外地方的监察机构。例如,"监察御史掌分察百僚,巡按郡县,纠视刑狱,肃整朝仪"②。

宋代派出监察机构最为典型的是监司。"诸称监司者,谓转运、提点刑狱、提举常平司。称按察官者,谓诸司通判以上之官,发运、转运判官同。及知州、通判各于本部职事相统摄者。"③需要注意的是,监司并不是御史台派出监察机构,但是也具有监察职责。宋代派出监察机构对于陪都有三京留守司御史台。"三京留守司御史台,西京于分司官内差一员权阙,或特差官权判掌;南京止令留守通判权掌,后北京置台,专差官领,今则三京皆有正官领之。""三京留司御史台管勾台事各一人,以朝官以上充掌拜表行香,纠举违失。凡史吏有令史、知班、驱使官、书吏各一人。"④

元代派出监察机构更为系统,有所谓内道、江南十道、陕西四道等。第一类,内道八,隶御史台:(1)山东东西道,济南路置司;(2)河东山西道,冀宁路置司;(3)燕南河北道,真定路置司;(4)江北河南道,汴梁路置司;(5)山南江北道,中兴路置司;(6)淮西江北道,泸州路置司;(7)江北淮东道,扬州路置司;(8)山北辽东道,大宁路置司。第二类,江南十道,隶江南行台:(1)江东建康道,宁国路置司;(2)江西湖东道,龙兴路置司;(3)江南浙西道,杭州路置司;(4)浙东海右道,婺州路置司;(5)江南湖北道,武昌路置司;(6)岭北湖南道,天临路置司;(7)岭南广西道,静江府置司;(8)海北广东道,广州路置司;(9)海北海南道,雷州路置司;

---

① 《唐六典》卷十三《御史台》。
② 《唐六典》卷十三《御史台》。
③ 《庆元条法事类》卷七《职制门》。
④ 《宋会要辑稿》第六十九册《职官一七》。

（10）福建闽海道，福州路置司。第三类，陕西四道，隶陕西行台：（1）陕西汉中道，凤翔府置司；（2）河西陇北道，甘州路置司；（3）西蜀四川道，成都路置司；（4）云南诸路道，中庆路置司。①

明代派出监察机构有督抚、各道监察御史等。例如，《大明会典》对《督抚建置》进行描述："国初，遣尚书、侍郎、都御史、少卿等官，巡抚各处地方，事毕复命，或即停遣。初名巡抚，或名镇守，后以镇守、侍郎与巡按御史不相统属，又文移往来，亦多窒碍，定为都御史巡抚。兼军务者，加提督。有总兵地方，加赞理。管粮饷者，加总督兼理。他如整饬边备、提督边关及抚治流民，总理河道等项，皆因事特设。今具列焉。其边境以尚书侍郎任总督军务者，皆兼都御史，以便行事。"②又如，《大明会典》对《各道分隶》进行描述："国初，设十二道监察御史，照刷卷宗，衙门各有分属，具载诸司职掌。后定为十三道，各道本布政司及带管内府监局，在京各衙门，直隶府州卫所刑名等事。今具列带管衙门于后，其本布政司，及王府衙门，各都司、行都司、行太仆寺、苑马寺、盐运、市舶、宣慰长官等司在各布政司境内者，不复书。"③

清代派出监察机构有十五道监察御史、五城察院。例如，《钦定台规》对十五道监察御史进行描述："十五道，掌印监察御史暨监察御史满、汉各二十八员。京畿道，掌印监察御史满、汉各一员，监察御史满、汉各一员。河南道，掌印监察御史满、汉各一员，监察御史满、汉各一员。江南道，掌印监察御史满、汉各一员，监察御史满、汉各三员。浙江道，掌印监察御史满、汉各一员，监察御史满、汉各一员。山西道，掌印监察御史满、汉各一员，监察御史满、汉各一员。山东道，掌印监察御史满、汉各一员，监察御史满、汉各二员。陕西道，掌印监察御史满、汉各一员，监察御史满、汉各一员。湖广道，掌印监察御史满、汉各一员，监察御史满、汉各一员。江西道，掌印监察御史满、汉各一员，监察御史满、汉各一员。福建道，掌印监察御史满、汉各一员，监察御史满、汉各一员。四川道，掌印监察御史满、

---

① 《元史》卷八十六《百官志二》。
② 《大明会典》卷二百零九。
③ 《大明会典》卷二百零九。

汉各一员。广东道,掌印监察御史满、汉各一员。广西道,掌印监察御史满、汉各一员。云南道,掌印监察御史满、汉各一员。贵州道,掌印监察御史满、汉各一员。掌纠劾官邪,条陈治道。"①

二、国民政府时期派出监察机构规定

国民政府时期,地方并没有专门的监察机构,其派出监察机构虽然为监察使,但是由监察委员兼任。

(一)《监察院组织法》监察使规定

《监察院组织法》对派出监察机构进行规定出现于南京国民政府时期。1928年10月20日,《监察院组织法》第三条规定,监察院院长得提请国民政府特派监察使,分赴各监察区行使弹劾职权。监察使得由监察委员兼任。监察区由监察院定之。1932年6月24日,《监察院组织法》第六条规定,监察院院长得提请国民政府,特派监察使分赴各监察区,巡回监察,行使弹劾职权。监察使得由监察委员兼任。监察区及监察使巡回监察规程,由监察院定之。1947年《监察院组织法》第八条规定,监察院视事实之需要,得将全国分区设监察院监察委员行署,其组织另以法律定之。在上述组织法规定基础上,这一时期还对监察使署和巡回监察进行专门规定。

(二)《监察使署组织条例》监察使署规定

根据监察院组织法规定,其在巡回区设立监察使署,作为监察派出机构。1936年4月14日公布《监察使署组织条例》,该条例于1942年1月7日、1943年12月31日两次重新修正公布。其要点如下:

(1)法律依据。本条例依监察院组织法第六条第三款之规定制定

---

① 《钦定台规》卷九《宪纲》。

177

之。① 其规定条例的制定依据。

（2）职责。监察使承监察院之命，综理全署事务。② 其规定监察使的职责。

（3）内设机构和职掌。监察使署设秘书室、总务科、调查科。秘书室职掌如下：关于机要文件之处理事项；关于文稿之分配及审核事项；关于书状之签拟事项；关于职员之考绩、考勤事项；监察使交办事项。总务科职掌如下：关于典守印信事项；关于文书之撰拟、收发及保管事项；关于本署刊物及规章之编纂事项；关于款项之出纳及保管事项；关于物品之购置、修缮、保管事项；其他庶务事项。调查科职掌如下：关于专案之调查事项；关于地方行政、社会情况之调查事项；关于调查报告之整理事项；关于调查表册之编制、整理事项；其他临时调查事项。③ 其规定秘书室、总务科、调查科的职责。

（4）组成人员。监察使署设秘书二人或三人，其中一人简任，其余荐任。监察使署设科长二人，荐任；科员四至六人，调查员四至八人，助理员六至十人，均委任，但调查员二人得为荐任。监察使署之岁计、统计事务，由国民政府主计处派会计员一人依法办理之。监察使署得酌用雇员。④ 其规定监察使署人员、人数、任免方式。

（5）办事细则。监察使署办事细则由监察使署拟定，呈经监察院核定之。⑤ 其规定办事细则制定方式。

（三）《监察使巡回监察规程》监察使规定

1932年12月28日，监察院第二十一次会议通过《监察使巡回监察规程》，1934年1月27日监察院第二十八次会议修正通过，1935年5月2日监察院第三十二次会议修正通过，同年5月22日监察院公布施行，共

---

① 1943年12月31日《监察使署组织条例》第一条。
② 1943年12月31日《监察使署组织条例》第二条。
③ 1943年12月31日《监察使署组织条例》第三条、第四条、第五条、第六条。
④ 1943年12月31日《监察使署组织条例》第七条、第八条、第九条。
⑤ 1943年12月31日《监察使署组织条例》第十一条。

10条。其要点如下:

(1) 制定依据。本规程依监察院组织法第六条之规定制定之。[1] 其规定规程的制定依据。

(2) 监察使权限。监察使应就所派监察区内巡回视察。监察使所提之弹劾案应以书面为之,但遇紧急事项,得先以电报提出,事后补具事状。监察使所提弹劾案,适用弹劾法第五条之程序。监察使为行使职权,得向所派监察区内各官署及其他公立机关查询或调查档案籍,遇有疑问,该主管人员应负责为详实之答复。监察使对于所派监察区内公务员违法及失职之行为,认为情节重大,须急速救济者,除提起弹劾案外,并得径行通知该主管长官予以急速救济之处分。主管长官接到前项通知,如不为急速救济之处分者,于被弹劾人受惩戒时,应负责任。监察使得接受人民举发公务员之违法或失职之书状,但不得批答。[2] 其规定监察使弹劾方式、查询或调查权力、急速救济处分、接受人民举发等事项。

(3) 监察使报告事项。监察使应将监察情形,随时报告监察院,并注意下列事项:关于所派监察区内各官署及公立机关之设施事项;关于所派监察区内各公务员之行动事项;关于所派监察区内人民疾苦及冤抑事项。[3] 其规定监察使报告方式和报告事项。

(4) 监察使署。监察使于所在监察区内设监察使署。监察使署设秘书一至二人,科长二人,荐任。科员二至四人,办事员四至六人,委任。监察使署得聘任参赞一至三人。监察使署办事通则另定之。[4] 其规定监察使署人员、人数、任免方式、办事通则等事项。

(5) 纪律要求。监察使及其所属不得接受地方供应馈遗。[5] 其规定监察使及其所属的纪律。

---

[1] 1935 年 5 月 22 日《监察使巡回监察规程》第一条。
[2] 1935 年 5 月 22 日《监察使巡回监察规程》第二条、第三条、第四条、第五条、第六条。
[3] 1935 年 5 月 22 日《监察使巡回监察规程》第七条。
[4] 1935 年 5 月 22 日《监察使巡回监察规程》第八条。
[5] 1935 年 5 月 22 日《监察使巡回监察规程》第九条。

(四)《监察使署办事通则》监察使署规定

根据《监察使巡回监察规程》第八条规定,1935年5月22日,监察院公布施行《监察使署办事通则》,对监察使署秘书处、总务科、调查科、参赞等内设机构和人员职责进行专门规定。

三、共同纲领时期派出监察机构规定

共同纲领时期,派出监察机构主要是省所属各区专员公署设立的人民监察处。《省(行署、市)人民政府人民监察委员会试行组织通则》第五条规定,省监委得在所属各区专员公署设置人民监察处,指导所属县(市)监委工作。专员公署人民监察处设处长1人,受省监委和专员的双重领导,下设秘书,监察员5人至7人,分掌监察工作及行政事务。各专员公署所辖各县(市)之未设立县(市)监委者,其监察工作,由各该专员公署人民监察处兼管之。从其内容来看,其主要规定人民监察处领导人员和工作人员及其人数、领导关系、具体职责等。

同时,1951年12月18日,《政务院人民监察委员会关于省人民政府专员公署人民监察处几项具体问题的指示》对专署人民监察处组织、工作任务及领导关系、职权、上下级工作关系、处理惩戒案件、名称、处务会议等事项的适用依据和具体办法作了规定。

四、1954年宪法时期派出监察机构规定

1954年宪法时期,派出监察机构主要是各级政府在组成部门中设立的国家监察机关。

例如,1955年10月10日,国务院批准发布《监察部关于中央和地方财经部门国家监察机关组织设置和对现有监察室进行组织调整的方案》,提出将国家监察机关与业务部门内部的或专业的监察或检查机关从组织上分开,对现有财经部门监察室(局、司,简称监察室)进行组织调整,在若

干财经部门,以现有监察室为基础,设立国家监察机关。全国国家监察机关的编制由监察部统一掌握。由于这些国家监察机关均隶属于监察部,因此,在性质上属于派出监察机构。

又如,《中华人民共和国监察部组织简则》第十四条规定,监察部按照需要,可以在国务院所属财经部门设立国家监察局,执行国家监察职务。国家监察局的设立、合并或者撤销,由部长提请国务院批准。国家监察局受监察部和所在部门双重领导,在必要的时候,经国务院批准改为监察部直接领导。国家监察局按照需要,可以在所在部门的下属单位设立派驻机构,派驻机构的设立、合并或者撤销,由局长提请所在部门和监察部会同批准。从其规定来看,其主要规定派出监察机构的设立、调整程序、领导体制,而没有规定派出监察机构人员及其数量。

再如,1956年1月6日,《监察部关于派驻县监察组的若干工作问题的指示》要求,在撤销县(旗)监委后,省、自治区监察厅和专署、自治州监察处,必须选择适当县派驻监察组。该指示对监察组的领导体制、职权、组成人员、权限、处理等事项作了详细规定。

五、1982年宪法时期派出监察机构规定

1982年宪法时期,行政监察机关和国家监察机关的派出监察机构具有很大的差异,因此,在立法上也有一定的区别。

(一) 行政监察时期派出监察机构规定

这一时期,行政监察立法对派出监察机构多有规定。

1.《行政监察条例》派出监察机构规定

1990年《行政监察条例》第九条规定,监察机关根据工作需要可以在一定地区、政府部门和单位设置派出监察机构或者派出监察人员。监察机关的派出监察机构或者派出的监察人员,根据派出它的机关的要求,履行监察职责。其对派出监察机构或者派出监察人员作了原则性规定。

2.《行政监察法》派出监察机构规定

1997年《行政监察法》第八条规定,县级以上各级人民政府监察机关根据工作需要,经本级人民政府批准,可以向政府所属部门派出监察机构或者监察人员。监察机关派出的监察机构或者监察人员,对派出的监察机关负责并报告工作。其对派出监察机构或者监察人员作了原则性规定。2010年修改《行政监察法》时,第八条增加规定,监察机关对派出的监察机构和监察人员实行统一管理,对派出的监察人员实行交流制度。其规定派出监察机构的统一管理和人员交流。

3.《行政监察法实施条例》派出监察机构规定

2004年《行政监察法实施条例》对派出监察机构进一步细化和补充。

（1）隶属关系。监察机关派出的监察机构或者监察人员对派出它的监察机关负责并报告工作,并由派出它的监察机关实行统一管理。在实行垂直管理的国家行政机关中,监察机关派出的监察机构根据工作需要,经派出它的监察机关批准,可以向驻在部门的下属行政机构再派出监察机构或者监察人员。[①] 其规定派出监察机构统一管理和再派出的监察机构或者监察人员。

（2）履行职责。派出的监察机构或者监察人员履行下列职责：①检查被监察的部门在遵守和执行法律、法规和人民政府的决定、命令中的问题;②受理对被监察的部门和人员违反行政纪律行为的控告、检举;③调查处理被监察的部门和人员违反行政纪律的行为;④受理被监察人员不服行政处分决定或者行政处分复核决定的申诉;⑤受理被监察人员不服监察决定的申诉;⑥督促被监察的部门建立廉政、勤政方面的规章制度;⑦办理派出它的监察机关交办的其他事项。派出的监察机构或者监察人员行使与派出它的监察机关相同的权限。但是,地方各级监察机关派出的监察机构或者监察人员,以及在实行垂直管理的国家行政机关中派出的监察机构向驻在部门的下属行政机构再派出的监察机构或者监察人员行使行政监察法第二十条、第二十一条规定的权限,需经派出它的监察机

---

① 2004年《行政监察法实施条例》第六条。

关或者派出它的监察机构批准。① 其规定派出的监察机构或者监察人员有七项职责。不过对再派出的监察机构或者监察人员的权限作了另外规定。

(3) 适用程序。派出的监察机构或者监察人员履行职责,适用与监察机关履行职责相同的程序。② 其规定派出的监察机构或者监察人员履行职责的程序。

除了上述法律法规规定之外,监察机关还曾经出台文件专门规定派出监察机构。例如,1988年10月24日,监察部出台《关于监察部派出机构的领导体制及有关工作关系的几点意见》,主要包括六个方面的内容:①派出机构的领导体制;②派出机构的监察对象;③派出机构的任务及职责范围;④派出机构与监察部的工作关系;⑤派出机构与驻在部门的工作关系;⑥派出机构与地方监察机关及对口系统监察机构的工作关系。

从上述规定来看,派出监察机构规定主要涉及设置、隶属关系、人员管理以及具体职责。需要注意的是,这一时期其不仅有派出监察机构,还有派出监察人员,在形式上和共同纲领时期派出监察机构规定不同。

(二) 国家监察时期派出监察机构规定

这一时期,国家监察机关由于监察对象的扩大,因此派出监察机构更加复杂。

1. 《监察法》派出监察机构规定

(1) 派驻或者派出监察机构、监察人员。各级监察委员会可以向本级中国共产党机关、国家机关、法律法规授权或者委托管理公共事务的组织和单位以及所管辖的行政区域、国有企业等派驻或者派出监察机构、监察专员。监察机构、监察专员对派驻或者派出它的监察委员会负责。③ 其既有派驻形式,也有派出形式。派驻就是直接在有关机关、组织、单位设立监察机构或者监察专员。而派出就是不定期向有关机关、组织、单位

---

① 2004年《行政监察法实施条例》第七条、第八条。
② 2004年《行政监察法实施条例》第九条。
③ 2018年《监察法》第十二条。

派出监察机构或者监察专员。"按照《监察法》第十二条的规定,监察监督既可以是派驻监督,也可以是派出监督。这里把'派出'和'派驻'并列,可见二者是两种不同的监督。"①同时,既有监察机构,又有监察专员。前者是一个监察机关,而后者则是专门监察人员。

(2)派驻或者派出的监察机构、监察专员职责。派驻或者派出的监察机构、监察专员根据授权,按照管理权限依法对公职人员进行监督,提出监察建议,依法对公职人员进行调查、处置。② 其赋予监察机构和监察专员相应的监察职责。

2.《监察法实施条例》派出监察机构规定

《监察法实施条例》在领导体制一节规定派出监察机构内容。其要点如下：

(1)监察机构、监察专员的派出。各级监察委员会依法向本级中国共产党机关、国家机关、法律法规授权或者受委托管理公共事务的组织和单位以及所管辖的国有企业事业单位等派驻或者派出监察机构、监察专员。省级和设区的市级监察委员会依法向地区、盟、开发区等不设置人民代表大会的区域派出监察机构或者监察专员。县级监察委员会和直辖市所辖区(县)监察委员会可以向街道、乡镇等区域派出监察机构或者监察专员。监察机构、监察专员开展监察工作,受派出机关领导。③ 其规定各级监察委员会派出监察机构或者监察专员。与《监察法》相比较,其补充以下规定：一是被派出单位表述有变化,删除"行政区域",将"国有企业"改为"国有企业事业单位"。二是补充规定地区、盟、开发区等不设置人民代表大会的区域的派出。三是补充规定向街道、乡镇等区域的派出。

(2)监察机构、监察专员的职责。派驻或者派出的监察机构、监察专员根据派出机关授权,按照管理权限依法对派驻或者派出监督单位、区域等的公职人员开展监督,对职务违法和职务犯罪进行调查、处置。监察机构、监察专员可以按规定与地方监察委员会联合调查严重职务违法、职务

---

① 周伟：《监察机关派驻监督体制机制的完善》，《现代法学》2020年第6期。
② 2018年《监察法》第十三条。
③ 2021年《监察法实施条例》第十二条。

犯罪,或者移交地方监察委员会调查。未被授予职务犯罪调查权的监察机构、监察专员发现监察对象涉嫌职务犯罪线索的,应当及时向派出机关报告,由派出机关调查或者依法移交有关地方监察委员会调查。[①] 其规定派驻或者派出的监察机构、监察专员的监督、调查、处置职责。与《监察法》相比较,其细化了监察机构、监察专员参与调查的权限范围。

六、派出监察机构立法比较研究

派出监察机构在立法上主要涉及派出监察机构设置、派出监察人员以及派出监察机构职权。

1. 派出监察机构设置。派出监察机构有常设机构和不常设机构两种类型。古代派出监察机构既有常设机构,也有不常设机构,在具体做法上比较灵活。国民政府时期监察使由监察委员兼任,在地方设立监察使署。新中国时期各级均有监察机关,同时根据需要向有关部门设置派出监察机构或者派出监察人员。

2. 派出监察人员。派出监察人员有常驻地方人员,也有不常驻地方人员。古代派出监察人员既有常驻地方人员,如清代督抚,也有不常驻地方人员,如监察御史。近代派出监察人员在地方有办公场所,如国民政府时期监察使署。新中国时期在派出监察机构时委派相应人员。不过,也有只派出监察人员,如监察专员。

3. 派出监察机构职权。通常来说,派出监察机构职权等同于监察机关职权,但是由于派出监察机构均有临时性,因此,有时需要根据监察机关授权进行。特别是新中国时期监察机关,其派出监察机构和人员往往需要根据相应授权才能履行职责。

---

① 2021年《监察法实施条例》第十三条。

第七节　监察规则

监察规则是指监察机关制定的实施办法。立法对此通常不作规定。不过，近代监察立法规定较多。

一、古代监察规则规定

通常来说，古代监察机关无权制定相应规则。即使由其起草相应规则，也常常需要君主批准或者认可。但是在特殊情况下，监察机关仍然会专门制定有关监察规则。例如，明代都察院制定有《台规》，其规定内容主要有：(1) 二八月展谒文庙；(2) 西阙候朝；(3) 会推；(4) 习仪；(5) 堂上；(6) 递公文褶子；(7) 有公事(在)朝房；(8) 升堂序立；(9) 候穿堂议公事；(10) 朝房遇有一应公典；(11) 朝房坐处；(12) 堂上作揖、行走；(13) 公宴；(14) 经、司两厅；(15) 厅道作揖；(16) 饯行、大差；(17) 相拜风宪事宜；(18) 新咨和后咨；(19) 相遇；(20) 称谓；(21) 宴会同席；(22) 拜大老先生；(23) 上公本。① 显然，其不涉及监察事宜，而只是对监察人员日常活动规矩进行规定。

二、近代监察规则规定

近代监察规则制定权需要根据宪法体制来决定。不过，通常监察机关具有制定监察规则的权力。国民政府时期《监察院组织法》对此有两种方式。

1. 办事细则。这种规定方式出现于广州和武汉国民政府时期。1925 年 7 月 17 日，《国民政府监察院组织法》第十二条规定，本院各种办事规则由本院院务会议另定之。1925 年 9 月 30 日，《修正国民政府监察

---

① 彭勃主编：《中华监察大典·法律卷》，中国政法大学出版社 1994 年版，第 609－610 页。

院组织法》第二十条规定,本院各种办事细则由本院另定之。1926年10月4日,《修正国民政府监察院组织法》第十三条规定,监察院各项办事细则由本院另定之。其主要规定办事细则的制定方式。

2. 会议规则和处务规程。这种规定方式出现于南京国民政府时期。1928年10月20日,《监察院组织法》第二十二条规定,监察院会议规则及处务规程另定之。1932年6月24日,《监察院组织法》第十三条规定,监察院会议规则及处务规程,由监察院定之。1947年,《监察院组织法》第十四条规定,监察院会议规则及处务规程,由监察院定之。其主要规定会议规则和处务规程的制定方式。

三、新中国时期监察规则规定

新中国时期监察规则在立法中通常不予规定。不过,由于行政监察机关作为政府组成部门,其具有政府组成部门制定规章等的权力。《中华人民共和国宪法》(简称《宪法》)第九十条第二款规定,各部、各委员会根据法律和国务院的行政法规、决定、命令,在本部门的权限内,发布命令、指示和规章。在2018年宪法修改之后,监察委员会制定监察规则的权力的依据并不明确。虽然全国人大常委会通过决定授予国家监察委员会制定监察法规的权力,因此,监察法规是监察规则之一。同时,监察委员会具有制发文件的权力,因此,其监察规则形式种类也是比较丰富的。不过,在立法中明确规定的监察规则形式是监察法规。

四、监察规则立法比较研究

监察规则在立法上主要涉及监察规则形式、监察规则制定主体和监察规则范围。

1. 监察规则形式。监察规则没有固定形式,一般不使用"法"这一术语,而是以条例、细则、规程等规则形式出现。

2. 监察规则制定主体。监察机关通常具有制定监察规则的权力。

不过,监察机关内设机构不能制定监察规则。值得注意的是,地方监察机关也具有制定监察规则的权力。例如,国民政府时期各监察使署也制定了大量的监察规则。

3. 监察规则范围。监察机关依法细化法律条款,但是监察规则通常主要涉及其内设机构、人员和事务,而不能涉及立法范围。国民政府时期监察规则基本上局限于监察院内部事务。而新中国时期监察规则似乎并不局限于内部事务,而广泛涉及监察事项,从而使监察规则在某种意义上具有立法性质。

第五章 监察实体立法

监察实体法是监察法律关系主体权利义务的载体。在立法上,监察实体法相对于监察组织法和监察程序法而言较少受到关注。这主要是因为监察对象在监察法律关系中的权利义务通常在监察立法中缺乏明确规定,其需要根据一国法律体系的安排进行判断。尽管如此,由于监察机关和监察人员在监察法律关系中的权力在监察立法中受到高度重视,这就需要深入研究监察实体立法,从而进一步把握监察实体立法的完善方向。本章主要包括监察权限、监察范围、监察事项、监察回避、监察责任。

第一节 监察权限

监察权限不同于监察职权,前者是实现后者的重要保障手段。其是指监察机关和监察人员的权力。由于监察权限意味着赋予监察机关和监察人员相应的权力,因此,监察立法对此规定较为详细。

一、古代监察权限规定

古代监察机关和监察人员在行使职权时具有哪些监察权限?在立法中没有统一规定。这里介绍元代监察立法对监察权限的规定。

例如,《设立宪台格例》对御史台监察权限规定三项:(1)弹劾中书省、枢密院、制国用使司等内外百官奸邪非违,肃清风俗,刷磨诸司案牍并监察祭祀及出使之事。(2)中书省、枢密院、制国用使司,凡有奏禀公事,与御史台官一同闻奏。(3)诸诉讼人等,先从本管官司陈告。如有冤抑,民户经左右部,军户经枢密院,钱谷经制国用使司。如理断不当,赴中书省陈告,究问归著。若中书省看徇或理断不当,许御史台纠弹。①

又如,至元二十五年(1288年)三月,制定《监察合行事件》,规定:(1)诸官府文卷,在先每季照刷。其监察刷夏季者不照春季,刷秋季者不问夏季,其间错失不能尽知。议得,今后上下半年通行照刷。事有违错,若不尽心,透漏刷过者,量事轻重治罪。(2)凡察到公事,合就问者就问,事干人众,申台呈省。(3)诸官府见问未决之事,监察御史不得辄凭告人饰词,取人追卷,候判决了毕,果有违错,依例纠弹。其罪囚有冤,随即究问。(4)监察御史察到不公人员,本管官司有占吝不发者,究治。(5)监察御史任满,验所言事件小大多少,定拟升降。②

再如,《行台体察等例》对行御史台权限规定:(1)弹劾行中书省、宣慰司及以下诸司官吏奸邪非违,刷磨案牍,行省、宣慰司委行台监察。其余官府并委提刑按察司。(2)自行御史台到任日为始,凡察到诸职官赃罪,追问是实,若罪至断罢停职者,咨台闻奏。其余盗官财者,虽在行台已前,并听纠察。③

从上述御史台和行御史台权限来看,其有照刷、究问、纠察等权力。这些权力实际上相当于调查、检查权力。

二、近代监察权限规定

近代监察立法对监察权限规定日益详细。

(一)北洋政府时期肃政史监察权限规定

这一时期监察权限规定较为简单。1914年8月10日公布的《肃

---

① 《元典章》五《台纲》卷之一。
② 《元典章》六《台纲》卷之一。
③ 《元典章》五《台纲》卷之一。

政厅处务规则》主要规定两项监察权限:(1)调阅权。肃政史查办或审查时,认为须调查证据者,得以肃政厅名义,行文与该案有关系之官署,调阅其案卷。前项之规定,于肃政史依纠弹法第二条提起纠弹及依行政诉讼法第十二条提起行政诉讼时适用之。① 其规定肃政史调阅案卷的权力。(2)询问。肃政史查办或审查案件时,得酌量情形,询问该案之当事人或证人。肃政史依前项之规定,有询问之必要时,对于当事人或证人,得发通知书。② 其规定肃政史询问当事人或证人的权力。

(二)国民政府时期监察院监察权限规定

国民政府时期监察院监察权限主要规定于《监察院组织法》之中。

1. 1925年9月30日《修正国民政府监察院组织法》监察权限规定

监察院行使监察权时,有随时调阅各官署之案牍、簿册之权,遇有质疑,该官署主管人须负责为充分之答辩。③ 其规定监察院调阅官署案牍、簿册的权力。

2. 1926年10月4日《修正国民政府监察院组织法》监察权限规定

(1)调查权。监察院行使职权时,随时调查各官署之档案册籍,遇有质疑,该官署主管人员应负责为充分之答复。④ 其规定监察院调查官署档案册籍的权力。

(2)检查权。监察院对于官吏违法或处分失当,得不待人民之控告,径以职权检查之。⑤ 其规定监察院有检查的权力。

3. 1928年10月20日《监察院组织法》监察权限规定

监察院得随时派员分赴各公署及其他公立机关调查档案、册籍,遇有疑问,该主管人员应负责为详细之答复。⑥ 其规定监察院调查档案、册籍

---

① 1914年8月10日《肃政厅处务规则》第七条。
② 1914年8月10日《肃政厅处务规则》第八条。
③ 1925年9月30日《修正国民政府监察院组织法》第三条。
④ 1926年10月4日《修正国民政府监察院组织法》第三条。
⑤ 1926年10月4日《修正国民政府监察院组织法》第四条。
⑥ 1928年10月20日《监察院组织法》第四条。

的权力。不过,在监察对象上有所扩大,即从"各官署"改为"各公署及其他公立机关"。

4. 1932年6月24日《监察院组织法》监察权限规定

监察院为行使职权,向各官署及其他公立机关查询或调查档案册籍,遇有疑问时,该主管人员应负责为详实之答复。① 其规定监察院查询或调查档案册籍的权力。

此后,《监察院组织法》对监察权限不再规定。

三、共同纲领时期监察权限规定

共同纲领时期,人民监察委员会主要进行调查或者检查,因此,监察立法对监察权限规定如下类型:

1. 参加会议。《中央人民政府政务院人民监察委员会试行组织条例》第九条规定,中央人民政府政务院人民监察委员会得派监察人员参加中央人民政府政务院直属部门之专业会议,并请各该部门负责供给各种材料。《大行政区人民政府(军政委员会)人民监察委员会试行组织通则》第七条规定,大行政区监委为了解情况,得派员参加该区辖境内各级政府机关、企业部门之专业会议,并请各该机关、部门负责供给各种材料。《省(行署、市)人民政府人民监察委员会试行组织通则》第八条规定,省监委为了解情况,得派员参加该省(行署、市)各级政府机关、企业部门之专业会议,并请各该机关、部门负责供给各种材料。《县(市)人民政府人民监察委员会试行组织通则》第六条规定,县(市)监委为了解情况,得派员参加该县(市)各级政府机关、企业部门之专业会议,并请各该机关、部门负责供给各种材料。从其规定来看,参加会议是人民监察委员会调查或检查的方式。

2. 提供必要材料。《中央人民政府政务院人民监察委员会试行组织条例》第十条规定,中央人民政府政务院人民监察委员会向有关机关

---

① 1932年6月24日《监察院组织法》第三条。

或国营企业部门进行调查或检查时,各该机关部门应即提供必要材料,并须派员协助,不得拒绝或推诿。《大行政区人民政府(军政委员会)人民监察委员会试行组织通则》第八条规定,大行政区监委向有关机关或企业部门进行调查或检查时,各该机关、部门应即提供必要材料,并须派员协助,不得拒绝或推诿。《省(行署、市)人民政府人民监察委员会试行组织通则》第九条规定,省监委向有关机关或企业部门进行调查或检查时,各该机关、部门应即提供必要材料,并须派员协助,不得拒绝或推诿。《县(市)人民政府人民监察委员会试行组织通则》第七条规定,县(市)监委向有关机关或企业部门进行调查或检查时,各该机关、部门应即提供必要材料,并须派员协助,不得拒绝或推诿。从其规定来看,各机关部门提供必要材料是人民监察委员会调查或检查的权力。

3. 要求检察、审判或公安机关协助。《中央人民政府政务院人民监察委员会试行组织条例》第十一条规定,中央人民政府政务院人民监察委员会进行调查或检查,需各级检察、审判或公安机关协助时,得请各该有关机关尽速派员协助办理。《大行政区人民政府(军政委员会)人民监察委员会试行组织通则》第九条规定,大行政区监委进行调查或检查,必要时得请检察、审判、公安机关派员协助办理。《省(行署、市)人民政府人民监察委员会试行组织通则》第十条规定,省监委进行调查或检查,必要时,得请检察、审判、公安机关派员协助办理。《县(市)人民政府人民监察委员会试行组织通则》第八条规定,县(市)监委进行调查或检查,必要时,得请检察、审判、公安机关派员协助办理。从其规定来看,请求有关机关协助办理是保障人民监察委员会调查或检查的重要方式。

上述权限是各级人民监察委员会共同拥有的权力。不过,在具体领域,监察权限的规定更为细致。

例如,在财经领域,《省(市)以上各级人民政府财经机关与国营财经企业部门监察室暂行组织通则》对监察室权限作了详细规定:(1)监督检查。各机关监察室应根据本机关首长及上级监察机关的指示,围绕中心工作,有计划、有重点地进行监督检查,不应代替日常业务检查。① 其规定各机关监察室监督检查的权力。(2) 随时检查。各机关监察室对本机关、部门与所属独立单位及其工作人员的工作,得随时进行检查,被检查者不得拒绝。② 其规定各机关监察室随时检查的权力。(3) 处理。各机关监察室依照规定属于本机关权限范围以内的惩戒处分,须经本机关首长批准执行。其应予奖励者,应建议主管人事部门处理。如有涉及刑事或反革命的案件,应移送当地人民检察署、人民法院或公安机关处理。③ 其规定各机关监察室处理的权力。(4) 参加会议。各机关监察室得派人参加本机关、部门及所属独立单位的有关会议,并得向有关部门搜集材料或调阅案卷。④ 其规定各机关监察室参加会议、搜集材料、调阅案卷的权力。(5) 监督措施。各机关监察室得在本机关及所属独立单位设置人民监察通讯员、人民检举接待室、人民意见箱,并举办有关组织职工群众监督政府机关及其工作人员的其他措施。⑤ 其规定各机关监察室有设置人民监察通讯员、人民检举接待室、人民意见箱等监督措施的权力。(6) 检查协作。各机关监察室在监察工作中,应与有关部门密切配合。必要时,得报请上级监察机关派员会同检查。上级监察机关对该机关检查时,各该机关监察室应协同检查。⑥ 其规定各机关监察室和有关部门配合、和上级监察机关配合的权力。(7) 汇报。各机关监察室的工作计划、总结,应按期向上级监察机关报告;遇有重大事故或疑难问题并应随时报告或请示。如发现不属于该机关管理范围以内的问题或案件,应即转交有关

---

① 1952年12月27日《省(市)以上各级人民政府财经机关与国营财经企业部门监察室暂行组织通则》第六条。
② 1952年12月27日《省(市)以上各级人民政府财经机关与国营财经企业部门监察室暂行组织通则》第七条。
③ 1952年12月27日《省(市)以上各级人民政府财经机关与国营财经企业部门监察室暂行组织通则》第八条。
④ 1952年12月27日《省(市)以上各级人民政府财经机关与国营财经企业部门监察室暂行组织通则》第九条。
⑤ 1952年12月27日《省(市)以上各级人民政府财经机关与国营财经企业部门监察室暂行组织通则》第十条。
⑥ 1952年12月27日《省(市)以上各级人民政府财经机关与国营财经企业部门监察室暂行组织通则》第十一条。

机关处理。① 其规定各机关监察室报告、请示、转交的权力。(8) 往来公文。各机关监察室对内对外的重要行文,均须由本机关首长签署,以机关名义行文之;但对所属下级监察室及所属人民监察通讯员,得发布一般性的指示通知。各级监察室之间的重要行文,应同时抄致其主管机关同级的人民监察委员会或当地人民监察委员会。② 其规定各机关监察室往来公文的处理权力。

又如,在铁路领域,《中央人民政府铁道部人民监察局工作条例》则分别规定了铁道部人民监察局的权限。其第四项规定,铁道部人民监察局的权限:(1) 在管理局、工程局以下的企业单位,凡监察人员不同意的开支,不得支付。如该单位仍认为有必要开支时,须经过管理局长或工程局长商同总监察的同意,方可开支。对于管理局、工程局的开支,总监察和管理局长或工程局长间发生争执时,得呈报铁道部处理;其中确属紧急开支,管理局长或工程局长可先行开支,再报请上级处理。其规定人民监察局监督开支的权力。(2) 向下级监察机构发布命令和指示。其规定人民监察局发布命令和指示的权力。(3) 向铁道系统各单位发出通知,令其提出监察范围内有关的各种计划报告、表报、说明书、通知书和会计统计等一切材料和文件。其规定人民监察局要求提供材料和文件的权力。(4) 以口头或书面方式直接和有关人员接洽监察工作范围内的一切问题。其规定人民监察局接洽的权力。(5) 将监察和检查过程中发现的一切问题通知各级有关的领导人,并提出改进工作的各种建议,必要时得报告铁道部和政务院人民监察委员会;被检查单位首长须根据上述建议提出改进措施。其规定人民监察局提出改进工作建议的权力。(6) 对违法失职的有关责任人员,提出处分的建议。其规定人民监察局提出处分建议的权力。(7) 对造成国家损失的责任人员,责令其赔偿。其规定人民监察局责令赔偿的权力。(8) 因违法行为应给予法律制裁的人员,按规

---

① 1952年12月27日《省(市)以上各级人民政府财经机关与国营财经企业部门监察室暂行组织通则》第十二条。

② 1952年12月27日《省(市)以上各级人民政府财经机关与国营财经企业部门监察室暂行组织通则》第十三条。

定手续将检查材料送交检察署处理。其规定人民监察局移交起诉的权力。

从上述监察权限规定来看,各级人民监察委员会及其下设监察机关权限规定均有详细列举,一目了然。

四、1954年宪法时期监察权限规定

1954年宪法时期,监察机关除了检查或者调查之外,还具有财务审核职责,因此其在监察权限规定上增加了相应的权力。例如,《中华人民共和国监察部组织简则》规定监察部监察权限如下:

(1) 参加会议。监察部为执行监察职务,可以派适当人员参加有关部门的会议,并且可以向有关部门调阅必要的决议、命令、案卷和索取有关材料;有关部门应当根据监察部的要求提供材料和说明。① 其规定监察部派人参加会议、调阅和索取材料的权力。

(2) 检查。监察部根据该简则第二条的规定,有权进行有计划的或者临时的检查。被检查部门的领导人和有关人员应当在检查记录或者检查报告上签字。如果有不同的意见,应当提出书面说明。② 其规定监察部有检查的权力。

(3) 事先审查。监察部根据该简则第二条第二项的规定,对国家资财的使用、支付可以实行事先审查。审查的单位和项目由监察部与有关部门商定。在审查中,发现并且确认有违反制度或者不合理地使用、支付国家资财的时候,可以通知被审查的单位停止使用、支付。③ 其规定监察部有事先审查国家资财的使用、支付的权力。

(4) 邀请协助。监察部在处理专门性、技术性的问题的时候,可以根据需要,邀请有关机关、团体具有专门知识、技术的人员协助工作。④ 其

---

① 1955年11月2日《中华人民共和国监察部组织简则》第三条。
② 1955年11月2日《中华人民共和国监察部组织简则》第四条。
③ 1955年11月2日《中华人民共和国监察部组织简则》第五条。
④ 1955年11月2日《中华人民共和国监察部组织简则》第九条。

规定监察部有邀请有关人员协助工作的权力。

五、1982年宪法时期监察权限规定

1982年宪法时期,行政监察机关和国家监察机关在监察权限上有很大的差异。

(一)行政监察时期监察权限规定

行政监察时期,行政监察机关行使的权力在性质上属于行政权,因此,其权限规定在立法中主要有检查权、调查权、建议权和行政处分权。

1. 1986年《设立国家行政监察机关的方案》监察权限规定

1986年《设立国家行政监察机关的方案》第三项规定了国家行政监察机关的权限。其规定,国家行政监察机关具有下列四项权力:

(1)检查权。对监察对象贯彻执行国家政策和法律法规的情况,以及违反政纪的行为进行检查。其规定国家监察机关具有检查的权力。

(2)调查权。对监察对象违反国家政策和法律法规的行为,以及违反政纪的行为进行调查。其规定国家监察机关具有调查的权力。

(3)建议权。各级监察机关有权对国家行政机关违反国家政策和法律法规的行为,向有处理权的机关提出处理建议,可以对如何提高行政工作效能提出建议。各级监察机关,可以对国家行政机关工作人员和国家行政机关任命的国营企事业单位的领导干部,就其违反国家政策、法律法规和违反政纪的行为,向有处理权的机关提出降级以上行政处分或法律制裁的建议,并可对监察对象模范执行国家政策、法律法规和遵守政纪的行为,对同监察对象的违法违纪行为进行坚决斗争、作出显著贡献的个人或单位,向有处理权的机关提出奖励的建议。地方各级监察机关在提出奖励或处分建议后,如对有处理权的机关的处理有不同意见,可以向上级监察机关申告,上级监察机关可以向有处理权的机关的上级机关提出建议。国家监察部奖励或处分国务院各部门工作人员的建议,不为部门采纳时,可以向国务院申告。其规定各级监察机

关有提出处理建议的权力。

(4) 一定的行政处分权。在国家行政机关工作人员或国家行政机关任命的国营企事业单位的领导干部,违反国家政策、法律法规和违反政纪时,国家行政监察机关可给予记大过以下的行政处分。其规定国家监察机关可给予记大过以下的行政处分的权力。

从上述规定来看,与前面两个时期相比较,行政监察机关开始具有独立的行政处分权,尽管这种行政处分权是有限的。

2. 1990年《行政监察条例》监察权限规定

1990年《行政监察条例》规定以下监察权限:

(1) 履行监察职责。监察机关以下列方式履行监察职责:①根据监察计划定期或者不定期地对被监察部门和人员贯彻执行国家法律、法规、政策以及决定、命令的情况进行检查;②根据本级人民政府或者上级监察机关的决定,或者根据本地区、本部门工作的需要,对被监察部门的工作进行专项检查;③对违法违纪行为进行立案调查。① 其规定监察机关检查、专项检查、立案调查的权力。

(2) 行政监察措施。监察机关在检查、调查中有权采取下列措施:①查阅、复制与监察事项有关的文件、资料,了解其他有关情况;②暂予扣留、封存可以证明违法违纪行为的文件、资料、物品和非法所得;③必要时可以按照规定程序对与查处案件有直接关系的人员在银行或者其他金融机构的存款进行查核,并可以通知银行或者其他金融机构暂停支付;④要求被监察部门和有关人员报送与监察事项有关的文件、资料及其他必要情况;⑤责令有关人员在规定的时间、地点就监察事项涉及的问题作出解释和说明;⑥责令被监察部门和人员停止正在或者可能损害国家利益和公民合法权益的行为;⑦建议主管机关暂停有严重违法违纪嫌疑人员的公务活动或者职务。② 其规定监察机关有查阅复制、扣留封存、要求报送情况、责令作出解释和说明、责令停止违纪违法行为、建议暂停公务

---

① 1990年《行政监察条例》第二十条。
② 1990年《行政监察条例》第二十一条。

活动或者职务等的权力。

(3) 查询和调查。监察机关对监察事项涉及本条例第三章规定的管辖范围以外的单位和个人,有权进行查询和调查,有关单位和个人应当予以协助。① 其规定监察机关对其他单位和个人有权查询和调查的权力。

(4) 提出监察建议。监察机关根据检查、调查结果,遇有下列情况,可以提出监察建议:①不执行、不正确执行或者拖延执行国家法律、法规和政策以及决定、命令应予纠正的;②发布的决定、命令、指示不适当应予纠正或撤销的;③录用、任免、奖惩决定明显不适当的;④违反政纪应当给予行政处分的;⑤按照有关法律、法规规定需要予以行政处罚的;⑥其他需要提出监察建议的。② 其规定监察机关提出监察建议的六种情形。

(5) 作出监察决定。监察机关根据检查、调查结果,遇有下列情况,可以作出监察决定:①违反政纪按照管辖权限应当给予警告、记过、记大过、降级、降职、撤职处分的;②违反国家有关法律、法规的规定取得非法收入,依法应由监察机关没收、追缴或者责令退赔的;③已经给国家利益和公民的合法权益造成损害,需要采取补救措施的;④对于忠于职守、清正廉洁、政绩突出以及控告、检举重大违法违纪行为的有功人员应予奖励的。前款所列情况,监察机关也可以提出监察建议。③ 其规定监察机关作出监察决定的四种情形。

(6) 变更或撤销决定。监察机关按照管辖权限对受理的不服行政处分的申诉,经复审认为原决定不适当的,可以建议原决定机关变更或者撤销,监察机关也可以直接作出变更或者撤销的决定。对法律、法规规定的其他由监察机关受理的申诉,按照有关法律、法规的授权办理。④ 其规定监察机关有建议变更或者撤销、直接作出变更或者撤销的权力。

---

① 1990 年《行政监察条例》第二十二条。
② 1990 年《行政监察条例》第二十三条。
③ 1990 年《行政监察条例》第二十四条。
④ 1990 年《行政监察条例》第二十五条。

（7）执行监察决定和监察建议。监察机关作出的监察决定,被监察部门和有关人员应当执行;监察机关提出的监察建议,有关部门和人员如无正当理由,应当采纳。① 其规定监察决定和监察建议的处理方式。

（8）列席会议。监察机关的负责人可以列席本级人民政府有关的常务会议,监察人员可以列席被监察部门有关的会议。② 其规定监察机关负责人和监察人员可以列席会议的权力。

（9）提请公安机关协助。监察机关在查办案件中,必要时可以提请公安机关予以协助。③ 其规定监察机关提请公安机关协助的权力。

从该条例规定来看,行政监察机关在权限上进一步强化,既可以采取各种监察方式,又可以采取监察措施,既可以提出监察建议,也可以作出监察决定,而且许多权限具有强制性。

3. 1997年《行政监察法》监察权限规定

1997年《行政监察法》第四章规定监察机关权限。2004年《行政监察法实施条例》第三章监察机关的权限对上述条款进行了补充规定。2010年,全国人大常委会修改《行政监察法》,对监察权限作了补充。

（1）履职措施。监察机关履行职责,有权采取下列措施:①要求被监察的部门和人员就监察事项涉及的问题作出解释和说明。②责令被监察的部门和人员停止违反法律、法规和行政纪律的行为。④ ③监察机关为履行职责,有权要求被监察的部门和人员全面、如实地提供与监察事项有关的文件、资料、财务账目以及其他有关的材料。⑤ 其规定监察机关查阅复制、要求解释和说明、责令停止行为的权力,并且特别强调"全面、如实"。

（2）监察措施。监察机关在调查违反行政纪律行为时,可以根据实际情况和需要采取下列措施:①暂予扣留、封存可以证明违反行政纪律行

---

① 1990年《行政监察条例》第二十六条。
② 1990年《行政监察条例》第二十七条。
③ 1990年《行政监察条例》第二十八条。
④ 1997年《行政监察法》第十九条。
⑤ 2004年《行政监察法实施条例》第十条。

为的文件、资料、财务账目及其他有关的材料;②责令案件涉嫌单位和涉嫌人员在调查期间不得变卖、转移与案件有关的财物;③责令有违反行政纪律嫌疑的人员在指定的时间、地点就调查事项涉及的问题作出解释和说明,但是不得对其实行拘禁或者变相拘禁;④建议有关机关暂停有严重违反行政纪律嫌疑的人员执行职务。① 其规定监察机关具有四项监察措施。《行政监察法实施条例》对此分别予以具体规定。

针对第一项措施,监察机关在调查违反行政纪律行为时,可以暂予扣留、封存能够证明违反行政纪律行为的文件、资料、财务账目以及其他有关的材料。暂予扣留、封存时应当向文件、资料、财务账目等材料的持有人出具监察通知书,对暂予扣留、封存的材料开列清单,并由各方当事人当场核对、签字。对暂予扣留、封存的文件、资料、财务账目以及其他有关的材料,监察机关应当妥善保管,不得毁损或者用于其他目的。② 其规定了监察机关暂予扣押、封存的要求和程序。

针对第二项措施,对下列与案件有关的财物,监察机关有权责令案件涉嫌单位和涉嫌人员在调查期间妥善保管,不得毁损、变卖、转移:①可以证明案件情况的财物;②涉嫌违反行政纪律取得的财物;③变卖、转移给他人有可能影响案件调查处理的财物。监察机关在调查贪污、贿赂、挪用公款等违反行政纪律的行为时,经县级以上人民政府监察机关领导人员批准,可以暂予扣留与贪污、贿赂、挪用公款等有关的财物。监察机关采取前两款规定的措施,应当出具监察通知书,对有关财物开列清单,并由各方当事人当场核对、签字。③ 其规定监察机关处理与案件有关的财物的要求和程序。

针对第三项措施,监察机关采取行政监察法第二十条第(三)项规定的措施,应当经县级以上人民政府监察机关领导人员批准。经调查证明违反行政纪律的被监察人员涉嫌犯罪的,监察机关应当及时将案件移送

---

① 1997年《行政监察法》第二十条。
② 2004年《行政监察法实施条例》第十一条。
③ 2004年《行政监察法实施条例》第十二条。

司法机关依法处理。① 其规定监察机关责令解释和说明的批准和处理程序。

针对第四项措施,行政监察法第二十条第(四)项所称"暂停有严重违反行政纪律嫌疑的人员执行职务",是指有关机关根据监察机关的建议,暂时停止有严重违反行政纪律嫌疑的被监察人员的职务活动。监察机关建议暂停执行职务的情形包括:①有严重违反行政纪律嫌疑的被监察人员继续执行职务将造成不良影响,或者给工作造成损失的;②有严重违反行政纪律嫌疑的被监察人员利用职权阻挠、干扰、破坏案件调查,或者威胁、利诱、打击报复控告人、检举人、证人、办案人员的。监察机关建议暂停执行职务,应当制作监察通知书,并送达有关机关。有关机关应当在3日内作出是否暂停执行职务的决定。对经调查核实不存在违反行政纪律事实或者不需要给予撤职以上行政处分的人员,监察机关应当在撤销案件或者作出行政处分决定后3日内书面通知有关机关解除暂停执行职务的措施,并在有关范围内宣布。② 同时,行政监察法第二十条第(四)项所称"有关机关",是指依法有权决定暂停有严重违反行政纪律嫌疑的被监察人员执行职务的机关。其中,对由全国人民代表大会及其常务委员会决定任命的人员暂停执行职务,由国务院决定;对由地方各级人民代表大会选举的人员暂停执行职务,由上级人民政府决定;对由地方各级人民代表大会常务委员会决定任命的人员,除对副省长、自治区副主席、副市长、副州长、副县长、副区长暂停执行职务由上级人民政府决定外,对其他人员暂停执行职务由本级人民政府决定。对上述人员以外的其他人员暂停执行职务,由其任免机关决定。③ 其规定暂停职务的情形和程序。

(3)查询存款。监察机关在调查贪污、贿赂、挪用公款等违反行政纪律的行为时,经县级以上监察机关领导人员批准,可以查询案件涉嫌单位和涉嫌人员在银行或者其他金融机构的存款;必要时,可以提请人民法院

---

① 2004年《行政监察法实施条例》第十三条。
② 2004年《行政监察法实施条例》第十四条。
③ 2004年《行政监察法实施条例》第十五条。

采取保全措施,依法冻结涉嫌人员在银行或者其他金融机构的存款。[1] 其规定监察机关查询存款的程序。

(4)提请协助。监察机关在办理行政违纪案件中,可以提请公安、审计、税务、海关、工商行政管理等机关予以协助。[2] 2010年《行政监察法》修改时,将第二十二条修改为:"监察机关在办理违反行政纪律案件中,可以提请有关行政部门、机构予以协助。"增加一款,作为第二款:"提请协助的行政部门、机构应当根据监察机关提请协助办理的事项和要求,在职权范围内予以协助。"《行政监察法实施条例》对不同部门的协助进行了分别规定。

针对公安机关、司法行政部门协助,监察机关办理违法违纪案件,遇有下列情形之一的,可以提请公安机关、司法行政部门予以协助:①需要向在押的犯罪嫌疑人、被执行刑罚的罪犯调查取证的;②需要阻止与案件有关的人员出境的;③需要协助收集、审查、判断或者认定证据的。[3] 其规定了公安机关、司法行政部门协助的三种情形。

针对审计机关协助,监察机关办理违法违纪案件,遇有下列情形之一的,可以提请审计机关予以协助:①需要对有关单位的财政、财务收支情况进行审计查证的;②需要协助调查取证的。[4] 其规定了审计机关协助的两种情形。

针对税务、海关、工商行政管理、质量监督检验检疫等机关协助,监察机关办理违法违纪案件,遇有下列情形之一的,可以提请税务、海关、工商行政管理、质量监督检验检疫等机关予以协助:①需要协助调查取证的;②需要协助收集、审查、判断或者认定证据的。[5] 其规定了税务、海关、工商行政管理、质量监督检验检疫等机关协助的两种情形。

除了上述规定之外,监察机关提请公安、司法行政、审计、税务、海关、

---

[1] 1997年《行政监察法》第二十一条。
[2] 1997年《行政监察法》第二十二条。
[3] 2004年《行政监察法实施条例》第十七条。
[4] 2004年《行政监察法实施条例》第十八条。
[5] 2004年《行政监察法实施条例》第十九条。

工商行政管理、质量监督检验检疫等机关予以协助,应当出具提请协助书,写明需要协助办理的事项和要求。被提请协助的机关应当根据监察机关提请协助办理的事项和要求,在职权范围内予以协助。① 其规定了协助的程序要求。

(5) 提出监察建议。监察机关根据检查、调查结果,遇有下列情形之一的,可以提出监察建议:①拒不执行法律、法规或者违反法律、法规以及人民政府的决定、命令,应当予以纠正的;②本级人民政府所属部门和下级人民政府作出的决定、命令、指示违反法律、法规或者国家政策,应当予以纠正或者撤销的;③给国家利益、集体利益和公民合法权益造成损害,需要采取补救措施的;④录用、任免、奖惩决定明显不适当,应当予以纠正的;⑤依照有关法律、法规的规定,应当给予行政处罚的;⑥其他需要提出监察建议的。② 其规定监察机关提出监察建议的六种情形。2010年行政监察法修改时,在第二十三条增加二项,作为第六、七项:"(六)需要给予责令公开道歉、停职检查、引咎辞职、责令辞职、免职等问责处理的""(七)需要完善廉政、勤政制度的"。《行政监察法实施条例》对个别情形作了进一步解释说明。

针对第二项情形,行政监察法第二十三条第(二)项所称"本级人民政府所属部门和下级人民政府作出的决定、命令、指示违反法律、法规或者国家政策,应当予以纠正或者撤销的"情形,是指:①决定、命令、指示的内容与法律、法规、规章相抵触的;②决定、命令、指示的发布,超越法定职权或者违反法律、法规、规章规定的程序的。③

针对第三项情形,行政监察法第二十三条第(三)项所称"补救措施",是指消除影响、恢复名誉、赔礼道歉、给予赔偿等补救措施。④

针对第四项情形,行政监察法第二十三条第(四)项所称"录用、任免、奖惩决定明显不适当,应当予以纠正的"情形,是指:①被录用、任命人员

---

① 2004年《行政监察法实施条例》第二十条。
② 1997年《行政监察法》第二十三条。
③ 2004年《行政监察法实施条例》第二十一条。
④ 2004年《行政监察法实施条例》第二十二条。

明显不符合所任职务的条件,或者不符合任职回避规定的;②超越权限或者违反程序作出录用、任免、奖惩决定的;③奖励明显不适当,或者处分畸轻畸重的。①

(6)作出监察决定或者提出监察建议。监察机关根据检查、调查结果,遇有下列情形之一的,可以作出监察决定或者提出监察建议:①违反行政纪律,依法应当给予警告、记过、记大过、降级、撤职、开除行政处分的;②违反行政纪律取得的财物,依法应当没收、追缴或者责令退赔的。对前款第(一)项所列情形作出监察决定或者提出监察建议的,应当按照国家有关人事管理权限和处理程序的规定办理。② 其规定监察机关作出监察决定或者提出监察建议的两种情形。《行政监察法实施条例》对其中第一项情形作了进一步明确。

针对第一项,监察机关对被监察人员作出给予行政处分的监察决定,按照下列规定进行:①对由本级人民代表大会及其常务委员会决定任命的本级人民政府各部门领导人员和下一级人民代表大会及其常务委员会选举或者决定任命的人民政府领导人员,拟给予警告、记过、记大过、降级处分的,监察机关应当向本级人民政府提出处分意见,经本级人民政府批准后,由监察机关下达监察决定;拟给予撤职、开除处分的,先由本级人民政府或者下一级人民政府提请同级人民代表大会罢免职务,或者向同级人民代表大会常务委员会提请免去职务或者撤销职务后,由监察机关下达监察决定。②对本级人民政府任命的人员,拟给予警告、记过、记大过、降级处分的,由监察机关直接作出监察决定,报本级人民政府备案;拟给予撤职、开除处分的,监察机关应当向本级人民政府提出处分意见,经本级人民政府批准后,由监察机关下达监察决定。③对本级人民政府所属各部门和下一级人民政府及其所属各部门任命的人员,拟给予行政处分的,由监察机关直接作出监察决定。其中,县级人民政府监察机关给予被监察人员开除处分的,应当报县级人民政府批准。③

---

① 2004年《行政监察法实施条例》第二十三条。
② 1997年《行政监察法》第二十四条。
③ 2004年《行政监察法实施条例》第二十四条。

(7) 监察决定和监察建议的执行。监察机关依法作出的监察决定，有关部门和人员应当执行。监察机关依法提出的监察建议，有关部门无正当理由的，应当采纳。① 监察机关对违反行政纪律的人员作出给予行政处分的监察决定后，由人民政府人事部门或者有关部门按照人事管理权限执行，并办理有关行政处分手续。人民政府人事部门或者有关部门应当将监察机关作出的监察决定及其执行、办理的有关材料归入受处分人员的档案，并在适当范围内宣布。② 监察机关根据检查、调查结果，对违反行政纪律取得的财物，可以作出没收、追缴或者责令退赔的监察决定，但依法应当由其他机关没收、追缴或者责令退赔的除外。③ 有关单位和人员对监察机关依法提出的监察建议应当采纳，但认为监察建议有下列情形之一的，可以提出异议：①依据的事实不存在，或者证据不足的；②适用法律、法规、规章错误的；③提出的程序不合法的；④涉及事项超出被建议单位或者人员法定职责范围的。对有关单位或者人员提出的异议，监察机关应当予以审查。认为异议成立的，监察机关应当收回监察建议；认为异议不成立的，书面通知有关单位或者人员执行原监察建议。④ 其规定监察决定和监察建议的执行方式和异议程序。

(8) 查询单位和个人。监察机关对监察事项涉及的单位和个人有权进行查询。⑤ 其规定监察机关查询单位和个人的权力。

(9) 列席会议。监察机关的领导人员可以列席本级人民政府的有关会议，监察人员可以列席被监察部门的与监察事项有关的会议。⑥ 其规定监察机关领导人员和监察人员列席会议的方式。

(10) 公开监察工作信息。2010 年《行政监察法》修改时，增加一条，作为第二十七条。监察机关应当依法公开监察工作信息。其规定监察机关信息公开的义务。

---

① 1997 年《行政监察法》第二十五条。
② 2004 年《行政监察法实施条例》第二十五条。
③ 2004 年《行政监察法实施条例》第二十六条。
④ 2004 年《行政监察法实施条例》第二十七条。
⑤ 1997 年《行政监察法》第二十六条。
⑥ 1997 年《行政监察法》第二十七条。

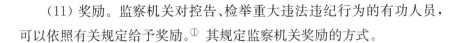

(11) 奖励。监察机关对控告、检举重大违法违纪行为的有功人员，可以依照有关规定给予奖励。① 其规定监察机关奖励的方式。

(二) 国家监察时期监察权限规定

国家监察时期，监察委员会行使监察权，具有监督检查、调查和处置职责，因此，在监察权限上形式更为多样。2018年《监察法》第四章专门规定了监察权限。2021年《监察法实施条例》第四章专门对监察权限作了规定，分为第一节一般要求、第二节证据、第三节谈话、第四节讯问、第五节询问、第六节留置、第七节查询冻结、第八节搜查、第九节调取、第十节查封扣押、第十一节勘验检查、第十二节鉴定、第十三节技术调查、第十四节通缉、第十五节限制出境。从其规定来看，监察委员会有以下监察权限：

1. 谈话

《监察法》对谈话或要求说明情况作了原则性规定。对可能发生职务违法的监察对象，监察机关按照管理权限，可以直接或者委托有关机关、人员进行谈话或者要求说明情况。② 《监察法实施条例》则对各种谈话进行了统一规定。其要点如下：

(1) 谈话适用条件。监察机关在问题线索处置、初步核实和立案调查中，可以依法对涉嫌职务违法的监察对象进行谈话，要求其如实说明情况或者作出陈述。谈话应当个别进行。负责谈话的人员不得少于二人。③ 其规定监察机关谈话的情形、方式和人员。

(2) 问题线索处置中的谈话。对一般性问题线索的处置，可以采取谈话方式进行，对监察对象给予警示、批评、教育。谈话应当在工作地点等场所进行，明确告知谈话事项，注重谈清问题、取得教育效果。采取谈话方式处置问题线索的，经审批可以由监察人员或者委托被谈话人所在单位主要负责人等进行谈话。监察机关谈话应当形成谈话笔录或者记录。谈话结束后，可以根据需要要求被谈话人在十五个工作日以内作出

---

① 1997年《行政监察法》第二十八条。
② 2018年《监察法》第十九条。
③ 2021年《监察法实施条例》第七十条。

书面说明。被谈话人应当在书面说明每页签名，修改的地方也应当签名。委托谈话的，受委托人应当在收到委托函后的十五个工作日内进行谈话。谈话结束后及时形成谈话情况材料报送监察机关，必要时附被谈话人的书面说明。① 其规定在一般性问题线索的处置中谈话场所、谈话方式、谈话记录、委托谈话等事项。

（3）初步核实中的谈话。监察机关开展初步核实工作，一般不与被核查人接触；确有需要与被核查人谈话的，应当按规定报批。② 其规定在初步核实中的谈话要求。

（4）立案调查中的谈话。监察机关对涉嫌职务违法的被调查人立案后，可以依法进行谈话。与被调查人首次谈话时，应当出示《被调查人权利义务告知书》，由其签名、捺指印。被调查人拒绝签名、捺指印的，调查人员应当在文书上记明。对于被调查人未被限制人身自由的，应当在首次谈话时出具《谈话通知书》。与涉嫌严重职务违法的被调查人进行谈话的，应当全程同步录音录像，并告知被调查人。告知情况应当在录音录像中予以反映，并在笔录中记明。立案后，与未被限制人身自由的被调查人谈话的，应当在具备安全保障条件的场所进行。调查人员按规定通知被调查人所在单位派员或者被调查人家属陪同被调查人到指定场所的，应当与陪同人员办理交接手续，填写《陪送交接单》。③ 其规定立案调查中的谈话方式、谈话场所、谈话人员等事项。

（5）办理手续。调查人员与被留置的被调查人谈话的，按照法定程序在留置场所进行。与在押的犯罪嫌疑人、被告人谈话的，应当持以监察机关名义出具的介绍信、工作证件，商请有关案件主管机关依法协助办理。与在看守所、监狱服刑的人员谈话的，应当持以监察机关名义出具的介绍信、工作证件办理。④ 其规定调查人员谈话的手续。

（6）谈话时间。与被调查人进行谈话，应当合理安排时间、控制时

---

① 2021年《监察法实施条例》第七十一条、第七十二条。
② 2021年《监察法实施条例》第七十三条。
③ 2021年《监察法实施条例》第七十四条、第七十五条。
④ 2021年《监察法实施条例》第七十六条。

长,保证其饮食和必要的休息时间。① 其规定调查谈话的时间安排要求。

(7)谈话笔录。谈话笔录应当在谈话现场制作。笔录应当详细具体,如实反映谈话情况。笔录制作完成后,应当交给被调查人核对。被调查人没有阅读能力的,应当向其宣读。笔录记载有遗漏或者差错的,应当补充或者更正,由被调查人在补充或者更正处捺指印。被调查人核对无误后,应当在笔录中逐页签名、捺指印。被调查人拒绝签名、捺指印的,调查人员应当在笔录中记明。调查人员也应当在笔录中签名。② 其规定谈话笔录的制作要求。

(8)说明材料。被调查人请求自行书写说明材料的,应当准许。必要时,调查人员可以要求被调查人自行书写说明材料。被调查人应当在说明材料上逐页签名、捺指印,在末页写明日期。对说明材料有修改的,在修改之处应当捺指印。说明材料应当由二名调查人员接收,在首页记明接收的日期并签名。③ 其规定被调查人自行书写说明材料的要求。

(9)准用规定。《监察法实施条例》第七十四条至第七十九条的规定,也适用于在初步核实中开展的谈话。④

2. 讯问

《监察法》对询问作了原则性规定。在调查过程中,对涉嫌职务违法的被调查人,监察机关可以要求其就涉嫌违法行为作出陈述,必要时向被调查人出具书面通知。对涉嫌贪污贿赂、失职渎职等职务犯罪的被调查人,监察机关可以进行讯问,要求其如实供述涉嫌犯罪的情况。⑤ "本条借鉴了纪律检查机关监督执纪工作中的成功做法和刑事诉讼法的有关规定。"⑥"讯问措施来源于纪检监察机关多年实践中运用的执纪审查手段。"⑦

---

① 2021年《监察法实施条例》第七十七条。
② 2021年《监察法实施条例》第七十八条。
③ 2021年《监察法实施条例》第七十九条。
④ 2021年《监察法实施条例》第八十条。
⑤ 2018年《监察法》第二十条。
⑥ 中共中央纪律检查委员会法规室、中华人民共和国国家监察委员会法规室:《〈中华人民共和国监察法〉释义》,中国方正出版社2018年版,第128页。
⑦ 中共中央纪律检查委员会法规室、中华人民共和国国家监察委员会法规室:《〈中华人民共和国监察法〉释义》,中国方正出版社2018年版,第131页。

《监察法实施条例》对讯问作了专门规定。其要点如下:

(1) 讯问条件。监察机关对涉嫌职务犯罪的被调查人,可以依法进行讯问,要求其如实供述涉嫌犯罪的情况。讯问被留置的被调查人,应当在留置场所进行。①

(2) 讯问要求。讯问应当个别进行,调查人员不得少于二人。首次讯问时,应当向被讯问人出示《被调查人权利义务告知书》,由其签名、捺指印。被讯问人拒绝签名、捺指印的,调查人员应当在文书上记明。被讯问人未被限制人身自由的,应当在首次讯问时向其出具《讯问通知书》。讯问一般按照下列顺序进行:①核实被讯问人的基本情况,包括姓名、曾用名、出生年月日、户籍地、身份证件号码、民族、职业、政治面貌、文化程度、工作单位及职务、住所、家庭情况、社会经历,是否属于党代表大会代表、人大代表、政协委员,是否受到过党纪政务处分,是否受到过刑事处罚等;②告知被讯问人如实供述自己罪行可以依法从宽处理和认罪认罚的法律规定;③讯问被讯问人是否有犯罪行为,让其陈述有罪的事实或者无罪的辩解,应当允许其连贯陈述。调查人员的提问应当与调查的案件相关。被讯问人对调查人员的提问应当如实回答。调查人员对被讯问人的辩解,应当如实记录,认真查核。讯问时,应当告知被讯问人将进行全程同步录音录像。告知情况应当在录音录像中予以反映,并在笔录中记明。②

(3) 准用规定。《监察法实施条例》第七十五条至第七十九条的要求,也适用于讯问。③

3. 询问

《监察法》对询问证人等人员进行了原则性规定。在调查过程中,监察机关可以询问证人等人员。④《监察法实施条例》对询问作了统一规定。其要点如下:

---

① 2021年《监察法实施条例》第八十一条、第八十二条。
② 2021年《监察法实施条例》第八十三条。
③ 2021年《监察法实施条例》第八十四条。
④ 2018年《监察法》第二十一条。

（1）询问条件。监察机关按规定报批后，可以依法对证人、被害人等人员进行询问，了解核实有关问题或者案件情况。① 其规定监察机关询问的一般要求。与《监察法》相比较，增加列举"被害人"。

（2）询问场所。证人未被限制人身自由的，可以在其工作地点、住所或者其提出的地点进行询问，也可以通知其到指定地点接受询问。到证人提出的地点或者调查人员指定的地点进行询问的，应当在笔录中记明。调查人员认为有必要或者证人提出需要由所在单位派员或者其家属陪同到询问地点的，应当办理交接手续并填写《陪送交接单》。② 其规定询问场所的安排要求。

（3）询问证人。询问应当个别进行。负责询问的调查人员不得少于二人。首次询问时，应当向证人出示《证人权利义务告知书》，由其签名、捺指印。证人拒绝签名、捺指印的，调查人员应当在文书上记明。证人未被限制人身自由的，应当在首次询问时向其出具《询问通知书》。询问时，应当核实证人身份，问明证人的基本情况，告知证人应当如实提供证据、证言，以及作伪证或者隐匿证据应当承担的法律责任。不得向证人泄露案情，不得采用非法方法获取证言。询问重大或者有社会影响案件的重要证人，应当对询问过程全程同步录音录像，并告知证人。告知情况应当在录音录像中予以反映，并在笔录中记明。③ 其规定询问证人时的人员、方式等要求。

（4）询问未成年人和聋哑人。询问未成年人，应当通知其法定代理人到场。无法通知或者法定代理人不能到场的，应当通知未成年人的其他成年亲属或者所在学校、居住地基层组织的代表等有关人员到场。询问结束后，由法定代理人或者有关人员在笔录中签名。调查人员应当将到场情况记录在案。询问聋、哑人，应当有通晓聋、哑手势的人员参加。调查人员应当在笔录中记明证人的聋、哑情况，以及翻译人员的姓名、工作单位和职业。询问不通晓当地通用语言、文字的证人，应当有翻译人

---

① 2021年《监察法实施条例》第八十五条。
② 2021年《监察法实施条例》第八十六条。
③ 2021年《监察法实施条例》第八十七条。

员。询问结束后,由翻译人员在笔录中签名。① 其规定询问未成年人、聋哑人、不通晓当地通用语言、文字的证人时的人员安排、场所、方式等要求。

(5) 法律责任。凡是知道案件情况的人,都有如实作证的义务。对故意提供虚假证言的证人,应当依法追究法律责任。证人或者其他任何人不得帮助被调查人隐匿、毁灭、伪造证据或者串供,不得实施其他干扰调查活动的行为。② 其规定证人或者其他任何人的法律责任。

(6) 保护措施。证人、鉴定人、被害人因作证,本人或者近亲属人身安全面临危险,向监察机关请求保护的,监察机关应当受理并及时进行审查;对于确实存在人身安全危险的,监察机关应当采取必要的保护措施。监察机关发现存在上述情形的,应当主动采取保护措施。监察机关可以采取以下一项或者多项保护措施:①不公开真实姓名、住址和工作单位等个人信息;②禁止特定的人员接触证人、鉴定人、被害人及其近亲属;③对人身和住宅采取专门性保护措施;④其他必要的保护措施。依法决定不公开证人、鉴定人、被害人的真实姓名、住址和工作单位等个人信息的,可以在询问笔录等法律文书、证据材料中使用化名。但是应当另行书面说明使用化名的情况并标明密级,单独成卷。监察机关采取保护措施需要协助的,可以提请公安机关等有关单位和个人依法予以协助。③ 其规定了证人、鉴定人、被害人及其近亲属人身安全的保障要求。

(7) 准用规定。《监察法实施条例》第七十六条至第七十九条的要求,也适用于询问。询问重要涉案人员,根据情况适用本条例第七十五条的规定。询问被害人,适用询问证人的规定。④

4. 留置

《监察法》对留置作了原则性规定。其要点如下:

(1) 留置条件。被调查人涉嫌贪污贿赂、失职渎职等严重职务违法

---

① 2021年《监察法实施条例》第八十八条。
② 2021年《监察法实施条例》第八十九条。
③ 2021年《监察法实施条例》第九十条。
④ 2021年《监察法实施条例》第九十一条。

或者职务犯罪,监察机关已经掌握其部分违法犯罪事实及证据,仍有重要问题需要进一步调查,并有下列情形之一的,经监察机关依法审批,可以将其留置在特定场所:①涉及案情重大、复杂的;②可能逃跑、自杀的;③可能串供或者伪造、隐匿、毁灭证据的;④可能有其他妨碍调查行为的。对涉嫌行贿犯罪或者共同职务犯罪的涉案人员,监察机关可以依照前款规定采取留置措施。留置场所的设置、管理和监督依照国家有关规定执行。① 其规定了需要留置的基本条件,列举了具体情形,补充了留置人员范围,明确了留置场所。

(2)留置程序。监察机关采取留置措施,应当由监察机关领导人员集体研究决定。设区的市级以下监察机关采取留置措施,应当报上一级监察机关批准。省级监察机关采取留置措施,应当报国家监察委员会备案。留置时间不得超过三个月。在特殊情况下,可以延长一次,延长时间不得超过三个月。省级以下监察机关采取留置措施的,延长留置时间应当报上一级监察机关批准。监察机关发现采取留置措施不当的,应当及时解除。监察机关采取留置措施,可以根据工作需要提请公安机关配合。公安机关应当依法予以协助。② 其规定监察机关采取留置措施的批准程序、留置时间、解除程序等。

(3)留置保障。对被调查人采取留置措施后,应当在二十四小时以内,通知被留置人员所在单位和家属,但有可能毁灭、伪造证据,干扰证人作证或者串供等有碍调查情形的除外。有碍调查的情形消失后,应当立即通知被留置人员所在单位和家属。监察机关应当保障被留置人员的饮食、休息和安全,提供医疗服务。讯问被留置人员应当合理安排讯问时间和时长,讯问笔录由被讯问人阅看后签名。被留置人员涉嫌犯罪移送司法机关后,被依法判处管制、拘役和有期徒刑的,留置一日折抵管制二日,折抵拘役、有期徒刑一日。③ 其规定了留置通知、留置服务、留置讯问、留置折抵等要求。

---

① 2018年《监察法》第二十二条。
② 2018年《监察法》第四十三条。
③ 2018年《监察法》第四十四条。

《监察法实施条例》对留置作了进一步规定。其要点如下：

（1）留置条件。监察机关调查严重职务违法或者职务犯罪，对于符合《监察法》第二十二条第一款规定的，经依法审批，可以对被调查人采取留置措施。《监察法》第二十二条第一款规定的严重职务违法，是指根据监察机关已经掌握的事实及证据，被调查人涉嫌的职务违法行为情节严重，可能被给予撤职以上政务处分；重要问题，是指对被调查人涉嫌的职务违法或者职务犯罪，在定性处置、定罪量刑等方面有重要影响的事实、情节及证据。《监察法》第二十二条第一款规定的已经掌握其部分违法犯罪事实及证据，是指同时具备下列情形：①有证据证明发生了违法犯罪事实；②有证据证明该违法犯罪事实是被调查人实施；③证明被调查人实施违法犯罪行为的证据已经查证属实。部分违法犯罪事实，既可以是单一违法犯罪行为的事实，也可以是数个违法犯罪行为中任何一个违法犯罪行为的事实。

关于第一款第二项，被调查人具有下列情形之一的，可以认定为监察法第二十二条第一款第二项所规定的可能逃跑、自杀：①着手准备自杀、自残或者逃跑的；②曾经有自杀、自残或者逃跑行为的；③有自杀、自残或者逃跑意图的；④其他可能逃跑、自杀的情形。

关于第一款第三项，被调查人具有下列情形之一的，可以认定为监察法第二十二条第一款第三项所规定的可能串供或者伪造、隐匿、毁灭证据：①曾经或者企图串供、伪造、隐匿、毁灭、转移证据的；②曾经或者企图威逼、恐吓、利诱、收买证人，干扰证人作证的；③有同案人或者与被调查人存在密切关联违法犯罪的涉案人员在逃，重要证据尚未收集完成的；④其他可能串供或者伪造、隐匿、毁灭证据的情形。

关于第一款第四项，被调查人具有下列情形之一的，可以认定为监察法第二十二条第一款第四项所规定的可能有其他妨碍调查行为：①可能继续实施违法犯罪行为的；②有危害国家安全、公共安全等现实危险的；③可能对举报人、控告人、被害人、证人、鉴定人等相关人员实施打击报复的；④无正当理由拒不到案，严重影响调查的；⑤其他可能妨碍调查的行为。对下列人员不得采取留置措施：①患有严重疾病、生活不能自理的；

②怀孕或者正在哺乳自己婴儿的妇女;③系生活不能自理的人的唯一扶养人。上述情形消除后,根据调查需要可以对相关人员采取留置措施。①

显然,其对《监察法》中的"严重职务违法""重要问题""可能逃跑、自杀""可能串供或者伪造、隐匿、毁灭证据""可能有其他妨碍调查行为"等情形作了进一步解释说明。

(2)留置方式。采取留置措施时,调查人员不得少于二人,应当向被留置人员宣布《留置决定书》,告知被留置人员权利义务,要求其在《留置决定书》上签名、捺指印。被留置人员拒绝签名、捺指印的,调查人员应当在文书上记明。② 其规定留置时的人员安排、具体方式。

(3)留置通知。采取留置措施后,应当在二十四小时以内通知被留置人员所在单位和家属。当面通知的,由有关人员在《留置通知书》上签名。无法当面通知的,可以先以电话等方式通知,并通过邮寄、转交等方式送达《留置通知书》,要求有关人员在《留置通知书》上签名。因可能毁灭、伪造证据,干扰证人作证或者串供等有碍调查情形而不宜通知的,应当按规定报批,记录在案。有碍调查的情形消失后,应当立即通知被留置人员所在单位和家属。③ 其规定留置通知的具体做法。

(4)公安机关协助。县级以上监察机关需要提请公安机关协助采取留置措施的,应当按规定报批,请同级公安机关依法予以协助。提请协助时,应当出具《提请协助采取留置措施函》,列明提请协助的具体事项和建议,协助采取措施的时间、地点等内容,附《留置决定书》复印件。因保密需要,不适合在采取留置措施前告知留置对象姓名的,可以作出说明,进行保密处理。需要提请异地公安机关协助采取留置措施的,应当按规定报批,向协作地同级监察机关出具协作函件和相关文书,由协作地监察机关提请当地公安机关依法予以协助。④ 其规定监察机关需要公安机关协

---

① 2021年《监察法实施条例》第九十二条、第九十三条、第九十四条、第九十五条、第九十六条。
② 2021年《监察法实施条例》第九十七条。
③ 2021年《监察法实施条例》第九十八条。
④ 2021年《监察法实施条例》第九十九条。

助采取留置措施的程序要求。

(5) 被留置人员权益保障。留置过程中,应当保障被留置人员的合法权益,尊重其人格和民族习俗,保障饮食、休息和安全,提供医疗服务。① 其规定被留置人员的保障方式。

(6) 留置时间。留置时间不得超过三个月,自向被留置人员宣布之日起算。具有下列情形之一的,经审批可以延长一次,延长时间不得超过三个月:①案情重大,严重危害国家利益或者公共利益的;②案情复杂,涉案人员多、金额巨大、涉及范围广的;③重要证据尚未收集完成,或者重要涉案人员尚未到案,导致违法犯罪的主要事实仍须继续调查的;④其他需要延长留置时间的情形。省级以下监察机关采取留置措施的,延长留置时间应当报上一级监察机关批准。延长留置时间的,应当在留置期满前向被留置人员宣布延长留置时间的决定,要求其在《延长留置时间决定书》上签名、捺指印。被留置人员拒绝签名、捺指印的,调查人员应当在文书上记明。延长留置时间的,应当通知被留置人员家属。② 其规定留置时间的计算、延长留置时间的情形和程序要求等事项。

(7) 留置解除。对被留置人员不需要继续采取留置措施的,应当按规定报批,及时解除留置。调查人员应当向被留置人员宣布解除留置措施的决定,由其在《解除留置决定书》上签名、捺指印。被留置人员拒绝签名、捺指印的,调查人员应当在文书上记明。解除留置措施的,应当及时通知被留置人员所在单位或者家属。调查人员应当与交接人办理交接手续,并由其在《解除留置通知书》上签名。无法通知或者有关人员拒绝签名的,调查人员应当在文书上记明。案件依法移送人民检察院审查起诉的,留置措施自犯罪嫌疑人被执行拘留时自动解除,不再办理解除法律手续。③ 其规定留置解除的程序要求。

(8) 留置场所。留置场所应当建立健全保密、消防、医疗、餐饮及安保等安全工作责任制,制定紧急突发事件处置预案,采取安全防范措施。

---

① 2021年《监察法实施条例》第一百条。
② 2021年《监察法实施条例》第一百零一条。
③ 2021年《监察法实施条例》第一百零二条。

留置期间发生被留置人员死亡、伤残、脱逃等办案安全事故、事件的,应当及时做好处置工作。相关情况应当立即报告监察机关主要负责人,并在二十四小时内逐级上报至国家监察委员会。① 其规定留置场所的安排要求。

5. 查询、冻结

《监察法》对查询、冻结财产作了原则性规定。监察机关调查涉嫌贪污贿赂、失职渎职等严重职务违法或者职务犯罪,根据工作需要,可以依照规定查询、冻结涉案单位和个人的存款、汇款、债券、股票、基金份额等财产。有关单位和个人应当配合。冻结的财产经查明与案件无关的,应当在查明后三日内解除冻结,予以退还。② 《监察法实施条例》对查询、冻结作了进一步规定。其要点如下:

(1)查询、冻结条件。监察机关调查严重职务违法或者职务犯罪,根据工作需要,按规定报批后,可以依法查询、冻结涉案单位和个人的存款、汇款、债券、股票、基金份额等财产。③ 其规定查询、冻结的一般要求。

(2)查询、冻结方式。查询、冻结财产时,调查人员不得少于二人。调查人员应当出具《协助查询财产通知书》或者《协助冻结财产通知书》,送交银行或者其他金融机构、邮政部门等单位执行。有关单位和个人应当予以配合,并严格保密。查询财产应当在《协助查询财产通知书》中填写查询账号、查询内容等信息。没有具体账号的,应当填写足以确定账户或者权利人的自然人姓名、身份证件号码或者企业法人名称、统一社会信用代码等信息。冻结财产应当在《协助冻结财产通知书》中填写冻结账户名称、冻结账号、冻结数额、冻结期限起止时间等信息。冻结数额应当具体、明确,暂时无法确定具体数额的,应当在《协助冻结财产通知书》上明确写明"只收不付"。冻结证券和交易结算资金时,应当明确冻结的范围是否及于孳息。冻结财产,应当为被调查人及其所扶养的亲属保留必需

---

① 2021年《监察法实施条例》第一百零三条。
② 2018年《监察法》第二十三条。
③ 2021年《监察法实施条例》第一百零四条。

的生活费用。① 其规定查询、冻结财产时的人员安排、具体方式。

（3）查询信息。调查人员可以根据需要对查询结果进行打印、抄录、复制、拍照，要求相关单位在有关材料上加盖证明印章。对查询结果有疑问的，可以要求相关单位进行书面解释并加盖印章。监察机关对查询信息应当加强管理，规范信息交接、调阅、使用程序和手续，防止滥用和泄露。调查人员不得查询与案件调查工作无关的信息。② 其规定查询信息的基本方式和管理制度。

（4）冻结财产。冻结财产的期限不得超过六个月。冻结期限到期未办理续冻手续的，冻结自动解除。有特殊原因需要延长冻结期限的，应当在期限到期前按原程序报批，办理续冻手续。每次续冻期限不得超过六个月。已被冻结的财产可以轮候冻结，不得重复冻结。轮候冻结的，监察机关应当要求有关银行或者其他金融机构等单位在解除冻结或者作出处理前予以通知。监察机关接受司法机关、其他监察机关等国家机关移送的涉案财物后，该国家机关采取的冻结期限届满，监察机关续行冻结的顺位与该国家机关冻结的顺位相同。冻结财产应当通知权利人或者其法定代理人、委托代理人，要求其在《冻结财产告知书》上签名。冻结股票、债券、基金份额等财产，应当告知权利人或者其法定代理人、委托代理人有权申请出售。对于被冻结的股票、债券、基金份额等财产，权利人或者其法定代理人、委托代理人申请出售，不损害国家利益、被害人利益，不影响调查正常进行的，经审批可以在案件办结前由相关机构依法出售或者变现。对于被冻结的汇票、本票、支票即将到期的，经审批可以在案件办结前由相关机构依法出售或者变现。出售上述财产的，应当出具《许可出售冻结财产通知书》。出售或者变现所得价款应当继续冻结在其对应的银行账户中；没有对应的银行账户的，应当存入监察机关指定的专用账户保管，并将存款凭证送监察机关登记。监察机关应当及时向权利人或者其法定代理人、委托代理人出具《出售冻结财产通知书》，并要求其签名。拒

---

① 2021年《监察法实施条例》第一百零五条。
② 2021年《监察法实施条例》第一百零六条、第一百零七条。

绝签名的,调查人员应当在文书上记明。对于冻结的财产,应当及时核查。经查明与案件无关的,经审批,应当在查明后三日以内将《解除冻结财产通知书》送交有关单位执行。解除情况应当告知被冻结财产的权利人或者其法定代理人、委托代理人。① 其规定冻结财产的时间、续冻方式、出售冻结财产方式、解除冻结方式。

6. 搜查

《监察法》对搜查作了原则性规定。监察机关可以对涉嫌职务犯罪的被调查人以及可能隐藏被调查人或者犯罪证据的人的身体、物品、住处和其他有关地方进行搜查。在搜查时,应当出示搜查证,并有被搜查人或者其家属等见证人在场。搜查女性身体,应当由女性工作人员进行。监察机关进行搜查时,可以根据工作需要提请公安机关配合。公安机关应当依法予以协助。②《监察法实施条例》对搜查作了进一步规定。其要点如下:

(1) 搜查条件。监察机关调查职务犯罪案件,为了收集犯罪证据、查获被调查人,按规定报批后,可以依法对被调查人以及可能隐藏被调查人或者犯罪证据的人的身体、物品、住处、工作地点和其他有关地方进行搜查。③ 其规定搜查的一般性要求。与《监察法》相比较,其增加规定"工作场所"。

(2) 搜查方式。搜查应当在调查人员主持下进行,调查人员不得少于二人。搜查女性的身体,由女性工作人员进行。搜查时,应当有被搜查人或者其家属、其所在单位工作人员或者其他见证人在场。监察人员不得作为见证人。调查人员应当向被搜查人或者其家属、见证人出示《搜查证》,要求其签名。被搜查人或者其家属不在场,或者拒绝签名的,调查人员应当在文书上记明。搜查时,应当要求在场人员予以配合,不得进行阻碍。对以暴力、威胁等方法阻碍搜查的,应当依法制止。对阻碍搜查构成

---

① 2021年《监察法实施条例》第一百零八条、第一百零九条、第一百一十条、第一百一十一条。

② 2018年《监察法》第二十四条。

③ 2021年《监察法实施条例》第一百一十二条。

违法犯罪的,依法追究法律责任。① 其规定搜查时的人员安排、具体程序以及法律责任。

(3)协助搜查。县级以上监察机关需要提请公安机关依法协助采取搜查措施的,应当按规定报批,请同级公安机关予以协助。提请协助时,应当出具《提请协助采取搜查措施函》,列明提请协助的具体事项和建议,搜查时间、地点、目的等内容,附《搜查证》复印件。需要提请异地公安机关协助采取搜查措施的,应当按规定报批,向协作地同级监察机关出具协作函件和相关文书,由协作地监察机关提请当地公安机关予以协助。② 其规定监察机关需要公安机关协助采取搜查措施的批准程序和执行方式。

(4)搜查笔录。对搜查取证工作,应当全程同步录音录像。对搜查情况应当制作《搜查笔录》,由调查人员和被搜查人或者其家属、见证人签名。被搜查人或者其家属不在场,或者拒绝签名的,调查人员应当在笔录中记明。对于查获的重要物证、书证、视听资料、电子数据及其放置、存储位置应当拍照,并在《搜查笔录》中作出文字说明。③ 其规定搜查时全程同步录音录像、搜查笔录、拍照等要求。

(5)其他规定。搜查时,应当避免未成年人或者其他不适宜在搜查现场的人在场。搜查人员应当服从指挥、文明执法,不得擅自变更搜查对象和扩大搜查范围。搜查的具体实施时间、方法,在实施前应当严格保密。在搜查过程中查封、扣押财物和文件的,按照查封、扣押的有关规定办理。④ 其规定了搜查时的保障措施。

7. 调取

《监察法》对调取作了原则性规定。监察机关在调查过程中,可以调取、查封、扣押用以证明被调查人涉嫌违法犯罪的财物、文件和电子数据等信息。采取调取、查封、扣押措施,应当收集原物原件,会同持有人或者

---

① 2021年《监察法实施条例》第一百一十三条、第一百一十四条。
② 2021年《监察法实施条例》第一百一十五条。
③ 2021年《监察法实施条例》第一百一十六条。
④ 2021年《监察法实施条例》第一百一十七条、第一百一十八条。

保管人、见证人,当面逐一拍照、登记、编号,开列清单,由在场人员当场核对、签名,并将清单副本交财物、文件的持有人或者保管人。对调取、查封、扣押的财物、文件,监察机关应当设立专用账户、专门场所,确定专门人员妥善保管,严格履行交接、调取手续,定期对账核实,不得毁损或者用于其他目的。对价值不明物品应当及时鉴定,专门封存保管。查封、扣押的财物、文件经查明与案件无关的,应当在查明后三日内解除查封、扣押,予以退还。① 《监察法实施条例》对调取作了进一步规定。其要点如下:

(1) 调取条件。监察机关按规定报批后,可以依法向有关单位和个人调取用以证明案件事实的证据材料。② 其规定调取的一般性要求。

(2) 调取方式。调取证据材料时,调查人员不得少于二人。调查人员应当依法出具《调取证据通知书》,必要时附《调取证据清单》。有关单位和个人配合监察机关调取证据,应当严格保密。调取的物证、书证、视听资料等原件,经查明与案件无关的,经审批,应当在查明后三日以内退还,并办理交接手续。③ 其规定调取证据材料时的人员安排、调取方式、退还方式。

(3) 调取物证、书证、视听资料。调取物证应当调取原物。原物不便搬运、保存,或者依法应当返还的,或者因保密工作需要不能调取原物的,可以将原物封存,并拍照、录像。对原物拍照或者录像时,应当足以反映原物的外形、内容。调取书证、视听资料应当调取原件。取得原件确有困难或者因保密工作需要不能调取原件的,可以调取副本或者复制件。调取物证的照片、录像和书证、视听资料的副本、复制件的,应当书面记明不能调取原物、原件的原因,原物、原件存放地点,制作过程,是否与原物、原件相符,并由调查人员和物证、书证、视听资料原持有人签名或者盖章。持有人无法签名、盖章或者拒绝签名、盖章的,应当在笔录中记明,由见证人签名。④ 其规定调取物证、书证、视听资料时原物原件及其副本、复制

---

① 2018年《监察法》第二十五条。
② 2021年《监察法实施条例》第一百一十九条。
③ 2021年《监察法实施条例》第一百二十条、第一百二十四条。
④ 2021年《监察法实施条例》第一百二十一条。

件的具体调取方式。

（4）调取外文材料、少数民族文字材料。调取外文材料作为证据使用的，应当交由具有资质的机构和人员出具中文译本。中文译本应当加盖翻译机构公章。① 其规定调取外文材料的方式。

（5）收集、提取电子数据。收集、提取电子数据，能够扣押原始存储介质的，应当予以扣押、封存并在笔录中记录封存状态。无法扣押原始存储介质的，可以提取电子数据，但应当在笔录中记明不能扣押的原因、原始存储介质的存放地点或者电子数据的来源等情况。由于客观原因无法或者不宜采取前款规定方式收集、提取电子数据的，可以采取打印、拍照或者录像等方式固定相关证据，并在笔录中说明原因。收集、提取的电子数据，足以保证完整性，无删除、修改、增加等情形的，可以作为证据使用。收集、提取电子数据，应当制作笔录，记录案由、对象、内容，收集、提取电子数据的时间、地点、方法、过程，并附电子数据清单，注明类别、文件格式、完整性校验值等，由调查人员、电子数据持有人（提供人）签名或者盖章；电子数据持有人（提供人）无法签名或者拒绝签名的，应当在笔录中记明，由见证人签名或者盖章。有条件的，应当对相关活动进行录像。② 其规定收集、提取电子数据的具体方式。

8. 查封、扣押

《监察法》对查封、扣押一并和调取作了原则性规定。《监察法实施条例》对查封、扣押作了进一步规定。

（1）查封、扣押条件。监察机关按规定报批后，可以依法查封、扣押用以证明被调查人涉嫌违法犯罪以及情节轻重的财物、文件、电子数据等证据材料。对于被调查人到案时随身携带的物品，以及被调查人或者其他相关人员主动上交的财物和文件，依法需要扣押的，依照前款规定办理。对于被调查人随身携带的与案件无关的个人用品，应当逐件登记，随案移交或者退还。③ 其规定查封、扣押的一般性要求。

---

① 2021年《监察法实施条例》第一百二十二条。
② 2021年《监察法实施条例》第一百二十三条。
③ 2021年《监察法实施条例》第一百二十五条。

(2)查封、扣押方式。查封、扣押时,应当出具《查封/扣押通知书》,调查人员不得少于二人。持有人拒绝交出应当查封、扣押的财物和文件的,可以依法强制查封、扣押。调查人员对于查封、扣押的财物和文件,应当会同在场见证人和被查封、扣押财物持有人进行清点核对,开列《查封/扣押财物、文件清单》,由调查人员、见证人和持有人签名或者盖章。持有人不在场或者拒绝签名、盖章的,调查人员应当在清单上记明。查封、扣押财物,应当为被调查人及其所扶养的亲属保留必需的生活费用和物品。① 其规定查封、扣押时人员安排和具体方式。

(3)查封不动产及其相关财物。查封、扣押不动产和置于该不动产上不宜移动的设施、家具和其他相关财物,以及车辆、船舶、航空器和大型机械、设备等财物,必要时可以依法扣押其权利证书,经拍照或者录像后原地封存。调查人员应当在查封清单上记明相关财物的所在地址和特征,已经拍照或者录像及其权利证书已被扣押的情况,由调查人员、见证人和持有人签名或者盖章。持有人不在场或者拒绝签名、盖章的,调查人员应当在清单上记明。查封、扣押前款规定财物的,必要时可以将被查封财物交给持有人或者其近亲属保管。调查人员应当告知保管人妥善保管,不得对被查封财物进行转移、变卖、毁损、抵押、赠予等处理。调查人员应当将《查封/扣押通知书》送达不动产、生产设备或者车辆、船舶、航空器等财物的登记、管理部门,告知其在查封期间禁止办理抵押、转让、出售等权属关系变更、转移登记手续。相关情况应当在查封清单上记明。相关情况应当在查封清单上记明。被查封、扣押的财物已经办理抵押登记的,监察机关在执行没收、追缴、责令退赔等决定时应当及时通知抵押权人。② 其规定查封不动产及其相关财物时的人员安排和具体方式。

(4)查封、扣押物品。查封、扣押下列物品,应当依法进行相应的处理:①查封、扣押外币、金银珠宝、文物、名贵字画以及其他不易辨别真伪的贵重物品,具备当场密封条件的,应当当场密封,由二名以上调查人员

---

① 2021年《监察法实施条例》第一百二十六条。
② 2021年《监察法实施条例》第一百二十七条。

在密封材料上签名并记明密封时间。不具备当场密封条件的,应当在笔录中记明,以拍照、录像等方法加以保全后进行封存。查封、扣押的贵重物品需要鉴定的,应当及时鉴定。②查封、扣押存折、银行卡、有价证券等支付凭证和具有一定特征能够证明案情的现金,应当记明特征、编号、种类、面值、张数、金额等,当场密封,由二名以上调查人员在密封材料上签名并记明密封时间。③查封、扣押易损毁、灭失、变质等不宜长期保存的物品以及有消费期限的卡、券,应当在笔录中记明,以拍照、录像等方法加以保全后进行封存,或者经审批委托有关机构变卖、拍卖。变卖、拍卖的价款存入专用账户保管,待调查终结后一并处理。④对于可以作为证据使用的录音录像、电子数据存储介质,应当记明案由、对象、内容、录制、复制的时间、地点、规格、类别、应用长度、文件格式及长度等,制作清单。具备查封、扣押条件的电子设备、存储介质应当密封保存。必要时,可以请有关机关协助。⑤对被调查人使用违法犯罪所得与合法收入共同购置的不可分割的财产,可以先行查封、扣押。对无法分割退还的财产,涉及违法的,可以在结案后委托有关单位拍卖、变卖,退还不属于违法所得的部分及孳息;涉及职务犯罪的,依法移送司法机关处置。⑥查封、扣押危险品、违禁品,应当及时送交有关部门,或者根据工作需要严格封存保管。① 其规定查封、扣押物品的具体处理方式。

(5)启封。对于需要启封的财物和文件,应当由二名以上调查人员共同办理。重新密封时,由二名以上调查人员在密封材料上签名、记明时间。② 其规定启封的具体方式。

(6)涉案财物信息管理。查封、扣押涉案财物,应当按规定将涉案财物详细信息、《查封/扣押财物、文件清单》录入并上传监察机关涉案财物信息管理系统。对于涉案款项,应当在采取措施后十五日以内存入监察机关指定的专用账户。对于涉案物品,应当在采取措施后三十日以内移交涉案财物保管部门保管。因特殊原因不能按时存入专用账

---

① 2021年《监察法实施条例》第一百二十八条。
② 2021年《监察法实施条例》第一百二十九条。

户或者移交保管的,应当按规定报批,将保管情况录入涉案财物信息管理系统,在原因消除后及时存入或者移交。① 其规定涉案财物信息管理的录入要求。

(7)调用涉案财物。对于已移交涉案财物保管部门保管的涉案财物,根据调查工作需要,经审批可以临时调用,并应当确保完好。调用结束后,应当及时归还。调用和归还时,调查人员、保管人员应当当面清点查验。保管部门应当对调用和归还情况进行登记,全程录像并上传涉案财物信息管理系统。② 其规定涉案财物调用和归还的具体方式。

(8)出售或者变现。对于被扣押的股票、债券、基金份额等财产,以及即将到期的汇票、本票、支票,依法需要出售或者变现的,按照本条例关于出售冻结财产的规定办理。③ 其规定出售或者变现财产等准用出售冻结财产的方式。

(9)期限。监察机关接受司法机关、其他监察机关等国家机关移送的涉案财物后,该国家机关采取的查封、扣押期限届满,监察机关续行查封、扣押的顺位与该国家机关查封、扣押的顺位相同。④ 其规定查封、扣押动产和不动产的期限处理。

(10)解除。对查封、扣押的财物和文件,应当及时进行核查。经查明与案件无关的,经审批,应当在查明后三日以内解除查封、扣押,予以退还。解除查封、扣押的,应当向有关单位、原持有人或者近亲属送达《解除查封/扣押通知书》,附《解除查封/扣押财物、文件清单》,要求其签名或者盖章。⑤ 其规定解除查封、扣押的方式。

(11)暂扣或者封存。在立案调查之前,对监察对象及相关人员主动上交的涉案财物,经审批可以接收。接收时,应当由二名以上调查人员,会同持有人和见证人进行清点核对,当场填写《主动上交财物登记表》。

---

① 2021年《监察法实施条例》第一百三十条。
② 2021年《监察法实施条例》第一百三十一条。
③ 2021年《监察法实施条例》第一百三十二条。
④ 2021年《监察法实施条例》第一百三十三条。
⑤ 2021年《监察法实施条例》第一百三十四条。

调查人员、持有人和见证人应当在登记表上签名或者盖章。对于主动上交的财物,应当根据立案及调查情况及时决定是否依法查封、扣押。① 其规定暂扣、封存的方式。

9. 勘验检查

《监察法》对勘验检查作了原则性规定。监察机关在调查过程中,可以直接或者指派、聘请具有专门知识、资格的人员在调查人员主持下进行勘验检查。勘验检查情况应当制作笔录,由参加勘验检查的人员和见证人签名或者盖章。② 《监察法实施条例》对勘验检查作了进一步规定。其要点如下:

(1) 勘验检查条件。监察机关按规定报批后,可以依法对与违法犯罪有关的场所、物品、人身、尸体、电子数据等进行勘验检查。③ 其规定勘验检查的一般性要求。

(2) 勘验检查方式。依法需要勘验检查的,应当制作《勘验检查证》;需要委托勘验检查的,应当出具《委托勘验检查书》,送具有专门知识、勘验检查资格的单位(人员)办理。勘验检查应当由二名以上调查人员主持,邀请与案件无关的见证人在场。勘验检查情况应当制作笔录,并由参加勘验检查人员和见证人签名。勘验检查现场、拆封电子数据存储介质应当全程同步录音录像。对现场情况应当拍摄现场照片、制作现场图,并由勘验检查人员签名。④ 其规定勘验检查时的手续、人员、方式等。

(3) 人身检查。为了确定被调查人或者相关人员的某些特征、伤害情况或者生理状态,可以依法对其人身进行检查。必要时可以聘请法医或者医师进行人身检查。检查女性身体,应当由女性工作人员或者医师进行。被调查人拒绝检查的,可以依法强制检查。人身检查不得采用损害被检查人生命、健康或者贬低其名誉、人格的方法。对人身检查过程中知悉的个人隐私,应当严格保密。对人身检查的情况应当制作笔录,由参

---

① 2021年《监察法实施条例》第一百三十五条。
② 2018年《监察法》第二十六条。
③ 2021年《监察法实施条例》第一百三十六条。
④ 2021年《监察法实施条例》第一百三十七条、第一百三十八条。

加检查的调查人员、检查人员、被检查人员和见证人签名。被检查人员拒绝签名的,调查人员应当在笔录中记明。① 其规定人身检查时的人员安排、具体方式以及笔录要求。

(4) 调查实验。为查明案情,在必要的时候,经审批可以依法进行调查实验。调查实验,可以聘请有关专业人员参加,也可以要求被调查人、被害人、证人参加。进行调查实验,应当全程同步录音录像,制作调查实验笔录,由参加实验的人签名。进行调查实验,禁止一切足以造成危险、侮辱人格的行为。② 其规定调查实验时的人员安排、笔录要求和限制方式。

(5) 辨认。调查人员在必要时,可以依法让被害人、证人和被调查人对与违法犯罪有关的物品、文件、尸体或者场所进行辨认;也可以让被害人、证人对被调查人进行辨认,或者让被调查人对涉案人员进行辨认。辨认工作应当由二名以上调查人员主持进行。在辨认前,应当向辨认人详细询问辨认对象的具体特征,避免辨认人见到辨认对象,并告知辨认人作虚假辨认应当承担的法律责任。几名辨认人对同一辨认对象进行辨认时,应当由辨认人个别进行。辨认应当形成笔录,并由调查人员、辨认人签名。③ 其规定辨认的一般性要求。

辨认人员时,被辨认的人数不得少于七人,照片不得少于十张。辨认人不愿公开进行辨认时,应当在不暴露辨认人的情况下进行辨认,并为其保守秘密。④ 其规定辨认人员的具体方式。

组织辨认物品时一般应当辨认实物。被辨认的物品系名贵字画等贵重物品或者存在不便搬运等情况的,可以对实物照片进行辨认。辨认人进行辨认时,应当在辨认出的实物照片与附纸骑缝上捺指印予以确认,在附纸上写明该实物涉案情况并签名、捺指印。辨认物品时,同类物品不得少于五件,照片不得少于五张。对于难以找到相似物品的特定物,可以将

---

① 2021年《监察法实施条例》第一百三十九条。
② 2021年《监察法实施条例》第一百四十条。
③ 2021年《监察法实施条例》第一百四十一条。
④ 2021年《监察法实施条例》第一百四十二条。

该物品照片交由辨认人进行确认后,在照片与附纸骑缝上捺指印,在附纸上写明该物品涉案情况并签名、捺指印。在辨认人确认前,应当向其详细询问物品的具体特征,并对确认过程和结果形成笔录。① 其规定辨认物品的具体方式。

10. 鉴定

《监察法》对鉴定作了原则性规定。监察机关在调查过程中,对于案件中的专门性问题,可以指派、聘请有专门知识的人进行鉴定。鉴定人进行鉴定后,应当出具鉴定意见,并且签名。② 《监察法实施条例》对鉴定作了进一步规定。其要点如下:

(1) 鉴定条件和方式。监察机关为解决案件中的专门性问题,按规定报批后,可以依法进行鉴定。鉴定时应当出具《委托鉴定书》,由二名以上调查人员送交具有鉴定资格的鉴定机构、鉴定人进行鉴定。③ 其规定鉴定时的批准程序和人员安排等。

(2) 鉴定类型。监察机关可以依法开展下列鉴定:①对笔迹、印刷文件、污损文件、制成时间不明的文件和以其他形式表现的文件等进行鉴定;②对案件中涉及的财务会计资料及相关财物进行会计鉴定;③对被调查人、证人的行为能力进行精神病鉴定;④对人体造成的损害或者死因进行人身伤亡医学鉴定;⑤对录音录像资料进行鉴定;⑥对因电子信息技术应用而出现的材料及其派生物进行电子证据鉴定;⑦其他可以依法进行的专业鉴定。④ 其规定了各种鉴定类型。

(3) 送检。监察机关应当为鉴定提供必要条件,向鉴定人送交有关检材和对比样本等原始材料,介绍与鉴定有关的情况。调查人员应当明确提出要求鉴定事项,但不得暗示或者强迫鉴定人作出某种鉴定意见。监察机关应当做好检材的保管和送检工作,记明检材送检环节的责任人,

---

① 2021年《监察法实施条例》第一百四十三条。
② 2018年《监察法》第二十七条。
③ 2021年《监察法实施条例》第一百四十五条。
④ 2021年《监察法实施条例》第一百四十六条。

确保检材在流转环节的同一性和不被污染。① 其规定监察机关送交原始材料的基本要求。

（4）鉴定意见。鉴定人应当在出具的鉴定意见上签名，并附鉴定机构和鉴定人的资质证明或者其他证明文件。多个鉴定人的鉴定意见不一致的，应当在鉴定意见上记明分歧的内容和理由，并且分别签名。监察机关对于法庭审理中依法决定鉴定人出庭作证的，应当予以协调。鉴定人故意作虚假鉴定的，应当依法追究法律责任。② 其规定了鉴定人出具鉴定意见的要求。

（5）审查。调查人员应当对鉴定意见进行审查。对经审查作为证据使用的鉴定意见，应当告知被调查人及相关单位、人员，送达《鉴定意见告知书》。被调查人或者相关单位、人员提出补充鉴定或者重新鉴定申请，经审查符合法定要求的，应当按规定报批，进行补充鉴定或者重新鉴定。对鉴定意见告知情况可以制作笔录，载明告知内容和被告知人的意见等。③ 其规定对鉴定意见审查的处理方式。

（6）补充鉴定。经审查具有下列情形之一的，应当补充鉴定：①鉴定内容有明显遗漏的；②发现新的有鉴定意义的证物的；③对鉴定证物有新的鉴定要求的；④鉴定意见不完整，委托事项无法确定的；⑤其他需要补充鉴定的情形。④ 其规定补充鉴定的五种情形。

（7）重新鉴定。经审查具有下列情形之一的，应当重新鉴定：①鉴定程序违法或者违反相关专业技术要求的；②鉴定机构、鉴定人不具备鉴定资质和条件的；③鉴定人故意作出虚假鉴定或者违反回避规定的；④鉴定意见依据明显不足的；⑤检材虚假或者被损坏的；⑥其他应当重新鉴定的情形。决定重新鉴定的，应当另行确定鉴定机构和鉴定人。⑤ 其规定重新鉴定的六种情形和处理方式。

---

① 2021年《监察法实施条例》第一百四十七条。
② 2021年《监察法实施条例》第一百四十八条。
③ 2021年《监察法实施条例》第一百四十九条。
④ 2021年《监察法实施条例》第一百五十条。
⑤ 2021年《监察法实施条例》第一百五十一条。

（8）检验。对案件中的专门性问题需要鉴定,因无鉴定机构,或者根据法律法规等规定,监察机关可以指派、聘请具有专门知识的人就案件的专门性问题出具报告。① 其规定检验的具体要求。

11. 技术调查

《监察法》对技术调查作了原则性规定。监察机关调查涉嫌重大贪污贿赂等职务犯罪,根据需要,经过严格的批准手续,可以采取技术调查措施,按照规定交有关机关执行。批准决定应当明确采取技术调查措施的种类和适用对象,自签发之日起三个月以内有效;对于复杂、疑难案件,期限届满仍有必要继续采取技术调查措施的,经过批准,有效期可以延长,每次不得超过三个月。对于不需要继续采取技术调查措施的,应当及时解除。②《监察法实施条例》对技术调查作了进一步规定。其要点如下:

（1）技术调查条件。监察机关根据调查重大贪污贿赂等职务犯罪需要,依照规定的权限和程序报经批准,可以依法采取技术调查措施,按照规定交公安机关或者国家有关执法机关执行。前款所称重大贪污贿赂等职务犯罪,是指具有下列情形之一:①案情重大复杂,涉及国家利益或者重大公共利益的;②被调查人可能被判处十年以上有期徒刑、无期徒刑或者死刑的;③案件在全国或者本省、自治区、直辖市范围内有较大影响的。③ 其规定监察机关采取技术调查措施的具体情形。

（2）技术调查方式。依法采取技术调查措施的,监察机关应当出具《采取技术调查措施委托函》《采取技术调查措施决定书》和《采取技术调查措施适用对象情况表》,送交有关机关执行。其中,设区的市级以下监察机关委托有关执行机关采取技术调查措施,还应当提供《立案决定书》。技术调查措施的期限按照监察法的规定执行,期限届满前未办理延期手续的,到期自动解除。对于不需要继续采取技术调查措施的,监察机关应当按规定及时报批,将《解除技术调查措施决定书》送交有关机关执行。需要依法变更技术调查措施种类或者增加适用对象的,监察机关应当重

---

① 2021年《监察法实施条例》第一百五十二条。
② 2018年《监察法》第二十八条。
③ 2021年《监察法实施条例》第一百五十三条。

新办理报批和委托手续,依法送交有关机关执行。① 其规定执行技术调查措施和解除技术调查措施的方式。

(3)证据材料使用。对采取技术调查措施收集的信息和材料,依法需要作为刑事诉讼证据使用的,监察机关应当按规定报批,出具《调取技术调查证据材料通知书》向有关执行机关调取。对于采取技术调查措施收集的物证、书证及其他证据材料,监察机关应当制作书面说明,写明获取证据的时间、地点、数量、特征以及采取技术调查措施的批准机关、种类等。调查人员应当在书面说明上签名。对于采取技术调查措施获取的证据材料,如果使用该证据材料可能危及有关人员的人身安全,或者可能产生其他严重后果的,应当采取不暴露有关人员身份、技术方法等保护措施。必要时,可以建议由审判人员在庭外进行核实。② 其规定使用技术调查证据材料的具体方式。

(4)保密和材料销毁。调查人员对采取技术调查措施过程中知悉的国家秘密、商业秘密、个人隐私,应当严格保密。采取技术调查措施获取的证据、线索及其他有关材料,只能用于对违法犯罪的调查、起诉和审判,不得用于其他用途。对采取技术调查措施获取的与案件无关的材料,应当经审批及时销毁。对销毁情况应当制作记录,由调查人员签名。③ 其规定了对技术调查信息的保密和销毁方式。

12. 通缉

《监察法》对通缉作了原则性规定。依法应当留置的被调查人如果在逃,监察机关可以决定在本行政区域内通缉,由公安机关发布通缉令,追捕归案。通缉范围超出本行政区域的,应当报请有权决定的上级监察机关决定。④《监察法实施条例》对通缉作了进一步规定。其要点如下:

(1)通缉条件。县级以上监察机关对在逃的应当被留置人员,依法决定在本行政区域内通缉的,应当按规定报批,送交同级公安机关执行。送交执

---

① 2021年《监察法实施条例》第一百五十四条、第一百五十五条。
② 2021年《监察法实施条例》第一百五十六条。
③ 2021年《监察法实施条例》第一百五十七条。
④ 2018年《监察法》第二十九条。

行时,应当出具《通缉决定书》,附《留置决定书》等法律文书和被通缉人员信息,以及承办单位、承办人员等有关情况。通缉范围超出本行政区域的,应当报有决定权的上级监察机关出具《通缉决定书》,并附《留置决定书》及相关材料,送交同级公安机关执行。① 其规定监察机关决定通缉的执行方式。

（2）网上追逃。国家监察委员会依法需要提请公安部对在逃人员发布公安部通缉令的,应当先提请公安部采取网上追逃措施。如情况紧急,可以向公安部同时出具《通缉决定书》和《提请采取网上追逃措施函》。省级以下监察机关报请国家监察委员会提请公安部发布公安部通缉令的,应当先提请本地公安机关采取网上追逃措施。② 其规定监察机关网上追逃的具体方式。

（3）交接。监察机关接到公安机关抓获被通缉人员的通知后,应当立即核实被抓获人员身份,并在接到通知后二十四小时以内派员办理交接手续。边远或者交通不便地区,至迟不得超过三日。公安机关在移交前,将被抓获人员送往当地监察机关留置场所临时看管的,当地监察机关应当接收,并保障临时看管期间的安全,对工作信息严格保密。监察机关需要提请公安机关协助将被抓获人员带回的,应当按规定报批,请本地同级公安机关依法予以协助。提请协助时,应当出具《提请协助采取留置措施函》,附《留置决定书》复印件及相关材料。③ 其规定监察机关处理被抓获人员的具体方式。

（4）撤销。监察机关对于被通缉人员已经归案、死亡,或者依法撤销留置决定以及发现有其他不需要继续采取通缉措施情形的,应当经审批出具《撤销通缉通知书》,送交协助采取原措施的公安机关执行。④ 其规定监察机关撤销通缉的具体方式。

13. 限制出境

《监察法》对限制出境作了原则性规定。监察机关为防止被调查人及

---

① 2021年《监察法实施条例》第一百五十八条。
② 2021年《监察法实施条例》第一百五十九条。
③ 2021年《监察法实施条例》第一百六十条。
④ 2021年《监察法实施条例》第一百六十一条。

相关人员逃匿境外,经省级以上监察机关批准,可以对被调查人及相关人员采取限制出境措施,由公安机关依法执行。对于不需要继续采取限制出境措施的,应当及时解除。①《监察法实施条例》对限制出境作了进一步规定。其要点如下:

(1) 限制出境条件。监察机关为防止被调查人及相关人员逃匿境外,按规定报批后,可以依法决定采取限制出境措施,交由移民管理机构执行。② 其规定监察机关决定采取限制出境措施的一般要求。

(2) 限制出境方式。监察机关采取限制出境措施应当出具有关函件,与《采取限制出境措施决定书》一并送交移民管理机构执行。其中,采取边控措施的,应当附《边控对象通知书》;采取法定不批准出境措施的,应当附《法定不准出境人员报备表》。③ 其规定监察机关采取限制出境措施的具体方式。

(3) 限制出境期限。限制出境措施有效期不超过三个月,到期自动解除。到期后仍有必要继续采取措施的,应当按原程序报批。承办部门应当出具有关函件,在到期前与《延长限制出境措施期限决定书》一并送交移民管理机构执行。延长期限每次不得超过三个月。④ 其规定限制出境措施有效期和延长期限的具体方式。

(4) 移交。监察机关接到口岸移民管理机构查获被决定采取留置措施的边控对象的通知后,应当于二十四小时内到达口岸办理移交手续。无法及时到达的,应当委托当地监察机关及时前往口岸办理移交手续,当地监察机关应当予以协助。⑤ 其规定监察机关办理边控对象移交的具体方式。

(5) 解除。对于不需要继续采取限制出境措施的,应当按规定报批,及时予以解除。承办部门应当出具有关函件,与《解除限制出境措施决定

---

① 2018年《监察法》第三十条。
② 2021年《监察法实施条例》第一百六十二条。
③ 2021年《监察法实施条例》第一百六十三条。
④ 2021年《监察法实施条例》第一百六十四条。
⑤ 2021年《监察法实施条例》第一百六十五条。

书》一并送交移民管理机构执行。① 其规定解除限制出境措施的具体方式。

（6）临时限制出境。县级以上监察机关在重要紧急情况下，经审批可以依法直接向口岸所在地口岸移民管理机构提请办理临时限制出境措施。② 其规定临时限制出境措施的执行方式。

六、监察权限立法比较研究

监察权限在立法中主要涉及监察权限种类、监察权限内容以及监察权限履行程序等方面。

1. 监察权限种类。监察权限种类是指监察机关拥有的各种监察权力。古代监察机关权限虽然没有统一立法，但是监察机关不仅具有纠弹的权力，而且具有参与立法、行政、军事、司法的权力。特别是在代表君主对外巡视时其在某种意义上具有君主所有的权限。近代监察机关权限大为缩减。肃政史只有检查的权力，监察院则通常有调查权、检查权。共同纲领时期和1954年宪法时期监察权限主要就是调查或者检查，并具有一定的行政处分权。1982年宪法时期，监察权限日益增加。行政监察机关有调查权、检查权、建议权、一定权限的行政处分权。在这些权限基础上逐步发展。1997年《行政监察法》规定有履职措施、监察措施、查询存款、提请协助、提出监察建议、作出监察决定或者提出监察建议、监察决定和监察建议的执行、查询单位和个人、列席会议等。而监察委员会则有谈话、讯问、询问、留置、查询冻结、搜查、调取、查封扣押、勘验检查、鉴定、技术调查、通缉、限制出境等。之所以会出现权限差异，原因在于监察机关的定位不同。不过，近代和新中国时期监察机关没有古代监察机关那样参与审判的权力。

2. 监察权限内容。每一项监察权限规定哪些内容，在立法上并没有

---

① 2021年《监察法实施条例》第一百六十六条。
② 2021年《监察法实施条例》第一百六十七条。

统一规定。古代监察权限内容相对较为简单。近代监察权限内容也比较简单。新中国时期监察权限内容最为丰富。其不仅规定监察权限类型，而且对监察权限行使方式作了详细规定。之所以会出现上述监察权限内容的差异，一方面和监察机关本身有关，另一方面与监察权限对公民权利的影响程度有关。一旦某一项监察权限关系到公民权利保障，必然需要在立法上予以详细规定。

3. 监察权限履行程序。每一项监察权限必须遵循相应的程序要求。这种程序要求在近代监察权限规定中并不突出。新中国时期监察权限种类繁多，因此其必然需要有相应的程序要求。这种程序要求不同于监察程序，而是每一项监察权限的保障程序。

第二节 监察范围

监察范围，也就是监察对象，是指对哪些组织和人员进行监察。

一、古代监察范围规定

古代监察机关及其人员监察范围没有统一规定。从前述元代监察权限规定来看，其主要分为两类：一类是京城内外官吏；另一类是地方各级官吏。需要注意的是，由于古代监察机关及其人员虽然重点监察官吏，但是也有观察民俗的责任。因此，古代监察范围严格来说并没有官民之别。

二、近代监察范围规定

近代监察立法没有专门规定监察范围，通常需要根据其他法律规定予以确定。

（一）北洋政府时期肃政史监察范围

北洋政府时期肃政史监察范围通常是指官吏。这里所说的官吏范围是多大？这就需要了解北洋政府时期公务员立法规定。

（二）国民政府时期监察院监察范围

国民政府时期监察院监察范围在立法上的表述也在不断变化。

广州国民政府时期，监察范围为国民政府各级机关官吏。1925年7月17日，《国民政府监察院组织法》第一条表述为"国民政府各级机关官吏"。1925年9月30日，《修正国民政府监察院组织法》第二条表述为"国民政府所属各机关官吏"。

武汉国民政府时期，监察范围为国民政府所属行政司法各机关官吏。1926年10月4日，《修正国民政府监察院组织法》第一条表述为"国民政府所属行政司法各机关官吏"。

南京国民政府时期，《监察院组织法》不再明确监察范围，而是由《弹劾法》予以规定。1929年5月19日《弹劾法》表述为"公务员"。此后，其他立法基本上亦做同样表述。

1947年宪法实施之后，虽然《监察院组织法》依然没有对监察范围进行规定，但是1948年《弹劾法》则表述为"公务人员"。

三、共同纲领时期监察范围规定

共同纲领时期，监察范围最初并不专门规定，而是体现在监察职责之中。随着监察立法的完善，开始出现专门规定。共同纲领时期监察对象主要包括政府机关、企业部门和人民团体等。根据共同纲领第19条第1款规定，其监察对象是各级国家机关和各种公务人员。不过，根据《中央人民政府组织法》第十八条第六款规定，其监察对象是"政府机关和公务人员"；显然，《中央人民政府组织法》和《共同纲领》相比较，其监察范围似乎比较窄。但是《中央人民政府政务院人民监察委员会试行组织条例》第二条既使用了"政府机关和公务人员"，也使用了"全国各级国家机关和各种公务人员"，因此，虽然表述存在差异，但是内涵是一致的，因为共同纲领时期各级人民政府并不局限于狭义的行政机关，而且涉及政府机关、企业部门、人民团体等。所以,《中央人民政府政务院人民监察委员会试行组织条例》第二条第一款规定,监察全国各级国家机关和各种公务人员。《大行政区人民政府(军政委员会)人民监察委员会试行组织通则》第二条第一款则规定,监督该区辖境内各级政府机关、企业部门及其工作人员。《省(行署、市)人民政府人民监察委员会试行组织通则》第二条第一款规定,监督该省(行署、市)辖境内各级政府机关、企业部门及其工作人员。《县(市)人民政府人民监察委员会试行组织通则》第二条第一款规定,监督该县(市)辖境内各级政府机关、企业部门及其工作人员。

四、1954年宪法时期监察范围规定

五四宪法时期,监察对象包括行政机关、国营企业、公私合营企业和合作社。根据《中华人民共和国监察部组织简则》第二条规定,监察部的监察对象为国务院各部门、地方各级国家行政机关、国营企业、公私合营企业、合作社及其工作人员。各领域监察对象具体包括哪些机构和人员则需要根据具体情况来确定。

五、1982年宪法时期监察范围规定

1982年宪法时期,监察范围因行政监察机关和国家监察机关差异而有不同。

(一)行政监察时期监察范围规定

这一时期,监察范围也在不断变化。

1986年《设立国家行政监察机关的方案》规定,国家监察部的监察对象是国务院各部门及其工作人员、省级人民政府的主要负责人和中央直属企事业单位中由国家行政机关任命的领导干部。省级和省辖市级监察机关的监察对象,是所在人民政府各行政部门及其工作人员,下级人民政府的主要负责人,和所在人民政府所属企事业单位中由国家行政机关任

命的领导干部。县级监察机关的监察对象，是所在人民政府各行政部门及其工作人员、下级行政机关及其工作人员，和所在政府所属企事业单位中由国家行政机关任命的领导干部。

根据1988年《监察部"三定"方案》规定，其监察对象分为两类：一是国家各级行政机关及其工作人员；二是企事业单位中由国家行政机关任命的领导干部。各领域监察对象具体包括哪些机构和人员则需要根据具体情况来确定。例如，根据1988年9月29日《监察部关于金融系统监察机构工作关系的几点意见》，其第三部分专门规定监察对象，并根据监察机构不同予以区分：(1)金融系统副部级以上干部为监察部的监察对象。(2)金融监察局的监察对象是人民银行总行机关及其工作人员；人民银行直属企、事业单位由总行任命的行政领导干部；省、自治区、直辖市人民银行分行的行长、副行长，计划单列市人民银行分行的行长；各专业总行、司的副行长、副总经理。(3)各专业总行、司监察室的监察对象是总行、总公司机关及其工作人员；直属企、事业单位由总行、总公司任命的行政领导干部；省、自治区、直辖市分行的行长、副行长和分公司的经理、副经理，计划单列市分行的行长、分公司的经理。

1990年《行政监察条例》以四个条文规定了监察范围。(1)监察部监察范围。监察部对国务院各部门及其工作人员、国务院及其各部门任命的其他人员和省、自治区、直辖市人民政府及其省长、副省长、主席、副主席、市长、副市长进行监察。① (2)省级监察厅(局)监察范围。省、自治区、直辖市的监察厅(局)对本级人民政府各部门及其工作人员、本级人民政府及其各部门任命的其他人员，以及自治州、设区的市、直辖市辖区(县)人民政府及其州长、副州长、市长、副市长、直辖市辖区(县)长、副区(县)长进行监察。② (3)地级市监察局监察范围。自治州、设区的市的监察局对本级人民政府各部门及其工作人员、本级人民政府及其各部门任命的其他人员和县、自治县、不设区的市、市辖区人民政府及其县(市)长、

---

① 1990年《行政监察条例》第十四条。
② 1990年《行政监察条例》第十五条。

副县(市)长、区长、副区长进行监察。① （4）县级监察局监察范围。县、自治县、不设区的市、市辖区的监察局对本级人民政府各部门及其工作人员、本级人民政府及其各部门任命的其他人员,以及乡、民族乡、镇人民政府及其工作人员,乡、民族乡、镇人民政府任命的其他人员进行监察。②

1997年《行政监察法》以两个条文涉及监察范围。（1）国务院监察机关监察范围。国务院监察机关对下列机关和人员实施监察：①国务院各部门及其公务员；②国务院及国务院各部门任命的其他人员；③省、自治区、直辖市人民政府及其领导人员。③ （2）县级以上地方各级人民政府监察机关监察范围。县级以上地方各级人民政府监察机关对下列机关和人员实施监察：①本级人民政府各部门及其公务员；②本级人民政府及本级人民政府各部门任命的其他人员；③下一级人民政府及其领导人员。④ （3）县级人民政府监察机关监察范围。县、自治县、不设区的市、市辖区人民政府监察机关还对本辖区所属的乡、民族乡、镇人民政府的国家公务员以及乡、民族乡、镇人民政府任命的其他人员实施监察。⑤

（二）国家监察时期监察范围规定

这一时期,监察范围规定在立法上不再按照各级监察机关分别规定,而是采用综合规定方式。

1. 《监察法》监察范围规定

2018年《监察法》第十五条规定,监察机关对下列公职人员和有关人员进行监察：（1）中国共产党机关、人民代表大会及其常务委员会机关、人民政府、监察委员会、人民法院、人民检察院、中国人民政治协商会议各级委员会机关、民主党派机关和工商业联合会机关的公务员,以及参照《中华人民共和国公务员法》管理的人员；（2）法律、法规授权或者受国家

---

① 1990年《行政监察条例》第十六条。
② 1990年《行政监察条例》第十七条。
③ 1997年《行政监察法》第十五条。
④ 1997年《行政监察法》第十六条第一款。
⑤ 1997年《行政监察法》第十六条第二款。

机关依法委托管理公共事务的组织中从事公务的人员；(3)国有企业管理人员；(4)公办的教育、科研、文化、医疗卫生、体育等单位中从事管理的人员；(5)基层群众性自治组织中从事管理的人员；(6)其他依法履行公职的人员。与《行政监察法》相比较，其规定已经不再局限于行政机关，扩大了监察范围。

2.《国家监察委员会管辖规定(试行)》监察范围规定

2018年4月16日，《国家监察委员会管辖规定(试行)》第四条规定，监察委员会监察的对象是《中华人民共和国监察法》第十五条规定的行使公权力的公职人员和有关人员，主要是指：(1)公务员和参照公务员法管理的人员，包括中国共产党各级机关的公务员；各级人民代表大会及常务委员会机关、人民政府、监察委员会、人民法院、人民检察院的公务员；中国人民政治协商会议各级委员会机关的公务员；民主党派机关和工商业联合会机关的公务员；参照《中华人民共和国公务员法》管理的人员。(2)法律、法规授权或者受国家机关依法委托管理公共事务的组织中从事公务的人员，包括银行保险、证券等监督管理机构的工作人员，注册会计师协会、医师协会等具有公共事务管理职能的行业协会的工作人员，以及法定检验检测检疫鉴定机构的工作人员等。(3)国有企业管理人员，包括国有独资、控股、参股企业及其分支机构等国家出资企业中，由党组织或者国家机关、国有公司、企业、事业单位提名、推荐、任命、批准等，从事领导、组织、管理、监督等活动的人员。(4)公办的教育、科研、文化、医疗卫生、体育等单位中从事管理的人员，包括这类单位及其分支机构中从事领导、组织、管理、监督等活动的人员。(5)基层群众性自治组织中从事管理的人员，包括农村村民委员会、城市居民委员会等基层群众性自治组织中从事集体事务管理的人员，以及协助人民政府从事行政管理工作的人员。(6)其他依法履行公职的人员，包括人大代表、政协委员、党代会代表、人民陪审员、人民监督员、仲裁员等；其他在国家机关、国有公司、企业、事业单位、群团组织中依法从事领导、组织、管理、监督等公务活动的人员。

与《监察法》规定相比较，其规定有以下特点：一是明确列举"包括中国共产党各级机关的公务员;各级人民代表大会及常务委员会机关、人民政府、监察委员会、人民法院、人民检察院的公务员;中国人民政治协商会议各级委员会机关的公务员;民主党派机关和工商业联合会机关的公务员;参照《中华人民共和国公务员法》管理的人员"。虽然《监察法》只是列举,没有使用"公务员和参照公务员法管理的人员",但是该规定实际上可能扩大了范围。二是明确列举"包括银行保险、证券等监督管理机构的工作人员,注册会计师协会、医师协会等具有公共事务管理职能的行业协会的工作人员,以及法定检验检测检疫鉴定机构的工作人员等"。三是明确列举"包括国有独资、控股、参股企业及其分支机构等国家出资企业中,由党组织或者国家机关、国有公司、企业、事业单位提名、推荐、任命、批准等,从事领导、组织、管理、监督等活动的人员"。四是明确列举"包括这类单位及其分支机构中从事领导、组织、管理、监督等活动的人员"。五是明确列举"包括农村村民委员会、城市居民委员会等基层群众性自治组织中从事集体事务管理的人员,以及协助人民政府从事行政管理工作的人员"。六是明确列举"包括人大代表、政协委员、党代会代表、人民陪审员、人民监督员、仲裁员等;其他在国家机关、国有公司、企业、事业单位、群团组织中依法从事领导、组织、管理、监督等公务活动的人员"。通过列举明确了《监察法》相关规定的内涵,但是这并不意味着这种列举已经穷尽。实际上,其所列举的人员仍然需要进一步明确。

3.《监察法实施条例》监察范围规定

2021年《监察法实施条例》专门规定监察对象。其要点如下:

(1) 一般规定。监察机关依法对所有行使公权力的公职人员和有关人员进行监察,实现国家监察全面覆盖。[①] 其规定监察机关监察对象的一般性要求。

(2) 公务员范围。《监察法》第十五条第一项所称公务员范围,依据《中华人民共和国公务员法》(简称《公务员法》)确定。《监察法》第十五条第一项所称参照《公务员法》管理的人员,是指有关单位中经批准参照《公

---

① 2021年《监察法实施条例》第三十七条。

务员法》进行管理的工作人员。① 其规定对公务员和参照《公务员法》管理的人员进行解释说明。

（3）法律、法规授权或者受国家机关依法委托管理公共事务的组织中从事公务的人员的范围。《监察法》第十五条第二项所称法律、法规授权或者受国家机关依法委托管理公共事务的组织中从事公务的人员，是指在上述组织中，除参照《公务员法》管理的人员外，对公共事务履行组织、领导、管理、监督等职责的人员，包括具有公共事务管理职能的行业协会等组织中从事公务的人员，以及法定检验检测、检疫等机构中从事公务的人员。② 其规定对"法律、法规授权或者受国家机关依法委托管理公共事务的组织中从事公务的人员"进行解释说明。

（4）国有企业管理人员。《监察法》第十五条第三项所称国有企业管理人员，是指国家出资企业中的下列人员：①在国有独资、全资公司、企业中履行组织、领导、管理、监督等职责的人员；②经党组织或者国家机关，国有独资、全资公司、企业，事业单位提名、推荐、任命、批准等，在国有控股、参股公司及其分支机构中履行组织、领导、管理、监督等职责的人员；③经国家出资企业中负有管理、监督国有资产职责的组织批准或者研究决定，代表其在国有控股、参股公司及其分支机构中从事组织、领导、管理、监督等工作的人员。③ 其规定对"国有企业管理人员"进行解释说明。其中，与《国家监察委员会管辖规定（试行）》相比较，增加了第三项规定。与二审稿相比较，正式文本删除了第二项和第三项中的"经营"表述，这就意味着从事经营工作的人员并不纳入监察范围。

（5）公办的教育、科研、文化、医疗卫生、体育等单位中从事管理的人员的范围。《监察法》第十五条第四项所称公办的教育、科研、文化、医疗卫生、体育等单位中从事管理的人员，是指国家为了社会公益目的，由国家机关举办或者其他组织利用国有资产举办的教育、科研、文化、医疗卫

---

① 2021年《监察法实施条例》第三十八条。
② 2021年《监察法实施条例》第三十九条。
③ 2021年《监察法实施条例》第四十条。

生、体育等事业单位中,从事组织、领导、管理、监督等活动的人员。① 其规定对"公办的教育、科研、文化、医疗卫生、体育等单位中从事管理的人员"进行解释说明。其中,特别是对"公办"进行明确规定。

(6) 基层群众性自治组织中从事管理的人员的范围。《监察法》第十五条第五项所称基层群众性自治组织中从事管理的人员,是指该组织中的下列人员:①从事集体事务和公益事业管理的人员;②从事集体资金、资产、资源管理的人员;③协助人民政府从事行政管理工作的人员,包括从事救灾、防疫、抢险、防汛、优抚、帮扶、移民、救济款物的管理;社会捐助公益事业款物的管理;国有土地的经营和管理;土地征收、征用补偿费用的管理;代征、代缴税款;有关计划生育、户籍、征兵工作;协助人民政府等国家机关在基层群众性自治组织中从事的其他管理工作。② 其规定对"基层群众性自治组织中从事管理的人员"进行解释说明。与《国家监察委员会管辖规定(试行)》相比较,一方面增加"从事集体资金、资产、资源管理的人员"规定,另一方面列举从事行政管理工作人员的范围。

(7) 其他依法履行公职的人员。下列人员属于《监察法》第十五条第六项所称其他依法履行公职的人员:①履行人民代表大会职责的各级人民代表大会代表,履行公职的中国人民政治协商会议各级委员会委员、人民陪审员、人民监督员;②虽未列入党政机关人员编制,但在党政机关中从事公务的人员;③在集体经济组织等单位、组织中,由党组织或者国家机关,国有独资、全资公司、企业,国家出资企业中负有管理监督国有和集体资产职责的组织,事业单位提名、推荐、任命、批准等,从事组织、领导、管理、监督等工作的人员;④在依法组建的评标、谈判、询价等组织中代表国家机关,国有独资、全资公司、企业,事业单位,人民团体临时履行公共事务组织、领导、管理、监督等职责的人员;⑤其他依法行使公权力的人员。③ 其规定对"其他依法履行公职的人员"进行解释说明。与《国家监察委员会管辖规定(试行)》相比较,增加了不少规定,更加细致。不过,该

---

① 2021年《监察法实施条例》第四十一条。
② 2021年《监察法实施条例》第四十二条。
③ 2021年《监察法实施条例》第四十三条。

条例似乎删除了"仲裁员"规定。与二审稿相比较,正式文本在文字上更为准确,而且删除了第三项中"经营"表述,这就意味着从事经营工作的人员不纳入监察范围。

(8) 其他规定。有关机关、单位、组织集体作出的决定违法或者实施违法行为的,监察机关应当对负有责任的领导人员和直接责任人员中的公职人员依法追究法律责任。① 其规定监察机关追究连带法律责任的方式。

六、监察范围立法比较研究

监察范围在立法上主要涉及监察范围类型、监察范围标准。

1. 监察范围类型。监察范围类型是监察对象的种类。从立法来看,其通常规定有机关、企业和人员。古代监察范围立法侧重于对人员的规定。近代监察范围类型也侧重于对人员的规定。新中国时期监察范围类型既有机关、企业,也有人员。行政监察机关时期监察范围既有机关规定,也有人员规定。而国家监察机关时期则只规定人员种类。

2. 监察范围标准。监察范围标准是监察对象划定的标准。古代和近代监察范围立法并没有规定具体标准。新中国时期监察范围立法则有变化。共同纲领时期、1954年宪法时期以及1982年宪法时期行政监察机关监察范围通常不规定监察对象标准。监察委员会监察范围立法则开始确定一定的标准。不过,对于这种标准如何把握,争议较大。例如,有学者指出:"尽管《监察法》第三条规定了对所有行使公权力的公职人员都进行监察,尽管第十五条对纳入国家监察范围的人员进行了列举规定,但是,要明确国家监察对象到底为何或具体包括哪些人员,进而有效实施国家监察制度,对'公权力'概念仍有进一步探讨之必要。"② 又如,有学者指出,将"所有行使公权力的公职人员"规定在监察法总则中,后述又将"公职人员和有关人员"规定在《监察法》第三章"监察范围和管辖"中,明显可

---

① 2021年《监察法实施条例》第四十四条。
② 蔡乐渭:《论国家监察视野下公权力的内涵、类别与范围》,《河南社会科学》2018年第8期。

以看出，后者应当服从总则之要求，而不能与总则之要求相冲突。第三章将监察对象擅自扩大的做法实际上已经带来了冲突，似乎"总则"并不能总领各章、各条文。①之所以会出现这种立法上描述的不确定性，就在于监察机关在政权体制下的定位。古代监察机关之所以能够覆盖所有官吏，原因在于其代表君主进行监督，监察机关也在这个监察范围之内。近代监察范围之所以定位为公务员，就在于其区分政务员和公务员。因为政务员的监督是需要按照宪法来展开的。新中国时期行政监察机关之所以局限于公务员，其原因也在于其隶属于行政机关。不过，由于公务员范围的扩大，从而使行政监察机关不能有效地覆盖，所以监察委员会独立于行政机关之外，就可以实现对所有公务员的监督，甚至还不局限于公职人员，因此有些非公务员也会担任公职人员，在一定程度上和古代监察范围类似。不过，需要注意的是，由于古代监察机关在进行监察时也具有治民的职责，因此，在一定程度上使古代监察范围覆盖官吏和百姓，而不是如监察委员会实行官民分别监察的做法。

第三节　监察事项

监察事项就是监察机关行使监察权的具体事项。立法通常对此规定较为简单。

一、古代监察事项规定

由于自古以来就存在相对独立的监察组织，因此，古代监察立法通常对监察事项规定较为详细，而且在分类上根据形势要求进行调整。

1. 汉代监察事项集中体现在汉惠帝"九条"和汉武帝"六条"之中。前者包括"有辞讼者，盗贼者，铸伪钱者，狱不直者，徭赋不平者，吏不廉

---

① 刘用军：《论民主党派中行使公权力的公职人员范围：以监察法之监察对象为视角》，《湖北警官学院学报》2019年第2期。

者,吏苛刻者,逾侈及弩力十石以上者,作非所当服者,凡九条"①。该九条是御史监察三辅地区的监察事项。后者条文见蔡质《汉官典职仪式选用》:"诏书旧典,刺史班宣,周行郡国,省察治状,黜陟能否,断理冤狱,以六条问事,非条所问,即不省。一条,强宗豪右,田宅逾制,以强凌弱,以众暴寡。二条,二千石不奉诏书,遵承典制,倍公向私,旁诏守利,侵渔百姓,聚敛为奸。三条,二千石不恤疑狱,风厉杀人,怒则任刑,喜则任赏,烦扰苛暴,剥戮黎元,为百姓所疾,山崩石裂,妖祥讹言。四条,二千石选署不平,苟阿所爱,蔽贤宠顽。五条,二千石子弟怙恃荣势,请托所监。六条,二千石违公下比,阿附豪强,通行货赂,割损政令。"②

2. 三国曹魏政权时期,贾逵曾以六条诏书察长吏二千石以下。虽然本传不见六条诏书原文,但《文选》录之:"察民疾苦冤失职者;察墨绶长吏以上居官政状;察盗贼为民之害及大奸猾者;察犯田律四时禁者;察民有孝悌廉洁、行俏、正茂才异等者,察吏不簿入钱谷放散者。所察不得过此。"③

3. 北朝时期,六条或者九条立法依然存在。特别是北周武帝《诏制九条》对监察事项规定非常详细。"八月……遣大使巡察诸州,诏制九条,宣下州郡:一曰,决狱科罪,皆准律文;二曰,母族绝服外者听婚;三曰,以杖决罚,悉令依法;四曰,郡县当境贼盗不擒获者,并仰录奏;五曰,孝子顺孙义夫节妇,表其门闾,才堪任用者即宜申荐;六曰,或昔经驱使,名位未达,或沉沦蓬荜,文武可施,宜并采访,具以名奏;七曰,伪齐七品以上,已敕收用,八品以下,爰及流外,若欲入仕,皆听预选,降二等授官;八曰,州举高才博学者为秀才,郡举经明行修者为孝廉。上州、上郡岁一人,下州、下郡三岁一人;九曰,年七十以上,依式授官,鳏寡困乏不能自存者,并加禀恤。"④

4. 隋炀帝时期,有六条规定监察事项:"一察品官以上理政能不;二

---

① 《唐六典》卷十三《御史台》。
② 《后汉书》志第二十八《百官五》注引蔡质《汉仪》。
③ 《文选》卷五十九《碑文下·齐故安陆昭王碑文》注引《汉书音义》。
④ 《周书》卷七《宣帝纪》。

察官人贪残害政;三察豪强奸猾,侵害下人,及田宅逾制,官司不能禁止者;四察水旱虫灾,不以实言,枉征赋役,及无灾妄蠲免者;五察部内贼盗,不能穷逐,隐而不申者;六察德行孝悌、茂才异行,隐不贡者。"①

5. 唐代也有六条规定监察事项。唐玄宗开元年间,制定《监察六法》:"凡十道巡按,以判官二人为佐,务繁则有支使。其一,察官人善恶;其二,察户口流散,籍帐隐没,赋役不均;其三,察农桑不勤,仓库减耗;其四,察妖猾盗贼,不事生业,为私蠹害;其五,察德行孝悌、茂才异等、藏器晦迹、应时用者;其六,察黠吏豪宗兼并纵暴,贫弱冤苦不能自申者。凡战伐大克获,则数俘馘、审功赏,然后奏之。屯田、铸钱、岭南、黔府选补,亦视功过纠察。决囚徒,则与中书舍人、金吾将军莅之。国忌斋,则与殿中侍御史分察寺观。莅宴射、习射及大祠、中祠,视不如仪者以闻。"②

6. 宋代监察立法对监察事项多有规定。例如,其规定转运、提点刑狱、提举常平考核事项有:(1) 奉行手诏有无违戾。(2) 兴除利害。(3) 有无朝省行下本路过失已上簿,及责罚不了过犯。(4) 受理词讼及指挥州县、与夺公事,有无稽滞不当。(5) 有无因受理词讼改正州郡结断不当事。(6) 应于职事有无废弛,措置施行有无不当。(7) 奏请及报应朝省文字有无卤莽乖谬,以上应上簿责罚、废弛不当、卤莽乖谬事件,并逐一名、件,分别开说。(8) 按察并失按察所部官犯赃流以上罪,及按察不当。(9) 荐举所部官有无不当。(10) 劝农桑。(11) 招流亡、增户口。(12) 分定巡历是何州县,自甚月日起离,至某处,于何月日还本司,有无分巡不遍去处。如有,开具缘由。(13) 逐年合上供钱物,有无出限违欠。(14) 所部刑狱者有无平反及驳正冤滥,并淹延稽滞。(15) 机察贼盗已获未获各若干。③虽然其列明地方监司考核范围,但是也反映监司的监察事项种类。

7. 元代监察立法对监察事项多有规定。例如,《设立宪台格例》对御史台纠察事项作了详细列举:

(1) 诸官司刑名违错,赋役不均,擅自科差及造作不如法者,委监察

---

① 《隋书》卷二十八《百官下》。
② 《新唐书》卷四十八《百官三》。
③ 《庆元条法事类》卷五《职制门》。

纠察。

（2）应合迁转官员，如任满不行迁转，或迁转不依格者，委监察纠察，仍令监选。

（3）非奉朝命擅自补注品官者，委监察纠察。

（4）随路总管府、统军司、转运司、漕运司、监司及大府监并应管财物造作司，分随色文帐，委监察每季照刷。

（5）官为和买诸物，如不依时价，冒支官钱，或其中扣减给散不实者，委监察纠察。

（6）诸官吏将官物侵使或移易借贷者，委监察纠察。

（7）诸官吏乞受钱物，委监察纠察。

（8）诸院务监当官办到课程，除正额外，若有办到增余，不尽实到官者，委监察纠察。

（9）应营造役工匠之处，委监察随事弹纠。

（10）诸衙门有见施行枉被囚禁及不合拷讯之人，并从初不应受理之事，委监察从实体究。如是实有冤枉，即开坐事因，行移元问官司，即早归结改正。若元问官司有违，即许纠察。

（11）诸囚禁非理死损者，委监察随事推纠。

（12）诸承追取合审重刑，及应照刷文案，若有透漏者，委监察纠察。

（13）诸鞫勘罪囚，皆连职官同问，不得专委本厅及典吏推问。如违，仰监察纠察。

（14）职官若有老病不胜职任者，委监察体究。

（15）诸官吏，若有廉能公正者，委监察体察得实，具姓名闻奏。如有污滥者，亦行纠察。

（16）诸公事行下所属而有枉错者，承受官司即须执申。若再申不从不报者，申都辖上司。不从不报者，委监察纠察。

（17）私盐、酒曲并应禁物货，及盗贼生发，藏匿处所，若官司禁断不严，缉捕怠慢者，委监察随事纠察。

（18）沮坏钞法涩滞者，委监察纠察。

（19）虫蝻生发飞落，不即打捕、申报，及部内有灾伤检视不实，委监察并行纠察。

（20）诸孤老幼疾人贫穷不能自存者，仰本路官司验实，官为养济。应养济而不收养，或不如法者，委监察纠察。

（21）户口流散，籍帐隐没，农桑不勤，仓廪减耗，为私蠹害，黠吏豪宗兼并纵暴，及贫弱冤苦不能自伸者，委监察并行纠察。

（22）诸求仕及诉讼人，若于应管公事官员私第谒托者，委监察纠察。

（23）诸官府如书呈往来者，委监察纠察。

（24）诸官吏入茶坊酒肆者，委监察纠察。

（25）在都司狱司直，隶本台。

（26）从军征讨或在镇戍，私放军人还者，及令人冒名相替，委监察并行纠劾。

（27）军官凡有所获俘馘申报不实，或将功赏增减隐漏者，委监察并行纠劾。

（28）边境但有声息不即申报者，委监察随即纠劾。

（29）边城不完，衣甲器仗不整，委监察并行纠弹。

（30）诸监临之官，如所部有犯法不举劾者，减罪人罪五等。纠弹之官知而不举劾，亦减罪人罪五等。

（31）诸违御史台指挥，及上御史台诉不以实，或诉讼人咆哮陵忽者，并行断罪。

（32）应有合奏禀事理，仰本台就便闻奏。

（33）该载不尽，应合纠察事理，委监察并行纠察。①

除（25）、（31）、（32）之外，均属于监察纠劾或者纠弹范围之列。

又如，《行台体察等例》对行御史台监察事项作了详细列举：

（1）诸官司，刑名违错，赋役不均，户口流亡，仓廪减耗，擅科差发，并造作不如法，和买不给价，及诸官吏侵欺盗用，移易借贷官钱，一切不公等事，并仰纠察。

（2）大兵渡江以来，田野之民不无骚动，今已抚定，宜安本业，仰各处

---

① 《元典章》五《台纲》卷之一。

正官,每岁劝课。如无成效者,纠察。

(3) 边境有声息者,不即申报,纠察。

(4) 随处镇戍,若约束号令不严,衣甲器仗不整,或管军官取受钱物,放军离役,并虚申逃亡,冒私代替,及私自占使商贩营运,或作佃户,一切不公,并仰纠察。

(5) 管军官不为约束军人,致令掠卖归附人口,或诱说良人为驱,一切骚扰百姓者,纠弹。

(6) 管军官申报战守功劳,徇私不实者,纠察。

(7) 诸色官吏,私使系官船只诸物者,纠察。

(8) 官员权豪之家,较固山林川泽之利,及妄生事端,恐喝小民,田宅诸物或恃势侵夺者,纠察。

(9) 诸官员,除正名破使人从外,占使军民者,纠察。

(10) 守土官司火禁不严,以致疏失者,纠察。仍须常切申明火禁。

(11) 管屯田、营田官司不为用心措置,以致无成者,纠察。

(12) 把军官起补逃亡军人,存心作弊,骚扰军户、军前不得实用者,纠察。

(13) 枉被囚禁及不合拷讯之人,并从初不应受理之事,纠察。

(14) 诸罪囚称冤,按验得实,开坐事因,行移元问官司,即行归结改正。

(15) 朝廷所行政令,承受官司稽缓不行,或虽已施行而不复检举,致有弛废者,纠察。

(16) 蝗蝻生发,官司不即打捕申报,及申验灾伤不实者,纠察。

(17) 监临之官,知所部有犯法不举劾者,减罪人罪五等。纠弹之官知而不举劾者,亦减罪人罪五等。

(18) 诸鞫勘罪囚,连职官同问,不得专委本厅司吏,及弓兵人等推问。违者,纠察。

(19) 诸罪囚枷锁监禁之例,各以所犯斟酌,干连人不关利害及虽正犯而罪轻者,召保听候,毋致非理死损。违者,纠察。

(20) 刑名词讼,若审听不明及拟断不当,释其有罪,刑及无辜,或官吏受财故有出入,一切违枉者,纠察。

(21) 司狱司直隶本台,非官府不得私置牢狱。

(22) 诸承追取合审重囚,及应照刷文卷漏报者,纠察。

(23) 诸诉讼人,先从本管官司自下而上依理陈告。如有冤抑,经行中书省理断。不当者,仰行御史台纠察。

(24) 各处官员为治有方,能使讼简政平,民安盗息,一方镇静者,即听保举。其有贪暴,不谙治体,败坏官事,蠹害百姓,及年老衰病不胜职者,并行纠察。

(25) 诸公事行下所属而有枉错者,承受官司即便执申。若再申不从不报者,纠察。

(26) 提刑按察司比至任终以来行御史台考按,得使一道,官政肃清,民无冤滞,为称职。以苛细生事,暗于大体,官吏贪暴,民多冤抑,所按不实,为不称职。皆视其实迹,咨台呈省。

(27) 诸违行御史台指挥,及上御史台诉以不实,或诉讼人咆陵忽者,并行断罪。

(28) 凡可与利除害,及一切不便于民必当更张者,咨台呈省闻奏。其余该载不尽,应合纠弹事理,比附已将条画,斟酌彼中书宜就便施行。①

除(21)、(26)、(27)、(28)之外,均属于纠察事项。

8. 明代监察事项也十分细致。例如,《大明会典》《出巡事宜》中所录的洪武二十六年(1393年)定的规定,其所列监察事项包括:(1) 科差赋役;(2) 圩岸坝堰陂塘;(3) 荒闲田土;(4) 站驿;(5) 急递铺;(6) 桥梁道路;(7) 税粮课程;(8) 户口;(9) 学校;(10) 收买军需等项;(11) 额造段定等物;(12) 升斗秤尺;(13) 词讼;(14) 皂隶弓兵;(15) 节义;(16) 申明旌善亭;(17) 印信衙门;(18) 寄收赃罚;(19) 取勘;(20) 讲谈律令;(21) 鳏寡孤独;(22) 仓库房屋;(23) 官吏角色。② 上述二十三项,每一项都有具体规定。

---

① 《元典章》五《台纲》卷之一。
② 《大明会典》卷二百一十。

又如，嘉靖十三年(1534年)定的《巡按御史满日造报册式》，列举事项如下：(1) 荐举过文武职官若干员；(2) 礼待过文武职官若干员；(3) 纠劾过文武职官若干员；(4) 戒饬过文武职官若干员；(5) 举明过孝义节妇若干起；(6) 问革过文武职官若干员；(7) 查理过仓库钱粮若干数；(8) 提督过学校生员；(9) 兴革过军民利病共若干事；(10) 存恤过孤老若干名口；(11) 会审过罪囚若干起；(12) 问理过轻重罪犯若干起；(13) 追过赃罚若干数；(14) 督捕过境内盗赃若干名；(15) 督修过城壕圩岸塘坝共若干所；(16) 禁约过嘱托公事若干起；(17) 禁约过非法用刑若干员；(18) 禁约过克害军士若干起；(19) 禁约过仓粮奸弊若干起；(20) 禁约过军民刁讼若干起；(21) 禁约过科害里甲若干起；(22) 禁约过罚害军民若干起；(23) 禁约过淹禁罪囚若干起；(24) 禁约过科差奸弊若干起；(25) 禁约过土豪凶徒害人若干起；(26) 禁约过赌博为非若干起；(27) 禁约过民间奢侈若干事；(28) 完销过勘合共若干起。① 每一项上报要求都有明确规定。

9. 清代监察事项也非常复杂。从前述《钦定台规》和《都察院则例》目录来看，除了个别门类，如《钦定台规》《通例》之外，几乎每一门类均涉及监察事项。

二、近代监察事项规定

近代监察事项规定在立法上并不多见。

(一) 北洋政府时期监察事项规定

北洋政府时肃政史监察事项在立法上有明确规定。1914年4月10日，《纠弹条例》第一条规定，官吏有下列各款情事之一者，依本条例纠弹之：(1) 违反宪法事件；(2) 行贿受贿事件；(3) 滥用权威事件；(4) 玩视民瘼事件。1914年7月20日，《纠弹法》第一条规定，肃政厅肃政史除依约法第四十三条之规定外对于官吏有左列各款情事之一者依其职权径呈

---

① 《大明会典》卷二百一十一。

大总统纠弹之:(1)违宪违法事件;(2)行贿受贿事件;(3)营私舞弊事件;(4)溺职殃民事件。前项纠弹之规定对于非在职之官吏亦适用之。显然,《纠弹条例》和《纠弹法》在监察事项规定上有所差异。

(二)国民政府时期监察事项规定

《监察院组织法》对监察事项通常和监察职权规定在一起。1925年7月17日,《监察院组织法》表述为"国民政府所属各级机关官吏之行动,及考核税收与各种用途之状况"。1925年9月30日,《监察院组织法》则不再明确规定。1926年10月4日,《监察院组织法》第一条虽然称为职权,但实际上是监察事项,即:(1)关于发觉官吏犯罪事项。(2)关于惩戒官吏事项。(3)关于审判行政诉讼事项。(4)关于考查各种行政事项。(5)关于稽核财政收入支出事项。(6)关于官厅簿记方式及表册之统一事项。此后,《监察院组织法》不再明确规定。1929年《弹劾法》也只是简单规定为"违法或失职之行为",此后立法基本沿用。至于"违法或失职之行为"包括哪些,在立法上鲜有统一规定。

三、共同纲领时期监察事项规定

共同纲领时期监察事项包括哪些,并没有统一规定。根据共同纲领第十九条第一款规定,其监察事项是"是否履行职责"。而根据《中央人民政府组织法》第十八条第六款也规定,其二是"是否履行其职责"。因此,"是否履行职责"是监察事项的基本要求。不过,其具体包括哪些内容则并不清晰。根据《中央人民政府政务院人民监察委员会试行组织条例》第二条第一款规定,其是指"是否违反国家政策、法律、法令或损害人民及国家之利益"。不过,"是否履行其职责"和"有无违反国家政策、法律、法令或损害人民及国家利益之行为"这一规定也体现在《大行政区人民政府(军政委员会)人民监察委员会试行组织通则》第二条第一款、《省(行署、市)人民政府人民监察委员会试行组织通则》第二条第一款、《县(市)人民政府人民监察委员会试行组织通则》第二条第一款之中。

四、1954 年宪法时期监察事项规定

1954 年宪法时期，监察事项并没有统一规定。根据《中华人民共和国监察部组织简则》第二条规定，其需要根据监察机关职责进一步细化。例如，1957 年监察部制定《监察部关于国家监察机关处理公民控诉工作的暂行办法》。又如，1957 年 10 月 26 日，国务院制定《国务院关于国家行政机关工作人员的奖惩暂行规定》。

五、1982 年宪法时期监察事项规定

1982 年宪法时期，监察事项因行政监察机关和国家监察机关差异而不同。

（一）行政监察时期监察事项规定

这一时期，监察事项没有统一规定。通常包括两类事项：一是违法事项；二是违纪事项。这些事项需要根据法律法规命令等来确定。具体可以参考第二章监察立法体系法律法规命令相关内容。

（二）国家监察时期监察事项规定

国家监察时期，监察事项规定出现了新的变化。虽然《监察法》对监督检查、调查和处置事项均有原则性规定，但是其规定有限。目前，监察事项主要规定于 2018 年 4 月 16 日公布的《国家监察委员会管辖规定（试行）》之中。2020 年 6 月 20 日，第十三届全国人大常委会第十九次会议通过《中华人民共和国公职人员政务处分法》，对职务违法行为作了详细列举。2021 年《监察法实施条例》对监察事项作了进一步规定。综合来看，其大致包括以下监察事项：

1. 刑事实体规定

刑事实体规定主要是指职务犯罪规定。

第五章 监察实体立法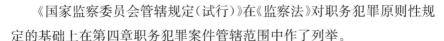

《国家监察委员会管辖规定(试行)》在《监察法》对职务犯罪原则性规定的基础上在第四章职务犯罪案件管辖范围中作了列举。

(1) 贪污贿赂犯罪案件,包括贪污罪;挪用公款罪;受贿罪;单位受贿罪;利用影响力受贿罪;行贿罪;对有影响力的人行贿罪;对单位行贿罪;介绍贿赂罪;单位行贿罪;巨额财产来源不明罪;隐瞒境外存款罪;私分国有资产罪;私分罚没财物罪;非国家工作人员受贿罪;对非国家工作人员行贿罪;对外国公职人员、国际公共组织官员行贿罪。

(2) 滥用职权犯罪案件,包括滥用职权罪;国有公司、企业、事业单位人员滥用职权罪;滥用管理公司、证券职权罪;食品监管渎职罪;故意泄露国家秘密罪;报复陷害罪;阻碍解救被拐卖、绑架妇女、儿童罪;帮助犯罪分子逃避处罚罪;违法发放林木采伐许可证罪;办理偷越国(边)境人员出入境证件罪;放行偷越国(边)境人员罪;挪用特定款物罪;非法剥夺公民宗教信仰自由罪;侵犯少数民族风俗习惯罪;打击报复会计、统计人员罪。

(3) 玩忽职守犯罪案件,包括玩忽职守罪;国有公司、企业、事业单位人员失职罪;签订、履行合同失职被骗罪;国有机关工作人员签订、履行合同失职被骗罪;环境监管失职罪;传染病防治失职罪;商检失职罪;动植物检疫失职罪;不解救被拐卖、绑架妇女、儿童罪;失职造成珍贵文物损毁、流失罪;过失泄露国家秘密罪。

(4) 徇私舞弊犯罪案件,包括徇私舞弊低价折股、出售国有资产罪;非法批准征收、征用、占用土地罪;非法低价出让国有土地使用权罪;非法经营同类营业罪;为亲友非法牟利罪;枉法仲裁罪;徇私舞弊发售发票、抵扣税款、出口退税罪;商检徇私舞弊罪;动植物检疫徇私舞弊罪;放纵走私罪;放纵制售伪劣商品犯罪行为罪;招收公务员、学生徇私舞弊罪;徇私舞弊不移交刑事案件罪;违法提供出口退税凭证罪;徇私舞弊不征、少征税款罪。

(5) 公职人员在行使公权力过程中发生的重大责任事故犯罪案件,包括重大责任事故罪;教育设施重大安全事故罪;消防责任事故罪;重大劳动安全事故罪;强令违章冒险作业罪;不报、谎报安全事故罪;铁路运营安全事故罪;重大飞行事故罪;大型群众性活动重大安全事故罪;危险物品肇事罪;工程重大安全事故罪。

(6)公职人员在行使公权力过程中发生的其他犯罪案件,包括破坏选举罪;背信损害上市公司利益罪;金融工作人员购买假币、以假币换取货币罪;利用未公开信息交易罪;诱骗投资者买卖证券、期货合约罪;背信运用受托财产罪;违法运用资金罪;违法发放贷款罪;吸收客户资金不入账罪;违规出具金融票证罪;对违法票据承兑、付款、保证罪;非法转让、倒卖土地使用权罪;私自开拆、隐匿、毁弃邮件、电报罪;职务侵占罪;挪用资金罪;故意延误投递邮件罪;泄露不应公开的案件信息罪;披露、报道不应公开的案件信息罪;接送不合格兵员罪。

从上述列举的犯罪案件名称来看,均属于刑法所规定的内容,因此,监察机关在调查职务犯罪过程中必须依据刑法规定。不过,该规定对公职人员权力寻租、利益输送和浪费国家资财行为构成犯罪所适用的罪名也作了规定。其第十八条规定,公职人员在行使公权力的过程中,违反职务廉洁等规定进行权力寻租,或者为谋取政治、经济等方面的特定利益进行利益输送,构成犯罪的,适用受贿罪、行贿罪、为亲友非法牟利罪等规定。公职人员违反科学决策、民主决策、依法决策程序,违反财经制度,浪费国家资财构成犯罪的,适用贪污罪、徇私舞弊低价折股出售国有资产罪等规定。该条款实际上也是刑事实体规定,扩大了适用范围。

《监察法实施条例》对职务犯罪进行规定。其要点如下:

(1)一般规定。监察机关依法对监察法第十一条第二项规定的职务犯罪进行调查。①

(2)贪污贿赂犯罪。监察机关依法调查涉嫌贪污贿赂犯罪,包括贪污罪;挪用公款罪;受贿罪;单位受贿罪;利用影响力受贿罪;行贿罪;对有影响力的人行贿罪;对单位行贿罪;介绍贿赂罪;单位行贿罪;巨额财产来源不明罪;隐瞒境外存款罪;私分国有资产罪;私分罚没财物罪;以及公职人员在行使公权力过程中实施的职务侵占罪、挪用资金罪;对外国公职人员、国际公共组织官员行贿罪;非国家工作人员受贿罪和相关联的对非国

---

① 2021年《监察法实施条例》第二十五条。

家工作人员行贿罪。① 与《国家监察委员会管辖规定(试行)》相比较,其增加规定"公职人员在行使公权力过程中实施的职务侵占罪,挪用资金罪"。

(3)滥用职权犯罪。监察机关依法调查公职人员涉嫌滥用职权犯罪,包括滥用职权罪;国有公司、企业、事业单位人员滥用职权罪;滥用管理公司、证券职权罪;食品、药品监管渎职罪;故意泄露国家秘密罪;报复陷害罪;阻碍解救被拐卖、绑架妇女、儿童罪;帮助犯罪分子逃避处罚罪;违法发放林木采伐许可证罪;办理偷越国(边)境人员出入境证件罪;放行偷越国(边)境人员罪;挪用特定款物罪;非法剥夺公民宗教信仰自由罪;侵犯少数民族风俗习惯罪;打击报复会计、统计人员罪;以及司法工作人员以外的公职人员利用职权实施的非法拘禁罪、虐待被监管人罪、非法搜查罪。② 与《国家监察委员会管辖规定(试行)》相比较,其增加规定"司法工作人员以外的公职人员利用职权实施的非法拘禁罪、虐待被监管人罪、非法搜查罪"。

(4)玩忽职守犯罪。监察机关依法调查公职人员涉嫌玩忽职守犯罪,包括玩忽职守罪;国有公司、企业、事业单位人员失职罪;签订、履行合同失职被骗罪;国家机关工作人员签订、履行合同失职被骗罪;环境监管失职罪;传染病防治失职罪;商检失职罪;动植物检疫失职罪;不解救被拐卖、绑架妇女、儿童罪;失职造成珍贵文物损毁、流失罪;过失泄露国家秘密罪。③

(5)徇私舞弊犯罪。监察机关依法调查公职人员涉嫌徇私舞弊犯罪,包括徇私舞弊低价折股、出售国有资产罪;非法批准征收、征用、占用土地罪;非法低价出让国有土地使用权罪;非法经营同类营业罪;为亲友非法牟利罪;枉法仲裁罪;徇私舞弊发售发票、抵扣税款、出口退税罪;商检徇私舞弊罪;动植物检疫徇私舞弊罪;放纵走私罪;放纵制售伪劣商品犯罪行为罪;招收公务员、学生徇私舞弊罪;徇私舞弊不移交刑事案件罪;

---

① 2021年《监察法实施条例》第二十六条。
② 2021年《监察法实施条例》第二十七条。
③ 2021年《监察法实施条例》第二十八条。

违法提供出口退税凭证罪;徇私舞弊不征、少征税款罪。①

(6) 重大责任事故犯罪。监察机关依法调查公职人员在行使公权力过程中涉及的重大责任事故犯罪,包括重大责任事故罪;教育设施重大安全事故罪;消防责任事故罪;重大劳动安全事故罪;强令、组织他人违章冒险作业罪;不报、谎报安全事故罪;铁路运营安全事故罪;重大飞行事故罪;大型群众性活动重大安全事故罪;危险物品肇事罪;工程重大安全事故罪。②

(7) 其他犯罪。监察机关依法调查公职人员在行使公权力过程中涉及的其他犯罪,包括破坏选举罪;背信损害上市公司利益罪;金融工作人员购买假币、以假币换取货币罪;利用未公开信息交易罪;诱骗投资者买卖证券、期货合约罪;背信运用受托财产罪;违法运用资金罪;违法发放贷款罪;吸收客户资金不入账罪;违规出具金融票证罪;对违法票据承兑、付款、保证罪;非法转让、倒卖土地使用权罪;私自开拆、隐匿、毁弃邮件、电报罪;故意延误投递邮件罪;泄露不应公开的案件信息罪;披露、报道不应公开的案件信息罪;接送不合格兵员罪。③

从上述规定来看,《国家监察委员会管辖规定(试行)》和《监察法实施条例》基本相同,但是增加了一些规定。需要注意的是,《国家监察委员会管辖规定(试行)》第十八条规定在《监察法实施条例》中没有涉及。

2. 行政实体规定

行政实体规定是指职务违法行为规定。

《监察法》对职务违法所列举的行为也是贪污贿赂、滥用职权、玩忽职守、权力寻租、利益输送、徇私舞弊以及浪费国家资财等。

《国家监察委员会管辖规定(试行)》也只是作了原则性规定。其第九条规定,国家监察委员会调查公职人员在行使公权力过程中,利用职务便利实施的或者与其职务相关联的违法行为,重点调查公职人员涉嫌贪污贿赂、滥用职权、玩忽职守、权力寻租、利益输送、徇私舞弊以及浪费国家

---

① 2021年《监察法实施条例》第二十九条。
② 2021年《监察法实施条例》第三十条。
③ 2021年《监察法实施条例》第三十一条。

资财等职务违法行为。不过,这些职务违法行为在国家监察时期是否继续适用行政监察时期监察部单独或者联合制定的行政处分规定中的实体规定,则有待于进一步明确。不过,由于《公职人员政务处分法》对职务违法行为作了列举,因此,行政实体规定可以由《公职人员政务处分法》予以统领。

《监察法实施条例》对职务违法行为进行界定。其要点如下:

(1) 职务违法。监察机关负责调查的职务违法是指公职人员实施的与其职务相关联,虽不构成犯罪但依法应当承担法律责任的下列违法行为:①利用职权实施的违法行为;②利用职务上的影响实施的违法行为;③履行职责不力、失职失责的违法行为;④其他违反与公职人员职务相关的特定义务的违法行为。[①] 其规定需要结合相关法律进行判断。

(2) 其他违法行为。监察机关发现公职人员存在其他违法行为,具有下列情形之一的,可以依法进行调查、处置:①超过行政违法追究时效,或者超过犯罪追诉时效、未追究刑事责任,但需要依法给予政务处分的;②被追究行政法律责任,需要依法给予政务处分的;③监察机关调查职务违法或者职务犯罪时,对被调查人实施的事实简单、清楚,需要依法给予政务处分的其他违法行为一并查核的。监察机关发现公职人员成为监察对象前有前款规定的违法行为的,依照前款规定办理。[②] 其规定扩大了监察机关依法追究公职人员违法行为的范围。

3. 纪律实体规定

纪律实体规定是指公职人员在行使公权力过程中应该遵守的行为规范和职业准则。

《监察法》对监察机关监督检查内容作了原则性规定,即依法履职、秉公用权、廉洁从政从业以及道德操守。

《国家监察委员会管辖规定(试行)》则进一步提出了要求。第五条规定,国家监察委员会履行职责应当与党内监督有机统一,加强日常监督,

---

[①] 2021年《监察法实施条例》第二十三条。
[②] 2021年《监察法实施条例》第二十四条。

运用党章党规党纪和宪法法律法规,了解公职人员思想、工作、作风、生活等情况,加强教育和检查,贯彻惩前毖后、治病救人的方针,深化运用监督执纪"四种形态",抓早抓小、防微杜渐。第六条规定,中央纪律检查委员会、国家监察委员会应当把握监督重点,坚定维护习近平总书记党中央的核心、全党的核心地位,维护党中央权威和集中统一领导;检查贯彻党和国家的路线方针政策,落实全面从严治党责任、民主集中制原则以及中央八项规定精神的情况;监督检查依法履职、秉公用权、了解从政以及恪守社会道德规范的情况。上述两个条款虽然只是原则条款,但是由于纪检监察合署办公,加上公职人员中中共党员较多,因此,党的纪律实体规定也是纪检监察机关开展工作的依据。因此,纪律实体规定既包括党的纪律实体规定,也包括公职人员纪律实体规定。

六、监察事项立法比较研究

监察事项在立法上主要涉及监察事项分类、监察事项内容以及监察事项配套立法。

1. 监察事项分类。监察事项分类就是监察事项的划分方式。古代监察事项通常不作严格分类。近代以来,监察事项开始分类,不过在立法上规定不多,大致分为违法事项和违纪事项,后者通常是指职业纪律事项。新中国时期虽然基本继承了以往分类事项,但是由于监察机关的特殊性,因此,违法事项和违纪事项具有更加细致的分类,如党纪和政纪、职务违法和职务犯罪。

2. 监察事项内容。监察事项内容是指违纪违法具体范围。通常来说,监察机关所监察的事项包括所有违纪违法事项,没有必要进一步细化。这些内容需要根据具体法律法规来确定,而不可能在一部立法中统一规定。不过,古代监察事项立法似乎对监察事项内容规定列举较为清楚。由于监察事项用语的模糊性,因此,监察事项规定具有广泛的覆盖性。

3. 监察事项配套立法。由于监察事项在法律中通常较为原则,因此监察机关在实施过程中需要根据实际情况来确定监察事项。所以,其更多地依赖于监察事项配套立法,这种配套立法事实上也难以进行具体规定。

第四节 监察回避

监察回避是指在特定条件下监察人员必须回避。监察回避是保障监察活动和监察对象权利的重要制度,在立法中常常出现。

一、古代监察回避规定

古代对官员回避制度非常详细。特别是在监察回避方面更是细致。例如,北魏时有明确的规定,士族子弟不得任监察官。宋代规定,凡宰相所推荐为官的人,以及宰相的亲戚、子弟、属官,都不得充任监察官。明代进一步规定"大臣之族不得任科道",并令巡回监察官回避原籍,或曾任官、寓居处所等地,以防亲朋故旧干扰监察。在监察过程中,若案件牵涉仇嫌,主管监察官亦应提出回避;否则,因此而致案件枉违者,加重处罚。清代规定,现任京官三品以上及外省督抚子弟不得考选科道,本籍和亲属也是监察官领受使命时必须回避者。① 由此可见,古代监察回避制度十分详细。

二、近代监察回避规定

近代立法对监察回避规定甚少。例如 1932 年 6 月 24 日,《弹劾法》规定,监察院院长对于弹劾案,不得指使或干涉。监察院人员对于任何弹劾案,在未经移付惩戒机关前,不得对外宣。② 其没有明确规定回避。又如,1948 年《监察法》规定,弹劾案之审查委员与该案有关系者,应行回

---

① 刘金祥:《古代的回避制度》,《中国纪检监察报》2016 年 12 月 12 日第 8 版。
② 1932 年 6 月 24 日《弹劾法》第九条、第十条。

避。监察院院长对于弹劾案,不得指使或干涉。监察院人员对于弹劾案,在未经惩戒机关议决处分前,不得对外宣泄。① 其只是规定审查委员的回避。

三、新中国时期监察回避规定

新中国建立以来,监察回避在立法中并不常见。其主要出现于1982年宪法时期,因行政监察机关和国家监察机关差异而有不同。

(一) 行政监察时期监察回避规定

这一时期,早期监察回避主要规定于调查案件之中,不过后来对监察回避制度作了专门立法。

1988年5月11日,《中华人民共和国监察机关调查处理政纪案件试行办法》第七章附则对监察回避进行了首次规定,即案件承办人遇有下列情况之一者,应当回避:(1)是本案被调查人的近亲属;(2)本人或近亲属与本案有利害关系;(3)与本案被调查人有其他关系,可能影响公正查处案件的。② 其主要规定案件承办人的回避。

1990年,《行政监察条例》规定,监察人员办理的案件与本人及其近亲属有利害关系,或者有其他关系可能影响公正处理案件的,应当回避。③

1991年8月31日,《监察机关调查处理政纪案件办法》规定,监察机关办案人员有下列情形之一的,应当自行回避;被调查人、检举人、控告人及与案件有利害关系的公民、法人或者其他组织有权申请其回避:(1)是案件被调查人或者检举、控告人的近亲属的;(2)本人或者近亲属与案件有利害关系的;(3)与案件被调查人或者检举、控告人有其他关系,可能

---

① 1948年《监察法》第十一条、第十二条、第十三条。
② 1988年5月11日《中华人民共和国监察机关调查处理政纪案件试行办法》第四十一条。
③ 1990年《行政监察条例》第三十五条。

影响对案件公正处理的。监察机关负责人的回避,由其所在人民政府主管监察工作的负责人或者上一级监察机关负责人决定;其他办案人员的回避,由监察机关的负责人决定。对办案人员的回避作出决定前,办案人员不能停止对案件的调查。对驳回申请回避的决定,被调查人、检举人、控告人及有关公民、法人或者其他组织可以申请复议一次。① 其规定监察机关办案人员回避情形、决定程序和复议程序。

1992年11月16日,监察部令第5号发布《监察机关实行回避制度暂行办法》,共13条。其要点如下:

(1) 职务回避。监察机关工作人员之间凡有夫妻关系、直系血亲(包括拟制血亲)关系、三代以内旁系血亲及其配偶关系、近姻亲关系的,不得担任双方直接隶属于同一行政首长的职务或者有上下级领导关系的职务,一方在监察机关中从事人事、财务工作,另一方不得在该监察机关中任职。监察机关工作人员的职务回避按以下原则进行,职务级别不同的,由职务较低的一方回避,因工作特殊需要的,也可由职务较高的一方回避;职务级别相同的,根据工作需要和实际情况决定其中一方回避。监察机关工作人员在被录用、晋升、调配过程中有义务如实向监察机关申报应回避的亲属情况;监察机关工作人员在办理录用、考核、奖惩、任免、晋升、调配、出国审批、专业技术职务评定等公务活动中,凡涉及本人或者与本人有本办法第二条所列关系的,应自行申请回避,不得参加有关调查、讨论、审核、决定等活动,也不得以任何形式施加影响。监察机关在人员的录用、晋升、调配等过程中发现应回避的情形按有关规定处理,对因联姻等新形成的亲属关系,也应按规定处理。② 其规定监察机关工作人员之间在职务上的回避情形、回避原则和处理方式。

(2) 申请回避。监察机关工作人员在查办政纪案件中具有以下情形之一的,应当自行申请回避;被调查人、检举人、控告人、申诉人以及与该案件有利害关系的公民、法人或者其他组织有权申请其回避:①是案件被

---

① 1991年8月31日《监察机关调查处理政纪案件办法》第十五条。
② 1992年11月16日《监察机关实行回避制度暂行办法》第二条、第三条、第四条、第五条。

调查人、检举人、控告人、申诉人的近亲属的;②本人或者近亲属与案件有利害关系的;③与案件被调查人、检举人、控告人、申诉人有其他关系,可能影响对案件公正处理的。上述规定适用于参加查办政纪案件的兼职监察员、鉴定人、翻译等人员。在查办政纪案件中监察机关负责人的回避,由同级人民政府负责人或者上一级监察机关负责人审查后决定。其他人员的回避,由监察机关负责人审查后决定。① 其规定监察机关工作人员在查办案件中的回避情形和决定程序。同时,兼职监察员、鉴定人、翻译等人员也适用之。

（3）决定回避。在查办政纪案件中应当回避的人员,本人未自行申请回避,或者他人未申请其回避的,监察机关负责人或者人民政府负责人可以决定其回避。在作出回避决定前,应当回避的人员不得停止执行公务。② 其规定决定回避的程序要求。

（4）回避处理。经审查,申请回避的情形不存在的,监察机关负责人或者被申请回避人所在人民政府负责人应作出驳回申请的决定;对驳回申请的决定不服的,申请人可以请求复议一次。应回避的监察机关工作人员,拒不执行回避决定或者拒不服从组织安排,经批评教育无效的,可采取必要的行政措施,情节严重的,可给予适当的行政处分;对违反监察机关回避规定的责任人员,依照有关规定处理。③ 其规定驳回回避申请及其复议方式、回避的执行及其责任。

（5）概念含义。本办法下列概念的含义是:①"近姻亲",包括配偶的父母、兄弟姐妹,儿女的配偶及儿女配偶的父母;②"三代以内旁系血亲",包括兄弟姐妹,叔伯姑舅姨、堂兄弟姐妹、表兄弟姐妹、侄甥;③"近亲属",包括配偶、父母、子女、兄弟姐妹、祖父母、外祖父母、孙子女、外孙子女;④"拟制血亲",包括养父母、养子女。④ 其规定该办法相关概念的解释说明。

---

① 1992年11月16日《监察机关实行回避制度暂行办法》第六条、第七条。
② 1992年11月16日《监察机关实行回避制度暂行办法》第八条。
③ 1992年11月16日《监察机关实行回避制度暂行办法》第九条、第十条。
④ 1992年11月16日《监察机关实行回避制度暂行办法》第十一条。

(二)国家监察时期监察回避规定

这一时期,监察回避制度主要通过《监察法》《监察官法》和《监察法实施条例》等规定从不同角度予以完善。

《监察法》对监察回避作了原则性规定。办理监察事项的监察人员有下列情形之一的,应当自行回避,监察对象、检举人及其他有关人员也有权要求其回避:(1)是监察对象或者检举人的近亲属的;(2)担任过本案的证人的;(3)本人或者其近亲属与办理的监察事项有利害关系的;(4)有可能影响监察事项公正处理的其他情形的。[①] 其规定仅涉及回避情形。

《监察官法》对监察官回避作了详细规定。其要点如下:(1)地域回避。监察官担任县级、设区的市级监察委员会主任的,应当按照有关规定实行地域回避。[②] (2)任职回避。监察官之间有夫妻关系、直系血亲关系、三代以内旁系血亲以及近姻亲关系的,不得同时担任下列职务:①同一监察委员会的主任、副主任、委员,上述人员和其他监察官;②监察委员会机关同一部门的监察官;③同一派驻机构、派出机构或者其他监察机构的监察官;④上下相邻两级监察委员会的主任、副主任、委员。[③] 从立法过程来看,第一项合并了二审稿两项内容"同一监察委员会的主任、副主任、委员"和"同一监察委员会的主任、副主任、委员和其他监察官",显然,其中存在重复之处。(3)自行回避和决定回避。办理监察事项的监察官有下列情形之一的,应当自行回避,监察对象、检举人、控告人及其他有关人员也有权要求其回避;没有主动申请回避的,监察机关应当依法决定其回避:①是监察对象或者检举人、控告人的近亲属的;②担任过本案的证人的;③本人或者其近亲属与办理的监察事项有利害关系的;④有可能影响监察事项公正处理的其他情形的。[④] 该条显然沿用《监察法》相关规定。

---

① 2018年《监察法》第五十八条。
② 2021年《监察官法》第二十三条。
③ 2021年《监察官法》第二十四条。
④ 2021年《监察官法》第四十七条。

《监察法实施条例》进一步作了规定。其要点如下：(1)回避条件。办理监察事项的监察人员有监察法第五十八条所下列情形之一的，应当自行提出回避；没有自行提出回避的，监察机关应当依法决定其回避，监察对象、检举人及其他有关人员也有权要求其回避：①是监察对象或者检举人的近亲属的；②担任过本案的证人的；③本人或者其近亲属与办理的监察事项有利害关系的；④其他有可能影响监察事项公正处理的情形。选用借调人员、看护人员、调查场所，应当严格执行回避制度。① 其规定了自行回避、决定回避、申请回避以及回避情形、回避人员。与《监察法》相比较，其在人员范围上有所扩大。与《监察法实施条例》二审稿相比较，正式文本不再列举回避情形。(2)回避方式。监察人员自行提出回避，或者监察对象、检举人及其他有关人员要求监察人员回避的，应当书面或者口头提出，并说明理由。口头提出的，应当形成记录。监察机关主要负责人的回避，由上级监察机关主要负责人决定；其他监察人员的回避，由本级监察机关主要负责人决定。② 其规定回避形式、决定程序。

四、监察回避立法比较研究

监察回避在立法中主要涉及监察回避人员、监察回避情形和监察回避程序。

1. 监察回避人员。监察回避人员是指适用于回避制度的人员。其需要根据情况来确定。古代对监察回避人员界定主要考虑地域回避。近代对监察回避人员规定不多，如国民政府时期监察委员中审查委员的回避。新中国时期对监察回避人员则有较多规定，其主要涉及申请回避、自行回避、职务回避、决定回避等形式。目前，回避制度主要适用于办理监察事项的监察人员。至于其他人员是否适用于回避制度，立法未有明确规定。"适用回避制度的监察人员主要是指调查人员，但线索处置、日常

---

① 2021年《监察法实施条例》第二百六十三条。
② 2021年《监察法实施条例》第二百六十四条。

监督、审理等各部门人员如果存在可能影响相关工作等情形的,也应当予以回避。"①所以,《监察法实施条例》在回避人员范围上作了扩大规定。

2. 监察回避情形。监察回避情形是监察回避条件。这种条件通常是指监察回避人员和监察活动具有利害冲突。由于利害关系本身是模糊的、不确定的,因此则需要进行细化。《监察法》和《监察法实施条例》虽然对此作了相同规定,但是要确定监察回避情形仍然需要制定实施细则。与此形成对照的,刑事诉讼法对回避制度有较为成熟的做法,可以借鉴。所以,有学者提出:"中国目前的刑事诉讼法已经对回避制度有了较为详细且具有可操作性的规定,这些规定可以借鉴并移植到监察法中,以完备监察法回避制度的建构。"②

3. 监察回避程序。监察回避程序是指在出现回避情形时的处理程序。其主要涉及监察回避决定主体、基本程序以及回避争议解决方式。目前,《监察法》对此没有规定,由《监察法实施条例》作了相应规定。需要注意的是,监察部曾经制定的《监察机关实行回避制度暂行办法》是否继续在国家监察时期适用?目前立法也没有明确。只有对监察回避专门立法,才能明确监察回避程序。

第五节 监察责任

监察责任是指监察机关及其人员承担的责任。

一、古代监察责任规定

由于监察机关在中国古代地位非常重要,因此,监察机关及其人员的责任也比一般官吏更重。从立法上来看,虽然刑律很少专门规定监察人

---

① 中共中央纪律检查委员会法规室、中华人民共和国国家监察委员会法规室:《〈中华人民共和国监察法〉释义》,中国方正出版社2018年版,第256页。

② 彭剑鸣:《从粗疏到精密:监察法回避制度的完善——以犯罪控制模式为视角》,《广西警察学院学报》2018年第6期。

员的责任,但是监察机关及其人员显然也适用于刑律所制裁的行为。同时,许多专门监察立法对监察机关及其人员的责任进行了专门规定。例如,元代《禁治察司等例》规定,至元二十一年(1284年)八月,御史台检会立各道按察司圣旨条画节该:按察司官有声迹不好者,仰御史台体察。虽未任满,许行奏代。钦此。夫所谓声迹不好者,其事非止一端。更化以前,虽风宪之司,声迹泯然。当时奸庸相资,既佚罚矣。更化以后,通行考核,逐旋奏代。然访闻官吏丞积弊之后,尚有狼藉猥琐,以为当然,若不正言实事,曲为之防,人情玩视,终不能一切痛革。今逐一条具于后。自今已后,按察司、经历司知事、书史、书吏、通事、译史、奏差人等,如有违犯,体察得知,或人首告,取问是实,照依违背圣旨断罪,仍标私罪过名,终身废黜,所贵绝循习之弊,励廉勤之风,为此商议过,御史大夫为头,官员依准所拟。除外,咨请遍行各道按察司,依上禁治施行。

(1) 按察司官吏因事取受者,依至元十九年(1282年)圣旨条画断罪。

(2) 凡在司或巡按,并不得与各路府州司县应管公事官吏人等私同宴饮。

(3) 不得因生日节辰送路洗尘,受诸人礼物。违者,以赃论。

(4) 如遇巡按差役,止宜于各处馆驿或廨内安下,不得辄居本处吏民之家。

(5) 遇巡按差使,验元定正从人数,分例应副,不得于正支应外,多余取要。如违,以赃论。

(6) 巡按去处并不得求取妻妾,如违,治罪。

(7) 不得以私己事役使公吏人等。

(8) 任所并巡按去处,并不得拜识亲眷,因而受人献贺财物。如违,以赃论。

(9) 如遇巡按去处,不得买货物及阴使官吏,置造私己应用诸物,或于系官局院带造物件。如违,计取得利息以赃罚论。

(10) 遇巡按,将引书史、书吏人等合骑铺马数目,钦依圣旨条画施行。除外,不得将妻子亲眷闲人,并长行马疋同行。如违,治罪。

(11) 不得将门下带行人员分付各路府州司县官司委用。

（12）书史、书吏、奏差人等宿娼饮会,已经遍行禁治。违者,依条断罪。①

从上述规定来看,按察司官吏均有严格的责任规定。

二、近代监察责任规定

近代监察责任在立法上很少出现。如果监察人员有违法违纪行为通常比照公务人员责任予以处理。不过,对于监察人员追究责任方式,立法偶尔也作相关规定。例如,1928年10月20日,《监察院组织法》第十一条规定,监察委员不尽职时,立法院得向监察院提出质问。

三、新中国时期监察责任规定

新中国建立以来,监察责任并不是独立存在的。其通常适用于公务人员责任。不过,1982年宪法时期,立法开始出现专门规定监察人员的责任。

（一）行政监察时期监察责任规定

这一时期,其主要规定监察人员责任,在责任形式上主要有行政处分和刑事责任。

1990年《行政监察条例》第四十七条规定,监察人员有下列行为之一的,由所在监察机关根据情节给予相应的行政处分:(1)玩忽职守,造成损失的;(2)利用职权谋取私利的;(3)利用职权包庇或者陷害他人的;(4)滥用职权侵犯他人民主权利、人身权利和财产权利的;(5)泄露国家机密的。前款所列行为构成犯罪的,移送司法机关依法处理。其规定监察人员行政处分的五种情形。同时明确规定构成犯罪移送司法机关处理。

---

① 《元典章》六《台纲》卷之二。

1997年《行政监察法》第四十六条规定,监察人员滥用职权、徇私舞弊、玩忽职守、泄露秘密的,依法给予行政处分;构成犯罪的,依法追究刑事责任。其规定行政处分和刑事责任。

显然,这一时期监察机关监察人员责任规定是相对简单的。

(二)国家监察时期监察责任规定

1.《监察法》监察责任规定

《监察法》主要规定两种情形:一种是案件处置过程中负有责任的领导人员和直接责任人员的责任。对调查工作结束后发现立案依据不充分或者失实,案件处置出现重大失误,监察人员严重违法的,应当追究负有责任的领导人员和直接责任人员的责任。[①] 另一种是规定负有责任的领导人员和直接责任人员的责任情形。监察机关及其工作人员有下列行为之一的,对负有责任的领导人员和直接责任人员依法给予处理:(1)未经批准、授权处置问题线索,发现重大案情隐瞒不报,或者私自留存、处理涉案材料的;(2)利用职权或者职务上的影响干预调查工作、以案谋私的;(3)违法窃取、泄露调查工作信息,或者泄露举报事项、举报受理情况以及举报人信息的;(4)对被调查人或者涉案人员逼供、诱供,或者侮辱、打骂、虐待、体罚或者变相体罚的;(5)违反规定处置查封、扣押、冻结的财物的;(6)违反规定发生办案安全事故,或者发生安全事故后隐瞒不报、报告失实、处置不当的;(7)违反规定采取留置措施的;(8)违反规定限制他人出境,或者不按规定解除出境限制的;(9)其他滥用职权、玩忽职守、徇私舞弊的行为。[②]《监察法》没有明确责任形式。

2.《监察官法》监察官责任规定

《监察官法》对监察官责任作了详细规定。(1)依法给予处理情形。监察官有下列行为之一的,依法给予处理;构成犯罪的,依法追究刑事责任:①贪污贿赂的;②不履行或者不正确履行监督职责,应当发现的问题

---

① 2018年《监察法》第六十一条。
② 2018年《监察法》第六十五条。

没有发现,或者发现问题不报告、不处置,造成恶劣影响的;③未经批准、授权处置问题线索,发现重大案情隐瞒不报,或者私自留存、处理涉案材料的;④利用职权或者职务上的影响干预调查工作、以案谋私的;⑤窃取、泄露调查工作信息,或者泄露举报事项、举报受理情况以及举报人信息的;⑥隐瞒、伪造、变造、故意损毁证据、案件材料的;⑦对被调查人或者涉案人员逼供、诱供,或者侮辱、打骂、虐待、体罚、变相体罚的;⑧违反规定采取调查措施或者处置涉案财物的;⑨违反规定发生办案安全事故,或者发生安全事故后隐瞒不报、报告失实、处置不当的;⑩其他职务违法犯罪行为。监察官有其他违纪违法行为,影响监察官队伍形象,损害国家和人民利益的,依法追究相应责任。① 从立法过程来看,在文字表述有所改动,主要是第二项,将二审稿"造成严重影响的"改为"造成恶劣影响的"。

(2) 停职情形。监察官涉嫌违纪违法,已经被立案审查、调查、侦查,不宜继续履行职责的,按照管理权限和规定的程序暂时停止其履行职务。②

(3) 履职责任制。实行监察官责任追究制度,对滥用职权、失职失责造成严重后果的,终身追究责任或者进行问责。监察官涉嫌严重职务违法、职务犯罪或者对案件处置出现重大失误的,应当追究负有责任的领导人员和直接责任人员的责任。③ 从立法过程来看,正式文本删除了二审稿的第三款内容,即"监察官已经履职尽责,但是因不可抗力、难以预见等因素造成损失的,以及在集体决策中对错误决策提出明确反对意见或者保留意见的,不承担责任"。

3.《监察法实施条例》监察责任规定

2021年《监察法实施条例》进一步作了规定。其要点如下:

(1) 办案安全责任制。监察机关应当建立健全办案安全责任制。承办部门主要负责人和调查组组长是调查安全第一责任人。调查组应当指定专人担任安全员。地方各级监察机关履行管理、监督职责不力发生严重办案安全事故的,或者办案中存在严重违规违纪违法行为的,省级监察

---

① 2021年《监察官法》第五十二条。
② 2021年《监察官法》第五十三条。
③ 2021年《监察官法》第五十四条。

机关主要负责人应当向国家监察委员会作出检讨,并予以通报、严肃追责问责。案件监督管理部门应当对办案安全责任制落实情况组织经常性检查和不定期抽查,发现问题及时报告并督促整改。① 其规定承办部门主要负责人、调查组组长、省级监察机关主要负责人、案件监督管理部门的办案安全责任。

(2) 法律责任。监察人员在履行职责中有下列行为之一的,依法严肃处理;构成犯罪的,依法追究刑事责任:①贪污贿赂、徇私舞弊的;②不履行或者不正确履行监督职责,应当发现的问题没有发现,或者发现问题不报告、不处置,造成严重影响的;③未经批准、授权处置问题线索,发现重大案情隐瞒不报,或者私自留存、处理涉案材料的;④利用职权或者职务上的影响干预调查工作的;⑤违法窃取、泄露调查工作信息,或者泄露举报事项、举报受理情况以及举报人信息的;⑥对被调查人或者涉案人员逼供、诱供,或者侮辱、打骂、虐待、体罚或者变相体罚的;⑦违反规定处置查封、扣押、冻结的财物的;⑧违反规定导致发生办案安全事故,或者发生安全事故后隐瞒不报、报告失实、处置不当的;⑨违反规定采取留置措施的;⑩违反规定限制他人出境,或者不按规定解除出境限制的;⑪其他职务违法和职务犯罪行为。对监察人员在履行职责中存在违法行为的,可以根据情节轻重,依法进行谈话提醒、批评教育、责令检查、诫勉,或者给予政务处分。构成犯罪的,依法追究刑事责任。② 其规定了监察人员在履行职责中的责任情形和责任形式。与《监察法》规定相比较,其更为详细,而且对责任形式作了明确规定。

四、监察责任立法比较研究

监察责任在立法中主要涉及责任主体、责任情形和责任方式。

1. 监察责任主体。监察责任主体是指哪些人员需要承担责任。古

---

① 2021年《监察法实施条例》第二百七十七条。
② 2021年《监察法实施条例》第二百七十八条、第二百七十九条。

代监察立法通常规定监察人员乃至监察机关工作人员均需要承担责任。近代监察立法没有专门规定监察责任主体。新中国时期监察立法通常将监察人员作为监察责任主体。不过,行政监察时期立法只规定监察人员承担责任。而国家监察时期立法则既涉及负有责任的领导人员,也涉及负有直接责任的人员,在范围上有所拓展。

2. 监察责任情形。监察责任情形是指承担责任的条件。古代监察立法对此规定较为详细。近代监察立法规定甚少。新中国时期监察立法对此也进行了细化。行政监察时期监察责任情形通常指滥用职权、徇私舞弊、玩忽职守、泄露秘密等。而国家监察时期,监察责任情形更加细化,《监察法》规定了九项,《监察官法》规定了十项,《监察法实施条例》规定了十一项。但是,这些规定是否涵盖了所有情形？显然,立法对此需要进一步规定。

3. 监察责任方式。监察责任方式是指监察机关及其人员承担责任的种类。古代监察立法没有专门分类,而是根据具体情形决定责任方式。近代监察立法也没有明确,不过无非是违法责任和违纪责任。新中国时期,由于立法设置了法律责任部分,因此,监察人员所承担的责任通常分为行政责任和刑事责任两种。行政监察时期,《行政监察法》规定监察人员承担行政处分和刑事责任。国家监察时期监察人员责任方式在《监察法》上没有明确规定。《监察官法》规定了依法给予处理和依法追究刑事责任,但是依法给予处理的方式没有明确。不过,其规定停职这种方式。《监察法实施条例》规定了刑事责任和政务处分,而且可以采取谈话提醒、批评教育、责令检查、诫勉方式。

第六章 监察程序立法

监察程序是监察机关开展监察活动所遵循的过程和环节。每一项监察活动离不开监察程序的指引。在类型上,其大致可以划分为监察活动程序和监察措施程序。前者是指监察机关启动并进行监察活动的各个环节,如受理、立案、审查和决定等。后者则是针对各项监察措施所规定的具体程序。本章研究监察活动各环节所规定的监察程序,包括检举控告程序、监察管辖、监督程序、调查程序、审理程序、处置程序。

第一节 检举控告程序

检举控告是监察机关接受有关单位或者人员告发的程序。在某种意义上说,其体现了监察活动启动的第一个环节。从历史来看,检举控告程序是一个非常古老的程序。

一、古代检举控告程序规定

古代检举控告程序非常完善。先秦时期,就有检举控告制度。《周礼·秋官司寇·大司寇》:"以肺石达穷民,凡远近茕独老幼之欲有复于上而其长弗达者,立于肺石三日,士听其辞,以告于上,而罪其长。"不过,从古代检举控告制度来看,各级衙门均有接受检举控告的职能,包括监察机关。

例如,唐代大历十四年(779年)七月,理匦使崔造奏:"亡官失职,婚田两竞,追理财物等,并合先本司。本司不理,然后省司。省司不理,然后三司。三司不理,然后合报投匦进状。如进状未经三处处理,及事非冤屈,辄妄来进状者,不在进限。如有急切须上闻,不在此限。其妄进状者,臣今后请拜状牒送本司及台府处理。"敕旨:"依奏。"①其中,"三司"就有御史台官署。

又如,宋代监司有接受陈诉的规定。"绍兴五年(1135年)十月九日敕,州军按发属吏,已申监司,如有陈诉,监司不作妨碍。其监司按发官吏,除初发一司外,余司并不作妨碍。"②

再如,明代有御史台或者都察院参与管理官民陈奏事宜。"洪武元年(1368年)十二月己巳,置登闻鼓于午门外,一御史日监之,非大冤及机密重情不得击。击即引奏,敢阻告者罪。后移设于长安右门外,六科、锦衣卫轮收以闻。"③"宣德三年(1428年),令:官民建言,六部尚书、都察院、六科给事中会议奏闻。"④

最后,清代曾有都察院管理登闻鼓事宜。"顺治元年(1644年),设登闻鼓于都察院门首,每日御史一人,轮流监直。十三年(1656年),将鼓厅衙门移设于长安右门外,满汉科道轮流监直。……康熙六十年(1721年),停差科道,将鼓厅事务交司管理。其旧设笔帖式二人、书吏六名、皂隶六名并隶焉。"⑤

二、近代检举控告程序规定

近代检举控告也有专门规定。

(一)北洋政府时期检举控告程序规定

1914年9月,公布了《肃政厅告诉告发章程》,并有告诉告发状样

---

① 《唐会要》卷五十五。
② 《庆元条法事类》卷七《职制门》。
③ 《明会要》卷六十七《刑四》。
④ 《明会要》卷四十五《职官十七》。
⑤ 《钦定大清会典则例》卷一百五十一《通政使司》。

式。① 该章程有七项。其要点如下：

（1）依据。凡人民来厅告诉或告发者除遵照纠弹法第一条第六条及处务规则第八条第十二条规定外并依本章程行之。其规定告诉告发的法律依据。

（2）形式。凡告诉或告发者须购用本厅告诉告发状并依照状内各栏办理。凡告诉或告发者应令本京确实店铺或同乡京官于告诉告发状担保栏内亲笔署名盖章。凡非用本厅告诉告发状或以邮电递送者概不受理，但该状内盖用曾经立案之农商各会钤记或交通不便地方确有急要情形者由本厅酌量办理。其规定告诉告发需要书面形式、担保人以及例外情形。

（3）受理。凡告诉或告发者须到本厅收案室投递并取回收证。其规定告诉告发程序。

（4）费用。本厅收案室兼售告诉告发状纸每张售铜元五枚。其规定告诉告发费用。

（二）国民政府时期检举控告程序规定

1933年6月27日，监察院第二十五次会议通过《监察院收受人民书状办法》，1941年10月修正。其要点如下：

（1）接受书状处理原则。依照弹劾法第十三条之规定，本院接受人民书状，概不批答。但所诉不在本院职权内之书状，得由秘书处通知具诉人，并发还原件。② 其规定监察院接受人民书状的处理方式。

（2）正式人民书状。人民书状，以详述事实为要，不拘程式。但具呈人应详注姓名住址；如系人民团体全体呈诉，并须其团体负责人具名。本院查案，及提案时，钧按案情关系，不予宣布。人民向本院呈诉事件，如系曾在行政机关诉愿，或在法院控诉有案者，应陈述经过，或抄附呈状批判等件，以便查核。③ 其规定人民书状应该签名，并说明事实。

（3）非正式人民书状。关于举发公务员违法失职事项之传单、宣言、

---

① 《政府公报》1914年9月3日，第837号。
② 1941年10月《监察院收受人民书状办法》第一项。
③ 1941年10月《监察院收受人民书状办法》第二项、第三项。

揭帖等件,监察委员提案及审查时,得酌加采用,但举发人方面不得认为与正式书状有同等效力,并不得援为呈诉有案。① 其规定非正式人民书状只能参考使用。

(4)人民书状格式要求。人民书状于正件外,并应加具副呈一件,以备转发,但附抄证据等件,不在此限。人民向本院呈诉事件,应列举证据。关于物证方面。如有原物,或照片可呈核者,并须附呈。人民对于公务员违法,或失职之行为情节重大,及请求依法急速救济者,得用电呈,但须详举事实状况,以备审核。人民径由邮局寄递之书状,毋庸粘附批回邮票。② 其规定人民书状正副本、证据等要求。

三、共同纲领时期检举控告程序规定

共同纲领时期,其主要是制定人民来信来访规定。虽然人民监察委员会并没有单独制定处理人民来信来访的专门规定,但是,人民监察委员会和其他机关制定了专门规定,如1954年8月14日《政务院人民监察委员会、铁道部关于铁道部人民监察局及其所属监察机构受理人民来信来访工作的暂行规定》。该规定只有四个部分:

1. 凡属检举、控告铁路机关及工作人员违反有关生产财务方面的政策、法令、决议、命令、劳动纪律、财务纪律及贪污、浪费、伪报生产成绩等案件,由各监察机构处理;但情节轻微者可转由各该主管部门处理。凡属检举、控告有关铁路机关和工作人员的其他违法失职案件,一般的应转由各该主管行政部门处理;其情节重大者由各监察机构处理。

2. 监察机关处理人民来信的方式:(1)直接进行检查提出处理意见,建议有关行政部门处理之;(2)建议有关行政领导检查处理,并要求有关行政领导告知处理结果。

3. 凡不属于监察机关工作范围的人民来信来访,应按性质分别转送

---

① 1941年10月《监察院收受人民书状办法》第四项。
② 1941年10月《监察院收受人民书状办法》第五项、第六项、第七项、第八项。

主管部门直接处理,交由各主管部门直接处理之人民来信,转办同时即通知双方(主管部门及来信者)直接联系解决,监察部门不再要承办机关之答复。

4. 凡监察机构能直接处理的来信来访,应迅速处理。需要转交主管部门或下级监察机构处理的,为避免拖拉、积压,可直接送交承办机关处理,不必层层转办。构成案件的重要信件,应限期处理,并抄致承办机关的上一级机关,以便督促检查。

从处理来信来访程序来看,其对监察部门和其他部门之间分工作了非常详细的规定。

四、1954年宪法时期检举控告程序规定

公民控诉规定在1954年宪法时期继续完善。1957年8月30日,监察部制定《关于监察机关处理公民起诉工作的暂行办法》,该办法分为十六个部分。在程序方面,其主要包括以下内容:

1. 监察机关受理公民控诉案件的范围。(1)控告国家行政机关、企业、事业单位及其工作人员违反国家纪律的案件。(2)国家行政机关工作人员不服行政纪律处分的申诉案件。凡不属于上列范围的公民来信、来访,应该按照问题的性质,分别移送同级主管业务部门或者当地人民委员会处理;如果是党、群部门的问题,应该移送党、群部门自行处理。

2. 各级监察机关直接检查处理公民控诉案件的分工办理。(1)监察部、省、市监察机关收到控告国务院、省、市人民委员会任命的工作人员或者经选举任职的相当人员的案件,应该直接检查处理。但是其中情节轻微的,可以交由下一级监察机关直接检查处理。(2)专属监察处收到控告专属任命的工作人员的案件和控告县人民委员会科长、局长、区长的案件,及控告区、乡干部的重要案件,应该直接检查处理。(3)县监察机关收到控告县人民委员会任命的工作人员的案件和乡人民委员会工作人员的重要案件,应该直接检查处理。(4)部门和企业的监察机关收到控告该部门和企业任命的工作人员的案件,应该直接检查处理。但是其中情

节轻微的,可以交下一级监察机关直接检查处理。(5)对于国家行政机关工作人员不服行政纪律处分的重要申诉案件,应该由申诉人所在机关的同级监察机关或者上级监察机关直接检查处理。(6)对于不服监察机关检查处理的控诉案件,直属上级监察机关应该直接检查处理,或者交由原处理的监察机关复查或者复议。(7)上级监察机关收到按照本条上述分工不需要由本机关直接检查处理的案件,如果情节严重,或者由于其他原因需要由本机关直接检查处理的,均应该直接检查处理。(8)下级监察机关收到按照本条上述分工应该由上级监察机关直接检查处理的案件,可以进行直接检查处理。如果检查处理有困难,应该报由上级监察机关直接检查处理。

3. 结案。各级监察机关处理公民控诉案件,应该做到以下几点,才能结案:(1)对于控告工作人员的案件,经过检查以后,如果发现被控告人犯有错误,应该查明错误的性质、情节和犯错误人员的责任,作出书面结论。如果对犯错误人员须给予行政纪律处分,应该按照有关行政纪律处分的规定给予处分。在案件处理结束以后,应该将处理结果,通知控诉人。对于工作人员有教育意义的重要案件,在检查处理以后,应该在适当范围内宣布或者发布通报;必要的时候,可以在报刊上发表。(2)对于国家行政机关工作人员不服行政纪律处分的申诉案件,经过复查或者复议后,应该作出书面结论。如果申诉人同意复查或者复议的结果,就可以结案。如果申诉人对复查或者复议的结论不服,能提出正当理由的,应该再次复查或者复议。如果申诉人不服,而又不能提出正当理由的,监察机关可以将复查或者复议的结论和有关材料以及申诉人的意见,一并报告行政领导审查解决。(3)对于一切控诉案件的处理,只有所作决定已经执行的时候,才能认为案件已告结束。如果系上级机关交办并且要回报结果的案件,在处理结束后,应该迅速将结果报告交办机关备查。

五、1982年宪法时期检举控告程序规定

改革开放以后,检举控告规定进一步完善。

（一）行政监察时期检举控告程序规定

这一时期，检举控告规定较为完善。

1.《监察部信访工作暂行办法》来信来访程序规定

1987年12月10日，制定《监察部信访工作暂行办法》，共14条，分别规定以下内容：信访局的主要任务和职责；处理信访案件的指导思想和基本原则；信访局的机构设置及分工；重要来信来访的范围；对重要来信来访情况的呈报形式；分别呈报重要信访的原则；信访案件的转办方式；信访局与部内各监察局的分工协作关系；信访局与各地或其他有关单位的关系；对目前受理信访案件范围的划分；采取多种形式进行督促检查；关于信访经费的列支；关心信访工作人员的生活；完善各项制度，保证措施。其中，在程序中，比较重要的是信访局与监察部门之间的分工协作关系。

（1）信访局与部内各监察局的关系。根据办法规定，信访局同部内各监察局之间，要加强联系，互通情况，密切配合，分工协作。①属于第四条所列范围的重要信访案件，由信访局报经部领导批示立案查处的，按照部领导批示的意见办理。②属于反映厅、局级以上单位和干部的重要问题，或反映县级以下单位和干部的问题中案情重大，需要由本部立案查处的信访案件，在经过部领导批示后，交有关监察局处理。③凡涉及监察部的监察对象中处级以下单位和干部的一般性案件，除各监察局已经受理的，仍由主管监察局处理外，均由信访局处理。④属于省、自治区、直辖市以下监察厅（局）的监察对象的一般性案件，及县级以下干部的申诉，除部领导批示的外，均由信访局处理。⑤群众来访，均先由信访局接待，但来访中涉及各监察局承办的案件，需请有关监察局派人共同接待。⑥各监察局需要信访局配合办理的信访案件，除经部领导批示交办的外，也可以由两局领导直接联系商定。⑦不属于本部各局、室业务范围的来信来访，均转交信访局处理。⑧对于经过信访渠道受理而由各监察局立案处理的案件，各有关局都要将处理的情况与结果及时通报信访局，以备查询和处理此案的重信重访。

（2）信访局与各地或其他有关单位的关系。根据办法规定，其规定以下方面内容：①鉴于信访内容的广泛性，信访局除了与各级地方行政监察机关有工作关系外，还可以直接同中央各部门和各级人民政府联系处理有关的信访案件。②信访局在同中央各部门的监察机构联系工作过程中，应注意同部内各监察局及时通气，避免重复办案。③对于以信访局名义发函向有关部门或地方的监察机关交办的信访案件，凡是要求查报结果的，由有关部门或省、市监察厅（局）立案查处；凡是不需要查报结果的，由有关部门或省、市监察厅（局）酌情决定立案与否，信访局只了解这类案件的处理情况或工作进展情况。

2.《监察部处理外国人和华侨、港澳台胞来信来访试行办法》来信来访程序规定

1988年7月31日，根据《监察部信访工作暂行办法》，制定《监察部处理外国人和华侨、港澳台胞来信来访试行办法》，规定十个方面。在程序上，其主要规定以下内容：（1）对外国人和华侨、港澳台胞来信来访反映的问题，要按业务分工，分别处理。凡属我部业务范围的，应写出书面报告，经有关领导阅批后处理。凡不属我部业务范围的，要做好解释工作，并按照归口办理原则，主动与有关部门进行联系，落实受理单位后再转办。（2）对外国人和华侨、港澳台胞来信来访揭发控告的每一个案件，都要认真处理，并按照分级负责的要求，抓紧查处或督办。影响较大、情节严重的案件，在经部领导批示后，由部里立案查处；对转请有关省、市监察厅（局）查处的案件，要定期（一般两个月左右）进行督办。

3.《监察部处理电话举报暂行办法》电话举报程序规定

1988年9月20日，监察部办公会议通过《监察部处理电话举报暂行办法》，共十二个方面。在程序上，其主要规定以下内容：（1）对于群众的电话举报，要认真记录，必要时可以录音。电话举报的问题，属于监察机关职责范围的，应按分级负责的原则，由相应的监察机关负责办理；属于监察机关职责范围以外的问题，转请有关主管部门办理。（2）群众通过电话举报的重要案件，由信访局将《监察部举报电话记录》报部主管副部长或部长阅批。信访局根据部领导的批示意见，再分别送部内各有关局、有关省、市、自治区监察厅（局），驻国务院各部委、各直属机构的监察局

(监察专员办公室),或其他有关部门查处。由部内各局承办的案件,各局应按办案程序,抓紧处理,尽快结案。转请各地区、各部门监察机关处理的案件,要将批示件抄送部内有关主管局。(3)群众电话举报的一般案件,需部内各有关局处理的,由信访局将《监察部举报电话记录》送有关局领导阅处;需请有关地方监察厅(局)或驻国务院各部委、直属机构监察局(监察专员办公室)处理的,由信访局发函交办。有的案件,监察部可直接向各地、市监察局交办,同时将材料抄送有关省、市、自治区监察厅(局),请有关省、市、自治区监察厅(局)协助督促处理。

4.《监察机关举报工作办法》举报工作程序规定

1991年8月23日第16次部务会议通过,1991年12月24日监察部第3号令发布《监察机关举报工作办法》,分为第一章总则、第二章举报、第三章举报处理、第四章保护与奖励、第五章附则,共31条。在程序上,其主要分为以下内容:

(1)举报处理形式。监察机关设立举报电话并向社会公布电话号码,设立专门的举报接待室,在人口比较集中的地方可以设立举报箱。监察机关接受举报人当面举报,应当分别单独进行,接待人员应当做好笔录,必要时可以录音。监察机关接受电话举报,必须细心接听,询问清楚,如实记录,有条件的可以录音。监察机关对举报信函和提交的书面材料,要逐件拆阅、登记,及时处理。①

(2)不属于监察机关受理范围的当面或电话举报。不属于监察机关受理范围的当面或电话举报,应当告知举报人向有处理权的机关反映,并做好解释工作;对于其中的重要问题或紧急事项,可以协助举报人联系受理单位或报告有关领导后再处理。不属于监察机关受理范围的信函举报,转交有处理权的机关处理,并酌情予以回复。其中的重要问题或紧急事项,应当报告有关领导。②

(3)属于监察机关受理范围的举报。属于监察机关受理范围的举

---

① 1991年《监察机关举报工作办法》第十条、第十一条、第十二条、第十三条。
② 1991年《监察机关举报工作办法》第十四条。

报,举报机构分别不同情况作如下处理:①对属于本机关管辖的,转交本机关有关职能机构、派出机构办理;其中急待查明、易查易结以及打击报复举报人的,经主管负责人批准,举报机构可以进行初步审查,直至立案调查。②对不属于本机关管辖的,移送有管辖权的监察机关办理。③对重要的举报应当及时向本机关负责人报告。④以其他方式处理。①

(4)反馈。监察机关经过初步审查,认为被举报行为不需要进行行政纪处理的,应当作出初步审查报告,并以适当方式回告举报人。经过初步审查,认为需要立案调查的,依照《监察机关调查处理政纪案件办法》的有关规定办理。对上级监察机关交办的举报事项,下级监察机关作出处理后,应当向交办机关报告处理结果。交办机关对报来的处理结果应当认真审核。对处理结果没有异议的,经有关领导批准后,予以了结。对处理结果有异议的,可以提出意见或建议,通知承办机关补充调查或重新处理。承办机关应当在规定的时限内向交办机关报告处理结果。②

5.《行政监察法》举报规定

1997年《行政监察法》对举报制度作了规定。其第六条规定,监察工作应当依靠群众。监察机关建立举报制度,公民对于任何国家行政机关、国家公务员和国家行政机关任命的其他人员的违法失职行为,有权向监察机关提出控告或者检举。2010年修改《行政监察法》时对第六条进行了修改。一是将第六条修改为:"监察工作应当依靠群众。监察机关建立举报制度,公民、法人或者其他组织对于任何国家行政机关及其公务员和国家行政机关任命的其他人员的违反行政纪律行为,有权向监察机关提出控告或者检举。监察机关应当受理举报并依法调查处理;对实名举报的,应当将处理结果等情况予以回复。"其中,将"违法失职行为"改为"违反行政纪律行为"。二是增加一款,作为第二款:"监察机关应当对举报事项、举报受理情况以及与举报人相关的信息予以保密,保护举报人的合法权益,具体办法由国务院规定。"

---

① 1991年《监察机关举报工作办法》第十五条。
② 1991年《监察机关举报工作办法》第十六条、第十七条、第十八条。

值得注意的是,1996年1月19日,中共中央纪律检查委员会和中华人民共和国监察部印发《关于保护检举、控告人的规定》。2010年修改《行政监察法》时虽然规定由国务院制定保护举报人的具体办法,但是最终没有出台。

(二)国家监察时期检举控告程序规定

这一时期,检举控告规定在立法中较为原则。2018年,《监察法》第三十五条规定,监察机关对于报案或者举报,应当接受并按照有关规定处理。对于不属于本机关管辖的,应当移送主管机关处理。不过,2020年1月2日,中共中央政治局常委会会议审议批准,1月21日,中共中央办公厅发布《纪检监察机关处理检举控告工作规则》,分为第一章总则、第二章检举控告的接收和受理、第三章检举控告的办理、第四章检查督办、第五章实名检举控告的处理、第六章检举控告情况的综合运用、第七章当事人的权利和义务、第八章诬告陷害行为的查处、第九章工作要求和责任、第十章附则,共58条。该规则以党内法规形式对纪检监察机关处理检举控告工作作了详细规定。在程序上,其主要包括以下内容:

1. 检举控告的接收。纪检监察机关应当接收检举控告人通过以下方式提出的检举控告:(1)向纪检监察机关邮寄信件反映的;(2)到纪检监察机关指定的接待场所当面反映的;(3)拨打纪检监察机关检举控告电话反映的;(4)向纪检监察机关的检举控告网站、微信公众平台、手机客户端等网络举报受理平台发送电子材料反映的;(5)通过纪检监察机关设立的其他渠道反映的。对其他机关、部门、单位转送的属于纪检监察机关受理范围的检举控告,应当按规定予以接收。县级以上纪检监察机关应当明确承担信访举报工作职责的部门和人员,设置接待群众的场所,公开检举控告地址、电话、网站等信息,公布有关规章制度,归口接收检举控告。巡视巡察工作机构对收到的检举控告,按有关规定处理。[①]

2. 检举控告的受理。检举控告工作按照管理权限实行分级受理:

[①] 2020年《纪检监察机关处理检举控告工作规则》第七条、第八条。

(1)中央纪委国家监委受理反映中央委员、候补中央委员、中央纪委委员,中央管理的领导干部,党中央工作机关、党中央批准设立的党组(党委)、各省、自治区、直辖市党委、纪委等涉嫌违纪或者职务违法、职务犯罪问题的检举控告。(2)地方各级纪委监委受理反映同级党委委员、候补委员,同级纪委委员,同级党委管理的党员、干部以及监察对象,同级党委工作机关、党委批准设立的党组(党委),下一级党委、纪委等涉嫌违纪或者职务违法、职务犯罪问题的检举控告。(3)基层纪委受理反映同级党委管理的党员,同级党委下属的各级党组织涉嫌违纪问题的检举控告;未设立纪律检查委员会的党的基层委员会,由该委员会受理检举控告。各级纪委监委按照管理权限受理反映本机关干部涉嫌违纪或者职务违法、职务犯罪问题的检举控告。对反映党的组织关系在地方、干部管理权限在主管部门的党员、干部以及监察对象涉嫌违纪或者职务违法、职务犯罪问题的检举控告,由设在主管部门、有管辖权的纪检监察机关受理。地方纪检监察机关接到检举控告的,经与设在主管部门、有管辖权的纪检监察机关协调,可以按规定受理。纪检监察机关对反映的以下事项,不予受理:(1)已经或者依法应当通过诉讼、仲裁、行政裁决、行政复议等途径解决的;(2)依照有关规定,属于其他机关或者单位职责范围的;(3)仅列举出违纪或者职务违法、职务犯罪行为名称但无实质内容的。对前款第一项、第二项所列事项,通过来信反映的,应当及时转有关机关或者单位处理;通过来访、来电、网络举报受理平台等方式反映的,应当告知检举控告人依规依法向有权处理的机关或者单位反映。①

3. 检举控告的办理。纪检监察机关信访举报部门经筛选,对属于本级受理的初次检举控告,应当移送本机关监督检查部门或者相关部门,并按规定将移送情况通报案件监督管理部门;对于重复检举控告,按规定登记后留存备查,并定期向有关部门通报情况。承办部门应当指定专人负责管理,逐件登记、建立台账。纪检监察机关信访举报部门收到属于上级纪检监察机关受理的检举控告,应当径送本机关主要负责人,并在收到之

---

① 2020年《纪检监察机关处理检举控告工作规则》第十一条、第十二条、第十三条。

日起5个工作日内报送上一级纪检监察机关信访举报部门；收到反映本机关主要负责人问题的检举控告，应当径送上一级纪检监察机关信访举报部门。对属于上级纪检监察机关受理的检举控告，不得瞒报、漏报、迟报，不得扩大知情范围，不得复制、摘抄检举控告内容，不得将有关信息录入检举举报平台。纪检监察机关信访举报部门收到属于下级纪检监察机关受理的检举控告，应当及时予以转送。下一级纪检监察机关对转送的检举控告，应当进行登记，在收到之日起5个工作日内完成受理或者转办工作。纪检监察机关监督检查部门应当对收到的检举控告进行认真甄别，对没有实质内容的检举控告或者属于其他纪检监察机关受理的检举控告，在沟通研究、经本机关分管领导批准后，按程序退回信访举报部门处理。监督检查部门对属于本级受理的检举控告，应当结合日常监督掌握的情况，进行综合分析、适当了解，经集体研究并履行报批程序后，以谈话函询、初步核实、暂存待查、予以了结等方式处置，或者按规定移送审查调查部门处置。纪检监察机关监督检查、审查调查部门应当每季度向信访举报部门反馈已办结的检举控告处理结果。反馈内容应当包括处置方式、属实情况、向检举控告人反馈情况等。纪检监察机关案件监督管理部门应当加强对检举控告办理情况的监督。信访举报、监督检查、审查调查部门应当定期向案件监督管理部门通报有关情况。①

六、检举控告立法比较研究

检举控告在立法上主要涉及检举控告接收和受理、检举控告流程、检举控告处理等。

1. 检举控告接收和受理。检举控告接收和受理是第一个环节。古代监察机关在监察过程中接收检举控告也是开展监察活动的通常做法。近代监察机关则负责接受告发告诉。新中国时期检举控告成为监察机关

---

① 2020年《纪检监察机关处理检举控告工作规则》第十四条、第十五条、第十六条、第十七条、第十八条、第十九条。

的重要职责。

2. 检举控告流程。检举控告流程是一个必经环节。古代检举控告也有相应的流程要求。近代检举控告规定对监察机关收受书状在形式方面均有相应规定。新中国时期监察机关检举控告流程越来越详细。目前,虽然《监察法》对检举控告规定进行了原则性规定,但是没有限制检举控告必须按照一定层级进行。"虽然本法对监察机关管辖监察事项的原则有明确规定,但为了方便人民群众报案、举报,本条对单位和个人报案或者举报的监察机关未做限制,即发现公职人员涉嫌职务违法犯罪事实或者线索的单位和个人,可以向任何层级的监察机关报案或者举报。至于具体归哪一个监察机关管辖,由该监察机关收到报案、举报后,再根据法律规定确定。"①在实践中,其程序遵循《纪检监察机关处理检举控告工作规则》。

3. 检举控告处理。检举控告处理是指检举控告程序的最终程序。古代检举控告也有处理要求,甚至上告到皇帝面前。近代监察机关对于人民书状通常不作处理,因为这一时期监察机关在本质上属于代议机关,代议机关本身并不能直接处理问题。新中国时期监察机关对检举控告必须作出相应的处理。不过,这种处理并不是对检举控告问题的解决,而是一种程序上的处理结果。

第二节 监察管辖

监察管辖,是指上下级监察机关之间在监察事项上的分工和协调。

一、古代监察管辖规定

古代监察管辖制度主要涉及部门管辖和地域管辖。这里以明代为例

---

① 中共中央纪律检查委员会法规室、中华人民共和国国家监察委员会法规室:《〈中华人民共和国监察法〉释义》,中国方正出版社 2018 年版,第 176 页。

予以分析,明代监察管辖规定有以下规定:

1. 分等管辖。其规定,"凡差三等:两京畿道,提学道,巡按顺天、真定、应天、苏松、淮扬、浙江、湖广、江西、福建、河南、陕西、山东、山西、四川、云南、广西、广东、贵州等处御史,及巡视京营俱大差;辽东、宣大、甘肃三处巡按御史,及清军、印马、屯田、巡仓、巡食、巡关、赞运、巡茶御史俱中差;印马、屯田,并作一差,三年满后准一大差;巡视光禄,旧系小差,今改中差;巡视皇城四门、马房,巡青、十库、卢沟桥、五城等处御史,俱小差"①。其将管辖区域和事项分为大差、中差和小差三个等级。

2. 照刷管辖。例如,正统四年(1439年)规定:"凡在京大小有印信衙门,并直隶卫所府州县等衙门,在外各都司、布政司、按察司文卷,除干碍军机重事不刷外,其余卷宗,从监察御史每岁一次,或二岁三岁一次照刷。五军都督府、六部、大理寺,令该吏具报事目。太常寺、通政司、太仆寺、光禄寺、鸿胪寺、国子监、翰林院、各卫,令首领官吏具报。其余衙门,正官、首领官通署呈报,以凭查刷。都察院堂上及各道文卷,俱照例送刷。中间干碍追究改正事理,照依已定行移体式施行。如有迟错,其经该官员应请旨者,奏请取问。其余官吏就便依照刷文卷律治罪。其各都司、布政司、按察司所属卫所府州县等衙门文卷,从本处按察分司照刷。若有迟错,体依例施行。其照刷之际,务要尽心。若有狱讼淹滞,刑名违错,钱粮埋没,赋役不均等项,依律究问。迟者举行,错者改正,合追理者,即与追理。务要明白立案,催督结绝,不能尽职者,监察御史从都察院,按察分司从总司,体察奏闻究治。"②其规定监察御史、按察分司照刷管辖的范围和要求。

3. 巡视管辖。明代除了照刷管辖之外,还有巡视管辖。这种监察管辖往往临时设置,并无统一规定。

---

① 《大明会典》卷二百一十。
② 《大明会典》卷二百一十。

二、近代监察管辖规定

近代监察管辖主要是巡视管辖。其做法是将全国划分为若干监察区进行监察。这里介绍国民政府时期监察区分区规定。从历史来看,虽然 1935 年 5 月 22 日和 1948 年 7 月 21 日监察院制定《监察使巡回监察规程》和《监察委员分区巡回监察规程》,但是这些规程没有涉及监察区分区规定。监察区分区规定主要体现在 1948 年 7 月 28 日以总统令公布的《监察院监察委员行署组织条例》之中。其第二条规定,监察院划全国为十六监察区,设监察委员行署,其区划如左:(1) 甘宁青区。(2) 豫鲁区。(3) 晋陕绥区。(4) 云贵区。(5) 两广区。(6) 两湖区。(7) 皖赣区。(8) 闽台区。(9) 苏浙区。(10) 冀热察区。(11) 川康区。1949 年 6 月 11 日,撤往广州的国民党政府公布了经监察院修订后的《监察院监察委员行署组织条例》,其中规定增设"蒙古监察区"。[①] 由此可见,其监察管辖是按照监察区来确定的。

三、新中国时期监察管辖规定

监察管辖规定出现于 20 世纪 80 年代,因行政监察机关和国家监察机关差异而有不同的做法。

(一) 行政监察时期监察管辖规定

这一时期,监察管辖在立法上规定较为简单。

1986 年《设立国家行政监察机关的方案》在监察对象基础上规定,在必要时,上级监察机关可以受理下级监察机关管辖范围内的案件。其规定上级管辖的要求。

---

① 孙宗一著:《国民政府监察院分区监察制度的历史考察与当代启示》,科学出版社 2018 年版,第 19 页。

1990年《行政监察条例》第三章专门规定监察机关的管辖。除了第十四条至第十五条对各级监察机关监察范围作了规定之外,其对管辖争议作了规定。上级监察机关可以办理下一级监察机关管辖范围内的监察事项;必要时也可以办理所辖各级监察机关管辖范围内的监察事项。两个以上监察机关都有权管辖的监察事项,由有管辖权的监察机关协商确定管辖,或者由它们共同的上一级监察机关指定管辖。① 其规定上级管辖和共同管辖的处理要求,其中共同管辖可以协商,也可以指定。

1992年《监察部关于执行〈中华人民共和国行政监察条例〉若干问题的解答》对监察管辖问题作了规定。其中第三部分,即关于上级监察机关"必要时也可办理所辖各级监察机关管辖范围内的监察事项"的规定如何适用的问题,作了细化规定:《行政监察条例》第十八条规定的上级监察机关在必要时可以办理所辖各级监察机关管辖范围内的监察事项,主要是指以下三种情况:(1)上级监察机关认为在其所辖地区有重大影响或者有普遍意义的监察事项。(2)上级监察机关认为下级监察机关不便办理的重大、复杂的监察事项,以及由下级监察机关办理可能会影响公正处理的监察事项。(3)领导机关指定由上级监察机关直接办理的监察事项。

1997年《行政监察法》在对监察对象规定基础上进一步规定。上级监察机关可以办理下一级监察机关管辖范围内的监察事项;必要时也可以办理所辖各级监察机关管辖范围内的监察事项。监察机关之间对管辖范围有争议的,由其共同的上级监察机关确定。② 其规定上级管辖和共同管辖的处理要求。其中,共同管辖则通过指定来解决。

从上述规定来看,其主要涉及上级监察机关是否能够管辖所有下级监察机关的监察事项以及共同管辖问题。之所以这样规定,原因在于各级监察机关具有相应的管辖权限。

(二)国家监察时期监察管辖规定

国家监察时期,监察管辖规定比以往更为复杂。

---

① 1990年《行政监察条例》第十八条。
② 1997年《行政监察法》第十七条。

1. 《监察法》监察管辖规定

2018年《监察法》在规定监察范围基础上进一步规定监察管辖问题。(1)分级管辖及其管辖争议解决。各级监察机关按照管理权限管辖本辖区内本法第十五条规定的人员所涉监察事项。上级监察机关可以办理下一级监察机关管辖范围内的监察事项,必要时也可以办理所辖各级监察机关管辖范围内的监察事项。监察机关之间对监察事项的管辖有争议的,由其共同的上级监察机关确定。① 该种管辖方式继承了以往监察管辖的做法。(2)指定管辖和报请管辖。上级监察机关可以将其所管辖的监察事项指定下级监察机关管辖,也可以将下级监察机关有管辖权的监察事项指定给其他监察机关管辖。监察机关认为所管辖的监察事项重大、复杂,需要由上级监察机关管辖的,可以报请上级监察机关管辖。② 其规定上下级管辖可以灵活调整。

2. 《国家监察委员会管辖规定(试行)》监察管辖规定

2018年4月16日,国家监察委员会出台《国家监察委员会管辖规定(试行)》,其对监察管辖规定如下:

(1)职务违法犯罪和非职务违法犯罪之间的管辖。公职人员既涉嫌严重职务违法或者职务犯罪,又涉嫌其他违法犯罪的案件,由国家监察委员会与最高人民检察院、公安部等机关协商解决管辖问题,一般应当由国家监察委员会为主调查,其他机关予以配合。③ 其主要规定国家监察委员会与最高人民法院、公安部等机关之间的管辖问题。

(2)受理管辖和犯罪行为地管辖。几个省级监察机关都有管辖权的案件,由最初受理的监察机关管辖。必要时,可以由主要犯罪地的监察机关管辖。省级监察机关之间对案件管辖有争议的,应当指请国家监察委员会解决。具体下列情形之一的,国家监察委员会可以在职责范围内并案调查:①一人犯数罪的;②共同犯罪的;③共同犯罪的公职人员还实施

---

① 2018年《监察法》第十六条。
② 2018年《监察法》第十七条。
③ 2018年《国家监察委员会管辖规定(试行)》第十九条。

其他犯罪的;④多人实施的犯罪存在关联,并案处理有利于查明事实的。① 其规定最初处理管辖和主要犯罪地管辖及其管辖争议解决方式。

(3) 司法管辖。在诉讼监督活动中发现的司法工作人员利用职权实施的侵犯公民权利、损害司法公正的犯罪,由人民检察院管辖更为适宜的可以由人民检察院管辖。公职人员以外的其他人员涉嫌第十六条、第十七条所列犯罪和非国家工作人员受贿罪,对非国家工作人员行贿罪,对外国公职人员、国家公共组织官员行贿罪的,由公安机关管辖。② 其规定人民检察院管辖和公安机关管辖。

(4) 直接管辖。国家监察委员会调查中央管理的公职人员职务违法和职务犯罪案件;有全国性影响的其他重大职务违法和职务犯罪案件。国家监察委员会可以直接调查或者领导、指挥调查省级监察机关管辖的案件,必要时也可以直接办理地方各级监察机关管辖的案件。③ 其规定国家监察委员会管辖方式。

(5) 指定管辖。国家监察委员会可以将其管辖案件指定省级监察机关管辖,也可以将省级监察机关管辖的案件指定给其他省级监察机关管辖。地方监察机关办理国家监察委员会指定管辖的案件过程中,发现新的涉嫌职务违法或者职务犯罪线索,应当及时报送国家监察委员会。对案件涉及的重要情况、重大问题,应当及时请示报告。④ 其规定国家监察委员会可以在省级监察机关之间灵活调整管辖。

(6) 申请管辖。省级监察机关认为所管辖的案件重大、复杂,需要由国家监察委员会管辖的,可以报请移送国家监察委员会管辖。国家监察委员会受理后,认为需要调查的,可以自行调查,也可以指定其他省级监察机关办理。⑤ 其规定省级监察机关可以报请国家监察委员会管辖。

(7) 异地管辖。国家监察委员会在调查中指定异地管辖,需要在异

---

① 2018年《国家监察委员会管辖规定(试行)》第二十条。
② 2018年《国家监察委员会管辖规定(试行)》第二十一条。
③ 2018年《国家监察委员会管辖规定(试行)》第二十二条、第二十三条。
④ 2018年《国家监察委员会管辖规定(试行)》第二十四条。
⑤ 2018年《国家监察委员会管辖规定(试行)》第二十五条。

地起诉、审判的,应当在移送审查起诉前与人民检察院、人民法院协商指定管辖等相关事宜。① 其规定异地管辖时涉及异地起诉、审判,需要和人民检察院和人民法院协商指定管辖。

(8) 联合管辖。中央纪律检查委员会、国家监察委员会派驻纪检监察组负责调查被监督单位非中央管理的局级及以下公职人员的职务违法和职务犯罪案件,派驻纪检监察组可以与北京市监察委员会联合开展调查。② 其规定中纪委国家监委派驻纪检监察组和北京市监察委员会联合开展调查的管辖范围。

(9) 移交管辖。派驻纪检监察组调查其所管辖的职务犯罪案件,认为由北京市监察委员会调查更为适宜的,应当经驻在单位党组(党委)同意,并向国家监察委员会报备后,移交北京市监察委员会调查。北京市监察委员会根据具体情况决定自行调查或者指定下级监察机关调查。北京市监察委员会认为有依法需要回避等情形的,应当报请国家监察委员会指定其他监察机关管辖。北京市监察委员会作出立案调查决定的,对调查过程中的重要情况,应当及时通报派驻纪检监察组;作出不予立案调查或者撤销案件等决定的,应当征求派驻纪检监察组的意见。派驻纪检监察组应当将上述情况及时向国家监察委员会对口联系纪检监察室报备,纪检监察室接报后,应当及时向分管领导同志报告。③ 其规定中央纪委国家监委派驻纪检监察组移交北京市监察委员会管辖的处理方式。

(10) 派驻管辖。工作地点在地方、干部管理权限在主管部门的公职人员涉嫌职务违法或者职务犯罪的,由派驻该单位的纪检监察组管辖。派驻纪检监察组认为由其工作所在地监察机关调查更为适宜的,应当及时同其工作所在地有关监察机关协商决定,并履行相应的审批程序。④ 其规定派驻单位的纪检监察组管辖及其调整程序。

3.《监察法实施条例》监察管辖规定

---

① 2018年《国家监察委员会管辖规定(试行)》第二十六条。
② 2018年《国家监察委员会管辖规定(试行)》第二十七条。
③ 2018年《国家监察委员会管辖规定(试行)》第二十八条。
④ 2018年《国家监察委员会管辖规定(试行)》第二十九条。

2021年《监察法实施条例》对监察管辖作了进一步规定。其要点如下:

(1) 一般规定。监察机关开展监督、调查、处置,按照管理权限与属地管辖相结合的原则,实行分级负责制。① 其规定监察机关管辖的原则有两个:一是管理权限;二是属地管辖。

(2) 分级管辖和一并管辖。设区的市级以上监察委员会按照管理权限,依法管辖同级党委管理的公职人员涉嫌职务违法和职务犯罪案件。县级监察委员会和直辖市所辖区(县)监察委员会按照管理权限,依法管辖本辖区内公职人员涉嫌职务违法和职务犯罪案件。地方各级监察委员会按照本条例第十三条、第四十九条规定,可以依法管辖工作单位在本辖区内的有关公职人员涉嫌职务违法和职务犯罪案件。监察机关调查公职人员涉嫌职务犯罪案件,可以依法对涉嫌行贿犯罪、介绍贿赂犯罪或者共同职务犯罪的涉案人员中的非公职人员一并管辖。非公职人员涉嫌利用影响力受贿罪的,按照其所利用的公职人员的管理权限确定管辖。② 其规定地方各级监察委员会管辖的处理方式。

(3) 提级管辖。上级监察机关对于下一级监察机关管辖范围内的职务违法和职务犯罪案件,具有下列情形之一,可以依法提级管辖:①在本辖区有重大影响的;②涉及多个下级监察机关管辖的监察对象,调查难度大的;③其他需要提级管辖的重大、复杂案件。上级监察机关对于所辖各级监察机关管辖范围内有重大影响的案件,必要时可以依法直接调查或者组织、指挥、参与调查。地方各级监察机关所管辖的职务违法和职务犯罪案件,具有第一款规定情形的,可以依法报请上一级监察机关管辖。③ 其规定上级监察机关提级管辖的处理方式。

(4) 指定管辖。上级监察机关可以依法将其所管辖的案件指定下级监察机关管辖。设区的市级监察委员会将同级党委管理的公职人员涉嫌职务违法或者职务犯罪案件指定下级监察委员会管辖的,应当报省级监

---

① 2021年《监察法实施条例》第四十五条。
② 2021年《监察法实施条例》第四十六条。
③ 2021年《监察法实施条例》第四十七条。

察委员会批准;省级监察委员会将同级党委管理的公职人员涉嫌职务违法或者职务犯罪案件指定下级监察委员会管辖的,应当报国家监察委员会相关监督检查部门备案。上级监察机关对于下级监察机关管辖的职务违法和职务犯罪案件,具有下列情形之一,认为由其他下级监察机关管辖更为适宜的,可以依法指定给其他下级监察机关管辖:①管辖有争议的;②指定管辖有利于案件公正处理的;③下级监察机关报请指定管辖的;④其他有必要指定管辖的。被指定的下级监察机关未经指定管辖的监察机关批准,不得将案件再行指定管辖。发现新的职务违法或者职务犯罪线索,以及其他重要情况、重大问题,应当及时向指定管辖的监察机关请示报告。① 其规定上级监察机关指定管辖的处理方式。

(5) 主管管辖。工作单位在地方、管理权限在主管部门的公职人员涉嫌职务违法和职务犯罪,一般由驻在主管部门、有管辖权的监察机构、监察专员管辖;经协商,监察机构、监察专员可以按规定移交公职人员工作单位所在地的地方监察委员会调查,或者与地方监察委员会联合调查。地方监察委员会在工作中发现上述公职人员有关问题线索,应当向驻在主管部门、有管辖权的监察机构、监察专员通报,并协商确定管辖。前款规定单位的其他公职人员涉嫌职务违法和职务犯罪,可以由地方监察委员会管辖;驻在主管部门的监察机构、监察专员自行立案调查的,应当及时通报地方监察委员会。地方监察委员会调查前两款规定案件,应当将立案、留置、移送审查起诉、撤销案件等重要情况向驻在主管部门的监察机构、监察专员通报。② 其规定由驻在主管部门、有管辖权的监察机构、监察专员管辖的处理方式。

(6) 商请管辖。监察机关办理案件中涉及无隶属关系的其他监察机关的监察对象,认为需要立案调查的,应当商请有管理权限的监察机关依法立案调查。商请立案时,应当提供涉案人员基本情况、已经查明的涉嫌违法犯罪事实以及相关证据材料。承办案件的监察机关认为由其一并调

---

① 2021年《监察法实施条例》第四十八条。
② 2021年《监察法实施条例》第四十九条。

查更为适宜的,可以报请有权决定的上级监察机关指定管辖。① 其规定监察机关之间协商管辖的处理方式。

（7）主要管辖。公职人员既涉嫌贪污贿赂、失职渎职等严重职务违法和职务犯罪,又涉嫌公安机关、人民检察院等机关管辖的犯罪,依法由监察机关为主调查的,应当由监察机关和其他机关分别依职权立案,监察机关承担组织协调职责,协调调查和侦查工作进度、重要调查和侦查措施使用等重要事项。② 其规定由监察机关为主管辖的处理方式。

（8）必要管辖。监察机关必要时可以依法调查司法工作人员利用职权实施的涉嫌非法拘禁、刑讯逼供、非法搜查等侵犯公民权利、损害司法公正的犯罪,并在立案后及时通报同级人民检察院。监察机关在调查司法工作人员涉嫌贪污贿赂等职务犯罪中,可以对其涉嫌的前款规定的犯罪一并调查,并及时通报同级人民检察院。人民检察院在办理直接受理侦查的案件中,发现犯罪嫌疑人同时涉嫌监察机关管辖的其他职务犯罪,经沟通全案移送监察机关管辖的,监察机关应当依法进行调查。③ 其规定监察机关对司法工作人员犯罪管辖的处理方式。

（9）原任管辖。监察机关对于退休公职人员在退休前或者退休后,或者离职、死亡的公职人员在履职期间实施的涉嫌职务违法或者职务犯罪行为,可以依法进行调查。对前款规定人员,按照其原任职务的管辖规定确定管辖的监察机关;由其他监察机关管辖更为适宜的,可以依法指定或者交由其他监察机关管辖。④ 其规定监察机关对退休公职人员管辖的处理方式。

四、监察管辖立法比较研究

监察管辖在立法上主要涉及监察管辖种类、监察管辖分配和监察管

---

① 2021年《监察法实施条例》第五十条。
② 2021年《监察法实施条例》第五十一条。
③ 2021年《监察法实施条例》第五十二条。
④ 2021年《监察法实施条例》第五十三条。

辖争议解决等。

1. 监察管辖种类。监察管辖种类是指监察机关管辖的类型。由于监察机关权限各不相同,因此,必然出现管辖上的差异。古代监察机关虽然没有统一的监察管辖规定,但是通常采用分部门和分区进行管辖,而且在管辖上较为灵活。近代监察管辖并不严格区分部门管辖,但是在地方仍然实行分区管辖。新中国时期监察管辖则通常采用分部门管辖和分人员管辖,特别是监察委员会管辖类型更加复杂多样。

2. 监察管辖分配。监察管辖分配是指监察机关管辖范围的确定。通常来说,监察管辖分配最为常见的是根据部门和地区不同来确定监察管辖范围。这种分配方式在形式上比较清楚,也是监察管辖常用的方式。新中国时期监察管辖通常是根据行政隶属关系来确定管辖的。这种管辖分配方式不同于古代和近代监察管辖分配方式。特别是监察委员会管辖和刑事管辖具有很大的差异,因此在立法上也引起一些争议。目前主要针对监察管辖立法问题。一种看法是主张立法。有学者认为:"以修正的监察优先主义为指导,国家监察委员会可以通过制定正式的《监察委员会管辖规定》以系统解决监察管辖中存在的问题,全面完善监察管辖制度。"①还有学者认为:"划分监察管辖的法律依据应该是《监察程序法》,而非实体的《监察法》,建议制定并细化《国家监察程序法》。在衔接监察委员会案件管辖立法规定与《刑事诉讼法》基础上科学设定职务犯罪监察委员会案件管辖,在《国家监察委员会管辖规定(试行)》中完善职务违法监察管辖内容并提高至法规层面,形成《国家监察程序法》——《国家监察管辖条例》的法律、法规体系化层级效力。"②另一种看法是解释。有学者认为,在《监察法》出台不久的情况下,匆忙进行修改只会导致法律权威大打折扣,也会对建立初期的监察体制造成一定的冲击,理智的做法不是修法而是释法。《监察法》释法主体应当注意到两法管辖衔接问题,对监察

---

① 钱小平:《监察管辖制度的适用问题及完善对策》,《南京师大学报(社会科学版)》2020年第1期。

② 韦嘉燕:《国家治理现代化之监察委员会案件管辖立法考量:以监察机关获得授权制定监察法规为背景》,《河南社会科学》2021年第1期。

管辖制度作出合法合理的解释。① 还有学者认为："对于关联案件,由监察机关与公安机关、检察院等具有刑事案件侦查职能的机关进行协调,出台解释性文件做出具体规定。"② 实际上,监察管辖分配问题通常是根据立法来决定的,例如《监察法实施条例》对《监察法》管辖规定作了细化,甚至扩张。这种做法在实践中较为常见。

3. 监察管辖争议解决。监察管辖争议是指不同监察机关对监察事项都有管辖权或者都不具有管辖权时出现的争议形式。古代和近代监察管辖范围较为清晰,因此通常不会出现监察管辖争议。新中国时期实行分级管辖,加上职能叠加,必然导致管辖的复杂化,从而出现监察管辖争议。对此,立法上通常规定较为简单,由上级监察机关予以决定。

第三节 监督程序

监督程序是指监察机关对其他国家机关及其人员进行监督的程序。监督是任何一个国家机关包括监察机关的共同职能,但是这种监督通常是和国家机关职权相结合进行的。监察机关监督职责则是相对独立的一个组成部分,因此其必然有相应的程序。

一、古代监督程序规定

古代最为典型的监督程序是照刷程序。虽然照刷程序并不是自古以来就存在的,但是其反映了古代监督政务的通常做法。这里介绍明代照刷程序规定。例如,洪武二十六年(1393年)规定:"凡监察御史并按察司分司巡历去处,先行立案,令各该军民衙门抄案,从实取本衙门并所属有印信衙门,合刷卷宗。分豁已未照刷,已未结绝,号计张缝,依左粘连刷尾。同具点检单目并官吏不致隐漏结罪文状,责令该吏亲赍赴院,以凭逐

---

① 袁相亭、刘方权:《监察与司法的管辖衔接机制研究》,《交大法学》2019年第4期。
② 常永斌等:《监察机关与司法机关案件管辖上的衔接机制研究》,《怀化学院学报》2019年第3期。

宗照刷。如刷出卷内,事无违枉,具已完结,则批以照过。若事已施行,别无违枉,未可完结,则批以通照。若事已行,可完而不完,则批以稽迟。若事已行已完,虽有违枉而无规避,则批以失错。若事当行不行,当举不举,有所规避,如钱粮不追、人赃不照之类,则批以埋没。各卷内有文案不立,月日颠倒,又在乎推究得实,随其情而拟其罪。其曰照过、曰通照、曰稽迟、曰埋没,此皆照驳之总名。而照刷之方,又各有其法。今将六房照刷事例,各略举于后。"① 特别需要注意的是,其尚有吏户礼兵刑工六房照刷事例规定。这说明古代照刷程序规定是非常详细的。

二、近代监督程序规定

近代监督程序和古代照刷程序类似的是审计程序。不过,近代通常将审计和弹劾予以区分,因此,审计程序不再列入监察程序之中。所以,近代监督程序主要是弹劾程序。北洋政府时期弹劾程序规定较为简单。例如,1914年4月10日,《纠弹条例》第二条规定,平政院肃政厅肃政史,认为官吏有第一条各款情事之一者,得依其职权,径呈大总统纠弹之。这里重点介绍国民政府时期监督程序规定。

(一)弹劾程序

国民政府时期,弹劾程序在立法上有详有略,其主要出现在《弹劾法》和《监察法》之中。

1929年5月19日,《弹劾法》规定,监察委员对于公务员违法或失职之行为,应提出弹劾案于监察院。弹劾案之提出,应以书面为之,并应详叙事实,附举证据。② 其规定监察委员弹劾的形式要求。

1932年6月24日,《弹劾法》规定,监察委员得单独提出弹劾案。弹劾案之提出,以书面为之,并应详叙事实。弹劾案提出后,不得撤回。③

---

① 《大明会典》卷二百一十。
② 1929年5月19日《弹劾法》第二条、第三条。
③ 1932年6月24日《弹劾法》第三条、第四条、第八条。

其规定监察委员弹劾的形式要求,而且增加规定不得撤回弹劾案。

1947年宪法实施以后,1948年《监察法》对弹劾程序作了详细规定。其要点如下:(1)总统、副总统弹劾案。监察院对总统、副总统提出弹劾案时,依"宪法"第三十条及第一百条之规定办理。① 其规定监察院总统、副总统弹劾的程序。(2)违法或失职公务人员弹劾案。监察委员对于违法或失职公务人员,应向监察院提弹劾案。弹劾案之提议,以书面为之,并应详叙事实。弹劾案提议后,在未经审查决定前,原提案委员得以书面补充事实,弹劾案向惩戒机关提出后,于同一案件如发现新证据,应送惩戒机关并案办理。② 其规定监察委员弹劾违法或失职公务人员的程序。(3)急速救济之处分。公务人员违法或失职之行为、情节重大、有急速救济之必要者,监察院将该弹劾案向惩戒机关提出时,得通知该主管长官为急速救济之处分。主管长官接到前项通知、不为急速救济之处分者,被弹劾人受惩戒时,应负失职责任。③ 其规定急速救济处分的程序。

(二) 纠举程序

纠举程序是抗战时期国民政府进行监督的重要程序。从立法上来看,纠举程序通常是弹劾的前奏,所以应该视为监督程序。

1.《非常时期监察权行使暂行办法》纠举程序规定

1937年12月17日国民政府公布《非常时期监察权行使暂行办法》,1938年8月27日国民政府修正公布,共7条。其要点如下:

(1)立法目的。监察院除依法行使监察权外,为适应非常时期需要,得依本办法之规定行使之。④ 其规定该办法的立法目的。

(2)纠举程序。监察委员或监察使对于公务员违法或失职行为认为应速去职,或为其他急速处分者,得以书面纠举呈经监察院院长审核后送交各该主管长官,或其上级长官。其违法行为涉及刑事或军法者,得交各

---

① 1948年7月17日《监察法》第五条。
② 1948年7月17日《监察法》第六条、第七条、第八条。
③ 1948年7月17日《监察法》第十四条。
④ 1938年8月27日《非常时期监察权行使暂行办法》第一条。

该管审判机关审理之。监察委员于分派执行职务之省市,或监察使于该管监察区内,对委任职公务员为前项之纠举,于呈送监察院院长时,并应以书面径送各该主管长官或其上级长官。主管长官或其上级长官接受前条纠举书面后,应即决定撤职,或其他行政处分。其认为不应处分者,应听复不应处分之理由。被纠举之公务员得向主管长官或其上级长官提出申辩之意见。主管长官或其上级长官不依前条第一项为行政处分,又不听复,或虽听复而无理由时,监察院应即以该纠举文为弹劾案,移付惩戒机关。各该主管长官或其上级长官于被弹劾人受惩戒时,亦应负责。前项弹劾案于移付前,得不经弹劾法第五条第六条之审查程序。① 其规定监察委员或者监察使纠举的处理程序。

(3) 提出建议或意见。各机关或公务员对于非常时期内应办事项,有奉行不力或失当者,监察委员或监察使得以书面提出建议或意见,呈经监察院院长审核后,送交各该主管机关或上级机关。主管机关或其上级机关接受前项建议或意见后,应即为适当之计划与处置。② 其规定监察委员或者监察使提出建议或意见的处理程序。

(4) 特别调查。监察院为依本办法行使职务,得发特别调查证,随时指派监察委员、监察使或调查专员,持证视察各机关及公立团体,并调查其档案册籍及其他文件,各该机关团体不得拒绝。③ 其规定监察院指派监察委员、监察使或者调查专员调查的方式。

2.《非常时期监察权行使暂行办法施行细则》纠举程序规定

1938年9月9日,监察院第四十次会议修正通过《非常时期监察权行使暂行办法施行细则》,共10条。其要点如下:

(1) 制定依据。本细则依据非常时期监察权行使暂行办法制定之。④ 其规定该细则的制定依据。

(2) 纠举程序。被纠举之公务员违法行为涉及刑事或军法者,各该

---

① 1938年8月27日《非常时期监察权行使暂行办法》第二条、第三条、第四条。
② 1938年8月27日《非常时期监察权行使暂行办法》第五条。
③ 1938年8月27日《非常时期监察权行使暂行办法》第六条。
④ 1938年9月9日《非常时期监察权行使暂行办法施行细则》第一条。

主管长官或其上级长官于接受纠举书后，应交各该管审判机关审理之。接受纠举书之主管长官或其上级长官于法定撤职或其他行政处分时，应通知监察院。依本办法第三条之规定，主管长官或其上级长官于接受纠举书之日起一个月内不为行政处分，又不听复不应处分之理由时，以不处分又不听复论。依本办法第四条之规定，以纠举文件为弹劾案移付惩戒机关时，应由监察委员或监察使呈院审核后，将原纠举文件备之移付惩戒机关。惩戒机关接受前项弹劾案时，被弹劾人违法行为涉及刑事或军法者，应交各该管审判机关审理之。① 其规定各主管长官或者上级长官处理纠举书的程序。

（3）建议或意见处理。监察使对于该管监察区之建议或意见，得呈经监察院院长审核后，径向该主管机关或其上级机关提出。接受建议或意见之主管机关或其上级机关于为适当之计书画与处置后，应通知监察院。② 其规定监察使建议或意见的处理方式。

（4）调查规定。监察委员、监察使或调查专员于视察调查时，均须持有监察院特别调查证，并须遵守监察院调查规则及调查使用规则。前项规定，监察使署调查科长亦得准用之。③ 其规定监察委员、监察使或调查专员调查时的要求。

3.《监察法》纠举程序规定

1948年《监察法》对纠举程序进行规定。其要点如下：

（1）书面纠结。监察委员对于公务人员有违法或失职行为，认为应讯予停职或为其他急速处分者，得以书面纠举，经其他监察委员三人以上审查及决定，由监察院送交各该主管长官或其上级长官，其违法行为涉及刑事或军法者，应径送各该管司法或军法机关依法办理，但监察委员于分派执行职务之该管监察区内，对荐任以下公务人员提议纠举案于监察院，

---

① 1938年9月9日《非常时期监察权行使暂行办法施行细则》第二条、第三条、第四条、第五条。
② 1938年9月9日《非常时期监察权行使暂行办法施行细则》第六条、第七条。
③ 1938年9月9日《非常时期监察权行使暂行办法施行细则》第八条。

得同时以书面径送该主管长官或其上级长官。① 其规定监察委员书面纠举的程序。

（2）声复理由。主管长官或其上级长官接到前条纠举书后，至迟应于一个月内决定停职或其他行政处分，其认为不应处分者，应即向监察院声复理由。② 其规定向监察院复议的程序。

（3）失职责任。主管长官或其上级长官不依前条处分，又不声复或虽声复而无可取之理由时，监察委员得将该纠举案改作弹劾案，如被纠举人受惩戒时，其主管长官或其上级长官应负失职责任。③ 其规定监察委员弹劾的程序。

（三）监试程序

1930年公布《监试法》，历经1933年、1950年修正，共6条。其要点如下：

（1）派员监试。举行考试时，除检核外，依本法之规定，由考试院或考选机关，分请监察院或监察委员行署，派员监试。凡组织典试委员会办理之考试，应咨请监察院派监察委员监试。凡考试院派员或委托有关机关办理之考试，得由监察机关就地派员监试。④ 其规定监察机关派员监试的程序。

（2）送交典试名册。典试委员长，应造具典试委员会人员名册，送交监试人员。⑤ 其规定向监视人员送交名册要求。

（3）监试事项。监视人员需要监视如下事项：试卷之弥封、弥封姓名册之固封保管、试题之缮印、封存及分发、试卷之点封、弥封姓名册之开拆及对号、应考人考试成绩之审查、及格人员之榜示及公布。⑥ 其规定监视人员监试的事项。

---

① 1948年7月17日《监察法》第十九条。
② 1948年7月17日《监察法》第二十条。
③ 1948年7月17日《监察法》第二十一条。
④ 1950年《监试法》第一条。
⑤ 1950年《监试法》第二条。
⑥ 1950年《监试法》第三条。

(4) 舞弊处理。监试时如发现有潜通关节、改换试卷或其他舞弊情事者,应由监试人员报请监察院依法处理之。① 其规定舞弊事宜的处理程序。

(5) 监试汇报。考试事竣,监试人员应将监试经过情形,呈报监察机关。② 其规定监视人员向监察院报告。

(四) 同意权行使

1948年《监察院同意权行使办法》对同意程序作了规定。(1)监察院依据宪法第九十九条、第八十四条及第九十四条之规定行使同意权。(2)监察院行使同意权,应由全院委员审查会审查后提出监察院会议投标票。全院委员审查会应审查总统提名之司法院院长、副院长、大法官及考试院院长、副院长、考试委员所附履历证件加审查。全院委员会审查会由委员互推一人为主席,其会议秘密进行。(3)同意权之行使,应有全体监察委员过半数之出席,出席委员过半数之议决行之。(4)同意权之行使采用无记名投票法。(5)司法院院长、副院长、大法官及考试院院长、副院长、考试委员之同意,应分别举行投票。(6)同意权票印总统提名人的姓名,由监察委员就其姓名下"同意""不同意"两项加圈,表示同意或不同意。(7)监察委员行使同意权时,投票及开票监察员由监察委员任之。(8)同意权投票之结果,应由监察院以书面咨达总统,其有不同意者,应请其另行提名。(9)经过同意之人离职时,其继任者仍须得监察院同意。其规定监察院对司法院院长、副院长、大法官及考试院院长、副院长、考试委员同意投票的程序。

三、共同纲领时期监督程序规定

共同纲领时期,监督程序没有专门规定,因为通常所进行的监督工作

---

① 1950年《监试法》第四条。
② 1950年《监试法》第五条。

就是检查。这种检查并没有特殊的程序要求。不过,由于这一时期监察机关具有财务监督职责,因此,其监督程序更多地表现为财务监督程序。例如,1954年8月13日,《政务院人民监察委员会、铁道部关于执行政务院关于在铁道部建立人民监察局和加强监察工作的决定的命令》对检查程序作了详细规定。其规定,部辖各局、各厂、各铁路管理局、各工程局及其所辖各单位在进行各项生产财务活动时,必须依照下列规定办理:(1)一切现金收入、付出在实行收付以前,应将有关的收付凭证及各种原始单据,提交同级监察机构或监察人员签认同意;但人民监察局长得根据具体情况认为某项收支无事先审核必要时,可改为事后审查;(2)一切合同、契约、协议书、订购单应在订立的同时提交同级监察机构或监察人员签认同意;(3)注销材料、工具、各种设备以及备品、家具、服装等,在处理以前,必须先经同级监察机构或监察人员检验同意;(4)向外销售种种材料、物资,应先经同级监察机构或监察人员检验同意;(5)各种材料、备品、工具以及其他各种物资,如需处理评价入账时,应先经同级监察机构或监察人员签认同意;(6)运输事故的赔偿要求案件,在确定赔偿以前,应先经同级监察机构或监察人员签认同意;(7)拟在损益项下列销的各种损失(包括自然灾害损失),在列销以前应先经同级监察机构或监察人员签认同意。由此可见,人民监察局的监督程序就是对生产财务活动监督的程序。

又如,关于工作方法,《中央人民政府铁道部人民监察局工作条例》第五项规定,铁道部人民监察局的工作方法:(1)根据监察工作计划,进行监督和检查,并得依据实际需要,随时进行检查。(2)监督和检查各种业务交易是否合理合法、各项开支是否符合计划和规定标准。(3)审核各种单据文件、生产和财务统计资料、账簿表报和资产负债表。(4)审核各种合同契约协议书,重点监督采购材料验收和工程验收。(5)组织不脱产的人民监察通讯员担任义务监察工作;必要时得吸收其他人员参加一定范围的监察工作。

四、1954年宪法时期监督程序规定

1954年宪法时期,行政监察机关仍然具有对各种活动包括财务活动的监督职责。因此,其在监督程序方面仍然属于一般检查程序。不过,在财务监督方面仍然有相应的程序。例如,1956年1月6日,《监察部关于派驻县监察组的若干工作问题的指示》也对检查程序作了规定。(1)签名盖章。监察组检查的材料,应经被检查部门核对,由被检查部门的负责人或有关人员提出意见并签名盖章。(2)处理。监察组在检查工作中,发现被检查部门存在的缺点与问题,应找出产生的根源,提出意见,其中涉及县领导机关和主要领导人的问题,报请派遣它的监察机关处理;涉及县人民委员会所属各部门和一般工作人员的问题,提请县领导机关和有关部门处理。如果是重大问题,应同时报告派遣它的监察机关。(3)复查。监察组应督促被检查部门改进工作,监察组认为必要时,应当进行复查。(4)分歧解决。监察组在执行职务时,若与所在县领导机关或被检查机关、企业的意见发生原则分歧时,应即报告派遣它的监察机关和有关领导机关研究解决。从上述规定来看,其对检查程序作了非常详细的规定。

五、1982年宪法时期监督程序规定

1982年宪法时期,由于行政监察机关和国家监察机关存在一定的差异,因此,其在监察程序规定上也有差异。

(一)行政监察时期监督程序规定

这一时期,监督程序就是检查程序,并且在立法中开始予以详细规定。

1990年,《行政监察条例》第三十条规定,监察机关确定进行检查的,应当在检查前书面通知被检查部门和有关人员;监察机关确定进行立案

调查的,应当通知被调查部门的上级机关或者被调查人员的所在单位。有关部门和人员应当提供检查和调查必需的工作条件。其规定监察机关检查和立案调查的程序要求。

1997年,《行政监察法》第二十九条规定,监察机关按照下列程序进行检查:(1)对需要检查的事项予以立项;(2)制定检查方案并组织实施;(3)向本级人民政府或者上级监察机关提出检查情况报告;(4)根据检查结果,作出监察决定或者提出监察建议。重要检查事项的立项,应当报本级人民政府和上一级监察机关备案。① 其规定监察机关检查的程序要求。2004年,《行政监察法实施条例》第二十八条规定,行政监察的检查事项,由监察机关根据本级人民政府或者上级监察机关的部署和要求以及工作需要确定。行政监察法第二十九条第二款所称"重要检查事项",是指根据本级人民政府或者上级监察机关的部署和要求确定的检查事项,或者监察机关认为在本行政区域内有重大影响而需要检查的事项。其进一步规定监察事项的确定和重要检查事项的界定。

(二)国家监察时期监督程序规定

这一时期,立法虽然规定监察机关监督检查职责,但是在立法上未明确规定监督程序。不过,2019年1月1日起施行的《中国共产党纪律检查机关监督执纪工作规则》对纪律检查机关和国家监察机关的监督程序作了非常细致的规定。由于2017年1月15日中央纪委印发的《中国共产党纪律检查机关监督执纪工作规则(试行)》仅限于纪律检查机关监督工作,因此,2019年《中国共产党纪律检查机关监督执纪工作规则》实际上有规范监察机关监督工作的特点。其第三章监督检查规定以下内容:

(1)监督检查主体。党委(党组)在党内监督中履行主体责任,纪检监察机关履行监督责任,应当将纪律监督、监察监督、巡视监督、派驻监督结合起来,重点检查遵守、执行党章党规党纪和宪法法律法规,坚定理想信念,增强"四个意识",坚定"四个自信",维护习近平总书记核心地位,维

---

① 2010年修改《行政监察法》,调整为第三十条。

护党中央权威和集中统一领导,贯彻执行党和国家的路线方针政策以及重大决策部署,坚持主动作为、真抓实干,落实全面从严治党责任、民主集中制原则、选人用人规定以及中央八项规定精神,巡视巡察整改,依法履职、秉公用权、廉洁从政从业以及恪守社会道德规范等情况,对发现的问题分类处置、督促整改。① 其规定党委(党组)的主体责任和纪检监察机关的监督责任。

(2)专题会议。纪委监委(纪检监察组、纪检监察工委)报请或者会同党委(党组)定期召开专题会议,听取加强党内监督情况专题报告,综合分析所联系的地区、部门、单位政治生态状况,提出加强和改进的意见及工作措施,抓好组织实施和督促检查。② 其规定纪委监委(纪检监察组、纪检监察工委)召开专题会议的要求。

(3)日常监督。纪检监察机关应当结合被监督对象的职责,加强对行使权力情况的日常监督,通过多种方式了解被监督对象的思想、工作、作风、生活情况,发现苗头性、倾向性问题或者轻微违纪问题,应当及时约谈提醒、批评教育、责令检查、诫勉谈话,提高监督的针对性和实效性。③ 其规定纪检监察机关加强日常监督的要求。

(4)检举控告监督。纪检监察机关应当畅通来信、来访、来电和网络等举报渠道,建设覆盖纪检监察系统的检举举报平台,及时受理检举控告,发挥党员和群众的监督作用。④ 其规定纪检监察机关畅通举报渠道的要求。

(5)廉政档案。纪检监察机关应当建立健全党员领导干部廉政档案,主要内容包括:①任免情况、人事档案情况、因不如实报告个人有关事项受到处理的情况等;②巡视巡察、信访、案件监督管理以及其他方面移交的问题线索和处置情况;③开展谈话函询、初步核实、审查调查以及其他工作形成的有关材料;④党风廉政意见回复材料;⑤其他反映廉政情况

---

① 2019年《中国共产党纪律检查机关监督执纪工作规则》第十三条。
② 2019年《中国共产党纪律检查机关监督执纪工作规则》第十四条。
③ 2019年《中国共产党纪律检查机关监督执纪工作规则》第十五条。
④ 2019年《中国共产党纪律检查机关监督执纪工作规则》第十六条。

的材料。廉政档案应当动态更新。① 其规定纪检监察机关建立健全党员领导干部廉政档案的要求。

（6）回复。纪检监察机关应当做好干部选拔任用党风廉政意见回复工作，对反映问题线索认真核查，综合用好巡视巡察等其他监督成果，严把政治关、品行关、作风关、廉洁关。② 其规定纪检监察机关做好干部选拔任用党风廉政意见回复工作的要求。

（7）建议。纪检监察机关对监督中发现的突出问题，应当向有关党组织或者单位提出纪律检查建议或者监察建议，通过督促召开专题民主生活会、组织开展专项检查等方式，督查督办，推动整改。③ 其规定纪检监察机关提出纪律检查建议或者监察建议的要求。

六、监督程序立法比较研究

监督程序在立法上主要涉及监督程序类型、监督程序内容和监督程序立法形式。

1. 监督程序类型。其是指监察机关进行监督的程序种类。古代监督程序形式较为丰富，除了照刷程序之外，还有巡察等各种程序类型。近代监察程序虽然主要是弹劾程序，但是国民政府时期也逐渐增加了一些程序类型，如纠举程序、监试程序等。新中国时期监督程序主要是检查程序。不过，由于检查程序适用范围广泛，在一定程度上体现了监督程序的特点。

2. 监督程序内容。其是指监察程序规定的具体流程环节。古代监督程序对监督事项、监督方法和监督结果均有相应规定。近代监督程序也有相应的流程环节。新中国时期监督程序规定则涉及监督部门、监督方法、监督结果等。

3. 监督程序立法形式。其是指监督程序在立法中的形式。通常来

---

① 2019年《中国共产党纪律检查机关监督执纪工作规则》第十七条。
② 2019年《中国共产党纪律检查机关监督执纪工作规则》第十八条。
③ 2019年《中国共产党纪律检查机关监督执纪工作规则》第十九条。

说,监督程序立法形式和一般立法形式相同。随着监察法对监督职责的规定,因此,在立法上出现对监督进行专门立法的呼声。有学者认为:"《监察法》作为中国特色第三部反腐败特别法,未能就监督职责的现实运行做出系统的制度设计,迫切需要监督职能的法定化。规范体系建设可供选择的模式有立法修正与单行立法模式,第二种模式更具有合理性。笔者主张,(1)维护《监察法》国家独立监察权基本法的地位。(2)提请国家立法机关尽快制定《中华人民共和国监察委员会监督法》,就监察监督的体制、机制做出系统的制度安排。"①不过,也有学者对此提出通过法律修改方式进行:"以单行立法的方式规定监察委监督权限和程序会破坏《监察法》体系的完整性,可行的思路是,在现有《监察法》体例基础上,补充规定监察委可以使用哪些权限来履行监督职责,同时规定行使监督权限相应的程序。在众多监督权限中,笔者认为检查权是必不可少的监督权限。这一方面是因为以前的行政监察法已规定了检查权和检查程序,监察委工作人员对之较为熟悉,继续沿用检查权和检查程序,较为可行;另一方面是检查权有强制性,以检查程序作为保障,监察委通过行使检查权,实现对监察对象的充分知情。所以,笔者建议修订《监察法》时,恢复规定行政监察法原有的检查权限和程序,就能够弥补《监察法》监督职能规范的不足。"②对此,立法上需要进一步深入研究。从上述规定来看,监督程序没有专门规定,主要体现在检查程序中。目前,在实践中,其更多地和党内监督程序相融合,在党内法规中予以规定。《中国共产党纪律检查机关监督执纪工作规则》虽然第三章单独规定监督检查,但是其对监督检查程序规定更多的是对监督检查工作的管理,而不是对监督检查程序的规定。同时,虽然在党内法规中将监察机关一并予以规定,但是监察机关监督工作和纪律检查机关监督工作既有相同之处,也可能有一定的差异。此外,监察机关参加巡视巡察工作没有明确规定。巡视巡察在立法上没有明确,其更多地体现在党内法规之中,如《中国共产党巡视工作条

---

① 魏昌东:《监督职能是国家监察委员会的第一职能:理论逻辑与实现路径》,《法学论坛》2019年第1期。

② 李小勇:《监察委监督职责的法理解读》,《福建警察学院学报》2019年第6期。

例》。因此,监察立法应该关注监督检查程序,专门制定监督检查工作办法,包括监督检查程序、巡视程序和巡察程序。

第四节 调查程序

调查程序是指监察机关对需要进行监察的案件进行立案调查的程序。调查权力在监察立法中虽然出现较早,但是调查程序和监督检查程序相互区别则出现较晚。

一、古代调查程序规定

古代没有现代意义上的调查程序,不过,这并不意味着不存在调查程序。这里以明代为例予以说明。

例如,洪武二十六年(1393年)规定:"(1)凡分巡按治州郡,必须遍历,不拘限期。风宪官吏务要同行,不许先后相离。其经过去处,除差拨亏兵防护,依律关支廪给,应付脚力,买办心红纸札之外,不许擅令所司和买物货私役夫匠,多用铺陈等项。亦不得纵容官吏出郭迎送。其分巡地面果系原籍,及按临之人设有仇嫌,并宜回避。毋得沽恩报仇,朦胧举问。(2)凡至按临处所,先将罪囚审录卷宗吊刷外,稍有余暇,首先,观诸各处祭祀坛场,点其祭器墙宇,有无完缺。其次,存恤孤老,审问衣粮有无支给。巡视仓库,查算钱粮有无亏欠。勉励学校考课生员,有无成效。中间但有欺弊,即便究问如律。(3)凡受军民词讼,审系户婚田宅斗殴等事,必须置立文簿,抄写告词,编成字号,角印关防,立限发与所在有司,追问明白,就便发落,具由回报。若告本县官吏,则发该府。若告本府官吏,则发布政司。若告布政司官吏,则发按察司。若告按察司官吏,及申诉各司官吏枉问刑名等项,不许转委,必须观问。干碍军职官员,随即奏闻请旨。亦不得擅自提取。(4)凡主所在体知有司等官,守法奉公兼能昭著者,随即举奏。其奸贪废事蠹政害民者,究问如律。(5)凡至地方所有合行事件,著令首领官抄案施行。"① 其规定巡查所要了解的事项和处理方式。

又如,洪武二十六年(1393年)规定:"凡在外军民人等赴京,或击登闻鼓,或通政司投状,陈告一应不公冤枉等事,钦差监察御史出巡追问,照出合问流品官员,就便请旨拿问。带同原告,一到追问处所,著令原告供报被告干连人姓名、住址,立案。令所在官司抄案提人。案验后,仍要抄行该吏书名画字,如后呈解原提被告人到,不许停滞,即于来解内立案。将原被告当官引问,取讫招供服辩,判押入卷,明立文卷,开具原发事由,问拟招罪,照行事理,除无招答杖轻罪,就彼摘断,徒流死罪,连人卷带回审拟,奏闻发落。"② 其规定监察御史出巡追问的要求。

可见,上述规定实际上均属于调查程序规定。

二、近代调查程序规定

近代监察机关调查程序在立法上通常有明确规定。

(一)北洋政府时期查办程序规定

《纠弹条例》和《纠弹法》对查办程序进行了规定。这种程序类似于调查程序。

1.《纠弹条例》查办程序规定

(1) 查办要求。大总统认为官吏有第一条各款情事之一者,得特交平政院肃政厅查办之。③ 其规定大总统交肃政史查办。

(2) 查办人员。肃政厅对于大总统特交查办案件,由都肃政史指定肃政史二人以上查办之。④ 其规定查办人员的指定。

(3) 查办处理。第四条之查办事件,经肃政史查办后,认为应行纠弹者,依其职权,径呈大总统纠弹。第四条之查办事件,经肃政史查办后,认

---

① 《大明会典》卷二百一十。
② 《大明会典》卷二百一十一。
③ 1914年4月10日《纠弹条例》第三条。
④ 1914年4月10日《纠弹条例》第四条。

为毋庸纠弹者,应报告于都肃政史,由肃政厅呈复大总统。① 其规定查办后纠弹和不予纠弹的程序。

2.《纠弹法》查办程序规定

(1) 查办要求。大总统认为官吏有第一条各款情事之一者,得特交肃政厅查办之。② 其规定大总统交肃政史查办。

(2) 查办人员。肃政厅对于大总统特交查办事件由都肃政史指定肃政史二人以上查办之。前项指定之肃政史与查办官吏有亲属关系或与查办事件有特别关系者,应向都肃政史声明理由,自请回避。③ 其规定查办人员的指定,补充规定回避要求。

(3) 查办处理。前条之查办事件经肃政史查办后认为应行纠弹者依其职权径呈大总统纠弹之。肃政史查办后认为毋庸纠弹者应报告于都肃政史,由肃政厅呈复大总统。④ 其规定查办后纠弹和不予纠弹的程序。

(4) 调查方式。大总统特交肃政厅查办事件及人民告诉或告发于肃政厅事件,经指定查办或审查之肃政史认为应行调查证据者,得由肃政厅派肃政史或嘱托司法官署行政官署调查之。⑤ 其规定调查的要求。

(二) 国民政府时期调查程序规定

国民政府时期立法通常对调查程序作了原则性规定。在此基础上,监察院制定调查规则,明确调查程序。

1.《监察院调查规则》调查程序规定

1933年2月27日,监察院第二十七次会议通过《监察院调查规则》,1941年10月17日修正备案。其要点如下:

(1) 调查准备。调查人员于接到公文后,应酌量案情繁简及行程远近,预计调查期限及旅费数目,陈请核定。调查人员除紧急案件应立即出

---

① 1914年4月10日《纠弹条例》第五条、第六条。
② 1914年7月20日《纠弹法》第三条。
③ 1914年7月20日《纠弹法》第四条。
④ 1914年7月20日《纠弹法》第五条。
⑤ 1914年7月20日《纠弹法》第十条。

发外,其余应于三日内出发,但遇疾病及特别事故,呈经准许者,不在此限。① 其规定调查人员调查前的准备事项。

(2)调查纪律。调查人员对于密查案件,不得向外宣泄。调查人员应就所负责任范围之事项,从事调查,不得接受其他诉状或进行其他调查。调查人员执行任务时,绝对不得接受一切供应。调查人员到达目的地,应报告本院,遇有紧急事项,及必须执行调查证使用规则第二条之规定时,并应立即呈报。② 其规定调查人员调查时的纪律要求。

(3)调查方式。调查人员遇有依照调查证使用规则第三条之规定,查询该案之关系人时,应制询问笔录,并应受询人署名签押。调查人员在调查进行中,如发现被查公务员有危害人民生命财产之危险,认为有急速救济处分之必要,应即电呈核办。调查人员于调查完毕时,应即回院报告。但遇疾病或其他故障时,不在此限。调查人员调查完毕时,应按国内出差旅费规则之规定,据实造报。③ 其规定调查人员调查时的工作方式要求。

2.《监察法》调查程序规定

1948年《监察法》对调查程序作了详细规定。其要点如下:

(1)监察证或调查证。监察院为行使监察职权,得由监察委员持监察证或派员持调查证赴各机关、各部队、各公共团体调查档案、册籍及其他有关文件,各该机关、部队或团体主管人员及其他相关人员不得拒绝。遇有询问时,应就询问地点负责为详实之答复,作为笔录,由受询人署名签押。调查人员调查案件,于必要时得通知书状具名人及被调查人员就指定地点询问。调查人员对案件内容,不得对外宣泄。监察证调查证使用规则,由监察院定之。④ 其规定监察委员持监察证或者派员持调查证进行调查的要求。

(2)临时调查证件。调查人员必要时,得临时封锁有关证件或携去

---

① 1941年10月17日《监察院调查规则》第二条、第三条。
② 1941年10月17日《监察院调查规则》第四条、第五条、第六条、第七条。
③ 1941年10月17日《监察院调查规则》第八条、第九条、第十条、第十一条。
④ 1948年7月17日《监察法》第二十五条。

其全部或一部。前项证件,如于职务上应守秘密者,其封锁或携去,应经该管监督公务员之允许,但除有妨害国家利益者外,该管监督公务员不得拒绝。前项携去之证件,该主管人员须加盖图章,由调查人员给予收据。① 其规定调查人员临时调查证件的处理方式。

(3) 协助。调查人员必要时,得知会当地政府、法院或其他有关机关协助。调查人员于调查证据遭遇抗拒或为保全证据时,得通知警宪当局协助,作必要之措施。调查人员在调查案件时,如认为案情重大,或被调查人有逃亡之虞者,得通知当地警宪当局协助,予以适当之防范。② 其规定调查人员要求当地政府、法院或其他有关机关的协助的要求,也规定通过当地警宪当局协助的要求。

(4) 委托调查。监察院于必要时,得就指定案件或事项,委托其他机关调查。各机关接受前项委托后,应即进行调查,并以书面答复。③ 其规定监察院委托其他机关调查的要求。

三、新中国时期调查程序规定

新中国初期,监察机关虽然有调查权力,但是没有专门设置调查程序,因为这种调查和检查没有本质的差异。1982年宪法时期,出现了专门的调查程序。

(一) 行政监察时期调查程序规定

这一时期,由于赋予行政监察机关调查权,因此,有关调查程序开始予以明确。不仅全国人大常委会法律和国务院行政法规在行政监察立法中予以专门规定,而且行政监察机关专门制定调查处理政纪案件具体办法。其中对调查程序作了详细规定。

1. 1988年《监察机关调查处理政纪案件试行办法》调查程序规定

---

① 1948年7月17日《监察法》第二十六条。
② 1948年7月17日《监察法》第二十七条、第二十八条。
③ 1948年7月17日《监察法》第二十九条。

1988年5月11日,《监察机关调查处理政纪案件试行办法》对调查程序进行了规定。其要点如下:

(1) 受理。各级监察机关对上级批办、其他部门移送和群众反映、检举、控告行政监察对象违反国家政策、法律、法规以及监察对象自述或申诉的问题,应予受理。反映、检举、控告,用书面或口头均可。受理口头反映、检举、控告,可以录音,也可笔录,经宣读无误后,由来访者签名、盖章或押印。如反映人、检举人、控告人不愿公开自己的姓名,应为其保密。对不属于监察机关管辖范围的问题,应当告知来访者到有权处理的机关反映。凡是已经受理的违纪问题,都要听取知情人和有关单位意见及群众反映;经初步了解,确有违法违纪事实而又需要给以政纪处分的,即可立案。① 其规定各级监察机关受理的处理方式。

(2) 立案。凡是需要调查处理的案件,必须履行报批手续,实行分级立案:①国务院各部部长、各省省长、自治区主席、直辖市市长,以及相当这一职级的行政工作人员违反政纪需要立案调查的问题,由监察部呈报国务院总理批准后立案。②国务院各部副部长,各省副省长、自治区副主席、直辖市副市长,以及相当这一职级的行政工作人员违反政纪需要立案调查的问题,由监察部呈报国务院主管领导批准后立案。③国务院各部门和各省、自治区、直辖市政府直属机关正、副厅(局)长,地区正、副专员以及相当这一职级的行政工作人员违反政纪需要立案调查的问题,由派驻各部门的监察机构或各省、自治区、直辖市监察厅(局)报告本部门或本级政府决定立案,同时向监察部备案,不设派出监察机构的部门,由监察部商有关部门决定立案。④国务院各部门和省、自治区、直辖市直属机关正处级及其以下行政机关工作人员违反政纪需要立案调查的问题,分别由各部门的监察机构和省、自治区、直辖市监察厅(局)决定立案,重大案件向监察部备案。不设派出监察机构的部门,由监察部商有关监察机构决定立案。⑤地(市)直属机关正、副局长,各县正、副县长,以及相当这一职级的行政工作人员违反政纪需要立案调查的问题,由各地(市)监察局

---

① 1988年《监察机关调查处理政纪案件试行办法》第九条、第十条、第十一条。

报告行署或本级政府决定立案,并向省、自治区、直辖市监察厅(局)备案。地(市)直属机关科级及其以下行政工作人员违反政纪需要立案调查的问题,由地(市)监察局决定立案。⑥各县直属机关正、副局长,各区正、副区长,各乡正、副乡长,各镇正、副镇长以及相当这一职级的行政工作人员违反政纪需要立案调查的问题,由各县监察局报告本级政府决定立案,并向地(市)监察局备案。各县、区、乡副科级以下行政工作人员违反政纪需要立案调查的问题,由各县监察局决定立案。⑦属于双重领导关系单位的和行政工作人员违反政纪需要立案调查的问题,由任命其职务的一方受理立案。① 其规定分级立案的决定主体。

对于严重违反政纪的单位,由它的上一级行政监察机关报请本级政府或行政领导决定立案。属于下级监察机关立案范围的重大案件,上级监察机关可以直接立案。对上级监察机关和本级政府交办的反映行政工作人员违反政纪的材料,经初步审核,具备立案条件的,即按有关规定立案。否则可不立案。但上级监察机关或本级政府认为必须立案的,则应立案。两个以上单位或部门联合调查的案件,由主办单位办理立案手续。各级监察机关在确定对监察对象立案调查时,如与本级政府和行政领导意见不一致,应请示上一级监察机关作出决定。② 其规定立案方面的协调和决定方式。

(3)办案方式。监察机关办案一般采取四种方式:①主办:由本单位直接承办,或者以本单位为主,有关部门协助,最后写出结案报告。②协办:由其他部门承办,本单位派人协助,最后写出联合调查报告,副本归档。③催办:将案件交下级监察机关办理,本单位不派人参加,但要经常催促,要求报告查处结果。④转办:将案件完全交给下级监察部门去查处,不要求报告结果。③ 其规定监察机关四种办案方式,即主办、协办、催办、转办。

---

① 1988年《监察机关调查处理政纪案件试行办法》第十二条。
② 1988年《监察机关调查处理政纪案件试行办法》第十三条、第十四条、第十五条、第十六条。
③ 1988年《监察机关调查处理政纪案件试行办法》第十七条。

(4) 调查组。正式立案后,办案部门应根据案情组成调查组,制定调查方案,经领导同意后实施。调查时首先应找知情人或被调查人所在单位了解案发情况及有关线索,必要时可直接听取当事人意见。对于严重违反政纪的工作人员,应建议有关单位或部门令其停职检查。调查组应将认定的事实同被调查人见面,认真听取本人申辩,然后写出调查报告。调查报告内容包括:立案依据、违纪事实、问题性质、有关人员责任、被调查人态度、处理意见,以及调查组名称、成员(签名)和报告时间等。调查组如发现超过原定调查任务以外的问题或与本案无关的重大违纪问题时,应向派出机关报告;对确属检举人有意诬告,或证人出具伪证、假证或故意干扰和阻挠调查的,应建议有关单位或部门严肃查究。案件查清后,需要追究行政责任的,应报经主管领导批准,转入定性处理;属于检举失实的案件,亦应及时报请主管领导批准后销案,并通知被调查人及其所在单位。① 其规定立案后办案部门组成调查组进行调查的基本要求。

(5) 调查取证。证明案件真实情况的一切事实都是证据,如视听材料,证人证言,案件当事人的检查、交代、说明,调查勘验笔录、鉴定结论等。①行政监察机关可以使用党的纪律检查机关、司法机关以及与本案有关的部门提供的证据。②调查取证时,必须有二人以上参加。涉及国家机密的证据,必须保密。③收集物证要取得原物;不能收取原物的,可拍照、影印、复制,但要注明保存单位和出处。④收集证言时,要事先了解证人与被调查人的利害关系,证人对案情的了解程度等。取证时,要讲明出证要求和出证责任。证言材料要由证人用钢笔或毛笔书写。没有书写能力的,可由其亲友或他人代写,并经本人认可。重要的也可使用录音、录相(像)手段。所有证言材料,都应由证人签字、盖章或押印。⑤任何人无权涂改或毁弃证明材料原件;出证人要求部分或全部更改证言时,应当允许,但要写明更改原因,不退还原证。⑥要认真鉴别证据,严防假证、错误;发现证据存在疑点或含糊不清的,要重新取证或补正。⑦为查明案

---

① 1988年《监察机关调查处理政纪案件试行办法》第十九条、第二十条、第二十二条、第二十三条、第二十四条。

情,需要解决专门性问题,可以聘请有关单位或专门技术人员进行鉴定,并请鉴定人签名、盖章。① 其规定调查取证时的具体方式。

2. 1990年《行政监察条例》调查程序规定

1990年《行政监察条例》对调查程序进行了规定。(1) 立案。监察机关按照其管辖范围,对于需要查处的事项,应当进行初步审查。认为有违法违纪行为,需要给予行政处分的,应予立案。对重要、复杂的案件,监察机关可以会同政府有关部门共同立案。重要案件的立案,应当报本级人民政府和上一级监察机关备案。②（2）收集证据。监察机关在调查中应当全面收集证据,听取被调查人的陈述和辩解。③（3）权限批准。监察人员在检查、调查中需要行使本条例第二十一条第(二)、第(三)、第(六)、第(七)项规定的权限时,必须经县级(含县级)以上监察机关负责人批准。行使本条例第二十一条规定的权限涉及国家秘密的,按有关规定办理。④（4）办案期限。监察机关立案调查的案件,应当在立案后六个月以内结案,因特殊原因需延长办案期限的,应当报上一级监察机关备案,但至迟不得超过一年。本级人民政府或者上级监察机关交办的案件,不能如期结案的,应当向交办机关说明理由。⑤ 显然,其对调查程序作了原则性规定。

3. 1991年《监察机关调查处理政纪案件办法》调查程序规定

1991年《监察机关调查处理政纪案件办法》第二章和第三章分别规定了立案和调查程序。

（1）受理。监察机关按照《中华人民共和国行政监察条例》第三章关于各级监察机关的管辖的规定,分别受理下列涉及国家行政机关及其工作人员和国家行政机关任命的其他人员违法违纪行为的线索和材料:①公民、法人或者其他组织检举、控告的;②上级机关交办的;③有关机关

---

① 1988年《监察机关调查处理政纪案件试行办法》第二十一条。
② 1990年《行政监察条例》第三十一条。
③ 1990年《行政监察条例》第三十二条。
④ 1990年《行政监察条例》第三十三条。
⑤ 1990年《行政监察条例》第三十六条。

移送的;④行为人自述的;⑤监察机关发现的。行为人和检举、控告人口头陈述的,监察机关应制作笔录,经核对无误后,由陈述人签名或者盖章;必要时可以录音。受理违法违纪行为的线索和材料,应当填写受理登记表,经监察机关负责人批准后,进行初步审查。① 其规定监察机关受理线索和材料的处理方式。

(2) 审查处理。初步审查后,应当写出初步审查报告,经本机关负责人批准后,分别作出以下处理:①认为违法违纪事实不存在,或者虽有违法违纪事实,但情节显著轻微,不需要给予行政处分的,予以了结;②认为虽有违法违纪事实,不需要给予行政处分,但依法应当由其他行政主管机关予以行政处理的,移送有关主管机关;③认为需要给予刑事处分的,移送司法机关;④认为有违法违纪事实,需要给予行政处分的,予以立案。重要、复杂的案件,监察机关可以会同政府有关部门共同立案。② 其规定初步审查后的各种处理方式。

(3) 通知。决定立案调查的,应当通知被调查单位及其上级机关或者被调查人及其所在单位。但有碍调查或者无法通知的除外。③ 其规定立案调查通知的处理方式。

(4) 备案。监察机关对重要案件的立案,应当报本级人民政府和上一级监察机关备案。接受备案的机关在十五日内未提出异议的,视为同意。接受备案的人民政府与报备案的监察机关意见不一致的,由该监察机关的上一级监察机关决定。④ 其规定立案的备案方式。

(5) 结案期限。政纪案件应当在立案后六个月内结案。因特殊原因需延长办案期限的,应当经办案机关负责人批准,并报上一级监察机关备案,但至迟不得超过一年。上级机关交办的案件,不能如期结案的,应当向交办机关说明理由。⑤ 其规定立案后的结案期限以及延长结案期限的

---

① 1991年《监察机关调查处理政纪案件办法》第八条、第九条。
② 1991年《监察机关调查处理政纪案件办法》第十条、第十一条。
③ 1991年《监察机关调查处理政纪案件办法》第十二条。
④ 1991年《监察机关调查处理政纪案件办法》第十三条。
⑤ 1991年《监察机关调查处理政纪案件办法》第十四条。

处理方式。

(6) 制定调查方案。政纪案件立案后,应当制定调查方案。调查方案主要包括调查人员的组成;应当查明的问题和线索;调查步骤、方法和措施等内容。① 其规定调查方案的制定方式。

(7) 调查取证。监察机关有权向有关单位和个人收集、调取证据。调查取证时,调查人员应当出示有关证明文件。调查取证人员不得少于二人。调查取证时,应当问明证人的身份、证人与被调查人之间的关系,并告知证人应当如实提供证据,以及有意作伪证或者隐匿证据应负的法律责任。监察机关应当询问被调查人,听取其陈述和辩解。② 其规定监察机关收集、调取证据的一般要求,包括人员数量、取证方式等。

关于询问证人,其规定:询问证人应当个别进行;必要时经证人同意可以录音、录像。调查人员应当当场制作调查笔录,也可由证人用钢笔、毛笔书写证言,没有书写能力的证人可由他人代为书写,经核对无误后,由其签名或者盖章。如果证人要求对原证作部分或全部更改时,可允许在注明更改原因的情况下另行作证,但不退还原证。③ 其规定询问证人的处理方式。

关于原物、原件,其规定:收集证据应当取得原物、原件,如果不能收取原物、原件时,可以拍照、影印、复制,但应注明原物、原件的保存单位或者出处,并由提供原物、原件的单位或个人签名或者盖章。④ 其规定取得原物、原件的处理方式。

关于现场勘验、检查,其规定:现场勘验、检查情况,应制作笔录或勘验、检查报告,由参加勘验、检查的人员和见证人签名或者盖章;必要时可以拍照、录像。⑤ 其规定现场勘验、检查的处理方式。

关于鉴定,其规定:对具有专业技术性的证据,可指派或者聘请具有

---

① 1991年《监察机关调查处理政纪案件办法》第十六条。
② 1991年《监察机关调查处理政纪案件办法》第十九条、第二十条、第二十五条。
③ 1991年《监察机关调查处理政纪案件办法》第二十一条。
④ 1991年《监察机关调查处理政纪案件办法》第二十二条。
⑤ 1991年《监察机关调查处理政纪案件办法》第二十三条。

专门知识、技术的人员参加调取;需要进行鉴定的,由鉴定人写出书面的结论,并签名或者盖章。① 其规定鉴定的处理方式。

关于证明材料,其规定:对有关机关提供、移送的证明材料,监察机关应当进行审查核实。② 其规定证明材料的处理方式。

(8)调查措施。监察机关在调查中,可以按照《中华人民共和国行政监察条例》第二十一条和第三十三条的规定,采取调查措施。③ 其规定监察机关采取调查措施的基本依据。

关于扣留、封存,其规定:须暂予扣留、封存可以证明违法违纪行为的文件、物品和非法所得的,应当出示监察通知书,并开列清单。暂予扣留、封存的时间不得超过办案期限。④ 其规定扣留、封存的处理方式。

关于查核存款,其规定:按照规定程序,查核被调查人以及与所查案件有直接关系的人员在银行或者其他金融机构的存款的,应当出具查核通知书,并提供存款人的姓名和其他有关情况;暂停支付被调查人以及与所查案件有直接关系的人员在银行或者其他金融机构的存款的,应当出具停止支付通知书,并提供有关证明材料。经调查如果不需要继续停止支付银行存款的,应当出具解除停止支付通知书。⑤ 其规定查核存款的处理方式,包括停止支付、解除停止支付等。

关于责令解释和说明,其规定:根据需要,责令被调查人和有关人员在规定的时间、地点就有关问题作出解释和说明的,应当出具监察通知书,通知被调查人和有关人员持该书在规定的时间、地点接受询问。⑥ 其规定责令解释和说明的处理方式。

关于责令停止违法违纪行为,其规定:责令被调查人停止正在或者可能损害国家利益和公民合法权益的行为的,应当出具监察通知书,送达被

---

① 1991年《监察机关调查处理政纪案件办法》第二十四条。
② 1991年《监察机关调查处理政纪案件办法》第二十六条。
③ 1991年《监察机关调查处理政纪案件办法》第二十七条。
④ 1991年《监察机关调查处理政纪案件办法》第二十八条。
⑤ 1991年《监察机关调查处理政纪案件办法》第二十九条。
⑥ 1991年《监察机关调查处理政纪案件办法》第三十条。

调查人及其所在单位;必要时也可以同时通知其上级主管机关。① 其规定责令停止违法违纪行为的处理方式。

关于建议暂停公务活动或职务,其规定:建议主管机关暂停有严重违法违纪嫌疑人员的公务活动或者职务的,应制作监察建议书送达主管机关。② 其规定建议暂停公务活动或者职务的处理方式。

关于单位和个人协助,其规定:监察机关对调查事项涉及管辖范围以外的单位和个人有权进行查询和调查,有关单位和个人应当予以协助。对应当予以协助、又能够协助而拒不协助的,监察机关可以建议其主管机关给予相应的处理。③ 其规定有关单位和个人协助的处理方式。

关于公安机关协助,其规定:监察机关在调查中,确需提请公安机关予以协助时,按照《监察部、公安部关于监察机关在查办案件中公安机关予以协助配合的问题的通知》的规定办理。④ 其规定公安机关协助的处理方式。

关于核实调查材料,其规定:监察机关应当将认定的违法违纪事实形成书面材料与被调查人见面,并允许其申辩。必要时应当重新调查或者补充调查。对查证属实的应当采纳。被调查人应当在见面材料上签署意见并签字或者盖章,也可以另附书面意见。拒绝签署意见或者拒绝签字、盖章的,由调查人员在见面材料上注明,并由被调查人所在单位负责人签署意见。⑤ 其规定核实调查材料的处理方式。

(9)案件调查报告。调查终结后,应当制作案件调查报告。案件调查报告的内容包括:立案依据;违法违纪事实、性质;被调查人和有关人员的责任;被调查人的态度和对见面材料的意见;被调查人所在单位的意见;处理意见;调查人员签字或者盖章;报告时间等。⑥ 其规定案件调查报告的制作方式。

---

① 1991年《监察机关调查处理政纪案件办法》第三十一条。
② 1991年《监察机关调查处理政纪案件办法》第三十二条。
③ 1991年《监察机关调查处理政纪案件办法》第三十三条。
④ 1991年《监察机关调查处理政纪案件办法》第三十四条。
⑤ 1991年《监察机关调查处理政纪案件办法》第三十五条。
⑥ 1991年《监察机关调查处理政纪案件办法》第三十六条。

4. 1997年《行政监察法》和2004年《行政监察法实施条例》调查程序规定

1997年《行政监察法》调查程序规定要点如下：

（1）调查处理。监察机关按照下列程序对违反行政纪律的行为进行调查处理：①对需要调查处理的事项进行初步审查；认为有违反行政纪律的事实，需要追究行政纪律责任的，予以立案；②组织实施调查，收集有关证据；③有证据证明违反行政纪律，需要给予行政处分或者作出其他处理的，进行审理；④作出监察决定或者提出监察建议。重要、复杂案件的立案，应当报本级人民政府和上一级监察机关备案。① 行政监察法第三十条第二款、第三十一条第二款所称"重要、复杂案件"，是指有下列情形之一的案件：①本级人民政府所属部门或者下一级人民政府违法违纪的；②需要给予本级人民政府所属部门领导人员或者下一级人民政府领导人员撤职以上处分的；③社会影响较大的；④涉及境外的。② 其规定调查处理的基本程序。

（2）撤销。监察机关对于立案调查的案件，经调查认定不存在违反行政纪律事实的，或者不需要追究行政纪律责任的，应当予以撤销，并告知被调查单位及其上级部门或者被调查人员及其所在单位。重要、复杂案件的撤销，应当报本级人民政府和上一级监察机关备案。③ 其规定撤销立案调查案件的处理方式。

（3）办案期限。监察机关立案调查的案件，应当自立案之日起六个月内结案；因特殊原因需要延长办案期限的，可以适当延长，但是最长不得超过一年，并应当报上一级监察机关备案。④ 行政监察法第三十二条所称"特殊原因"，是指下列情形：①案件发生在交通不便的边远地区的；②案件涉案人员多、涉及面广、取证困难的；③案件所适用的法律、法规、

---

① 1997年《行政监察法》第三十条。
② 2004年《行政监察法实施条例》第三十条。
③ 1997年《行政监察法》第三十一条。
④ 1997年《行政监察法》第三十二条。

规章需要报请有权机关作出解释或者确认的。① 其规定一般办案期限和延长办案期限的处理方式。

2004年《行政监察法实施条例》调查程序规定，要点如下：

（1）初步审查。对违反行政纪律行为进行初步审查，应当经监察机关领导人员批准。初步审查后，应当向监察机关领导人员提出报告，对存在违反行政纪律事实并且需要追究行政纪律责任的，经监察机关领导人员批准，予以立案。② 其规定初步审查的处理方式。

（2）立案通知。监察机关决定立案调查的，应当通知被调查单位的上级主管机关或者被调查人员所在单位，但通知后可能影响调查的，可以暂不通知。监察机关已通知立案的，未经监察机关同意，被调查人员所在单位的上级主管机关或者所在单位不得批准被调查人员出境、辞职、办理退休手续或者对其调动、提拔、奖励、处分。③ 其规定立案后通知的处理方式。

（3）调查取证。监察机关调查取证应当由两名以上办案人员进行，调查时应当向被调查单位和被调查人员出示证件。④ 其规定调查取证的处理方式。

（4）调查中止。因主要涉案人员出境、失踪，或者遇到严重自然灾害等不可抗力事件，致使调查工作无法进行的，监察机关的调查可以中止。中止调查应当经监察机关领导人员批准，并报上一级监察机关备案。经本级人民政府备案的立案案件中止调查的，应当再报本级人民政府备案。中止调查的情形消失后，监察机关应当恢复调查。自恢复调查之日起，办案期限连续计算。⑤ 其规定调查中止的处理方式。

（5）办案期限计算。监察机关立案调查的案件，办案期限自立案之日起算，至作出监察决定或者提出监察建议之日终止。在调查处理过程

---

① 2004年《行政监察法实施条例》第三十六条。
② 2004年《行政监察法实施条例》第二十九条。
③ 2004年《行政监察法实施条例》第三十一条。
④ 2004年《行政监察法实施条例》第三十二条。
⑤ 2004年《行政监察法实施条例》第三十四条。

中发现被调查人员有新的违反行政纪律事实的,办案期限应当自发现新的违反行政纪律事实之日起重新计算。① 其规定办案期限的计算方式。

(二) 国家监察时期调查程序规定

这一时期,调查程序进行了新的调整。

1. 2018 年《监察法》调查程序规定

(1) 问题线索处理。监察机关对监察对象的问题线索,应当按照有关规定提出处置意见,履行审批手续,进行分类办理。线索处置情况应当定期汇总、通报,定期检查、抽查。需要采取初步核实方式处置问题线索的,监察机关应当依法履行审批程序,成立核查组。初步核实工作结束后,核查组应当撰写初步核实情况报告,提出处理建议。承办部门应当提出分类处理意见。初步核实情况报告和分类处理意见报监察机关主要负责人审批。② 其规定监察机关对监察对象的问题线索的处理方式。这一环节不同于以往行政监察中的受理方式,而是一个相对独立的程序。

(2) 立案调查。经过初步核实,对监察对象涉嫌职务违法犯罪,需要追究法律责任的,监察机关应当按照规定的权限和程序办理立案手续。监察机关主要负责人依法批准立案后,应当主持召开专题会议,研究确定调查方案,决定需要采取的调查措施。立案调查决定应当向被调查人宣布,并通报相关组织。涉嫌严重职务违法或者职务犯罪的,应当通知被调查人家属,并向社会公开发布。③ 其规定监察机关立案调查的处理方式。

(3) 收集证据。监察机关对职务违法和职务犯罪案件,应当进行调查,收集被调查人有无违法犯罪以及情节轻重的证据,查明违法犯罪事实,形成相互印证、完整稳定的证据链。严禁以威胁、引诱、欺骗及其他非法方式收集证据,严禁侮辱、打骂、虐待、体罚或者变相体罚被调查人和涉案人员。④ 其规定了收集证据的原则要求。

---

① 2004 年《行政监察法实施条例》第三十五条。
② 2018 年《监察法》第三十七条、第三十八条。
③ 2018 年《监察法》第三十九条。
④ 2018 年《监察法》第四十条。

(4) 调查措施。调查人员采取讯问、询问、留置、搜查、调取、查封、扣押、勘验检查等调查措施,均应当依照规定出示证件,出具书面通知,由二人以上进行,形成笔录、报告等书面材料,并由相关人员签名、盖章。调查人员进行讯问以及搜查、查封、扣押等重要取证工作,应当对全过程进行录音录像,留存备查。① 其规定调查人员采取调查措施的处理方式。

(5) 调查纪律。调查人员应当严格执行调查方案,不得随意扩大调查范围、变更调查对象和事项。对调查过程中的重要事项,应当集体研究后按程序请示报告。② 其规定调查人员的调查纪律。

2.《监察法实施条例》调查程序规定

(1) 线索处置

《监察法实施条例》在《监察法》规定基础上对线索处置作了进一步规定。

①一般规定。监察机关应当对问题线索归口受理、集中管理、分类处置、定期清理。③ 其规定监察机关处理问题线索的基本环节。

②报案或者举报问题线索规定。监察机关对于报案或者举报应当依法接受。属于该级监察机关管辖的,依法予以受理;属于其他监察机关管辖的,应当在五个工作日以内予以转送。监察机关可以向下级监察机关发函交办检举控告,并进行督办,下级监察机关应关按期回复办理结果。④ 其规定监察机关处理报案或者举报的方式。

③主动投案问题线索规定。对于涉嫌职务违法或者职务犯罪的公职人员主动投案的,应当依法接待和办理。⑤ 其规定主动投案的处理方式。

④移送问题线索规定。监察机关对于执法机关、司法机关等其他机关移送的问题线索,应当及时审核,并按照下列方式办理:a. 本单位有管辖权的,及时研究提出处置意见;b. 本单位没有管辖权但其他监察机关有

---

① 2018年《监察法》第四十一条。
② 2018年《监察法》第四十二条。
③ 2021年《监察法实施条例》第一百六十八条。
④ 2021年《监察法实施条例》第一百六十九条。
⑤ 2021年《监察法实施条例》第一百七十条。

管辖权的，在五个工作日内转送有管辖权的监察机关；c. 本单位对部分问题线索有管辖权的，对有管辖权的部分提出处置意见，并及时将其他问题线索转送有管辖权的机关；d. 监察机关没有管辖权的，及时退回移送机关。① 其规定移送的问题线索的处理方式。

⑤归口管理。信访举报部门归口受理本机关管辖监察对象涉嫌职务违法和职务犯罪问题的检举控告，统一接收有关监察机关以及其他单位移送的相关检举控告，移交本机关监督检查部门或者相关部门，并将移交情况通报案件监督管理部门。案件监督管理部门统一接收巡视巡察机构和审计机关、执法机关、司法机关等其他机关移送的职务违法和职务犯罪问题线索，按程序移交本机关监督检查部门或者相关部门办理。监督检查部门、调查部门在工作中发现的相关问题线索，属于本部门受理范围的，应当报送案件监督管理部门备案；属于本机关其他部门受理范围的，经审批后移交案件监督管理部门分办。② 其规定信访举报部门、案件监督管理部门、监督检查部门、调查部门处理问题线索的方式。

⑥线索管理。案件监督管理部门应当对问题线索实行集中管理、动态更新，定期汇总、核对问题线索及处置情况，向监察机关主要负责人报告，并向相关部门通报。问题线索承办部门应当指定专人负责管理线索，逐件编号登记、建立管理台账。线索管理处置各环节应当由经手人员签名，全程登记备查，及时与案件监督管理部门核对。③ 其规定案件监督管理部门管理线索的方式。

⑦线索处置。监督检查部门应当结合问题线索所涉及地区、部门、单位总体情况进行综合分析，提出处置意见并制定处置方案，经审批按照谈话、函询、初步核实、暂存待查、予以了结等方式进行处置，或者按照职责移送调查部门处置。函询应当以监察机关办公厅（室）名义发函给被反映人，并抄送其所在单位和派驻监察机构主要负责人。被函询人应当在收到函件后十五个工作日以内写出说明材料，由其所在单位主要负责人签

---

① 2021年《监察法实施条例》第一百七十一条。
② 2021年《监察法实施条例》第一百七十二条。
③ 2021年《监察法实施条例》第一百七十三条。

署意见后发函回复。被函询人为所在单位主要负责人的,或者被函询人所作说明涉及所在单位主要负责人的,应当直接发函回复监察机关。被函询人已经退休的,按照第二款规定程序办理。监察机关根据工作需要,经审批可以对谈话、函询情况进行核实。① 其规定监督检查部门处置问题线索的方式。

⑧检举控告线索处理。检举控告人使用本人真实姓名或者本单位名称,有电话等具体联系方式的,属于实名检举控告。监察机关对实名检举控告应当优先办理、优先处置,依法给予答复。虽有署名但不是检举控告人真实姓名(单位名称)或者无法验证的检举控告,按照匿名检举控告处理。信访举报部门对属于本机关受理的实名检举控告,应当在收到检举控告之日起十五个工作日以内按规定告知实名检举控告人受理情况,并做好记录。调查人员应当将实名检举控告的处理结果在办结之日起十五个工作日以内向检举控告人反馈,并记录反馈情况。对检举控告人提出异议的应当如实记录,并向其进行说明;对提供新证据材料的,应当依法核查处理。② 其规定检举控告的处理方式。

(2) 初步核实

《监察法实施条例》在《监察法》规定基础上对初步核实作了进一步规定。

①一般规定。监察机关对具有可查性的职务违法和职务犯罪问题线索,应当按规定报批后,依法开展初步核实工作。③ 其规定初步核实的一般要求。

②初步核实方式。采取初步核实方式处置问题线索,应当确定初步核实对象,制定工作方案,明确需要核实的问题和采取的措施,成立核查组。在初步核实中应当注重收集客观性证据,确保真实性和准确性。在初步核实中发现或受理被核查人新的具有可查性的问题线索的,应当经审批纳入原初核方案开展核查。核查组在初步核实工作结束后应当撰写

---

① 2021年《监察法实施条例》第一百七十四条。
② 2021年《监察法实施条例》第一百七十五条。
③ 2021年《监察法实施条例》第一百七十六条。

初步核实情况报告,列明被核查人基本情况、反映的主要问题、办理依据、初步核实结果、存在疑点、处理建议,由全体人员签名。承办部门应当综合分析初步核实情况,按照拟立案调查、予以了结、谈话提醒、暂存待查,或者移送有关部门、机关处理等方式提出处置建议,按照批准初步核实的程序报批。① 其规定初步核实的基本环节。

（3）立案

《监察法实施条例》在《监察法》规定基础上对立案作了进一步规定。

①一般规定。监察机关经过初步核实,对于已经掌握监察对象涉嫌职务违法或者职务犯罪的部分事实和证据,认为需要追究其法律责任的,应当按规定报批后,依法立案调查。② 其规定立案调查的一般要求。

②立案手续。监察机关立案调查职务违法或者职务犯罪案件,需要对涉嫌行贿犯罪、介绍贿赂犯罪或者共同职务犯罪的涉案人员立案调查的,应当一并办理立案手续。需要交由下级监察机关立案的,经审批交由下级监察机关办理立案手续。对单位涉嫌受贿、行贿等职务犯罪,需要追究法律责任的,依法对该单位办理立案调查手续。对事故（事件）中存在职务违法或者职务犯罪问题,需要追究法律责任,但相关责任人员尚不明确的,可以以事立案。对单位立案或者以事立案后,经调查确定相关责任人员的,按照管理权限报批确定被调查人。监察机关根据人民法院生效刑事判决、裁定和人民检察院不起诉决定认定的事实,需要对监察对象给予政务处分的,可以由相关监督检查部门依据司法机关的生效判决、裁定、决定及其认定的事实、性质和情节,提出给予政务处分的意见,按程序移送审理。对依法被追究行政法律责任的监察对象,需要给予政务处分的,应当依法办理立案手续。③ 其规定立案手续的办理方式。

③不需要调查情况处理。对案情简单、经过初步核实已查清主要职务违法事实,应当追究监察对象法律责任,不再需要开展调查的,立案和

---

① 2021年《监察法实施条例》第一百七十七条、第一百七十八条、第一百七十九条。
② 2021年《监察法实施条例》第一百八十条。
③ 2021年《监察法实施条例》第一百八十一条。

移送审理可以一并报批,履行立案程序后再移送审理。① 其规定不需要开展调查的处理方式。

④指定立案。上级监察机关需要指定下级监察机关立案调查的,应当按规定报批,向被指定管辖的监察机关出具《指定管辖决定书》,由其办理立案手续。② 其规定指定立案调查的立案方式。

⑤立案宣布。批准立案后,应当由二名以上调查人员出示证件,向被调查人宣布立案决定。宣布立案决定后,应当及时向被调查人所在单位等相关组织送达《立案通知书》,并向其所在单位主要负责人通报。对涉嫌严重职务违法或者职务犯罪的公职人员立案调查并采取留置措施的,应当按规定通知被调查人家属,并向社会公开发布。③ 其规定宣布立案决定的方式。

(4) 调查

《监察法实施条例》在《监察法》规定基础上对调查作了进一步规定。

①一般规定。监察机关对已经立案的职务违法或者职务犯罪案件应当依法进行调查,收集证据查明违法犯罪事实。调查职务违法或者职务犯罪案件,对被调查人没有采取留置措施的,应当在立案后一年以内作出处理决定;对被调查人解除留置措施的,应当在解除留置措施后一年以内作出处理决定。案情重大复杂的案件,经上一级监察机关批准,可以适当延长,但延长期限不得超过六个月。被调查人在监察机关立案调查以后逃匿的,调查期限自到案之日起重新计算。④ 其规定监察机关调查的一般要求。

②调查方案。案件立案后,监察机关主要负责人应当依照法定程序批准确定调查方案。监察机关应当组成调查组依法开展调查。调查工作应当严格按照批准的方案执行,不得随意扩大调查范围、变更调查对象和事项,对重要事项应当及时请示报告。调查人员在调查工作期间,未经批

---

① 2021年《监察法实施条例》第一百八十二条。
② 2021年《监察法实施条例》第一百八十三条。
③ 2021年《监察法实施条例》第一百八十四条。
④ 2021年《监察法实施条例》第一百八十五条。

准不得单独接触任何涉案人员及其特定关系人,不得擅自采取调查措施。① 其规定开展调查的基本方式。

③调查材料。调查组应当将调查认定的涉嫌违法犯罪事实形成书面材料,交给被调查人核对,听取其意见。被调查人应当在书面材料上签署意见。对被调查人签署不同意见或者拒不签署意见的,调查组应当作出说明或者注明情况。对被调查人提出申辩的事实、理由和证据应当进行核实,成立的予以采纳。调查组对于立案调查的涉嫌行贿犯罪、介绍贿赂犯罪或者共同职务犯罪的涉案人员,在查明其涉嫌犯罪问题后,依照前款规定办理。对于按照本条例规定,对立案和移送审理一并报批的案件,应当在报批前履行本条第一款规定的程序。② 其规定调查材料的核实方式。

④调查报告。调查组在调查工作结束后应当集体讨论,形成调查报告。调查报告应当列明被调查人基本情况、问题线索来源及调查依据、调查过程,涉嫌的主要职务违法或者职务犯罪事实,被调查人的态度和认识,处置建议及法律依据,并由调查组组长以及有关人员签名。对调查过程中发现的重要问题和形成的意见建议,应当形成专题报告。③ 其规定调查报告的制作方式。

⑤起草《起诉建议书》。调查组对被调查人涉嫌职务犯罪拟依法移送人民检察院审查起诉的,应当起草《起诉建议书》。《起诉建议书》应当载明被调查人基本情况,调查简况,认罪认罚情况,采取留置措施的时间,涉嫌职务犯罪事实以及证据,对被调查人从重、从轻、减轻或者免除处罚等情节,提出对被调查人移送起诉的理由和法律依据,采取强制措施的建议,并注明移送案卷数及涉案财物等内容。调查组应当形成被调查人到案经过及量刑情节方面的材料,包括案件来源、到案经过、自动投案、如实供述、立功等量刑情节、认罪悔罪态度、退赃、避免和减少损害结果发生等方面的情况说明及相关材料。被检举揭发的问题已被立案、查破,被检举

---

① 2021年《监察法实施条例》第一百八十六条。
② 2021年《监察法实施条例》第一百八十七条。
③ 2021年《监察法实施条例》第一百八十八条。

揭发人已被采取调查措施或者刑事强制措施、起诉或者审判的,还应当附有关法律文书。① 其规定《起诉建议书》的制作方式。

⑥调查处理意见。经调查认为被调查人构成职务违法或者职务犯罪的,应当区分不同情况提出相应处理意见,经审批将调查报告、职务违法或者职务犯罪事实材料、涉案财物报告、涉案人员处理意见等材料,连同全部证据和文书手续移送审理。对涉嫌职务犯罪的案件材料应当按照刑事诉讼要求单独立卷,与《起诉建议书》、涉案财物报告、同步录音录像资料及其自查报告等材料一并移送审理。调查全过程形成的材料应当案结卷成、事毕归档。② 其规定调查处理的方式。

四、调查程序立法比较研究

调查程序在立法中主要涉及调查启动、调查措施、调查结果等。

1. 调查启动。不同时期监察机关启动调查有不同形式。古代监察活动一开始启动就意味着调查,并不存在立案和调查的差别。近代监察机关调查启动也比较简单。新中国时期调查启动通常称为立案。这就意味着调查程序正式启动。不过,监察委员会线索处置程序实际上也属于调查程序,不过,这种调查程序属于非正式调查程序。

2. 调查措施。不同时期监察机关采用调查措施既有相同之处,也有不同之处。古代调查措施规定较为细致。而近代调查措施规定则较为简单。新中国时期调查措施规定更为详实。例如,《监察法实施条例》就涉及问题线索处置、立案、初步核实、调查等方面。

3. 调查结果。监察机关派出人员进行调查后,其应该将调查结果向监察机关报告,监察机关通常会对调查结果作出相应处理。不同时期监察立法对此规定不一。目前,《监察法》没有明确规定,但《监察法实施条例》则对监察委员会调查结果规定较为详细,涉及调查报告、起草起诉建

---

① 2021年《监察法实施条例》第一百八十九条。
② 2021年《监察法实施条例》第一百九十条。

议书、移交审理等。

目前,立法上对调查程序的争议主要在于监察调查与纪律调查的关系。有学者认为:"党纪立案与监察立案(既指向职务违法,也指向职务犯罪),尤其是职务违法立案与职务犯罪立案具有鲜明的'混合性',在规范层面缺乏独立的职务犯罪立案和调查程序。"[1]也有学者认为:"当前可以先行制定《监察委员会调查职务违法行为程序规定》和《监察委员会调查职务犯罪行为程序规定》,对适用于职务违法行为与职务犯罪行为的各种调查措施的实体要件和程序要件分别予以明确规定,严禁混用。在条件成熟时,建议由全国人大制定颁行《监察委员会调查法》,以实现对调查措施的严格规范。"[2]还有学者认为:"未来的《监察法》应当对涉及公民权利的各项监察调查进行更加明确和细致的规定,基于这部法律在国家法律体系的重要地位,其具体程度不应弱于《刑事诉讼法》中关于侦查的相关规定。"[3]从立法角度来看,《监察法》在对调查程序进行规定之后,2019 年《中国共产党纪律检查机关监督执纪工作规则》对审查调查进行了专门规定,对立案和调查环节涉及的内容进行了详细规定。由于 2019 年《中国共产党纪律检查机关监督执纪工作规则》是专门针对纪律检查机关而制定的工作规则,因此,虽然其也适用于合署办公的监察机关,但是仍然有一些差异。所以,其在规定调查程序时规定了审查调查,而没有使用立案调查。虽然此种区别意义不大,但是监察调查程序和纪律调查程序在立法上毕竟不同,所以在《监察法》规定基础上,《监察法实施条例》对监察调查程序规定进行了细化。

第五节 审理程序

审理程序是监察机关对调查所获得的事实进行认定的程序。审理程

---

[1] 周长军:《监察委员会调查职务犯罪的程序构造研究》,《法学论坛》2018 年第 2 期。
[2] 邓立军:《制度缺陷与立法完善:正当法律程序视野下的监察调查措施研究》,《昆明理工大学学报(社会科学版)》,2020 年第 6 期。
[3] 秦策:《监察调查程序的法治化构建》,《理论视野》2018 年第 2 期。

序原来也不是一个相对独立的环节。随着监察机关权力的扩大,审理程序在立法上日益受到重视。

一、古代审理程序规定

古代并没有独立的审理程序,但是监察机关经常参与案件的会审,因此在形式上类似于审理程序。这里以明代审理程序规定为例予以说明。例如,正统四年(1439年)令规定:"凡各都司、布政司所属并直隶府州县军民诸衙门,应有罪囚追问完备,杖罪以下,依律决断。徒流死罪,议拟备申上司详审。直隶听刑部巡按监察御史。在外听按察司并分司。审录无异,徒流罪名,就便断遣。至死罪者,议拟奏闻。事内干连人数,先行摘断,不须对问者,发落宁家。必合存留待对者知在听候。直隶去处,从刑部委官与巡按御史。在外从都司、布政司、按察司及巡按御史,公同审录处决。如番异原招,事有冤抑者,即与从公辩理。若果冤抑,并将原问审官吏按问。其应请旨者,奏闻区处。若审录无异,故延不决,及明称冤枉,不与申理者,并依律罪之。"①其规定了监察机关参与审理的方式。

二、近代审查程序规定

近代审理程序通常称为审查程序。

(一)北洋政府时期审查程序规定

《纠弹条例》和《纠弹法》对此进行了规定。

1. 1914年4月10日《纠弹条例》审理程序规定

(1)审查要求。官吏有第一条各款情事之一,经人民告诉或告发于平政院肃政厅者,由都肃政史指定肃正史二人以上审查之。② 其规定肃

---

① 《大明会典》卷二百一十一。
② 1914年4月10日《纠弹条例》第七条。

政史二人以上进行审查。

（2）审查处理。第七条之审查事件，经肃政史审查后，认为应行纠弹者，依其职权，径呈大总统纠弹之。第七条之审查事件，经肃政史审查后，认为毋庸纠弹者，应报告于都肃政史，由肃政厅批驳之。第九条之批驳人民告诉改告发事件，由肃政厅按月汇呈大总统。肃政史于纠弹事件，认为情节重大，未便泄漏者，应密呈大总统纠弹之。① 其规定肃政史审查后的处理方式。

2. 1914年7月20日《纠弹法》审理程序规定

（1）审查要求。官吏有第一条各款情事之一经人民告发或告发于肃政厅者，由都肃政史指定肃政史二人以上审查之。第四条第二项之规定指定审查之肃政史亦适用之。② 其规定肃政史二人以上进行审查。

（2）审查处理。前条之审查事件经肃政史审查后认为应行纠弹者依其职权径呈大总统纠弹之。肃政史审查后认为毋庸纠弹者，应报告于都肃政史，由肃政厅批驳之。前条之批驳人民告诉或告发事件由肃政厅按月汇呈大总统。肃政史于纠弹事件认为情节重大，未便泄露者，应密呈大总统纠弹之。③ 其规定肃政史审查后的处理方式。

从《纠弹条例》和《纠弹法》的规定来看，虽然有所补充和条文调整，但是内容基本相同。

（二）国民政府时期审查程序规定

国民政府时期审查程序也是相对独立的程序。

1. 1929年5月19日《弹劾法》审查程序规定

1929年5月19日，《弹劾法》对审查程序进行了规定。弹劾案之提出后，监察院院长应即依照监察院组织法第六条之规定，另指定监察委员三人审查之。审查委员与弹劾案有关系者，经监察院院长认定后，应行回

---

① 1914年4月10日《纠弹条例》第八条、第九条、第十条、第十一条。
② 1914年7月20日《纠弹法》第六条。
③ 1914年7月20日《纠弹法》第七条、第八条、第九条。

避。审查规则,由监察院另定之,但须呈报国民政府备案。① 其规定监察委员审查人员、回避要求和审查规则制定方式。

2. 1932年6月24日《弹劾法》审查程序规定

1932年6月24日,《弹劾法》对审查程序也作了规定。弹劾案提出后,应即由提案委员外之监察委员三人审查之。经多数认为应付惩戒时,监察院应即将被弹劾人移付惩戒。前项审查,应由全体监察委员按序轮流担任。审查规则,由监察院定之。弹劾案经审查认为不应交付惩戒,而提案委员有疑者,应即将该弹劾案再付其他监察委员五人审查,为最后之决定。审查弹劾案之委员,与该案有关系者,应行回避。② 其规定监察委员审查人数、审查结果处理、审查规则、审查异议处理以及审查回避。

3. 1941年10月《监察院审查规则》审查程序规定

(1) 法律依据。本规则依弹劾法第五条之规定制定之。③ 其规定该规则制定依据。

(2) 审查方式。弹劾案之审查,由院长依弹劾法第五条之规定行之。④ 其规定审查形式的方式。

(3) 审查报告。弹劾案之审查报告至迟不得过一个月,其附有急速救济之处分之请求者,不得过五日。但有特别情形时,经申请院长许可者得延长之。⑤ 其规定审查报告的处理方式。

(4) 审查回避。审查委员与被弹劾人有亲属或其他关系认为应回避者,依弹劾法第六条办理。审查委员经院长认定应行回避,或自请回避,由院长另行指定监察委员补充之。⑥ 其规定审查委员回避的处理方式。

(5) 审查处置。审查委员得为下列之处置:①对于弹劾人所举证据认为有疑问时,得请其列席说明,或以书面答复。②审查案件有必要时,得令该案内证人到院询问。③凡证据有必要调查时,得行实地调查。

---

① 1929年5月19日《弹劾法》第四条。
② 1932年6月24日《弹劾法》第五条、第六条、第七条。
③ 1941年10月《监察院审查规则》第一条。
④ 1941年10月《监察院审查规则》第二条。
⑤ 1941年10月《监察院审查规则》第三条。
⑥ 1941年10月《监察院审查规则》第四条。

④于原弹劾人所举证据外，得自行调查证据。⑤应行调查之事件，遇必要时得委托其他官署行之。⑥审查委员为前项第二至第五各款之处置须对外行文时，应呈由院长以监察院名义行之。① 其规定审查委员处置的方式。

（6）审查报告书。审查报告书应备具下列各项：①被弹劾人姓名、官职。②弹劾案由。③弹劾案所举发而于审查后认为有变易或相反之事实。④证据及调查之结果。⑤被弹劾人应否交付惩戒及其理由。⑥报告年月日。⑦审查委员署名盖章。② 其规定审查报告书的制作方式。

（7）规则修正和备案。本规则有修正必要时，由监察院会议议决修正之。本规则经监察院会议议决，呈报国民政府备案。③ 其规定规则修正和备案的方式。

4. 1948年《监察法》审查程序规定

1948年，《监察法》对审查程序也作了规定。弹劾案经提案委员外之监察委员九人以上之审查及决定成立后，监察院应即向该管惩戒机关提出之。弹劾案之审查，应由全体监察委员按序轮流担任。审查规则由监察院定之。弹劾案经审查认为不成立而提案委员有异议时，应即将该弹劾案另付其他监察委员九人以上审查，为最后之决定。④ 其规定监察委员审查人数、审查结果处理、审查规则、审查异议处理。

三、新中国时期审理程序规定

新中国初期，行政监察机关并没有独立的审理程序。审理程序的出现是改革开放时期恢复监察机关后新设立的程序，因行政监察机关和国家监察机关差异而呈现出不同的做法。

---

① 1941年10月《监察院审查规则》第五条。
② 1941年10月《监察院审查规则》第六条。
③ 1941年10月《监察院审查规则》第七条、第八条。
④ 1948年7月17日《监察法》第九条、第十条。

(一) 行政监察时期审理程序规定

1. 1988年《监察机关调查处理政纪案件试行办法》审理程序规定

1988年5月11日,《中华人民共和国监察机关调查处理政纪案件试行办法》第五章处理中对审理程序进行了规定。其大致分为以下步骤:

(1) 专门机构或专人审理。需要定性处理的案件,要经过监察机关的严格审议;重大案件在做出处理决定或审查结论前,要指定专门机构或专人进行审理。① 其规定监察机关审议或者指定专门机构或专人审理。

(2) 审阅。审理人员应仔细审阅所有案件材料,如发现案情事实不清、证据不足、手续不全等情况,应建议调查组予以增补,调查组如有异议,应说明理由;当双方发生争执时,请主管领导裁决。② 其规定审理人员审阅的方式。

(3) 定案。只有被调查人的交代,而无其他证据或无法查证的,不能定案;被调查人拒不承认,而证据确凿的,可以定案。③ 其规定定案的方式。

(4) 报告。审理结束后,要写出审理报告,说明调查组对案件的事实是否调查清楚、证据是否确凿、定性是否准确、处理意见或决定是否恰当等,连同调查报告和其他有关材料一并报请领导集体审议决定。④ 其规定审理报告的制作方式。

2. 1991年《监察机关调查处理政纪案件办法》审理程序规定

1991年《监察机关调查处理政纪案件办法》第四章对审理程序作了规定。其主要有以下步骤:

(1) 审理部门。审理部门是监察机关负责政纪案件审理的专门机构,对下列调查终结的政经案件进行审理:①认为需要给予行政处分的案

---

① 1988年《监察机关调查处理政纪案件试行办法》第二十五条。
② 1988年《监察机关调查处理政纪案件试行办法》第二十六条。
③ 1988年《监察机关调查处理政纪案件试行办法》第二十七条。
④ 1988年《监察机关调查处理政纪案件试行办法》第二十八条。

件;②监察机关负责人认为需要进行审理的其他案件。① 其规定审理部门审理的情形。

（2）补充调查或者自行调查。审理部门在审理案件时，认为需要对案件进行补充调查或者补办手续的，可以通知调查部门补充调查或者补办手续；经监察机关负责人同意，也可以自行调查或者补办手续。② 其规定审理部门要求补充调查或者自行调查的处理方式。

（3）审核。审理部门应当就案件事实是否清楚、证据是否确凿、定性是否准确、处理意见是否恰当、程序是否合法进行全面审核，并提出审理报告。③ 其规定审理部门审核的方式。

（4）审议。审理部门经过审理，对下列政纪案件应当提交审理委员会审议：①重要、复杂的案件；②审理部门与调查部门意见不一致的案件；③审理部门认为需要提交审理委员会审议的案件。审理委员会会经审议，可提出如下审议意见：①同意审理部门的审理意见；②改变审理部门的审理意见；③要求重新审理。④ 其规定审议的处理方式。

（5）实施。审理委员会提出的审议意见，经监察机关负责人审定后实施。重要的监察决定和监察建议应当报经本级政府和上一级监察机关同意。不需经审理委员会审议的案件，按监察机关负责人审定意见处理。⑤ 其规定审议意见和审理报告的处理方式。

3. 1999年《监察机关审理政纪案件的暂行办法》审理程序规定

1999年1月15日，监察部第8号令发布《监察机关审理政纪案件的暂行办法》，共19条。其主要包括以下内容：

（1）立法目的。为保证审理案件工作的质量和效率，正确执行行政纪律，惩处违反行政纪律的行为，根据《中华人民共和国行政监察法》和有关行政法规，结合监察机关案件审理工作的实际制定本办法。⑥ 其规定

---

① 1991年《监察机关调查处理政纪案件办法》第三十七条。
② 1991年《监察机关调查处理政纪案件办法》第三十八条。
③ 1991年《监察机关调查处理政纪案件办法》第三十九条。
④ 1991年《监察机关调查处理政纪案件办法》第四十条、第四十一条。
⑤ 1991年《监察机关调查处理政纪案件办法》第四十二条。
⑥ 1999年《监察机关审理政纪案件的暂行办法》第一条。

该办法的立法目的。

(2) 基本原则。对调查终结需要给予行政处分或者作出其他处理的案件,都要进行审理。各级监察机关要分级负责,严格按照本级监察机关的管辖审理案件。审理案件要坚持专人审核、集体审议的原则。审理案件要按照事实清楚、证据确凿、定性准确、处理恰当、程序合法的基本要求进行。① 其规定监察机关审理案件的基本原则和要求。

(3) 受理。案件审理部门受理下列案件:①本监察机关的案件调查部门移送的调查终结并应由本监察机关决定给予行政处分或作出其他处理的案件;②本监察机关的派出机构呈报的需由本监察机关审批的案件;③本监察机关负责人交办的其他案件。本监察机关的案件调查部门移送审理的案件,应具备下列材料:①立案依据;②调查报告;③案件移送单位的意见及其主管领导的指示;④全部证据材料;⑤被调查人违纪事实见面材料、被调查人对事实见面材料的意见及案件调查部门对其意见的说明;⑥被调查人所在单位或其主管部门的意见;⑦其他应当移送审理的材料。呈报审批的案件应具备下列材料:①呈报审批的请示;②调查报告;③全部证据材料;④处分决定;⑤被调查人违纪事实见面材料、被调查人对事实见面材料的意见及案件调查部门对其意见的说明;⑥其他应当呈报的材料。② 其规定了案件审理部门受理的处理方式。

(4) 办理。案件审理部门受理案件后,应及时指定承办人办理。一般案件应由两人办理,重要、复杂案件,应由两人以上办理,并确定一人主办。承办人在审理中,要审查核实:①被调查人实施的每一违反行政纪律行为的时间、地点、情节、原因及造成的后果;②证据是否确实、充分;③有关人员责任的划分是否准确;④案件调查部门对被调查人违反行政纪律行为性质的认定是否准确,适用法律、法规及提出的处分意见是否恰当;⑤调查工作是否符合规定的程序和要求;⑥是否还有其他应认定的违反行政纪律行为。案件审理部门在审理案件过程中,如发现事实不清、证据

---

① 1999年《监察机关审理政纪案件的暂行办法》第二条、第三条、第四条、第五条。
② 1999年《监察机关审理政纪案件的暂行办法》第六条、第七条、第八条。

不足、有关人员责任不明时,应同移送单位交换意见,确需补充调查的,一般应由案件调查部门进行补充调查,必要时案件审理部门也可协同案件调查部门进行补充调查或经分管审理的领导批准后直接补充调查。在审理案件过程中,遇有下列情形之一,可以由案件审理部门负责人提出意见,经分管审理的领导批准后中止审理:①手续不完备,材料不齐全,需由案件移送单位补办手续或补报材料的;②案件的主要事实不清或有关人员责任不明,需由案件移送单位补充调查的;③发现被调查人有新问题或被调查人提出新的辩解,需案件移送单位补报证据或说明的。在审理案件过程中,案件审理部门认为必要时,可以同被调查人核对违反行政纪律事实,听取被调查人的陈述和辩解。审理案件过程中,遇有适用国家法律、法规、政策、地方性法规和规章方面或专业技术方面问题时,应征求有关部门的意见。① 其规定案件审理部门的审理方式。

(5)审议。承办人阅卷后,应将案件审阅情况和初步处理意见提交案件审理部门集体审议并形成审议意见。承办人根据审议意见,草拟审理报告。② 其规定审议的方式。

(6)审核和呈报。审理报告经案件审理部门负责人审核后,连同移送或呈报单位报送的有关材料一并呈报本监察机关主管领导。③ 其规定审核和呈报的方式。

(7)决定后办理手续。案件经本监察机关作出决定后,案件审理部门负责办理呈报、批复或处分决定等手续。④ 其规定案件审理部门在监察机关作出决定后的处理方式。

(二)国家监察时期审理程序规定

2018年《监察法》对审理程序没有作出规定。由于监察委员会通常

---

① 1999年《监察机关审理政纪案件的暂行办法》第九条、第十条、第十一条、第十二条、第十三条、第十四条。
② 1999年《监察机关审理政纪案件的暂行办法》第十五条。
③ 1999年《监察机关审理政纪案件的暂行办法》第十六条。
④ 1999年《监察机关审理政纪案件的暂行办法》第十七条。

设置案件审理部门,因此,其必然有相应的审理程序规定。2019年《中国共产党纪律检查机关监督执纪工作规则》第八章对审理作了专门规定。2021年《监察法实施条例》对审理作了进一步规定。

(1)审核。案件审理部门收到移送审理的案件后,应当审核材料是否齐全、手续是否完备。对被调查人涉嫌职务犯罪的,还应当审核相关案卷材料是否符合职务犯罪案件立卷要求,是否在调查报告中单独表述已查明的涉嫌犯罪问题,是否形成《起诉建议书》。经审核符合移送条件的,应当予以受理;不符合移送条件的,经审批可以暂缓受理或者不予受理,并要求补充完善材料。① 其规定案件审理部门审核的方式。

(2)审理方式。案件审理部门受理案件后,应当成立由二人以上组成的审理组,全面审理案卷材料。案件审理部门对于受理的案件,应当以监察法、政务处分法、刑法、《中华人民共和国刑事诉讼法》等法律法规为准绳,对案件事实证据、性质认定、程序手续、涉案财物等进行全面审理。案件审理部门应当强化监督制约职能,对案件严格审核把关,坚持实事求是、独立审理,依法提出审理意见。坚持调查与审理相分离的原则,案件调查人员不得参与审理。② 其规定案件审理部门的审理方式。

(3)审理意见。审理工作应当坚持民主集中制原则,经集体审议形成审理意见。③ 其规定审理意见的形成方式。

(4)审理期限。审理工作应当在受理之日起一个月以内完成,重大复杂案件经批准可以适当延长。④ 其规定审理工作的期限和延长方式。

(5)谈话。案件审理部门根据案件审理情况,经审批可以与被调查人谈话,核对其涉嫌违法犯罪事实,听取其辩解意见,了解有关情况,告知其在审理阶段的权利义务,核对涉嫌违法犯罪事实,听取其辩解意见,了解有关情况。与被调查人谈话时,案件审理人员不得少于二人。具有下列情形之一的,一般应当与被调查人谈话:①对被调查人采取留置措施,

---

① 2021年《监察法实施条例》第一百九十一条。
② 2021年《监察法实施条例》第一百九十二条。
③ 2021年《监察法实施条例》第一百九十三条。
④ 2021年《监察法实施条例》第一百九十四条。

拟移送起诉的;②可能存在以非法方法收集证据情形的;③被调查人对涉嫌违法犯罪事实材料签署不同意见或者拒不签署意见的;④被调查人要求向案件审理人员当面陈述的;⑤其他有必要与被调查人进行谈话的情形。① 其规定案件审理部门谈话的方式。

(6) 退回重新调查。经审理认为主要违法犯罪事实不清、证据不足的,应当经审批将案件退回承办部门重新调查。有下列情形之一,需要补充完善证据的,经审批可以退回补充调查:①部分事实不清、证据不足的;②遗漏违法犯罪事实的;③其他需要进一步查清案件事实的情形。案件审理部门将案件退回重新调查或者补充调查的,应当出具审核意见,写明调查事项、理由、调查方向、需补充收集的证据及其证明作用等,连同案卷材料一并送交承办部门。承办部门补充调查结束后,应当经审批将补证情况报告及相关证据材料,连同案卷材料一并移送案件审理部门;对确实无法查明的事项或者无法补充的证据,应当作出书面说明。重新调查终结后,应当重新形成调查报告,依法移送审理。重新调查完毕移送审理的,审理期限重新计算。补充调查期间不计入审理期限。② 其规定重新调查的处理方式。

(7) 审理报告。审理工作结束后应当形成审理报告,载明被调查人基本情况、调查简况、涉嫌违法或者犯罪事实、被调查人态度和认识、涉案财物处置、承办部门意见、审理意见等内容,提请监察机关集体审议。对被调查人涉嫌职务犯罪需要追究刑事责任的,应当形成《起诉意见书》,作为审理报告附件。《起诉意见书》应当忠实于事实真相,载明被调查人基本情况,调查简况,采取留置措施的时间,依法查明的犯罪事实和证据,从重、从轻、减轻或者免除处罚等情节,涉案财物情况,涉嫌罪名和法律依据,采取强制措施的建议,以及其他需要说明的情况。案件审理部门经审理认为现有证据不足以证明被调查人存在违法犯罪行为,且通过退回补充调查仍无法达到证明标准的,应当提出撤销案件的建议。③ 其规定审

---

① 2021年《监察法实施条例》第一百九十五条。
② 2021年《监察法实施条例》第一百九十六条。
③ 2021年《监察法实施条例》第一百九十七条。

理报告的制作方式。

（8）上级审理。上级监察机关办理下级监察机关管辖案件的，可以经审理后按程序直接进行处置，也可以经审理形成处置意见后，交由下级监察机关办理。① 其规定上级监察机关审理后处置的方式。

（9）指定管辖中的审理。被指定管辖的监察机关在调查结束后应当将案件移送审理，提请监察机关集体审议。上级监察机关将其所管辖的案件指定管辖的，被指定管辖的下级监察机关应当按照前款规定办理后，将案件报上级监察机关依法作出政务处分决定。上级监察机关在作出决定前，应当进行审理。上级监察机关将下级监察机关管辖的案件指定其他下级监察机关管辖的，被指定管辖的监察机关应当按照第一款规定办理后，将案件送交有管理权限的监察机关依法作出政务处分决定。有管理权限的监察机关应当进行审理，审理意见与被指定管辖的监察机关意见不一致的，双方应当进行沟通；经沟通不能取得一致意见的，报请有权决定的上级监察机关决定。经协商，有管理权限的监察机关在被指定管辖的监察机关审理阶段可以提前阅卷，沟通了解情况。对于前款规定的重大、复杂案件，被指定管辖的监察机关经集体审议后将处理意见报有权决定的上级监察机关审核同意的，有管理权限的监察机关可以经集体审议后依法处置。② 其规定指定管辖中的审理方式。

四、审理程序立法比较研究

审理程序在立法上主要涉及审理人员、审理方式和审理决定。

1. 审理人员。通常来说，监察机关审理案件人员和调查案件人员应该分离。古代监察机关虽然有权参与案件审理，但是参与案件审理人员并不局限于监察人员，通常和其他机关人员共同进行审理。近代监察程序中虽然有独立的审查程序，但是审查人员通常并不是调查人员，而必须由其他监

---

① 2021年《监察法实施条例》第一百九十八条。
② 2021年《监察法实施条例》第一百九十九条。

察人员担任。新中国时期监察机关审理人员和调查人员也是分开的。这种审理人员和其他人员分离的做法有助于形成内部监督关系。

2. 审理方式。所谓审理方式,就是监察机关审理人员所采用的具体方法。古代监察机关参与案件审理,其审理方式和一般司法审理方式类似。近代监察机关则采用共同审查方式。新中国时期的审理通常也是由专门审查部门来进行,在立法上更为详细。

3. 审理决定。所谓审理决定,就是监察机关在审理基础上提出处理意见。古代监察机关参与审理之后通常并不能直接作出决定,而必须共同上报进行决定。近代监察机关审查后可以作出相应的决定。新中国时期监察机关审理人员也没有决定权,必须交由监察机关进行审议决定。

第六节 处置程序

处置程序是监察机关作出决定的程序。处置程序成为相对独立的程序环节,因为任何监察机关在监察之后必须作出相应的处理。

一、古代处置程序规定

古代监察立法对处置程序也有规定。例如,明代对点差后处置程序有所规定。关于差御史分巡并追问审理等事,正统四年(1439年)规定:"都察院具事目,请旨点差。回京之日,不须经由本院,径赴御前复奏。"① 其规定不经过都察院,而是面呈皇帝处理。

二、近代处置程序规定

近代监察机关虽然具有弹劾权,但是弹劾成立后的处置权则不在监察机关手中。

---

① 《大明会典》卷二百一十。

(一) 北洋政府时期处置程序规定

北洋政府时期肃政史纠弹后并没有独立的处置权。《纠弹条例》和《纠弹法》对此进行了规定。

1. 1914年4月10日《纠弹条例》处置程序规定

(1) 移交平政院审理。肃政史纠弹事件,经大总统核定,认为应交平政院审理者,特交平政院审理。① 其规定肃政史纠弹事件特交平政院审理。

(2) 官署处理。平政院于大总统特交审理之事件,除由平政院自行审理裁决者外,其属于司法审判或惩戒处分事件,应呈明大总统交主管官署处理之。②《平政院裁决执行条例》第四条规定:纠弹事件之执行涉于刑律者,由平政院长呈请大总统令交司法官署执行;涉于惩戒法令者,由平政院长呈请大总统以命令行之。其规定纠弹事件的执行方式。

2. 1914年7月20日《纠弹法》处置程序规定

(1) 移交平政院审理。肃政史纠弹事件经大总统核定后认为应交平政院审理者,特交平政院审理。③ 其规定肃政史纠弹事件特交平政院审理。

(2) 官署处理。前条大总统特交审理事件有应付惩戒或属司法审判者由平政院呈明大总统分别交主管官署行之。④ 其规定纠弹事件的执行方式。

(二) 国民政府时期处置程序规定

国民政府时期处置程序首先规定于《监察院组织法》之中,后来转移至《弹劾法》和《监察法》之中。

1. 1925年9月30日《修正国民政府监察院组织法》处置程序规定

---

① 1914年4月10日《纠弹条例》第十二条。
② 1914年4月10日《纠弹条例》第十三条。
③ 1914年7月20日《纠弹法》第十一条。
④ 1914年7月20日《纠弹法》第十二条。

(1) 取消或变更之权。监察院对于各官吏之违法或不当处分,认为损害人民权利或利益者,得不待人民之陈诉,径以职权为取消或变更之决定,呈由国民政府或咨由该管最高行政官署转令按时执行。各官署有不服监察院取消或变更其处分决定者,得于奉到执行命令之次日起十日内提出抗辩书;但再经监察院决定仍维持原决定时,即应按照执行。各官署不服监察院之决定,不依限提出抗辩书而又不按照执行者,监察院即提起纠弹,交付惩戒。人民陈诉官署之违法或不当处分,在未经监察院决定以前,其原处分不失其效力;但监察院认为必要或因原告之请求,得先呈由国民政府或咨由该管最高行政官署转令停止其执行。① 其规定监察院取消或者变更违法或不当处分的权力。

(2) 检举和逮捕。监察院发现各级官吏有犯罪行为时,得不待人民之控告,径以职权检举之,并于必要时得发逮捕状逮捕之。② 其规定监察院有检举和逮捕的权力。

(3) 侦查、预审和起诉。监察院收受人民控告官吏犯罪诉状,经审查后,除认为不应受理予以驳回外,其认为应受理者,应即以严密之方法从事侦查,并于必要时得发逮捕状逮捕之。前项侦查,得因便利嘱托被告所在地法院实施之。监察院对于官吏之犯罪侦查完毕后,应即开始预审,除认为证据不充分宣告免诉外,其罪证确凿者,应即于预审终结后三月内,依起诉条例之规定起诉于惩吏院。③ 其规定监察院有侦查、预审和起诉的权力。

需要注意的是,这一时期,监察院具有惩戒、检察的权力,所以具有取消或者变更决定、侦查、逮捕等处置权力。

2. 1926年10月4日《修正国民政府监察院组织法》处置程序规定

监察院惩戒官吏发现刑事犯罪时,应将刑事部分移交司法机关审判。前项案件应由监察院监察委员一人执行刑事原告官职务。④ 其规定监察

---

① 1925年9月30日《修正国民政府监察院组织法》第四条、第五条、第六条和第七条。
② 1925年9月30日《修正国民政府监察院组织法》第八条。
③ 1925年9月30日《修正国民政府监察院组织法》第九条、第十条。
④ 1926年10月4日《修正国民政府监察院组织法》第五条。

院具有起诉的权力。显然,监察委员实际上扮演了检察官的角色。不过,监察院已经不能直接纠正官署的决定。

3. 1928年10月20日《监察院组织法》处置程序规定

(1) 弹劾权。监察委员得单独提出弹劾案。弹劾案提出时,由院长另指定监察委员三人审查,经多数认为应付惩戒时,监察院应即将被弹劾人移付惩戒。前项弹劾案经官吏惩戒委员会议决不应受处分时,原弹劾人不负责任。前条弹劾案经审查认为不应移付惩戒,而提案人乃复提出时,监察院应即将被弹劾人移付惩戒。前项弹劾案经官吏惩戒委员会议决不应受处分时,原弹劾人应受监察委员保障法规定之处分。弹劾案提出后,原弹劾人不得撤回。① 其规定监察委员的弹劾处置方式。

(2) 弹劾监察委员。监察委员对于其他监察委员得弹劾之。前项弹劾案准用第五条至第八条之规定。② 其规定监察委员彼此弹劾的处置方式。

此时,监察院只有弹劾的处置权力。

4. 1929年5月19日《弹劾法》处置程序规定

(1) 急速救济处分。公务员违法行为,关系人民生命财产情节重大者,经监察委员提出弹劾案,并经审查,认为应付惩戒时,监察院院长除将该弹劾案移付惩戒机关外,并得同时呈请国民政府,或通知该主管长官为急速救济之处分。前项主管长官,接到监察院通知,如不为急速救济处分,于被弹劾人经惩戒机关宣告应受惩戒后,应负责任。③ 其规定急速救济处分的处理方式。

(2) 法院审理。弹劾案如有涉及刑事事件,惩戒机关应将刑事部分移交该管法院审理。④ 其规定刑事部分移交法院审理的方式。

(3) 质问。惩戒机关关于移付惩戒之案件,有延压时,原弹劾人得呈

---

① 1928年10月20日《监察院组织法》第五条、第六条、第七条、第八条。
② 1928年10月20日《监察院组织法》第十条。
③ 1929年5月19日《弹劾法》第七条。
④ 1929年5月19日《弹劾法》第八条。

由监察院提出质问。① 其规定质问的情形。

（4）接受书状。监察院得受人民举发公务员违法行为之书状，但不得批答。② 其规定监察院接受书状的处理方式。

5. 1932年6月24日《弹劾法》处置程序规定

（1）急速救济处分。公务员违法或失职之行为，情节重大，有急速救济之必要者，监察院将该弹劾案移付惩戒机关时，得通知该主管长官，为急速救济之处分。主管长官接到前项通知，如不为急速救济之处分者，于被弹劾人受惩戒时，应负责任。③ 其规定急速救济处分的处理方式。

（2）质询。惩戒机关于移付之案件有延压时，监察院得质询之。④ 其规定监察院质询的情形。

（3）接受书状。监察院应接受人民举发公务员违法或失职行为之书状，但不得批答。⑤ 其规定监察院接受书状的处理方式。

6. 1948年《监察法》处置程序规定

1948年《监察法》对处置程序作了更为详细的规定。

（1）弹劾后处置程序。①急速救济处分。公务人员违法或失职之行为、情节重大，有急速救济之必要者，监察院将该弹劾案向惩戒机关提出时，得通知该主管长官为急速救济之处分。主管长官接到前项通知、不为急速救济之处分者，于被弹劾人受惩戒时，应负失职责任。⑥ 其规定急速救济处分的处理方式。②刑事或军法处置。监察院认为被弹劾人员违法或失职之行为有涉及刑事或军法者，除向惩戒机关提出外，并应径送各该管司法或军法机关依法办理。弹劾案经向惩戒机关提出及移送司法或军法机关后，各该管机关应急速办理，并将办理结果迅即通知监察院转知原提案委员。惩戒机关于收到被弹劾人员答辩时，如认为必要，得通知监察

---

① 1929年5月19日《弹劾法》第九条。
② 1929年5月19日《弹劾法》第十条。
③ 1932年6月24日《弹劾法》第十一条。
④ 1932年6月24日《弹劾法》第十二条。
⑤ 1932年6月24日《弹劾法》第十三条。
⑥ 1948年7月17日《监察法》第十四条。

院转知原提案委员。① 其规定司法或者军法机关的处理方式。③质询。惩戒机关对弹劾案逾三个月尚未处理者,监察院得质询之。② 其规定监察院质询的情形。④被弹劾人员处置。凡经弹劾而受惩戒之人员,在停止任用期间,任何机关不得任用。被弹劾人员在惩戒案进行期间,如有升迁,应于惩戒处分后撤销之。③ 其规定被弹劾人员的处理方式。

(2) 纠举程序。监察委员对于公务人员有违法或失职行为,认为应迅予停职或为其他急速处分者,得以书面纠举,经其他监察委员三人以上审查及决定,由监察院送交各该主管长官或其上级长官,其违法行为涉及刑事或军法者,应径送各该管司法或军法机关依法办理。但监察委员于分派执行职务之该管监察区内,对荐任以下公务人员提议纠举案于监察院,得同时以书面径送该主管长官或其上级长官。主管长官或其上级长官接到前条纠举书后,至迟应于一个月内决定停职或其他行政处分,其认为不应处分者,应即向监察院声复理由。主管长官或其上级长官不依前条处分,又不声复或虽声复而无可取之理由时,监察委员得将该纠举案改作弹劾案,如被纠举人受惩戒时,其主管长官或其上级长官应负失职责任。④ 其规定监察委员纠举的处理方式。

(3) 纠正程序。监察院于调查行政院及其所属各机关之工作及设施后,经各有关委员会之审查及决议,得由监察院提出纠正案,移送行政院或有关部会,促其注意改善。行政院或有关部会接到纠正案后,应即为适当之改善与处置,并以书面答复监察院。⑤ 其规定监察院纠正的处理方式。

三、共同纲领时期处置程序规定

共同纲领时期,监察机关处理监察事件既有自己行使的处置权力,也

---

① 1948年7月17日《监察法》第十五条、第十六条。
② 1948年7月17日《监察法》第十七条。
③ 1948年7月17日《监察法》第十八条。
④ 1948年7月17日《监察法》第十九条、第二十条、第二十一条。
⑤ 1948年7月17日《监察法》第二十三条、第二十四条。

有需要向其他机关移交处理的权力。

(1) 使用检举、纠正、惩处、建议或表扬等方法。《中央人民政府政务院人民监察委员会试行组织条例》第十二条规定,中央人民政府政务院人民监察委员会处理监察事件,得分别使用检举、纠正、惩处、建议或表扬等方法。对于中央各机关及国营企业部门或其高级工作人员之监察案件,应分别呈请中央人民政府委员会或政务院核定处理之。《大行政区人民政府(军政委员会)人民监察委员会试行组织通则》第十条规定,大行政区监委处理监察事件,得分别使用检举、纠正、惩处、建议或表扬等方法。《省(行署、市)人民政府人民监察委员会试行组织通则》第十一条规定,省监委处理监察事件,得分别使用检举、纠正、惩处、建议或表扬等方法。《县(市)人民政府人民监察委员会试行组织通则》第九条规定,县(市)监委处理监察事件,得分别使用检举、纠正、惩处、建议或表扬等方法。其规定人民监察委员会处理监察事件的方法。

(2) 移送或处理。《中央人民政府政务院人民监察委员会试行组织条例》第十三条规定,中央人民政府政务院人民监察委员会行使监察权时,如认为有犯罪嫌疑者,应移送检察机关办理。前项移送案件,在刑事程序未终结前,得停止该案之处理,如经处分不起诉或判决无罪者,人民监察委员会仍得分别予以处理。《大行政区人民政府(军政委员会)人民监察委员会试行组织通则》第十一条规定,大行政区监委行使监察权时,如认为有犯罪嫌疑者,应移送检察或公安机关办理。前项移送案件,在刑事程序未终结前,得停止该案之处理。如经处分不起诉或判决无罪者,大行政区监委仍得分别予以处理。《省(行署、市)人民政府人民监察委员会试行组织通则》第十二条规定,省监委行使监察权时,如认为有犯罪嫌疑者,应移送检察或公安机关办理。前项移送案件,在刑事程序未终结前,得停止该案之处理。如经处分不起诉或判决无罪者,省监委仍得分别予以处理。《县(市)人民政府人民监察委员会试行组织通则》第十条规定,县(市)监委行使监察权时,如认为有犯罪嫌疑者,应移送县(市)检察或公安机关办理。前项移送案件,在刑事程序未终结前,得停止该案之处理。如经处分不起诉或判决无罪者,县(市)监委仍得分别予以处理。其规定人民监察委员会移送监察机关或者公安机关处理的方式。

四、1954年宪法时期处置程序规定

1954年宪法时期,监察机关有相应的处置权力,与此相适应,存在相应的处置程序。例如,《中华人民共和国监察部组织简则》对处置权力规定如下程序:

(1) 提出改进工作建议。监察部根据检查的结果,可以向被检查部门提出改进工作的建议,重要的建议,应当报请国务院批准。被检查部门应当根据建议采取措施,并且将改进工作的情况通知监察部。监察部认为必要的时候,可以对建议的执行情况进行检查。① 其规定监察部提出改进工作建议的处理方式。

(2) 建议执行或者改正。监察部发现并且确认国务院各部门、地方各级国家行政机关、国营企业有下列事实的时候,应当根据具体情况作如下处理:①对于未执行国务院的决议、命令或者国家计划的,可以建议其执行或者通知其主管部门督促执行;②对于发布不适当的决议、命令、指示的,可以建议其改正或者通知其主管部门予以改正。如果主管部门有不同意见的时候,监察部应当报请国务院处理。② 其规定监察部可以提出建议执行或者改正的方式。

(3) 建议处分或奖励。监察部发现并且确认国家行政机关工作人员有下列事实的时候,应当分别处理:①对于违反纪律的,做出结论后建议其主管部门按照纪律处分批准程序的规定给予纪律处分,或者报请国务院批准予以纪律处分;②对于受纪律处分后工作有显著成绩或者经过考验证明确已改正错误的,建议其主管部门或者报请国务院批准撤销其处分;③对于损害国家财产的,督促其主管部门依法令其赔偿;④对于有犯罪事实的,应将案件移送人民检察院处理;⑤对于向违反纪律行为作坚决

---

① 1955年11月2日《中华人民共和国监察部组织简则》第六条。
② 1955年11月2日《中华人民共和国监察部组织简则》第七条。

斗争的或者在国家财产遭受损害的时候抢救有功的,建议其主管部门或者直接予以表扬、奖励。① 其规定监察部建议处分或奖励等方式的处理。

五、1982 年宪法时期处置程序规定

1982 年宪法时期,监察机关处置权力进一步扩大,其处置程序也日益复杂。由于处置权力因行政监察机关和国家监察机关的差异而不同,因此,存在相应的处置程序。

(一) 行政监察时期处置程序规定

这一时期,处置程序规定主要和政纪案件办理有关。

1. 1988 年《监察机关调查处理政纪案件试行办法》处置程序规定

1988 年 5 月 11 日,《中华人民共和国监察机关调查处理政纪案件试行办法》对处置程序规定如下:

(1) 处理建议。监察机关依据各自的管辖范围,可给予违反政纪的监察对象行政记大过及以下的处分。对需要做出记大过以上处分的,可参照立案审批权限向监察对象所在部门提出处理建议,如监察机关依据建议权提出的建议不被采纳时,可向上级监察机关直至国务院申告。② 其规定监察机关处分建议的处理方式。

(2) 移送处理。违反政纪同时又违反党纪或法纪的行政监察对象,监察机关在作出政纪处分后,应将有关材料移送党组织或司法机关处理。③ 其规定监察机关移送党组织或者司法机关处理的方式。

(3) 备案、批复和通知。对案件作出处理决定或审查结论后,调查组所在部门应办理呈报上级审批后备案以及向下级批复的手续,并办理抄送本级政府人事部门的通知等事宜。④ 其规定备案、批复和通知的方式。

---

① 1955 年 11 月 2 日《中华人民共和国监察部组织简则》第八条。
② 1988 年《监察机关调查处理政纪案件试行办法》第二十九条。
③ 1988 年《监察机关调查处理政纪案件试行办法》第三十条。
④ 1988 年《监察机关调查处理政纪案件试行办法》第三十一条。

(4)执行和报告。下级监察机关接到上级监察机关或政府部门对案件的处理意见和对违纪工作人员给予处分的批复或通知后,应即执行并报告执行结果,如有不同意见,应及时反映。① 其规定下级监察机关执行上级意见、批复或者通知的方式。

2. 1990年《行政监察条例》处置程序规定

1990年《行政监察条例》对处置程序规定如下:

(1)撤销。监察机关对于立案调查的案件,经调查认定违法违纪事实不存在,或者不需要追究行政责任的,应予撤销,并告知被调查部门的上级机关或者被调查人员的所在单位。重要案件的撤销,应当报本级人民政府和上一级监察机关备案。② 其规定撤销案件的方式。

(2)报送同意。重要的监察决定和监察建议,应当报经本级人民政府和上一级监察机关同意。监察部的重要监察决定和监察建议,应当报经国务院同意。③ 其规定重要的监察决定和监察建议的报送同意方式。

(3)送达。监察机关作出的监察决定、监察建议应当以书面形式送达有关部门或者有关人员。④ 其规定监察决定、监察建议的送达方式。

(4)通报。有关部门和人员在收到监察决定或者监察建议次日起十五日内应当将执行、采纳的情况通报监察机关。对监察决定不服的,可以在收到监察决定次日起十五日内向作出决定的监察机关申请复审,复审决定应当在一个月内作出。对复审决定仍不服的,可以向上一级监察机关申请复核。上一级监察机关应当在二个月内作出复核决定。对监察建议有异议的,应在收到建议次日起十五日内向作出建议的监察机关提出,监察机关应当在十五日内给以回复。对回复仍有异议的,由监察机关提请本级人民政府或者上一级监察机关处理。⑤ 其规定监察决定、监察建议的执行方式。

---

① 1988年《监察机关调查处理政纪案件试行办法》第三十二条。
② 1990年《行政监察条例》第三十七条。
③ 1990年《行政监察条例》第三十八条。
④ 1990年《行政监察条例》第三十九条。
⑤ 1990年《行政监察条例》第四十条。

3. 1991年《监察机关调查处理政纪案件办法》处置程序规定

1991年《监察机关调查处理政纪案件办法》第五章规定处理程序。其主要包括：

(1) 处理方式。政纪案件调查、审理结束，分别不同情况，以下列方式处理：①有违法违纪事实，需要给予撤职以下行政处分的，作出行政处分决定；②有违法违纪事实，但情节轻微或者具有减轻情节，不需要给予处分的，经批评教育后作出免予行政处分的决定；③对需要在一定范围内予以通报的违法违纪的单位或者个人，进行内部通报或者公开报道；④违反国家法律、法规的规定取得非法收入，依法应当由监察机关没收、追缴或者责令退赔，以及已经给国家利益和公民的合法权益造成损害，需要采取补救措施的，作出处理决定；⑤根据《中华人民共和国行政监察条例》第二十三条、第二十四条的规定，提出监察建议；⑥认为需要由其他机关给予处理的，移送有关机关处理；⑦违法违纪事实不存在，或者不需要以上述方式处理的，对案件予以撤销。以上方式可以单独使用，也可以根据需要合并使用。① 其规定监察机关的处理方式。

(2) 处理形式。监察机关作出给予行政处分及其他处理决定或者撤销案件决定的，应当制作监察决定书；监察机关建议给予行政处分及其他处理的，应当制作监察建议书。监察机关依法决定没收、追缴非法所得的，除应当制作监察决定书外，还应当使用监察机关商同级财政部门制发的专用凭证；责令退赔的，使用监察机关统一制发的凭证。② 其规定监察机关的处理形式。

(3) 送达。监察决定书和监察建议书由监察机关直接送达有关部门、单位和人员，也可以留置送达、邮寄送达，或者委托其他监察机关、主管部门代为送达。送达监察决定书和监察建议书，必须有送达回证，由受送达人在送达回证上记明收到日期、签名或者盖章。受送达人在送达回证上的签收日期为送达日期。邮寄送达，以挂号回执上注明的收件日期

---

① 1991年《监察机关调查处理政纪案件办法》第四十三条。
② 1991年《监察机关调查处理政纪案件办法》第四十四条。

为送达日期。受送达人拒收的，不影响决定及建议的执行，并应当由送达人在送达回证上予以说明。① 其规定监察机关的送达方式。

（4）申诉。对监察机关作出的行政处分及其他处理决定不服的，按照《监察机关处理不服行政处分申诉的办法》处理；对监察机关作出的给予行政处分及其他处理的建议有异议的，按照《中华人民共和国行政监察条例》第四十条规定处理。② 其规定不服监察决定或者监察建议的处理方式。

（5）抄送。监察机关直接作出行政处分决定的，按照国家人事管理有关规定由人事部门办理有关手续。受行政处分的人员属于党委管理的，监察机关应当把有关材料抄送所属党委组织部门。③ 其规定人事手续和组织手续的办理方式。

（6）结案。监察机关对政纪案件处理后，应当写出结案报告，报经监察机关负责人同意后结案，并按规定办理立卷、归档、呈报、备案等事项。④ 其规定结案的方式。

（7）建议处分。被调查人或者其他有关人员妨碍案件查处和执行的，属于国家行政机关工作人员和国家行政机关任命的其他人员，监察机关可以根据情节轻重给予批评教育，建议其主管机关给予行政处分或者直接给予行政处分；属于非国家行政机关工作人员和非国家行政机关任命的人员，监察机关可以将其妨碍案件调查的事实材料移送有关主管机关建议给予处理。监察人员在查办案件中有违反《中华人民共和国行政监察条例》第四十七条规定行为的，由所在监察机关根据情节轻重给予相应的行政处分。⑤ 其规定妨碍监察人员的处理方式。

4. 1997年《行政监察法》和2004年《行政监察法实施条例》处置程序规定

1997年《行政监察法》对处置程序规定如下：

---

① 1991年《监察机关调查处理政纪案件办法》第四十五条。
② 1991年《监察机关调查处理政纪案件办法》第四十六条。
③ 1991年《监察机关调查处理政纪案件办法》第四十七条。
④ 1991年《监察机关调查处理政纪案件办法》第四十八条。
⑤ 1991年《监察机关调查处理政纪案件办法》第四十九条。

（1）报经同意。监察机关作出的重要监察决定和提出的重要监察建议，应当报经本级人民政府和上一级监察机关同意。国务院监察机关作出的重要监察决定和提出的重要监察建议，应当报经国务院同意。① 行政监察法第三十四条所称"重要监察决定"和"重要监察建议"，是指监察机关办理重要检查事项和重要、复杂案件所作出的监察决定和提出的监察建议。重要监察决定和重要监察建议应当报经本级人民政府和上一级监察机关同意。本级人民政府和上一级监察机关意见不一致的，由上一级监察机关报同级人民政府决定。② 其规定监察机关重要监察决定和重要监察建议应当履行的批准手续。

（2）送达。监察决定、监察建议应当以书面形式送达有关单位或者有关人员。③ 监察决定自作出之日起生效；需批准的，自批准之日起生效。监察决定书和监察建议书可以由监察机关直接送达有关单位和人员，也可以委托其他监察机关送达。受送达人在送达回证上的签收日期为送达日期。受送达人拒绝接收或者拒绝签名、盖章的，送达人应当邀请受送达人所在单位人员到场，见证现场情况，由送达人在送达回证上记明拒收事由和日期，由送达人、见证人签名或者盖章，将监察决定书和监察建议书留在受送达人的住所或者所在单位，即视为送达。④ 其规定监察决定、监察建议的送达方式。

（3）通报。有关单位和人员应当自收到监察决定或者监察建议之日起三十日内将执行监察决定或者采纳监察建议的情况通报监察机关。⑤ 其规定监察决定或者监察建议执行情况的通报方式。

（4）移送。监察机关在办理监察事项中，发现所调查的事项不属于监察机关职责范围内的，应当移送有处理权的单位处理；涉嫌犯罪的，应当移送司法机关依法处理。接受移送的单位或者机关应当将处理结果告

---

① 1997年《行政监察法》第三十四条。
② 2004年《行政监察法实施条例》第三十七条。
③ 1997年《行政监察法》第三十五条。
④ 2004年《行政监察法实施条例》第三十八条。
⑤ 1997年《行政监察法》第三十六条。

知监察机关。① 其规定监察机关移送处理的方式。

(二) 国家监察时期处置程序规定

1.《监察法》处置程序规定

2018年《监察法》对处置程序规定如下:

(1) 处置方式。监察机关根据监督、调查结果,依法作出如下处置:①对有职务违法行为但情节较轻的公职人员,按照管理权限,直接或者委托有关机关、人员,进行谈话提醒、批评教育、责令检查,或者予以诫勉;②对违法的公职人员依照法定程序作出警告、记过、记大过、降级、撤职、开除等政务处分决定;③对不履行或者不正确履行职责负有责任的领导人员,按照管理权限对其直接作出问责决定,或者向有权作出问责决定的机关提出问责建议;④对涉嫌职务犯罪的,监察机关经调查认为犯罪事实清楚,证据确实、充分的,制作起诉意见书,连同案卷材料、证据一并移送人民检察院依法审查、提起公诉;⑤对监察对象所在单位廉政建设和履行职责存在的问题等提出监察建议。监察机关经调查,对没有证据证明被调查人存在违法犯罪行为的,应当撤销案件,并通知被调查人所在单位。② 其规定不同的监察处置方式。

(2) 违法财物的处理。监察机关经调查,对违法取得的财物,依法予以没收、追缴或者责令退赔;对涉嫌犯罪取得的财物,应当随案移送人民检察院。③ 其规定违法财物的处理方式。

(3) 补充调查。对监察机关移送的案件,人民检察院依照《中华人民共和国刑事诉讼法》对被调查人采取强制措施。人民检察院经审查,认为犯罪事实已经查清,证据确实、充分,依法应当追究刑事责任的,应当作出起诉决定。人民检察院经审查,认为需要补充核实的,应当退回监察机关补充调查,必要时可以自行补充侦查。对于补充调查的案件,应当在一个月内补充调查完毕。补充调查以二次为限。人民检察院对于有《中华人

---

① 1997年《行政监察法》第四十三条。
② 2018年《监察法》第四十五条。
③ 2018年《监察法》第四十六条。

民共和国刑事诉讼法》规定的不起诉的情形的,经上一级人民检察院批准,依法作出不起诉的决定。监察机关认为不起诉的决定有错误的,可以向上一级人民检察院提请复议。① 其规定补充调查的处理方式。

(4)继续调查。监察机关在调查贪污贿赂、失职渎职等职务犯罪案件过程中,被调查人逃匿或者死亡,有必要继续调查的,经省级以上监察机关批准,应当继续调查并作出结论。被调查人逃匿,在通缉一年后不能到案,或者死亡的,由监察机关提请人民检察院依照法定程序,向人民法院提出没收违法所得的申请。② 其规定继续调查的处理方式。

2.《监察法实施条例》处置程序规定

2021年《监察法实施条例》对处置程序作了进一步规定。

(1)一般规定。监察机关根据监督、调查结果,依据监察法、公职人员政务处分法等规定进行处置。③ 其规定处置的一般要求。

(2)谈话提醒、批评教育、责令检查、诫勉。监察机关对于公职人员有职务违法行为但情节较轻的,可以依法进行谈话提醒、批评教育、责令检查,或者予以诫勉。上述方式可以单独使用,也可以依据规定合并使用。谈话提醒、批评教育应当由监察机关相关负责人或者承办部门负责人进行,可以由被谈话提醒、批评教育人所在单位有关负责人陪同;经批准也可以委托其所在单位主要负责人进行。对谈话提醒、批评教育情况应当制作记录。被责令检查的公职人员应当作出书面检查并进行整改。整改情况在一定范围内通报。诫勉由监察机关以谈话或者书面方式进行,以谈话方式进行的应当制作记录。④ 其规定谈话提醒、批评教育、责令检查、诫勉的处理方式。

(3)政务处分。对违法的公职人员依法需要给予政务处分的,应当根据情节轻重作出警告、记过、记大过、降级、撤职、开除的政务处分决定,制作政务处分决定书。监察机关应当将政务处分决定书在作出后一个月

---

① 2018年《监察法》第四十七条。
② 2018年《监察法》第四十八条。
③ 2021年《监察法实施条例》第二百条。
④ 2021年《监察法实施条例》第二百零一条。

以内送达被处分人和被处分人所在机关、单位,并依法履行宣布、书面告知程序。政务处分决定自作出之日起生效。有关机关、单位、组织应当依法及时执行处分决定,并将执行情况向监察机关报告。处分决定应当在作出之日起一个月以内执行完毕,特殊情况下经监察机关批准可以适当延长办理期限,最迟不得超过六个月。① 其规定政务处分的处理方式。

（4）问责。监察机关对不履行或者不正确履行职责造成严重后果或者恶劣影响的领导人员,可以按照管理权限采取通报、诫勉、政务处分等方式进行问责;提出组织处理的建议。② 其规定问责的处理方式。

（5）监察建议书。监察机关依法向监察对象所在单位提出监察建议的,应当经审批制作监察建议书。监察建议书一般应当包括下列内容:①监督调查情况;②调查中发现的主要问题及其产生的原因;③整改建议、要求和期限;④向监察机关反馈整改情况的要求。③ 其规定监察建议书的制作方式。

（6）撤销案件。监察机关经调查,对没有证据证明或者现有证据不足以证明被调查人存在违法犯罪行为的,应当依法撤销案件。省级以下监察机关撤销案件后,应当在七个工作日以内向上一级监察机关报送备案报告。上一级监察机关监督检查部门负责备案工作。省级以下监察机关拟撤销上级监察机关指定管辖或者交办案件的,应当将《撤销案件意见书》连同案卷材料,在法定调查期限到期七个工作日前报指定管辖或者交办案件的监察机关审查。对于重大、复杂案件,在法定调查期限到期十个工作日前报指定管辖或者交办案件的监察机关审查。指定管辖或者交办案件的监察机关由监督检查部门负责审查工作。指定管辖或者交办案件的监察机关同意撤销案件的,下级监察机关应当作出撤销案件决定,制作《撤销案件决定书》;指定管辖或者交办案件的监察机关不同意撤销案件的,下级监察机关应当执行该决定。监察机关对于撤销案件的决定应当向被调查人宣布,由其在《撤销案件决定书》上签名、捺指印,立即解除留

---

① 2021年《监察法实施条例》第二百零二条、第二百零三条。
② 2021年《监察法实施条例》第二百零四条。
③ 2021年《监察法实施条例》第二百零五条。

置措施,并通知其所在机关、单位。撤销案件后又发现重要事实或者有充分证据,认为被调查人有违法犯罪事实需要追究法律责任的,应当重新立案调查。① 其规定撤销案件的处理方式。

(7)涉案单位和人员处置。对于涉嫌行贿等犯罪的非监察对象,案件调查终结后依法移送起诉。综合考虑行为性质、手段、后果、时间节点、认罪、悔罪态度等具体情况,对于情节较轻,经审批不予移送起诉的,应当采取批评教育、责令具结悔过等方式处置;应当给予行政处罚的,依法移送有关行政执法部门。对于有行贿行为的涉案单位和人员,按规定记入相关信息记录,可以作为信用评价的依据。对于涉案单位和人员通过行贿等非法手段取得的财物及孳息,应当依法予以没收、追缴或者责令退赔。对于违法取得的其他不正当利益,依照法律法规及有关规定予以纠正处理。② 其规定涉案单位和人员的处置方式。

(8)涉案财物处置。对查封、扣押、冻结的涉嫌职务犯罪所得财物及孳息应当妥善保管,并制作《涉案财物清单》随案移送人民检察院。对作为证据使用的实物应当随案移送;对不宜移送的,应当将清单、照片和其他证明文件随案移送。对于移送人民检察院的涉案财物,价值不明的,应当在移送起诉前委托进行价格认定。在价格认定过程中,需要对涉案财物先行作出真伪鉴定或者出具技术、质量检测报告的,应当委托有关鉴定机构或者检测机构进行真伪鉴定或者技术、质量检测。对不属于犯罪所得但属于违法取得的财物及孳息,应当依法予以没收、追缴或者责令退赔,并出具有关法律文书。对经认定不属于违法所得的财物及孳息,应当及时予以返还,并办理签收手续。③ 其规定涉案财物的处理方式。

(9)追缴和责令退赔。监察机关经调查,对违法取得的财物及孳息决定追缴或者责令退赔的,可以依法要求公安、自然资源、住房城乡建设、市场监管、金融监管等部门以及银行等机构、单位予以协助。追缴涉案财物以追缴原物为原则,原物已经转化为其他财物的,应当追缴转化后的财

---

① 2021年《监察法实施条例》第二百零六条。
② 2021年《监察法实施条例》第二百零七条。
③ 2021年《监察法实施条例》第二百零八条。

物;有证据证明依法应当追缴、没收的涉案财物无法找到、被他人善意取得、价值灭失减损或者与其他合法财产混合且不可分割的,可以依法追缴、没收其他等值财产。追缴或者责令退赔应当自处置决定作出之日起一个月以内执行完毕。因被调查人的原因逾期执行的除外。人民检察院、人民法院依法将不认定为犯罪所得的相关涉案财物退回监察机关的,监察机关应当依法处理。① 其规定追缴或者责令退赔的处理方式。

(10)移送审查起诉。

①一般规定。监察机关决定对涉嫌职务犯罪的被调查人移送起诉的,应当出具《起诉意见书》,连同案卷材料、证据等,一并移送同级人民检察院。监察机关案件审理部门负责与人民检察院审查起诉的衔接工作,调查、案件监督管理等部门应当予以协助。国家监察委员会派驻或者派出的监察机构、监察专员调查的职务犯罪案件,应当依法移送省级人民检察院审查起诉。② 其规定移送审查起诉的一般要求。

②从宽处罚建议。涉嫌职务犯罪的被调查人和涉案人员符合监察法第三十一条、第三十二条规定情形的,结合其案发前的一贯表现、违法犯罪行为的情节、后果和影响等因素,监察机关综合研判和集体审议,报上一级监察机关批准,可以在移送人民检察院时依法提出从轻、减轻或者免除处罚等从宽处罚建议。报请批准时,应当一并提供主要证据材料、忏悔反思材料。上级监察机关相关监督检查部门负责审查工作。重点审核拟认定的从宽处罚情形、提出的从宽处罚建议,经审批在十五个工作日以内作出批复。从宽处罚建议一般应当在移送起诉时作为《起诉意见书》内容一并提出,特殊情况下也可以在案件移送后、人民检察院提起公诉前,单独形成从宽处罚建议书移送人民检察院。对于从宽处罚建议所依据的证据材料,应当一并移送人民检察院。监察机关对于被调查人在调查阶段认罪认罚,但不符合监察法规定的提出从宽处罚建议条件,在移送起诉时没有提出从宽处罚建议的,应当在《起诉意见书》中写明其自愿认罪认罚

---

① 2021年《监察法实施条例》第二百零九条。
② 2021年《监察法实施条例》第二百一十二条。

的情况。① 其规定从宽处罚建议的处理方式。

③预告移送事宜。监察机关一般应当在正式移送起诉十日前,向拟移送的人民检察院采取书面通知等方式预告移送事宜。对于已采取留置措施的案件,发现被调查人因身体等原因存在不适宜羁押等可能影响刑事强制措施执行情形的,应当通报人民检察院。对于未采取留置措施的案件,可以根据案件具体情况,向人民检察院提出对被调查人采取刑事强制措施的建议。② 其规定监察机关向人民检察院预告移送事宜的处理方式。

④协商管辖事宜。监察机关办理的职务犯罪案件移送起诉,需要指定起诉、审判管辖的,应当与同级人民检察院协商有关程序事宜。需要由同级人民检察院的上级人民检察院指定管辖的,应当商请同级人民检察院办理指定管辖事宜。监察机关一般应当在移送起诉二十日前,将商请指定管辖函送交同级人民检察院。商请指定管辖函应当附案件基本情况,对于被调查人已被其他机关立案侦查的犯罪认为需要并案审查起诉的,一并进行说明。派驻或者派出的监察机构、监察专员调查的职务犯罪案件需要指定起诉、审判管辖的,应当报派出机关办理指定管辖手续。上级监察机关指定下级监察机关进行调查,移送起诉时需要人民检察院依法指定管辖的,应当在移送起诉前由上级监察机关与同级人民检察院协商有关程序事宜。③ 其规定监察机关和人民检察院协商管辖事宜的处理方式。

⑤补充起诉。监察机关对已经移送起诉的职务犯罪案件,发现遗漏被调查人罪行需要补充移送起诉的,应当经审批出具《补充起诉意见书》,连同相关案卷材料、证据等一并移送同级人民检察院。对于经人民检察院指定管辖的案件需要补充移送起诉的,可以直接移送原受理移送起诉的人民检察院;需要追加犯罪嫌疑人、被告人的,应当再次商请人民检察

---

① 2021年《监察法实施条例》第二百一十三条、第二百一十九条。
② 2021年《监察法实施条例》第二百二十条。
③ 2021年《监察法实施条例》第二百二十一条、第二百二十二条。

院办理指定管辖手续。① 其规定补充起诉的处理方式。

⑥关联案件管辖。对于涉嫌行贿犯罪、介绍贿赂犯罪或者共同职务犯罪等关联案件的涉案人员,移送起诉时一般应当随主案确定管辖。主案与关联案件由不同监察机关立案调查的,调查关联案件的监察机关在移送起诉前,应当报告或者通报调查主案的监察机关,由其统一协调案件管辖事宜。因特殊原因,关联案件不宜随主案确定管辖的,调查主案的监察机关应当及时通报和协调有关事项。② 其规定关联案件管辖的处理方式。

⑦监察机关配合。监察机关对于人民检察院在审查起诉中书面提出的下列要求应当予以配合:a. 认为可能存在以非法方法收集证据情形,要求监察机关对证据收集的合法性作出说明或者提供相关证明材料的;b. 排除非法证据后,要求监察机关另行指派调查人员重新取证的;c. 对物证、书证、视听资料、电子数据及勘验检查、辨认、调查实验等笔录存在疑问,要求调查人员提供获取、制作的有关情况的;d. 要求监察机关对案件中某些专门性问题进行鉴定,或者对勘验、检查进行复验、复查的;e. 认为主要犯罪事实已经查清,仍有部分证据需要补充完善,要求监察机关补充提供证据的;f. 人民检察院依法提出的其他工作要求。③ 其规定监察机关配合人民检察院的处理方式。

⑧退回补充调查案件处理。监察机关对于人民检察院依法退回补充调查的案件,应当向主要负责人报告,并积极开展补充调查工作。对人民检察院退回补充调查的案件,经审批分别作出如下处理:a. 认定犯罪事实的证据不够充分的,应当在补充证据后,制作补充调查报告书,连同相关材料一并移送人民检察院审查,对无法补充完善的证据,应当作出书面情况说明,并加盖监察机关或者承办部门公章;b. 在补充调查中发现新的同案犯或者增加、变更犯罪事实,需要追究刑事责任的,应当重新提出处理意见,移送人民检察院审查;c. 犯罪事实的认定出现重大变化,认为不应

---

① 2021年《监察法实施条例》第二百二十三条。
② 2021年《监察法实施条例》第二百二十四条。
③ 2021年《监察法实施条例》第二百二十五条。

当追究被调查人刑事责任的,应当重新提出处理意见,将处理结果书面通知人民检察院并说明理由;d.认为移送起诉的犯罪事实清楚,证据确实、充分的,应当说明理由,移送人民检察院依法审查。① 其规定退回补充调查的处理方式。

⑨问题线索移送。人民检察院在审查起诉过程中发现新的职务违法或者职务犯罪问题线索并移送监察机关的,监察机关应当依法处置。② 其规定问题线索移送的处理方式。

⑩补充证据材料、协助补充调查和出庭说明情况。在案件审判过程中,人民检察院书面要求监察机关补充提供证据,对证据进行补正、解释,或者协助补充侦查的,监察机关应当依法予以配合。监察机关不能提供有关证据材料的,应当书面说明情况。人民法院在审判过程中就证据收集合法性问题要求有关调查人员出庭说明情况时,监察机关应当根据工作需要予以配合。③ 其规定补充证据材料、协助补充调查和出庭说明情况的处理方式。

⑪不起诉决定。监察机关认为人民检察院不起诉决定有错误的,应当在收到不起诉决定书后三十日以内,依法向其上一级人民检察院提请复议。监察机关应当将上述情况及时向上一级监察机关书面报告。④ 其规定不起诉决定的处理方式。

⑫政务处分决定审核。对于监察机关移送起诉的案件,人民检察院作出不起诉决定,人民法院作出无罪判决,或者监察机关经人民检察院退回补充调查后不再移送起诉,涉及对被调查人已生效政务处分事实认定的,监察机关应当依法对政务处分决定进行审核。认为原政务处分决定认定事实清楚、适用法律正确的,不再改变;认为原政务处分决定确有错误或者不当的,依法予以撤销或者变更。⑤ 其规定监察机关审理政务处

---

① 2021年《监察法实施条例》第二百二十六条、第二百二十七条。
② 2021年《监察法实施条例》第二百二十八条。
③ 2021年《监察法实施条例》第二百二十九条。
④ 2021年《监察法实施条例》第二百三十条。
⑤ 2021年《监察法实施条例》第二百三十一条。

分决定的处理方式。

⑬没收违法所得。对于贪污贿赂、失职渎职等职务犯罪案件,被调查人逃匿,在通缉一年后不能到案,或者被调查人死亡,依法应当追缴其违法所得及其他涉案财产的,承办部门在调查终结后应当依法移送审理。监察机关应当经集体审议,出具《没收违法所得意见书》,连同案卷材料、证据等,一并移送人民检察院依法提出没收违法所得的申请。监察机关将《没收违法所得意见书》移送人民检察院后,在逃的被调查人自动投案或者被抓获的,监察机关应当及时通知人民检察院。① 其规定没收违法所得的处理方式。

⑭缺席审判。监察机关立案调查拟适用缺席审判程序的贪污贿赂犯罪案件,应当逐级报送国家监察委员会同意。监察机关承办部门认为在境外的被调查人犯罪事实已经查清,证据确实、充分,依法应当追究刑事责任,应当依法移送审理。监察机关应当经集体审议,出具《起诉意见书》,连同案卷材料、证据等,一并移送人民检察院审查起诉。在审查起诉或者缺席审判过程中,犯罪嫌疑人、被告人向监察机关自动投案或者被抓获的,监察机关应当立即通知人民检察院、人民法院。② 其规定缺席审判的处理方式。

六、处置程序立法比较研究

处置程序在立法上主要涉及处置主体、处置种类以及处置结果执行。

1. 处置主体。处置主体通常是指监察机关。由于监察机关权力不同,因此其处置主体存在一定的差异。古代监察机关具有一定的处置权,但并不是所有事项均能单独处置。近代监察机关通常具有弹劾权力,并不具有独立的处置权。虽然国民政府时期开始赋予监察机关纠举、纠正权力,但是这种纠举、纠正权力也是有限的。新中国时期监察机关具有独

---

① 2021年《监察法实施条例》第二百三十二条。
② 2021年《监察法实施条例》第二百三十三条。

立的地位,因此其具有较大的处置权力。

2. 处置方式。处置方式是监察机关独立处理的方式。这种方式既有建议权,也有决定权,还有移交处理权。古代监察机关处置方式并没有固定的模式。近代监察机关处置方式则相对单一,通常只有移交处理权。新中国时期处理方式也是多样化的,如建议权、决定权和移交处理权等。

3. 处置结果执行。一般来说,监察机关具有独立的处置权,其处理结果由自己执行。不过,在监察机关需要移交其他部门处理情况下,就需要其他机关进行反馈。古代监察机关由于通常能够参与监察处置过程,因此,就不存在反馈问题。近代监察机关通常需要和其他机关相互配合,因此其需要了解处理结果情况。新中国时期监察机关提出的建议和决定如果由其他机关处理,则需要其他机关反馈。如果移交其他机关处理,其他机关也需要进行反馈。

第七章 监察救济立法

监察救济是指监察机关和监察人员违纪违法行为的监督和救济方式。古代对监察机关及其人员的监督方式同一般国家机关及其人员的监督方式相同,没有现代意义的救济方式。近代监察机关及其人员的监督更多地依赖于国家机关之间的权力制约。新中国时期监察机关及其人员的监督方式日益完善,建立了一系列针对监察机关及其人员的监察救济制度。本章主要包括监察申诉、监察赔偿、兼职监察员、监察备案审查、监察复议和诉讼、人大对监察机关的监督、监察机关内部监督。

第一节 监察申诉

监察申诉,是指针对监察机关及其工作人员行为的申诉。

一、监察申诉立法演变

监察申诉是1982年宪法时期监察部恢复后出现的救济形式。

(一)行政监察时期监察申诉规定

1. 1990年《行政监察条例》监察申诉规定

1990年《行政监察条例》首次规定监察申诉。其要点如下:

(1)国家行政机关工作人员和国家行政机关任命的其他人员对主管部门决定的申诉。国家行政机关工作人员和国家行政机关任命的其他人员对其主管部门作出的行政处分决定不服的,可以向同级监察机关申诉。

申诉人对同级监察机关的复审决定仍不服的,可以向上一级监察机关申请复核。① 其规定不服主管部门决定的申诉和复核方式。

(2) 其他申诉。法律、法规规定的其他由监察机关受理的申诉,参照本条例第四十一条的规定办理。② 其规定其他申诉的处理方式。

(3) 不停止原决定的执行。对监察决定不服和对主管部门作出的行政处分决定不服,向监察机关提出申诉的,在申诉复审、复核期间,不停止原决定的执行。③ 其规定申诉复审、复核期间不停止原决定的执行。

(4) 最终决定。上一级监察机关的复核决定或者监察部的复核决定为最终的决定。④ 其规定最终决定的形式。

2. 1991年《监察机关处理不服行政处分申诉的办法》监察申诉规定

根据上述条例规定,1991年8月23日,监察部第十六次部务会议通过《监察机关处理不服行政处分申诉的办法》,1991年11月30日监察部第2号令发布。其要点如下:

(1) 申诉案件的管辖。其主要包括以下内容:

①管辖分工。

a. 监察部受理的申诉案件。监察部受理下列不服行政处分的申诉案件:不服监察部行政处分决定的;不服省、自治区、直辖市监察厅(局)和监察部派出监察机构行政处分复审决定的;不服国务院各部门行政处分决定的;不服省、自治区、直辖市人民政府行政处分决定的。⑤ 其规定监察部受理的申诉案件的四种情形。

b. 省、自治区、直辖市监察厅(局)受理的申诉案件。省、自治区、直辖市监察厅(局)受理下列不服行政处分的申诉案件:不服本厅(局)行政处分决定的;不服下一级监察机关和本厅(局)派出监察机构行政处分复审决定的;不服本级人民政府各部门行政处分决定的;不服自治州、设区的

---

① 1990年《行政监察条例》第四十一条。
② 1990年《行政监察条例》第四十二条。
③ 1990年《行政监察条例》第四十三条。
④ 1990年《行政监察条例》第四十四条。
⑤ 1991年《监察机关处理不服行政处分申诉的办法》第六条。

市、直辖市辖区(县)人民政府行政处分决定的。① 其规定省级监察机关受理申诉案件的四种情形。

c.自治州、设区的市的监察局受理的申诉案件。自治州、设区的市的监察局受理下列不服行政处分的申诉案件:不服本局行政处分决定的;不服下一级监察机关和本局派出监察机构行政处分复审决定的;不服本级人民政府各部门行政处分决定的;不服县、自治县、不设区的市、市辖区人民政府行政处分决定的。② 其规定地市级监察机关受理申诉案件的四种情形。

d.县、自治县、不设区的市、市辖区的监察局受理的申诉案件。县、自治县、不设区的市、市辖区的监察局受理下列不服行政处分的申诉案件:不服本局行政处分决定的;不服本级人民政府各部门行政处分决定的;不服乡、民族乡、镇人民政府行政处分决定的。③ 其规定县级监察机关受理申诉案件的三种情形。

②特殊受理管辖。监察机关受理由上级领导机关交办的不服行政处分的申诉案件和认为需要由本机关办理的其他不服行政处分的申诉案件。④ 其规定监察机关特殊情况下受理申诉案件的情形。

③派出监察机构管辖。监察机关的派出监察机构受理下列不服行政处分的申诉案件:不服本派出监察机构行政处分决定的;不服与派驻部门有垂直领导关系的下级行政部门行政处分决定的;不服与派驻部门有垂直领导关系的下级行政部门的监察机构的行政处分复审决定的。⑤ 其规定派出监察机构受理案件的三种情形。

④管辖争议。对不服行政处分的申诉案件的管辖有争议的,由涉及的监察机关协商确定,或者由它们共同的上一级监察机关指定。⑥ 其规定管辖争议的解决方式。

(2)申诉的提起和受理。其主要包括以下内容:

---

① 1991年《监察机关处理不服行政处分申诉的办法》第七条。
② 1991年《监察机关处理不服行政处分申诉的办法》第八条。
③ 1991年《监察机关处理不服行政处分申诉的办法》第九条。
④ 1991年《监察机关处理不服行政处分申诉的办法》第十条。
⑤ 1991年《监察机关处理不服行政处分申诉的办法》第十一条。
⑥ 1991年《监察机关处理不服行政处分申诉的办法》第十二条。

①申诉的提起。

a. 申诉期限。国家行政机关工作人员和国家行政机关任命的其他人员对监察机关行政处分决定不服的,可以在收到该决定次日起十五日内向作出决定的监察机关申请复审;对监察机关行政处分复审决定仍不服的,可以在收到复审决定次日起十五日内向作出复审决定的上一级监察机关申请复核。监察部作出的复审决定为最终决定。法律、法规另有规定的依照法律、法规的规定办理。① 其规定申请复审、复核的期限和部门。

b. 申诉条件。提起不服行政处分的申诉应当符合下列条件:第一,申诉应当由受到行政处分的国家行政机关工作人员和国家行政机关任命的其他人员提起;受处分人丧失行为能力或者死亡的,可以由其近亲属代为提起。第二,有明确的作出行政处分决定的机关。第三,有具体的申诉请求和事实根据。第四,属于受理申诉的监察机关管辖。第五,法律、法规规定的其他条件。② 其规定申诉的基本条件。

c. 申诉书。申诉人向监察机关提出不服行政处分的申诉时,应当在规定期限内提交不服行政处分的申诉书,并附原行政处分决定书、复审决定书复制件。申诉书应当载明下列内容:申诉人的姓名、性别、年龄、职业、住址等;作出行政处分决定或者复审决定的机关名称;申诉的请求和理由;提出申诉的日期。③ 其规定申诉书的制作方式。

其四,违法申诉。申诉人不得借申诉歪曲事实,提供伪证或者诬陷他人,扰乱工作秩序、社会秩序,违者应当依法处理。④ 其规定申诉人的义务和责任。

②申诉的受理。监察机关应当自收到申诉书次日起十五日内,分别作出以下处理:申诉符合《监察机关处理不服行政处分申诉的办法》规定的,应予受理,并告知申诉人;不属于该监察机关管辖的申诉案件,移送有权处理的监察机关或者其他有关机关、单位,并告知申诉人;申诉不符合

---

① 1991年《监察机关处理不服行政处分申诉的办法》第十三条。
② 1991年《监察机关处理不服行政处分申诉的办法》第十四条。
③ 1991年《监察机关处理不服行政处分申诉的办法》第十五条。
④ 1991年《监察机关处理不服行政处分申诉的办法》第十六条。

《监察机关处理不服行政处分申诉的办法》第十四条规定之一的,不予受理并告知理由;申诉书未载明《监察机关处理不服行政处分申诉的办法》第十五条规定内容之一的,应当把申诉书发还申诉人,限期补正。[①] 其规定申诉的受理方式。

(3) 复审和复核。其主要包括以下内容:

①办理机构和人员。不服行政处分的申诉案件,由监察机关处理申诉案件的专门机构负责办理;由审理部门负责办理的,应当指定原承办本案以外的人员办理。复审或者复核申诉案件,由二人承办;复审或者复核重要、复杂的申诉案件,由二人以上承办。[②] 其规定申诉案件的办理机构和人员。

②办理期限。对不服行政处分决定的复审申请,应当在受理后一个月内作出复审决定;对不服行政处分复审决定的复核申请,应当在受理后二个月内作出复核决定。逾期未能办结的,应当向本级监察机关负责人报告并说明理由;对上级监察机关交办的申诉案件逾期未能办结的,本级监察机关应当向上级监察机关申明原因。因特殊原因经本级监察机关负责人批准后,办案期限可延长二个月。[③] 其规定复审、复核的办理期限。

③办理原则。复审或者复核申诉案件,必须调阅原案的全部材料,对原案进行全面审查,不受申诉内容的限制。[④] 其规定复审、复核申诉案件的基本原则。

④办理方式。复审或者复核申诉案件,应当查清以下内容:a. 事实是否清楚,证据是否确实充分;b. 应当追究政纪责任的人员是否遗漏,申诉人是否代人受过;c. 定性是否准确;d. 行政处分是否恰当;e. 是否符合规定的办案程序;f. 其他需要查清的问题。监察机关可以根据需要,采用下列形式复审或者复核申诉案件:a. 对案卷材料进行书面审查;b. 直接调查核实;c. 与原办案部门共同调查核实。采取上述 b、c 项形式的,必要时可以根据有关规定使用政纪案件调查的措施和手段。承办人应当认真审阅

[①] 1991 年《监察机关处理不服行政处分申诉的办法》第十七条。
[②] 1991 年《监察机关处理不服行政处分申诉的办法》第十八条。
[③] 1991 年《监察机关处理不服行政处分申诉的办法》第十九条。
[④] 1991 年《监察机关处理不服行政处分申诉的办法》第二十条。

申请复审或者复核的原案卷,并制作阅卷笔录。阅卷后,认为有必要进行调查核实的,应当确定需要核查的主要问题,并拟制核查方案,报部门领导同意,按规定程序进行。① 其规定复审、复核申诉案件的办理内容、办理形式、阅卷笔录和调查核实。

⑤办理结果。

a. 复审或者复核报告。承办人对申诉案件复审或者复核后,应当提出意见,经部门讨论后,写出复审或者复核报告。复审或者复核报告的主要内容包括:原案处理的经过、原行政处分决定或者行政处分复审决定认定的事实和处理结论;申诉的请求理由;复审或者复核的情况和认定的事实、证据、定性以及适用的法律、法规和政策的规定等;复审或者复核意见。② 其规定复审或者复核报告的制作方式。

b. 决定维持。经复审或者复核,认为原行政处分决定或者行政处分复审决定具备下列条件的,报经监察机关负责人审定,决定维持:事实清楚,证据确实充分;适用法律、法规、政策正确,定性准确;处分适当。③ 其规定决定维持的要求。

c. 决定撤销。经复审或者复核,认为监察机关或者主管部门作出的原行政处分决定或者行政处分复审决定具有下列情形之一的,报经监察机关案件审理委员会讨论后,由监察机关负责人审定,决定撤销;认为下一级人民政府作出的行政处分决定具有下列情形之一的,报经监察机关案件审理委员会讨论后,由监察机关负责人审定,建议该人民政府予以撤销,或者由监察机关报经本级人民政府或者上一级监察机关同意直接予以撤销:第一,违法违纪事实不存在的;第二,认定事实不清,证据不足的;第三,违反法定程序,影响案件公正处理的。属于上述第二、第三项情形的,决定撤销后,由原决定机关重新审理。④ 其规定决定撤销或者建议撤销的基本要求。

---

① 1991年《监察机关处理不服行政处分申诉的办法》第二十一条、第二十二条、第二十三条。
② 1991年《监察机关处理不服行政处分申诉的办法》第二十四条。
③ 1991年《监察机关处理不服行政处分申诉的办法》第二十五条。
④ 1991年《监察机关处理不服行政处分申诉的办法》第二十六条。

d. 决定变更。经复审或者复核,认为监察机关或者主管部门作出的原行政处分决定或者行政处分复审决定具有下列情形之一的,报经监察机关案件审理委员会讨论后,由监察机关负责人审定,决定变更;认为下一级人民政府作出的行政处分决定具有下列情形之一的,报经监察机关案件审理委员会讨论后,由监察机关负责人审定,建议该人民政府予以变更,或者由监察机关报经本级人民政府或者上一级监察机关同意直接予以变更:适用法律、法规、政策不当,定性不准确的;处分明显不当的。① 其规定决定变更或者建议变更的基本要求。

e. 复审或者复核决定书。监察机关作出复审或者复核决定,应当制作复审或者复核决定书。复审或者复核决定书应当载明下列事项:申诉人的姓名、性别、年龄、单位、职务(职称)、住址;原作出行政处分决定或者复审决定的机关的名称;原作出行政处分决定或者复审决定所决定的事实、理由,适用的法律、法规和政策;申诉的主要请求和理由;监察机关复审或者复核后认定的事实、理由,适用的法律、法规和政策;复审或者复核结论;作出复审或者复核决定的年、月、日。复审决定书还应载明不服复审决定向上一级监察机关申请复核的期限。复审或者复核决定书加盖监察机关的印章。② 其规定复审或者复核决定书的制作方式。

⑥送达。复审或者复核决定书由监察机关直接送达申诉人和原作出行政处分决定或者复审决定的机关,也可以留置送达、邮寄送达,或者委托其他监察机关、主管部门代为送达。送达复审决定书和复核决定书,必须有送达回证,由受送达人在送达回证上记明收到日期、签名或者盖章。受送达人在送达回证上的签收日期为送达日期。邮寄送达,以挂号回执上注明的收件日期为送达日期。③ 其规定复审或者复核决定书的送达方式。

3. 1997年《行政监察法》和2004年《行政监察法实施条例》监察申诉规定

1997年《行政监察法》和2004年《行政监察法实施条例》对监察申诉

---

① 1991年《监察机关处理不服行政处分申诉的办法》第二十七条。
② 1991年《监察机关处理不服行政处分申诉的办法》第二十八条。
③ 1991年《监察机关处理不服行政处分申诉的办法》第二十九条、第三十条。

也进行了规定。其主要包括以下内容：

（1）对主管行政机关决定的申诉。国家公务员和国家行政机关任命的其他人员对主管行政机关作出的行政处分决定不服的，可以自收到行政处分决定之日起三十日内向监察机关提出申诉，监察机关应当自收到申诉之日起三十日内作出复查决定；对复查决定仍不服的，可以自收到复查决定之日起三十日内向上一级监察机关申请复核，上一级监察机关应当自收到复核申请之日起六十日内作出复核决定。复查、复核期间，不停止原决定的执行。监察机关对受理的不服主管行政机关行政处分决定的申诉，经复查认为原决定不适当的，可以建议原决定机关予以变更或者撤销；监察机关在职权范围内，也可以直接作出变更或者撤销的决定。法律、行政法规规定由监察机关受理的其他申诉，依照有关法律、行政法规的规定办理。① 对主管行政机关作出的行政处分决定或者行政处分的复核决定不服的，可以向该主管行政机关同级的监察机关提出申诉。② 其规定对主管行政机关作出的行政处分决定不服的复查和复核方式。需要注意的是，其将以往的"复审"改为"复查"。

（2）对监察决定的申诉。对监察决定不服的，可以自收到监察决定之日起三十日内向作出决定的监察机关申请复审，监察机关应当自收到复审申请之日起三十日内作出复审决定；对复审决定仍不服的，可以自收到复审决定之日起三十日内向上一级监察机关申请复核，上一级监察机关应当自收到复核申请之日起六十日内作出复核决定。复审、复核期间，不停止原决定的执行。上一级监察机关认为下一级监察机关的监察决定不适当的，可以责成下一级监察机关予以变更或者撤销，必要时也可以直接作出变更或者撤销的决定。上一级监察机关的复核决定和国务院监察机关的复查决定或者复审决定为最终决定。③ 其规定对监察决定的申诉采用复审和复核方式。这种程序和以往保持一致。

（3）对监察建议的申诉。对监察建议有异议的，可以自收到监察建

---

① 1997年《行政监察法》第三十七条、第三十八条。
② 2004年《行政监察法实施条例》第三十九条。
③ 1997年《行政监察法》第三十九条、第四十条、第四十一条。

议之日起三十日内向作出监察建议的监察机关提出,监察机关应当自收到异议之日起三十日内回复;对回复仍有异议的,由监察机关提请本级人民政府或者上一级监察机关裁决。① 其规定对监察建议的申诉采用提出、回复和裁决的程序。

(4) 维持。监察机关复查申诉案件,认为原决定事实清楚、证据确凿、适用法律法规规章正确、定性准确、处理适当、程序合法的,予以维持。② 其规定维持的基本要求。

(5) 变更。监察机关复查申诉案件,认为原决定有下列情形之一的,可以在其职权范围内直接变更或者建议原决定机关变更;上一级监察机关认为下一级监察机关作出的监察决定有下列情形之一的,可以直接变更或者责令下一级监察机关变更:①适用法律、法规、规章错误的;②违法违纪行为的情节认定有误的;③处理不适当的。③ 其规定变更的基本要求。

(6) 撤销。监察机关复查申诉案件,认为原决定有下列情形之一的,可以在其职权范围内直接撤销或者建议原决定机关撤销,决定撤销后,发回原决定机关重新作出决定;上一级监察机关认为下一级监察机关作出的监察决定有下列情形之一的,可以直接撤销或者责令下一级监察机关撤销,决定撤销后,责令下一级监察机关重新作出决定:①违法违纪事实不存在,或者证据不足的;②违反法定程序,影响案件公正处理的;③超越职权或者滥用职权的。④ 其规定撤销的基本要求。

需要注意的是,《行政监察法》区分为主管行政机关决定、监察决定和监察建议,并规定不同的监察申诉程序。这是和以往立法不同的地方。

(二) 国家监察时期监察申诉规定

1. 《监察法》监察申诉规定

这一时期,监察申诉规定主要有两种情况:

---

① 1997 年《行政监察法》第四十二条。
② 2004 年《行政监察法实施条例》第四十条。
③ 2004 年《行政监察法实施条例》第四十一条。
④ 2004 年《行政监察法实施条例》第四十二条。

（1）监察对象申诉。监察对象对监察机关作出的涉及本人的处理决定不服的，可以在收到处理决定之日起一个月内，向作出决定的监察机关申请复审，复审机关应当在一个月内作出复审决定；监察对象对复审决定仍不服的，可以在收到复审决定之日起一个月内，向上一级监察机关申请复核，复核机关应当在二个月内作出复核决定。复审、复核期间，不停止原处理决定的执行。复核机关经审查，认定处理决定有错误的，原处理机关应当及时予以纠正。① 其规定监察对象申诉时的复审和复核方式。

（2）被调查人及其近亲属申诉。监察机关及其工作人员有下列行为之一的，被调查人及其近亲属有权向该机关申诉：①留置法定期限届满，不予以解除的；②查封、扣押、冻结与案件无关的财物的；③应当解除查封、扣押、冻结措施而不解除的；④贪污、挪用、私分、调换以及违反规定使用查封、扣押、冻结的财物的；⑤其他违反法律法规、侵害被调查人合法权益的行为。受理申诉的监察机关应当在受理申诉之日起一个月内作出处理决定。申诉人对处理决定不服的，可以在收到处理决定之日起一个月内向上一级监察机关申请复查，上一级监察机关应当在收到复查申请之日起二个月内作出处理决定，情况属实的，及时予以纠正。② 其规定被调查人及其近亲属申诉时的受理决定、申请复查和处理决定等程序。

显然，上述两种情形的申诉方式是存在差异的。

2.《公职人员政务处分法》政务处分申诉规定

《公职人员政务处分法》对政务处分规定了复审、复核等申诉渠道。其主要包括以下内容：

（1）申诉方式。公职人员对监察机关作出的涉及本人的政务处分决定不服的，可以依法向作出决定的监察机关申请复审；公职人员对复审决定仍不服的，可以向上一级监察机关申请复核。监察机关发现本机关或者下级监察机关作出的政务处分决定确有错误的，应当及时予以纠正或者责令下级监察机关及时予以纠正。③ 其规定政务处分决定申诉的复审

---

① 2018年《监察法》第四十九条。
② 2018年《监察法》第六十条。
③ 2020年《公职人员政务处分法》第五十五条。

和复核方式。

（2）申诉原则。复审、复核期间，不停止原政务处分决定的执行。公职人员不因提出复审、复核而被加重政务处分。① 其规定政务处分决定申诉的基本原则。

（3）申诉结果。

①撤销。有下列情形之一的，复审、复核机关应当撤销原政务处分决定，重新作出决定或者责令原作出决定的监察机关重新作出决定：a. 政务处分所依据的违法事实不清或者证据不足的；b. 违反法定程序，影响案件公正处理的；c. 超越职权或者滥用职权作出政务处分决定的。② 其规定撤销政务处分决定的基本要求。

②变更。有下列情形之一的，复审、复核机关应当变更原政务处分决定，或者责令原作出决定的监察机关予以变更：a. 适用法律、法规确有错误的；b. 对违法行为的情节认定确有错误的；c. 政务处分不当的。③ 其规定变更政务处分决定的基本要求。

③维持。复审、复核机关认为政务处分决定认定事实清楚，适用法律正确的，应当予以维持。④ 其规定维持政务处分决定的基本要求。

④补救方式。公职人员的政务处分决定被变更，需要调整该公职人员的职务、职级、衔级、级别、岗位和职员等级或者薪酬待遇等的，应当按照规定予以调整。政务处分决定被撤销的，应当恢复该公职人员的级别、薪酬待遇，按照原职务、职级、衔级、岗位和职员等级安排相应的职务、职级、衔级、岗位和职员等级，并在原政务处分决定公布范围内为其恢复名誉。没收、追缴财物错误的，应当依法予以返还、赔偿。公职人员因有本法第五十七条、第五十八条规定的情形被撤销政务处分或者减轻政务处分的，应当对其薪酬待遇受到的损失予以补偿。⑤ 其规定对公职人员的补救方式。

---

① 2020年《公职人员政务处分法》第五十六条。
② 2020年《公职人员政务处分法》第五十七条。
③ 2020年《公职人员政务处分法》第五十八条。
④ 2020年《公职人员政务处分法》第五十九条。
⑤ 2020年《公职人员政务处分法》第六十条。

3.《监察官法》申诉规定

《监察官法》对监察官救济方式作了规定。(1) 控告。对于国家机关及其工作人员侵犯监察官权利的行为,监察官有权提出控告。受理控告的机关应当依法调查处理,并将调查处理结果及时告知本人。[①] 从立法过程来看,正式文本将二审稿"侵犯本法第十二条规定的监察官权利的行为"改为"侵犯监察官权利的行为",同时增加了第二款内容。(2) 复审复核。监察官对涉及本人的政务处分、处分和人事处理不服的,可以依照规定的程序申请复审、复核,提出申诉。[②] (3) 权利救济。对监察官的政务处分、处分或者人事处理错误的,应当及时予以纠正;造成名誉损害的,应当恢复名誉、消除影响、赔礼道歉;造成经济损失的,应当赔偿。对打击报复的直接责任人员,应当依法追究其责任。[③]

4.《监察法实施条例》申诉规定

(1) 申诉条件。监察对象对监察机关作出的涉及本人的处理决定不服的,可以在收到处理决定之日起一个月以内,向作出决定的监察机关申请复审。复审机关应当依法受理,并在受理后一个月以内作出复审决定。监察对象对复审决定仍不服的,可以在收到复审决定之日起一个月以内,向上一级监察机关申请复核。复核机关应当依法受理,并在受理后二个月以内作出复核决定。上一级监察机关的复核决定和国家监察委员会的复审、复核为最终决定。[④] 其规定监察对象申诉的方式。与《监察法》相比较基本相同,并对最终决定形式作了补充。

(2) 申诉程序。复审、复核机关承办部门应当成立工作组,调阅原案卷宗,必要时可以进行调查取证。承办部门应当集体研究,提出办理意见,经审批作出复审、复核决定。决定应当送达申请人,抄送相关单位,并在一定范围内宣布。复审、复核期间,不停止原处理决定的执行。复审、复核机关经审查认定处理决定有错误或者不当的,应当依法撤销、变更原

---

① 2021年《监察官法》第六十三条。
② 2021年《监察官法》第六十四条。
③ 2021年《监察官法》第六十五条。
④ 2021年《监察法实施条例》第二百一十条。

处理决定，或者责令原处理机关及时予以纠正。复审、复核机关经审查认定处理决定事实清楚、适用法律正确的，应当予以维持。坚持复审复核与调查审理分离，原案调查、审理人员不得参与复审复核。① 其规定复审、复核的基本程序、基本原则和处理结果。

二、监察申诉立法比较研究

监察申诉在立法中主要涉及监察申诉类型、监察申诉管辖以及监察申诉程序等。

1. 监察申诉类型。行政监察时期监察申诉有主管机关决定的申诉、监察决定的申诉和监察建议的申诉。国家监察机关时期监察申诉有监察对象的申诉、被调查人及其近亲属申诉、公职人员政务处分决定申诉。不同时期监察立法对监察申诉类型有不同规定，之所以会出现这种差异，原因在于行政监察机关权力有限，主要有处分权和建议权，而国家监察机关权力广泛，影响到公职人员人身权利和财产权利。

2. 监察申诉管辖。行政监察时期监察立法规定申诉管辖，而国家监察时期监察立法没有规定申诉管辖。申诉管辖不同于监察管辖，前者属于一种特殊的管辖种类，同监察管辖具有本质不同。国家监察时期申诉管辖相对简单，在立法上可能需要进一步完善。

3. 监察申诉程序。行政监察时期监察申诉程序较为详细，包括受理方式、办理方式、办理期限、办理结果等。而国家监察时期监察申诉程序则涉及申诉方式、申诉原则、申诉结果、补救方式等。从立法角度来看，需要进一步细化。

第二节　监察赔偿

监察赔偿是指监察机关和监察人员行使职权，侵犯公民、法人和其他

---

① 2021年《监察法实施条例》第二百一十一条。

组织的合法权益造成损害承担的责任。

一、监察赔偿立法演变

1982年宪法时期,监察赔偿规定比较简单,《行政监察法》和《监察法》均作了规定。

(一)行政监察时期监察赔偿规定

1997年《行政监察法》第四十七条规定,监察机关和监察人员违法行使职权,侵犯公民、法人和其他组织的合法权益,造成损害的,应当依法赔偿。通常来说这种赔偿是依据国家赔偿法中的行政赔偿规定进行的。

(二)国家监察时期监察赔偿规定

2018年《监察法》第六十七条规定,监察机关及其工作人员行使职权,侵犯公民、法人和其他组织的合法权益造成损害的,依法给予国家赔偿。其也明确了国家赔偿的原则。2021年《监察法实施条例》对监察赔偿作了两个方面规定:(1)实体要求。监察机关及其工作人员在行使职权时,有下列情形之一的,受害人可以申请国家赔偿:①采取留置措施后,决定撤销案件的;②违法没收、追缴或者违法查封、扣押、冻结财物造成损害的;③违法行使职权,造成被调查人、涉案人员或者证人身体伤害或者死亡的;④非法剥夺他人人身自由的;⑤其他侵犯公民、法人和其他组织合法权益造成损害的。受害人死亡的,其继承人和其他有扶养关系的亲属有权要求赔偿;受害的法人或者其他组织终止的,其权利承受人有权要求赔偿。[①] 其规定受害人申请国家赔偿的基本情形。(2)程序要求。监察机关及其工作人员违法行使职权侵犯公民、法人和其他组织的合法权益造成损害的,该机关为赔偿义务机关。申请赔偿应当向赔偿义务机关提出,由该机关负责复审复核工作的部门受理。赔偿以支付赔偿金为主

---

① 2021年《监察法实施条例》第二百八十条。

要方式。能够返还财产或者恢复原状的,予以返还财产或者恢复原状。①其规定赔偿义务机关、赔偿受理部门、赔偿方式。

二、监察赔偿立法比较研究

监察赔偿在立法上多为原则性规定,主要涉及赔偿主体、赔偿条件和赔偿方式。

1. 赔偿主体。《行政监察法》规定的赔偿主体是监察机关和监察人员。《监察法》规定的赔偿主体是监察机关及其工作人员。"监察人员"和"工作人员"有所区别,工作人员包括监察人员,但监察人员不能涵盖工作人员。

2. 赔偿条件。《行政监察法》和《监察法》在赔偿条件上基本相同,即因侵犯公民、法人和其他组织合法权益造成损害。

3. 赔偿方式。《行政监察法》在赔偿方式上表述为"应当依法赔偿",而《监察法》则表述为"依法给予国家赔偿"。两者最大的区别在于是否明确国家赔偿。这就意味着监察赔偿将按照国家赔偿的方式来进行。"监察法出台后,《中华人民共和国国家赔偿法》(简称《国家赔偿法》)将作相应修改,对监察机关的国家赔偿责任相关内容作出规定。公民、法人和其他组织请求监察机关给予国家赔偿的具体程序,按照《中华人民共和国国家赔偿法》的有关规定执行。"②不过,在立法上到底如何纳入国家赔偿法中则有争议。"关于监察赔偿立法体例问题有三种方案。一是单独制定监察赔偿法,对监察赔偿问题进行规定。然而,如果单独立法,不但立法成本高,而且可能与《国家赔偿法》在衔接方面存在问题。二是在《监察法》中对监察赔偿问题作出规定,以确保监察赔偿与监察的其他内容成为一个整体,这种立法体例虽然体现了将所有监察内容集于一法之中的优势,但存在与其他国家赔偿制度相脱节的问题。三是在《国家赔偿法》中设置专门的一章,规定监察赔偿问题,可以实现三种赔偿制度的衔接。目

---

① 2021年《监察法实施条例》第二百八十一条。
② 中共中央纪律检查委员会法规室、中华人民共和国国家监察委员会法规室:《〈中华人民共和国监察法〉释义》,中国方正出版社2018年版,第284页。

前看来,采取第三种立法体例更好。"①从立法技术来看,由于监察机关既不属于行政机关,也不属于司法机关,因此,在赔偿程序上可能会不同于行政赔偿和刑事赔偿。正因为如此,《监察法实施条例》作了特别规定。由于其规定仍然较为简单,可以考虑在此基础上以监察法规形式制定监察赔偿条例。

第三节 兼职监察员

兼职监察员是指非监察机关人员接受监察机关聘请履行监察职责的人员。

一、兼职监察员立法演变

新中国时期兼职监察员制度起源于革命根据地时期。受革命形势的影响,从1933年4月开始,中央工农检察部开始探索建立工农通讯员制度,要求"各级机关、企业、作坊、学校、社会团体、街道、村落中,推选优秀分子为通讯员,其任务是替工农检察部调查和收集该地区苏维埃和其所属机关在职权上工作上生活上所发现的各种不好的事实和材料报告"。参照工农通讯员的做法,解放战争初期,华北人民监察院探索制定通讯检查员办法,检查员负责监督、报告、检举等工作。② 所以,土地革命战争时期苏维埃政权中的工农通讯员等群众监察组织及解放战争后期华北人民监察院设置的通讯检查员,是20世纪50年代人民监察通讯员设立的雏形。③

---

① 王春业:《论我国监察损害赔偿法律制度的构建》,《中共天津市委党校学报》2020年第3期。

② 王立峰、李洪川:《特约监察员制度的演变逻辑、实践价值与完善路径》,《党政研究》2020年第6期。

③ 李永春、罗雄:《20世纪50年代我国人民监察通讯员制度的实践及现实启示》,《湖湘论坛》2018年第1期。

(一)共同纲领时期监察通讯员规定

共同纲领时期,设置监察通讯员。由于其来自各级政府机关、企业部门、人民团体,因此,在身份上不同于后世的特邀监察员或者特约监察员,实际上具有监察人员的身份。在立法上经过了试行立法到正式立法过程。《大行政区人民政府(军政委员会)人民监察委员会试行组织通则》第五条规定,大行政区监委,得依各级人民政府人民监察委员会设置监察通讯员试行通则,设置监察通讯员。《省(行署、市)人民政府人民监察委员会试行组织通则》第六条规定,省监委得依各级人民政府人民监察委员会设置监察通讯员试行通则,设置监察通讯员。《县(市)人民政府人民监察委员会试行组织通则》第四条规定,县(市)监委得依各级人民政府人民监察委员会设置监察通讯员试行通则,设置监察通讯员。因此,这一时期监察通讯员立法较多,如1951年《各级人民政府人民监察委员会设置监察通讯员试行通则》、1953年《各级人民政府人民监察机关设置监察通讯员通则》、1953年《政务院人民监察委员会关于各级人民政府人民监察机关设置人民监察通讯员通则中几个问题的解释》、1954年《人民监察通讯员奖励暂行办法》等。

1. 1951年《各级人民政府人民监察委员会设置监察通讯员试行通则》监察通讯员规定

1951年7月6日,政务院第九十二次政务会议通过《各级人民政府人民监察委员会设置监察通讯员试行通则》,1951年9月5日政务院公布,共13条,其主要有以下内容:

(1)立法目的。各级人民政府人民监察委员会为密切联系人民,加强监察工作,得设置监察通讯员。[①] 其规定设置监察通讯员的立法目的。

(2)选拔条件。各级监委对辖境内之各级政府机关、企业部门、人民团体(工、农、青、妇)的人员或其他劳动人民,具备公正廉明、忠诚老实、实事求是、善于联系群众等条件,在自愿原则下,由各该机关、部门、人民团

---

① 1951年7月6日《各级人民政府人民监察委员会设置监察通讯员试行通则》第一条。

体推荐或民主选举,并经监委审查合格者,得聘为监察通讯员。① 其规定各级监委聘请监察通讯员的条件。

(3)组织形式。监察通讯员在三人以上者,应视具体情况划分小组,各推选小组长一人,负责与各该监委联系,以便传达指示,研究问题,交流经验,改进工作。② 其规定监察通讯员的组织形式。

(4)基本任务。监察通讯员之任务如下:①调查政府机关、企业部门及其公务人员之违法失职、作风不良、损害国家或人民利益等情况,向监委作通讯报告;②征集群众对政府政策、法令、设施之意见,向监委作通讯报告;③宣传监察制度之意义及其作用。③ 其规定监察通讯员的任务。

(5)工作方式。各机关、部门监察通讯员作通讯报告时,如认为有帮助本单位首长了解情况及时改进工作的必要,得向本单位首长报告之。前项通讯报告所涉及的问题,如本单位首长认为可以直接处理者,应于处理后向监委报告;监察通讯员不得自行处理。各机关、部门设有监察机构者,各该单位监察通讯员应经常与其密切联系。监察通讯员在举发或协助检查案件时,应细心研究,务求真实。所有材料及个人对案件之意见,非经各该级监委之许可,不得泄露。④ 其规定监察通讯员的工作方式。

(6)职务保障。监察通讯员工作著有成绩者,各该级监委应予以表扬或奖励。监察通讯员为义务职,其监察通讯工作中所需费用,应由各该单位负责供给。非属于各单位之监察通讯员,前项费用,由各该监委酌予补助。监察通讯员如因故辞职,经其本单位同意后,应予核准。其不尽职者,得随时解聘。监察通讯员之受任、解聘或批准辞职,均应通知其机关、部门公布之。其经调任他职者,应介绍新职之单位继续供职并公布之。⑤

---

① 1951年7月6日《各级人民政府人民监察委员会设置监察通讯员试行通则》第二条。
② 1951年7月6日《各级人民政府人民监察委员会设置监察通讯员试行通则》第三条。
③ 1951年7月6日《各级人民政府人民监察委员会设置监察通讯员试行通则》第四条。
④ 1951年7月6日《各级人民政府人民监察委员会设置监察通讯员试行通则》第五条、第六条、第七条。
⑤ 1951年7月6日《各级人民政府人民监察委员会设置监察通讯员试行通则》第八条、第九条、第十条、第十一条。

其规定监察通讯员的工作经费和工作调整方式。

（7）会议。各级监委,每半年召开组长联席会议或通讯员代表会议一次,必要时得提前或延期召集之。① 其规定各级监委要召开监察通讯员会议。

2. 1953年《各级人民政府人民监察机关设置人民监察通讯员通则》人民监察通讯员规定

1953年6月25日,政务院第一百八十四次政务会议通过《各级人民政府人民监察机关设置人民监察通讯员通则》,1953年7月31日公布,共14条。其主要有以下内容：

（1）立法目的。各级人民政府人民监察机关为密切联系人民群众,发挥人民群众对国家机关及其工作人员的监督作用,得在政府机关与其所属企业、事业部门中设置人民监察通讯员,亦得在人民团体、城市街道和农村中设置人民监察通讯员。② 其规定设置人民监察通讯员的目的。

（2）选拔条件和名额。凡具备工作或生产积极、公正负责、忠诚勇敢、善于联系人民群众等条件的工作人员或人民中的积极分子,经其所在机关、部门、团体、街道、村庄的群众民主推选,主管人民监察机关审查任命,均得为人民监察通讯员。人民监察通讯员在每机关、部门、团体、街道、村庄之名额,应根据工作需要与实际情况决定之。③ 其规定人民监察通讯员的选拔条件和名额。

（3）组织方式。同一机关、部门、团体、街道或村庄有人民监察通讯员3人以上者,得组成一个或数个小组,每组推选组长1人,负责与其主管人民监察机关联系,传达指示,领导小组研究问题,交流经验,推进工作。④ 其规定人民监察通讯员的组织形式和职责。

（4）基本任务。人民监察通讯员的任务如下：①调查政府机关与所

---

① 1951年7月6日《各级人民政府人民监察委员会设置监察通讯员试行通则》第十二条。
② 1953年6月25日《各级人民政府人民监察机关设置人民监察通讯员通则》第一条。
③ 1953年6月25日《各级人民政府人民监察机关设置人民监察通讯员通则》第二条、第三条。
④ 1953年6月25日《各级人民政府人民监察机关设置人民监察通讯员通则》第四条。

属部门及其工作人员一切违法失职,损害国家或人民利益的行为和工作上存在的重要问题,并征集群众对政府的政策、法令、工作的意见,向其主管人民监察机关或其所在机关、部门首长报告。②宣传监察工作之意义及作用,启发人民群众对国家机关及其工作人员进行监督。③管理并开检人民监察机关在该机关、部门、团体、街道、村庄所设立之人民意见箱。① 其规定人民监察通讯员的任务。

(5) 工作方式。人民监察通讯员对于所发现的问题,经报所在机关、部门首长而本机关、部门无权处理或处理不当者,应报请上级人民监察机关处理。人民监察通讯员须严守国家法纪,以身作则。在进行检举与协助检查案件时,应严肃负责、谦虚谨慎、实事求是,不得苟且敷衍、骄傲急躁、主观臆断、挟嫌妄报。人民监察通讯员对自己所收集的材料和人民群众所反映的情况,须照实报告,并严守机密,不得外传。人民监察通讯员应每三个月至半年向其原推选单位的群众报告工作一次。如群众认为必要时,得改选之。② 其规定人民监察通讯员的工作方式。

(6) 职业保障。人民监察通讯员工作成绩优异者,应予以奖励;工作不负责任或犯有错误者,应予以批评教育,其严重者应分别予以行政处分直至解除其职务。人民监察通讯员工作成绩优异者,调离原机关、部门或团体时,应由其主管人民监察机关直接介绍新任职机关、部门或团体,继续供职,并由其新任职机关、部门或团体公布之。人民监察通讯员为义务职,其工作费用,由所在机关、部门或团体供给。街道、村庄人民监察通讯员的工作费用,由其主管人民监察机关供给。③ 其规定人民监察通讯员的工作保障方式。

(7) 会议形式。各级人民监察机关每三个月至半年召开人民监察通讯员全体大会或小组长联席会议一次,总结和交流工作经验。④ 其规定

---

① 1953年6月25日《各级人民政府人民监察机关设置人民监察通讯员通则》第五条。
② 1953年6月25日《各级人民政府人民监察机关设置人民监察通讯员通则》第六条、第七条、第八条、第九条。
③ 1953年6月25日《各级人民政府人民监察机关设置人民监察通讯员通则》第十条、第十一条、第十二条。
④ 1953年6月25日《各级人民政府人民监察机关设置人民监察通讯员通则》第十三条。

各级人民监察机关召开人民监察通讯员会议。

(二) 1954 年宪法时期人民监察通讯员规定

1954 年宪法时期,虽然行政监察机关在体制上已经作了调整,但是人民监察通讯员制度继续沿用,并根据情况作了新的规定。例如 1956 年 10 月 20 日,《监察部关于人民监察通讯员工作中几个问题的答复》主要规定三个方面内容:

1. 关于人民监察通讯员的领导关系问题。(1) 省、自治区、市、专署所属各部门中设有国家监察机构的,该部门的人民监察通讯员应由各该国家监察机关领导。(2) 省、自治区、市、专署所属部门中设有内部监察机构或专业监察机构的,该部门的人民监察通讯员,必要时可交由该内部或专业监察机关领导,并由其按照监察部报告的精神进行调整设置工作。(3) 省、自治区、市、专署所属部门中没有国家监察、内部监察或专业监察机构的,该部门及其直属单位的人民监察通讯员应由省、自治区、市、专区监察厅(局、处)分别领导。(4) 县设有国家监察机关派驻县的监察组(室)的,由派驻县监察组(室)负责领导县人民委员会所属各单位设置的人民监察通讯员;没有国家监察机关派驻机构的,由专区监察处负责调整和领导。其规定人民监察通讯员的隶属关系。

2. 关于人民监察通讯员的任命问题。通则第二条规定:人民监察通讯员由"主管人民监察机关审查任命"。所谓"主管人民监察机关"系指设置并领导人民监察通讯员的机关。因此,哪个监察机关设置的人民监察通讯员即由哪个监察机关任命,不必由上级监察机关任命。交由内部监察机关领导的人民监察通讯员,由内部监察机关任命即可。其规定人民监察通讯员的任命方式。

3. 关于人民监察通讯员的学习材料问题。今后准备在"国家监察工作"上刊载一些人民监察通讯员工作方面的材料。各省、市监察厅局也可以编写一些学习材料。其规定人民监察通讯员的学习方式。

（三）1982年宪法时期特邀监察员或者特约监察员规定

1982年宪法时期，不再沿用人民监察通讯员制度，而是实行特邀监察员制度或者特约监察员制度。与人民监察通讯员相比较，特邀监察员或者特约监察员并不是监察人员，在功能上有一定的差异。这一时期，特邀监察员制度开始走向规范化。

1. 1989年《监察部关于聘请特邀监察员的几点意见》特邀监察员规定

根据1989年5月22日《监察部关于聘请特邀监察员的几点意见》，其就监察部机关聘请特邀监察员工作提出要求，共五个方面的内容。

（1）聘请范围及受聘条件。一方面，聘请范围包括各民主党派和全国工商联所推荐的在京人士。另一方面，受聘条件包括：坚持四项基本原则，关心改革和社会主义建设，有事业心、责任感和较高的政策水平，刚正不阿，办事公道，有一定的专业知识，年龄一般在65岁以下，身体健康。其规定特邀监察员的来源范围和受聘条件。

（2）特邀监察员的任务及权力。特邀监察员的任务是：①向监察部反映有关监察事项的情况、意见和建议；②转递群众对监察对象的检举、控告材料；③参加专项检查或重要案件的调查；④对监察工作中的重要决策提供咨询等。特邀监察员在执行行政监察任务时具有与监察部机关工作人员同样的检查、调查和建议等项权力。其规定特邀监察员的任务和权力。

（3）特邀监察员的管理待遇。特邀监察员的行政管理和工资、福利、奖金（包括劳保待遇），仍由其所在单位负责；在其参加行政监察工作期间，差旅费一般由本单位报销，特殊情况由监察部负责。其规定特邀监察员的待遇安排。

（4）聘任的期限。特邀监察员的聘任期限一般为二年。在聘任期满后，根据工作需要和本人情况可以续聘，如到期未续聘即自然解聘。其规定特邀监察员的聘任期限。

（5）聘请工作的步骤。首先，由统战部、各民主党派、工商联根据监察部的要求,推荐30名左右的人选(工业6名、金融贸易10名、交通铁路5名、法律5名、其他5名)。然后,监察部与统战部和有关单位协商并征得本人同意确定特邀监察员人选,由监察部发聘请通知书。由监察部与统战部主持召开会议,向应聘监察员颁发特邀监察员证书。其规定聘请特邀监察员的工作步骤。

2. 1991年《监察部聘请特邀监察员办法》特邀监察员规定

1990年《行政监察条例》第十二条规定,监察机关根据工作需要可以聘请兼职监察员。兼职监察员根据监察机关的委托进行工作。"监察部根据《中华人民共和国行政监察条例》和实际工作需要,相继出台了《关于发挥特邀监察员作用的意见》《关于改进特邀监察员工作的几点意见》《监察部聘请特邀监察员办法》,特邀监察员的职责、义务、权利、管理办法、履职保障等得到进一步明确。"[1]1991年12月24日,监察部颁布《监察部聘请特邀监察员办法》,共16条。其主要内容包括:

(1) 立法目的和依据。为密切联系人民群众,充分发挥人民群众对国家行政机关及其工作人员的监督作用,根据《中华人民共和国行政监察条例》第十二条的规定,制定本办法。[2] 其规定该办法的立法目的和依据。

(2) 概念界定。特邀监察员是监察部根据工作需要,在政府部门、民主党派、人民团体、企业、事业单位中聘请、本人又自愿应聘的兼职监察人员。[3] 其规定特邀监察员的性质。显然,其范围大大拓展,包括政府部门、民主党派、人民团体、企业、事业单位。

(3) 条件。特邀监察员的条件:①坚持四项基本原则,坚持改革开放,热爱社会主义事业;②热心监察工作,具有一定的政策水平、法律知识和与监察工作相关的专业知识,以及较为丰富的工作经验;③实事求是,公正廉洁,联系群众;④身体健康。[4] 其规定特邀监察员的条件。

---

[1] 王高贺:《特约监察员与特邀监察员的比较与启示》,《河南社会科学》2020年第2期。
[2] 1991年《监察部聘请特邀监察员办法》第一条。
[3] 1991年《监察部聘请特邀监察员办法》第二条。
[4] 1991年《监察部聘请特邀监察员办法》第三条。

(4) 主要职责。特邀监察员的主要职责:①了解并反映国家行政机关及其工作人员和国家行政机关任命的其他人员执行国家法律、法规、政策和决定、命令的情况;②反映、转递人民群众对国家行政机关及其工作人员和国家行政机关任命的其他人员违法违纪行为的检举、控告,以及法律、法规规定的应由监察部受理的申诉;③参与讨论研究和起草与行政监察有关的法规、政策,对行政监察工作提供咨询;④参加执法监察或案件调查工作;⑤反映人民群众对监察机关建设和执法情况的意见和要求;⑥办理监察部委托的其他监察事项。① 其规定特邀监察员的主要职责。

(5) 权利和义务。特邀监察员的权利:①根据工作需要查阅有关文件和资料;②参加或列席有关会议;③了解所反映和转递的检举、控告和申诉的办理情况;④获得有关的书刊、资料;⑤参加行政监察理论和业务知识的学习;⑥获得履行职责所必需的工作条件。特邀监察员的义务:①调查研究,实事求是,依法办事;②维护国家和人民利益,同违法违纪行为作斗争;③遵纪守法,廉洁奉公;④遵守监察机关的工作制度,保守国家秘密。② 其规定特邀监察员的权利和义务。

(6) 聘任方式和聘任期限。聘请特邀监察员,要与有关主管机关协商,或者经由群众推选,征得被聘人员及其所在单位的同意,经监察部审定后,颁发聘书。特邀监察员的聘任期限每届三年;聘任期满后,因工作需要,并征得本人及其所在单位同意,可以续聘,连续聘任一般不超过二届。③ 其规定特邀监察员的聘任方式和聘任期限。

(7) 待遇。特邀监察员不脱离原工作岗位,工资、奖金、福利等由原单位负责。在其参加监察部组织的工作时,由监察部根据有关规定给予补贴。④ 其规定特邀监察员的待遇安排。

(8) 管理。监察部指定专门机构或专人负责特邀监察员的组织管理工作:①组织特邀监察员参加有关会议和活动,阅读文件和参加业务培

---

① 1991年《监察部聘请特邀监察员办法》第四条。
② 1991年《监察部聘请特邀监察员办法》第五条、第六条。
③ 1991年《监察部聘请特邀监察员办法》第七条、第八条。
④ 1991年《监察部聘请特邀监察员办法》第九条。

训;②定期或不定期走访特邀监察员和召开座谈会,总结交流工作经验,及时了解、反映他们对行政监察工作的意见、建议和要求,做好联络和服务工作;③建立与特邀监察员所在单位的联系,及时通报特邀监察员参与行政监察工作的情况,取得他们对特邀监察员工作的支持。① 其规定特邀监察员的组织管理。

(9) 保障措施。对忠于职守、成绩突出、勇于同违法违纪行为作斗争的特邀监察员予以表彰,或者建议其所在单位给予表彰、奖励。对于打击报复特邀监察员的,由监察部或会同其所在机关按照国家有关规定予以严肃处理。对犯有违法违纪行为的特邀监察员应予以解聘。② 其规定特邀监察员的表彰奖励、保护措施和解聘。

3. 2013 年《监察机关特邀监察员工作办法》特邀监察员规定

2013 年 10 月 10 日,监察部以监察部令第 32 号公布《监察机关特邀监察员工作办法》,共 19 条,该办法自 2013 年 11 月 1 日起施行。其主要包括以下内容:

(1) 立法目的。为贯彻监察工作应当依靠群众的原则,充分发挥人民群众对国家行政机关及其工作人员的监督作用,规范特邀监察员工作,根据《中华人民共和国行政监察法》及其实施条例,制定本办法。③ 其规定该办法的立法目的和法律依据。

(2) 聘请范围和原则。监察机关根据工作需要,在国家行政机关、企业、事业单位、社会团体中聘请特邀监察员。聘请特邀监察员应当遵循组织提名和本人自愿相结合的原则。④ 其规定聘请特邀监察员的范围和原则。其中,聘请范围不再明确规定"民主党派",同时,"人民团体"改为"社会团体"。

(3) 基本条件。特邀监察员应当具备的基本条件:①坚持中国特色社会主义,拥护中华人民共和国宪法;②具有中华人民共和国国籍,且没

---

① 1991 年《监察部聘请特邀监察员办法》第十条。
② 1991 年《监察部聘请特邀监察员办法》第十一条、第十二条、第十三条。
③ 2013 年《监察机关特邀监察员工作办法》第一条。
④ 2013 年《监察机关特邀监察员工作办法》第二条。

有获得国(境)外永久居留权、长期居留许可;③遵守职业道德和社会公德;④支持监察工作,关心行政机关廉政勤政建设等方面工作;⑤具有与履行职责相应的专业知识、政策水平和工作能力,在各自领域有较大影响;⑥密切联系群众,坚持原则,实事求是,遵纪守法,公正廉洁;⑦身体健康,受聘时年龄一般不超过60周岁。① 其规定特邀监察员的基本条件,增加了国籍方面的规定。

(4)职责。特邀监察员的职责:①参与行政监察法律法规的研究制定工作;②参加监察机关开展的执法监察、效能监察等工作;③反映、转递人民群众对监察对象违反行政纪律行为的检举、控告,了解、反映有关行业、领域廉政勤政和作风建设情况;④参与宣传监察工作的方针政策;⑤对监察机关及其工作人员履行职责情况进行监督,提出加强和改进监察工作的意见、建议;⑥办理监察机关委托的其他事项。② 其规定特邀监察员的职责。其中,不再规定"参加执法监察或案件调查工作"。

(5)权利和义务。特邀监察员的权利:①根据工作需要,查阅、获得有关文件和资料;②参加或者列席监察机关组织的有关会议;③参加监察工作业务培训;④对监察工作提出批评、建议和意见;⑤了解所反映和转递的检举、控告的办理情况;⑥受监察机关委托开展工作时,享有与受委托工作相关的法定权限。特邀监察员应当履行下列义务:①模范遵守宪法和法律;②遵守监察工作制度,按照规定的权限和程序认真履行职责;③保守国家秘密、工作秘密以及因履行职责掌握的商业秘密和个人隐私;④学习、掌握监察法律法规和业务;⑤参加监察机关组织的活动,承担监察机关交办的工作;⑥未经监察机关同意,不得以特邀监察员名义参加社会活动。③ 其规定特邀监察员的权利和义务。其中,需要注意以下方面:①特邀监察员在受监察机关委托开展工作时,享有与受委托工作相关的法定权限。这项权利原来应该规定在职责之中,现在作为权利种类之一。②不能以特邀监察员名义参加社会活动,除非监察机关同意。该项规定

---

① 2013年《监察机关特邀监察员工作办法》第三条。
② 2013年《监察机关特邀监察员工作办法》第四条。
③ 2013年《监察机关特邀监察员工作办法》第五条、第六条。

显然是新增加的规定。

（6）程序。聘任特邀监察员的程序：①监察机关指定的内设机构根据工作需要提出或者会同有关部门、单位提出特邀监察员初步人选，报经监察机关主要负责人审批；②监察机关或者会同有关部门、单位对特邀监察员初步人选进行考察；③监察机关领导班子办公会议对考察情况进行研究，确定聘任特邀监察员人选；④监察机关函告特邀监察员所在单位及有关部门，并在监察机关人事部门备案；⑤特邀监察员聘任后，向社会公布特邀监察员名单。① 其规定聘任特邀监察员的程序。其中，不再规定群众推选这种方式。

（7）解聘。特邀监察员在监察机关领导班子产生后换届，每届聘用期与本届领导班子任期相同。特邀监察员聘用期满自然解聘。特邀监察员最多连续聘任两届。特邀监察员在聘用期内有下列情形之一的，应当予以解聘：①受到党纪政纪处分、刑事处罚，或者违反治安管理法律法规受到行政处罚的；②无正当理由连续一年不参加特邀监察员工作，不履行特邀监察员职责和义务的；③因工作调整、健康状况等原因不宜继续担任特邀监察员的；④有其他原因，不宜继续担任特邀监察员的。特邀监察员在聘用期内主动提出不再担任特邀监察员的，应当由本人向监察机关提出申请。拟解聘特邀监察员人选及解聘意见由监察机关领导班子办公会议研究决定。监察机关以书面形式通知解聘特邀监察员本人及其工作单位；聘任时会同有关部门考察的，还应当通知有关部门。解聘特邀监察员决定在监察机关人事部门备案。② 其规定特邀监察员的解聘方式。其中，对特邀监察员换届作了专门规定。同时，也对解聘理由作了详细列举。

（8）管理。特邀监察员日常工作由监察机关指定的内设机构负责，主要内容有：①制订特邀监察员工作计划，安排特邀监察员参加有关会议或者活动；②通过与特邀监察员座谈交流、走访等形式通报工作情况，听

---

① 2013年《监察机关特邀监察员工作办法》第七条。
② 2013年《监察机关特邀监察员工作办法》第八条、第九条、第十条。

取意见、建议;③组织特邀监察员参加专题学习和业务培训,定期向特邀监察员寄送有关文件、刊物、资料;④与特邀监察员所在单位进行联系沟通,及时了解、反馈特邀监察员工作情况,征求意见、建议。① 其规定特邀监察员的管理机构及其职责。

(9) 工作条件和待遇。监察机关为特邀监察员开展工作提供必要的工作条件。监察机关设立特邀监察员工作专项经费。特邀监察员参加监察机关工作或者活动产生的费用,按照有关财务规定予以报销。特邀监察员不脱离本职工作岗位,工资、奖金、福利待遇由所在单位负责。② 其规定了特邀监察员的工作待遇。其中,监察机关设立专项经费,而不是提供补贴。

(10) 保障。侵犯特邀监察员权利或者打击报复特邀监察员的,由监察机关会同有关部门或者单位依纪依法处理。特邀监察员滥用职权、徇私舞弊、玩忽职守、泄露秘密的,依法给予处分;构成犯罪的,依法追究刑事责任。③ 其规定侵犯特邀监察员权益的处理方式,以及特邀监察员的处分和刑事责任。

(11) 具体规定制定。各省、自治区、直辖市监察厅(局)可以依据本办法,结合各自工作的实际情况,制定具体规定,报监察部备案。④ 其规定授权省级监察机关制定具体规定。

4. 2018年《国家监察委员会特约监察员工作办法》特约监察员规定

2018年8月24日,中央纪委国家监委印发《国家监察委员会特约监察员工作办法》,该办法自2018年8月24日起施行。其分为第一章总则,第二章聘请、换届、解聘,第三章职责、权利、义务,第四章履职保障,第五章附则,共17条。

(1) 立法目的。为深化国家监察体制改革,充分发挥中央纪律检查委员会和国家监察委员会合署办公优势,推动监察机关依法接受民主监

---

① 2013年《监察机关特邀监察员工作办法》第十一条。
② 2013年《监察机关特邀监察员工作办法》第十二条、第十三条、第十四条。
③ 2013年《监察机关特邀监察员工作办法》第十五条、第十六条。
④ 2013年《监察机关特邀监察员工作办法》第十七条。

督、社会监督、舆论监督,规范特约监察员工作,根据《中华人民共和国监察法》,制定本办法。① 其规定该办法制定的目的和依据。

(2) 概念界定。特约监察员是国家监察委员会根据工作需要,按照一定程序优选聘请,以兼职形式履行监督、咨询等相关职责的公信人士。特约监察员主要从全国人大代表中优选聘请,也可以从全国政协委员,中央和国家机关有关部门工作人员,各民主党派成员、无党派人士,企业、事业单位和社会团体代表,专家学者,媒体和文艺工作者,以及一线代表和基层群众中优选聘请。② 其规定了特约监察员的性质,以及聘请范围。其中,聘请范围不再按照单位来规定,而是按照人员来规定。

(3) 基本要求。特约监察员工作应当坚持以习近平新时代中国特色社会主义思想为指导,聚焦中央纪律检查委员会和国家监察委员会中心工作,专注服务于全面从严治党、党风廉政建设和反腐败工作大局,着重发挥对监察机关及其工作人员的监督作用,着力发挥参谋咨询、桥梁纽带、舆论引导作用。③ 其规定了特约监察员工作的基本要求。

(4) 条件。特约监察员应当具备下列条件:①坚持中国共产党领导和拥护党的路线、方针、政策,走中国特色社会主义道路,遵守中华人民共和国宪法和法律、法规,具有中华人民共和国国籍;②有较高的业务素质,具备与履行职责相应的专业知识和工作能力,在各自领域有一定代表性和影响力;③热心全面从严治党、党风廉政建设和反腐败工作,有较强的责任心,认真履行职责,热爱特约监察员工作;④坚持原则、实事求是,密切联系群众,公正廉洁、作风正派,遵守职业道德和社会公德;⑤身体健康。受到党纪处分、政务处分、刑事处罚的人员,以及其他不适宜担任特约监察员的人员,不得聘请为特约监察员。④ 其规定特约监察员的条件,从正反两个方面明确。其中,特别规定特约监察员"在各自领域有一定代表性和影响力"。

---

① 2018年《国家监察委员会特约监察员工作办法》第一条。
② 2018年《国家监察委员会特约监察员工作办法》第二条。
③ 2018年《国家监察委员会特约监察员工作办法》第三条。
④ 2018年《国家监察委员会特约监察员工作办法》第四条、第五条。

（5）聘请程序。特约监察员的聘请由国家监察委员会依照下列程序进行：①根据工作需要，会同有关部门、单位提出特约监察员推荐人选，并征得被推荐人所在单位及本人同意；②会同有关部门、单位对特约监察员推荐人选进行考察；③经中央纪委国家监委对考察情况进行研究，确定聘请特约监察员人选；④聘请人选名单及意见抄送特约监察员所在单位及推荐单位，并在中央纪委国家监委组织部备案；⑤召开聘请会议，颁发聘书，向社会公布特约监察员名单。① 其规定国家监察委员会聘请特约监察员的程序。其中，特别规定聘请会议。

（6）解聘。特约监察员在国家监察委员会领导班子产生后换届，每届任期与本届领导班子任期相同，连续任职一般不得超过两届。特约监察员受聘期满自然解聘。特约监察员具有下列情形之一的，国家监察委员会商推荐单位予以解聘，由推荐单位书面通知本人及所在单位：①受到党纪处分、政务处分、刑事处罚的；②因工作调整、健康状况等原因不宜继续担任特约监察员的；③本人申请辞任特约监察员的；④无正当理由连续一年不履行特约监察员职责和义务的；⑤有其他不宜继续担任特约监察员的情形的。② 其规定特约监察员解聘的方式。其中，在解聘理由上根据形势作了调整，如将治安行政处罚改为政务处分。

（7）职责。特约监察员履行下列职责：①对纪检监察机关及其工作人员履行职责情况进行监督，提出加强和改进纪检监察工作的意见、建议；②对制定纪检监察法律法规、出台重大政策、起草重要文件、提出监察建议等提供咨询意见；③参加国家监察委员会组织的调查研究、监督检查、专项工作；④宣传纪检监察工作的方针、政策和成效；⑤办理国家监察委员会委托的其他事项。③ 其规定特约监察员的职责。

（8）权利。特约监察员履行职责享有下列权利：①了解国家监察委员会和各省、自治区、直辖市监察委员会开展监察工作、履行监察职责情况，提出意见、建议和批评；②根据履职需要并按程序报批后，查阅、获得

---

① 2018年《国家监察委员会特约监察员工作办法》第六条。
② 2018年《国家监察委员会特约监察员工作办法》第七条、第八条。
③ 2018年《国家监察委员会特约监察员工作办法》第九条。

有关文件和资料;③参加或者列席国家监察委员会组织的有关会议;④参加国家监察委员会组织的有关业务培训;⑤了解、反映有关行业、领域廉洁从政从业情况及所提意见建议办理情况;⑥受国家监察委员会委托开展工作时,享有与受托工作相关的法定权限。① 其规定特约监察员的权利。

(9) 义务。特约监察员应当履行下列义务:①模范遵守宪法和法律,保守国家秘密、工作秘密以及因履行职责掌握的商业秘密和个人隐私,廉洁自律、接受监督;②学习、掌握有关纪检监察法律法规和业务;③参加国家监察委员会组织的活动,遵守国家监察委员会有关工作制度,按照规定的权限和程序认真履行职责;④履行特约监察员职责过程中,遇有利益冲突情形时主动申请回避;⑤未经国家监察委员会同意,不得以特约监察员身份发表言论、出版著作,参加有关社会活动;⑥不得以特约监察员身份谋取任何私利和特权。② 其规定特约监察员的义务。其中,对回避、发表言论、出版著作、参加有关社会活动、不得谋取私利和特权作了规定。

(10) 工作条件。国家监察委员会为特约监察员依法开展对监察机关及其工作人员监督等工作提供必要的工作条件和便利。特约监察员因履行本办法规定职责所支出的相关费用,由国家监察委员会按规定核报。特约监察员履行本办法规定职责所需经费,列入国家监察委员会业务经费保障范围。③ 其规定特约监察员的工作条件。其中,专门规定经费保障。

(11) 管理。国家监察委员会负责特约监察员工作的办事机构设在办公厅,履行下列职责:①统筹协调特约监察员相关工作,完善工作机制,制订工作计划,对国家监察委员会相关部门落实特约监察员工作机制和计划情况进行督促检查,总结、报告特约监察员年度工作情况;②组织开展特约监察员聘请、解聘等工作;③组织特约监察员参加有关会议或者活动,定期开展走访,通报工作、交流情况,听取意见、建议;④受理、移送、督

---

① 2018年《国家监察委员会特约监察员工作办法》第十条。
② 2018年《国家监察委员会特约监察员工作办法》第十一条。
③ 2018年《国家监察委员会特约监察员工作办法》第十二条、第十三条。

办特约监察员提出的意见、建议和批评,并予以反馈;⑤协调有关部门,定期向特约监察员提供有关刊物、资料,组织开展特约监察员业务培训;⑥承担监察机关特约监察员工作的联系和指导,组织经验交流,加强和改进特约监察员工作;⑦对特约监察员进行动态管理和考核;⑧加强与特约监察员所在单位及推荐单位的沟通联系,了解特约监察员工作情况,反馈特约监察员履职情况,并征求意见、建议;⑨办理其他相关工作。① 其规定特约监察员工作的管理部门及其职责。

(12) 待遇。第十五条规定,特约监察员不脱离本职工作岗位,工资、奖金、福利待遇由所在单位负责。② 其规定特约监察员的待遇安排。

5. 《监察法实施条例》特约监察员规定

《监察法实施条例》第二百五十六条规定,各级监察机关可以根据工作需要,按程序选聘特约监察员履行监督、咨询等职责。特约监察员名单应当向社会公布。监察机关应当为特约监察员依法开展工作提供必要条件和便利。其规定各级监察机关特约监察员工作的基本要求。

二、兼职监察员立法比较研究

兼职监察员在立法上较为详细,主要涉及兼职监察员类型、兼职监察员资格、兼职监察员权利和义务、兼职监察员聘任、兼职监察员职责、兼职监察员管理等。这里关注以下问题:

1. 兼职监察员类型。兼职监察员有人民监察通讯员、特邀监察员、特约监察员三种类型。人民监察通讯员虽然不属于监察机关工作人员,但是其具有监察人员身份。特邀监察员和特约监察员既不是监察机关工作人员,也不具有监察人员身份。之所以出现这种身份差异,是因为新中国初期监察机关和改革开放时期监察机关权力有很大的不同。

2. 兼职监察员来源。兼职监察员来源非常广泛,但是相对而言,人

---

① 2018年《国家监察委员会特约监察员工作办法》第十四条。
② 2018年《国家监察委员会特约监察员工作办法》第十五条。

民监察通讯员覆盖面更为广泛,可以弥补监察机关人员不足的缺陷。而特邀监察员和特约监察员数量相对较少,其更多的是起着社会监督作用。

3. 兼职监察员立法方式。兼职监察员立法既有一般性规定,也有专门性规定。后者主要是监察部、国家监察委员会针对本级兼职监察员的规定。至于地方各级监察机关兼职监察员立法则通常由其自行作出规定。由于对兼职监察员任职、履职的要求较高,因此,在立法上作出统一规定较好。目前,《监察法实施条例》对此作了统一性规定。但由于兼职监察员有一定的监督检查权力,应该对兼职监察员工作规则作出更为详细的规定。

第四节 监察备案审查

备案审查是各级人大常委会对其他国家机关制定的法规、规章、司法解释、地方性法规、规范性文件等进行监督的方式。监察法规、规章、规范性文件也应该纳入备案审查范围之内。

一、监察备案审查立法演变

监察备案审查是 1982 年宪法时期出现的立法监督方式。

(一) 行政监察时期监察备案审查规定

这一时期,监察备案审查虽然在立法上没有正式出现,但是在实践中受到高度重视。1991 年,监察部办公厅印发《关于报送监察法规、规章、规范性文件的意见》(监办发〔1991〕21 号)。1994 年,中央纪委办公厅印发了《关于纪检条规备案工作的通知》(中纪办〔1994〕175 号)。2003 年 12 月 9 日,中央纪委办公厅印发了《关于进一步加强和改进纪检监察法规备案工作的通知》。根据这些文件,各地对纪检监察法规备案审查工作制定了相应的工作办法。不过,其主要内容是要求各地向上级报送,是在纪检监察系统内部的备案审查要求。由于行政监察机关属于政府组成部门,因此,监察部部门规章和规范性文件应该向政府备案审查。从实践来看,其主要是部门规章。由于部门规章相对较少,因此,监察备案审查数量并不多。

(二) 国家监察时期监察备案审查规定

这一时期,监察备案审查在《监察法》中没有规定。不过,2019年《全国人民代表大会常务委员会关于国家监察委员会制定监察法规的决定》规定,监察法规应当在公布后的三十日内报全国人民代表大会常务委员会备案。全国人民代表大会常务委员会有权撤销同宪法和法律相抵触的监察法规。这样,监察法规的备案审查正式在人大决定中出现。

二、监察备案审查立法比较研究

监察备案审查是备案审查制度中的重要组成部分,在立法上主要涉及监察备案文件范围、监察备案审查部门和监察备案审查程序等。

1. 监察备案文件范围。由于监察备案文件的范围在立法上没有统一规定,因此,其更多地依赖于纪检监察机关要求。根据2003年《关于进一步加强和改进纪检监察法规备案工作的通知》规定,备案文件包括,由报送单位起草、制定并已正式发布的普遍适用于本地区、本部门、本系统的党风廉政建设和纪检监察工作方面的法规、规章及其他规范性文件;而用于部署、安排或者总结工作的文件,以及机关内部的规章制度不属报送范围。

由于纪检监察机关合署办公,因此,中央纪律检查委员会制定的党内规范也需要进行备案审查。2013年,《中国共产党党内法规制定条例》第三十条规定,中央纪律检查委员会、中央各部门和省、自治区、直辖市党委制定的党内法规应当自发布之日起30日内报送中央备案,备案工作由中央办公厅承办。具体备案办法由中央办公厅另行规定。2012年,制定《中国共产党党内法规和规范性文件备案规定》。其第二条规定,本规定适用于中央纪律检查委员会、中央各部门和省、自治区、直辖市党委制定的党内法规和规范性文件的备案工作。本规定所称规范性文件,是指中央纪律检查委员会、中央各部门和省、自治区、直辖市党委在履行职责过程中形成的具有普遍约束力、可以反复适用的决议、决定、意见、通知等文件,包括贯彻执行中央决策部署、指导推动经济社会发展、涉及人民群众切身利益、加强和改进党的建设等方面的重要文件。下列文件不属于备案范围:(1)人事调整、内部机构设置、表彰决定方面的文件;(2)请示、报告、会议活动通知、会议纪要、领导讲话、情况通报、工作要点、工作总结;(3)机关内部工作制度和工作方案;(4)其他不具有普遍约束力、不可反复适用的文件。显然,一旦纪检监察机关制定相应的规范性文件,就必须进行党内法规备案审查。同时,监察法规必须向全国人大常委会进行备案审查。第十三届全国人大常委会第四十四次委员长会议制定的《法规、司法解释备案审查工作办法》,对监察法规备案审查进行了相应规定。

2. 监察备案审查部门。行政监察时期监察规章需要向国务院备案,因此,备案审查部门是国务院。而国家监察时期监察法规的备案审查部门是全国人大常委会。至于其他监察规范性文件备案审查部门则需要根据有关立法确定。由于监察委员会独立于政府及其部门之后,其通常是向各级人大常委会备案审查。

3. 监察备案审查程序。行政监察时期监察规章的备案审查程序适用规章备案审查程序。而国家监察时期,监察法规的备案审查程序适用全国人大常委会备案审查程序。至于其他监察规范性文件的备案审查程序,通常适用各级人大常委会备案审查程序。

第五节 监察复议和监察诉讼

监察复议和监察诉讼,是指对监察机关及其人员的行为根据行政复议程序和行政诉讼程序提起复议或者起诉的救济方式。尽管监察复议和监察诉讼是行政监察时期的救济方式,但是仍然有必要进行探讨。

一、监察复议和监察诉讼立法演变

监察复议和监察诉讼是在行政复议制度和行政诉讼制度建立之后出现的。

(一) 行政监察时期监察复议和监察诉讼规定

这一时期,虽然监察机关属于行政机关,应该适用监察复议和监察诉讼规定,但是《行政监察法》没有对此进行规定。2006年4月30日,监察部以监发〔2006〕5号为形式印发《监察部行政复议和行政应诉工作办法》,对行政复议和行政应诉作出了规定。其主要内容包括:

(1) 立法目的。为了规范监察部的行政复议和行政应诉工作,保证正确、及时地办理行政复议和行政应诉事项,根据《中华人民共和国行政复议法》(简称《行政复议法》)、《中华人民共和国行政诉讼法》(简称《行政诉讼法》)及其他有关法律、法规,结合监察部实际,制定本办法。① 其规定该工作办法的制定目的和立法依据。

(2) 概念界定。本办法所称行政复议,是指公民、法人或者其他组织认为具体行政行为侵犯其合法权益,向监察部提出行政复议申请,监察部依法受理行政复议申请、作出行政复议决定的活动。本办法所称行政应诉,是指监察部在人民法院受理的行政案件中作为被告出庭,依法进行的诉讼活动。② 其规定了行政复议和行政应诉的概念界定。

(3) 适用依据和原则。监察部受理行政复议申请、作出行政复议决定、办理行政应诉事项,应当依照《行政复议法》《行政诉讼法》及其他有关法律、法规和本办法办理。监察部履行行政复议职责,应当遵循合法、公正、公开、及时、便民的原则,坚持有错必纠,保障法律、法规的正确实施。③ 其规定监察部办理行政复议和行政应诉的适用依据和基本原则。

---

① 2006年《监察部行政复议和行政应诉工作办法》第一条。
② 2006年《监察部行政复议和行政应诉工作办法》第二条。
③ 2006年《监察部行政复议和行政应诉工作办法》第三条、第四条。

(4) 行政复议案件。监察部受理以下行政复议案件：①对监察部、监察部派出的监察机构以及省、自治区、直辖市监察机关不作为或超越职权作出的具体行政行为不服提出行政复议申请的行政复议案件；②国务院指定监察部管辖的行政复议案件；③法律、法规规定的其他应当由监察部受理的行政复议案件。公民、法人或者其他组织认为具体行政行为所依据的除法律、法规、规章和国务院文件以外的其他规范性文件不合法，在对具体行政行为申请行政复议时，可以一并向监察部提出对该规范性文件的审查申请。对监察决定不服或对监察建议有异议的，按照《中华人民共和国行政监察法》和《中华人民共和国行政监察法实施条例》有关规定办理。① 其规定监察部受理的行政复议案件类型。

(5) 行政复议机构。监察部设立行政复议机构，负责行政复议和行政应诉的日常工作。其主要职责是：①受理行政复议申请，审查行政复议申请是否符合法定条件和法定程序；②向争议双方、有关单位及有关人员调查取证、听取意见；③审理行政复议案件，提出行政复议决定的建议；④起草和送达行政复议法律文书；⑤办理根据《行政复议法》第七条提出的对规定的审查申请；⑥办理国务院裁决案件中要求监察部办理的事项；⑦组织和具体办理行政应诉事宜；⑧指导下级监察机关的行政复议和行政应诉工作，做好对下级监察机关行政复议和行政应诉备案案件的审查工作；⑨按照有关规定做好行政复议和行政应诉的统计和归档工作；⑩承担监察部部长委托的其他行政复议和行政应诉工作。监察部行政复议机构设在案件审理司，具体工作由该司法制（协调）处承办。② 其规定监察部行政复议机构及其职责。

(6) 行政复议和行政应诉人员。从事行政复议和行政应诉工作的人员应当具备下列条件：①具有较高的政治素质，清正廉洁、秉公执法、忠于职守；②熟悉行政监察法及行政复议法、行政诉讼法等有关法律、法规；③了解行政监察业务及行政复议、行政诉讼相关知识；④具有法律专业大

---

① 2006年《监察部行政复议和行政应诉工作办法》第五条。
② 2006年《监察部行政复议和行政应诉工作办法》第六条。

学本科以上的学历。监察部各司局负责其主管业务范围内的行政复议和行政应诉工作,并明确一位司局领导分管。其主要职责是:①对由本司局以监察部名义直接作出的具体行政行为而发生的行政复议案件,提交作出具体行政行为的证据、依据和其他有关材料,并提出书面答复;②协助监察部行政复议机构审理本司局主管业务范围内的、因下一级监察机关的具体行政行为而发生的行政复议案件,并提出书面处理意见;③对由本司局以监察部名义直接作出的具体行政行为而发生的行政诉讼案件,提交作出具体行政行为的证据、依据和其他有关材料,并提出书面意见;④协同监察部行政复议机构承办其他与本司局主管业务范围有关的行政复议和行政诉讼工作。① 其规定行政复议和行政应诉人员的基本条件,以及各司局职责。

(7)审查。监察部行政复议机构在收到行政复议申请后,应主要审查下列事项:①是否符合法定申请期限;②是否符合《行政复议法》第十条规定;③是否属于行政复议范围;④是否已向人民法院提起行政诉讼;⑤是否已向其他行政机关申请行政复议;⑥是否符合监察部的受理权限;⑦是否有明确的被申请人和具体行政行为;⑧是否有具体的行政复议请求、事实根据和理由。监察部行政复议机构应当在监察部收到行政复议申请之日起5日内,对行政复议申请进行审查。对符合行政复议条件的,自监察部行政复议机构收到行政复议申请之日起即为受理,行政复议人员应当填写立案登记表;对不符合《行政复议法》规定的行政复议申请,提出不予受理的意见,报经部领导批准后,依法制作和送达《监察部不予受理决定书》,告知申请人不予受理的理由;对符合《行政复议法》规定,但不属于监察部受理的行政复议申请,依法制作和送达《监察部行政复议告知书》,告知申请人向有关行政复议机关提出。申请人口头申请行政复议的,负责接待的人员应当做好记录,并由申请人签字确认。监察部其他工作机构收到行政复议申请的,应于当日向监察部行政复议机构报告,并根据监察部行政复议机构的要求立即转送该行政复议申请。行政复议原则

---

① 2006年《监察部行政复议和行政应诉工作办法》第七条、第八条。

上采取书面审查的办法。但有下列情形之一的,可以采取其他方式审查:①主要事实不清,当事人双方争议较大的;②当事人一方或双方要求到监察部当面说明问题或情况的;③具有案情重大、影响面广以及书面审查不能查明案情的其他情况的。① 其规定监察部行政复议机构审查事项、审查程序以及审查形式。

(8)答复。监察部行政复议机构应当在受理行政复议申请之日起7日内,依法制作《监察部提出答复通知书》,连同行政复议申请书副本或者行政复议申请笔录复印件一并发送被申请人。被申请人应当在收到行政复议申请书副本或者行政复议申请笔录复印件之日起10日内,向监察部行政复议机构提出书面答复,并提交当初作出具体行政行为的证据、依据和其他有关材料。监察部是被申请人的,以监察部名义作出具体行政行为的有关司局应当在收到行政复议申请书副本或者行政复议申请笔录复印件之日起10日内,向监察部行政复议机构提出书面答复,并提交当初作出具体行政行为的证据、依据和其他有关材料。具体行政行为是由监察部两个以上司局共同作出的,共同作出具体行政行为的司局应当协商一致后,按上款规定提出书面答复;协商不成的,由监察部部长指定其中一个司局,按上款规定提出书面答复。共同作出具体行政行为的司局应当按上款规定提交当初作出具体行政行为的证据、依据和其他有关材料。申请人、第三人可以向监察部行政复议机构申请查阅被申请人提出的书面答复、当初作出具体行政行为的证据、依据和其他有关材料,但涉及国家秘密、商业秘密或者个人隐私的材料除外。被申请人的书面答复应载明下列内容:①被申请人的名称、地址、邮政编码、电话,法定代表人的姓名、职务,委托代理人的姓名、职务、电话;②答辩的理由;③作出具体行政行为的事实依据及有关的证据材料;④作出具体行政行为所依据的法律、法规、规章的具体条款;⑤对行政复议请求的答复意见;⑥作出答复的日期。书面答复应当加盖被申请人的印章并由其法定代表人或负责人签

---

① 2006年《监察部行政复议和行政应诉工作办法》第九条、第十条、第十一条。

名。① 其规定监察部行政复议机构的答复方式。

（9）委托。申请人、第三人委托代理人代为参加行政复议的,应当向监察部行政复议机构提交由委托人签名或者盖章的委托书,委托书应当载明委托事项和具体权限。申请人、第三人解除或者变更委托的,应当书面通知监察部行政复议机构。② 其规定申请人、第三人的委托方式。

（10）收集证据。在行政复议过程中,被申请人不得自行或委托他人向申请人和其他有关组织或者个人收集证据。监察部是被申请人的,以监察部名义作出具体行政行为的有关司局不得自行或委托他人向申请人和其他有关组织或者个人收集证据。被申请人自行收集的证据不具有法律效力。③ 其规定被申请人不得收集证据。

（11）停止执行。具有《行政复议法》第二十一条规定的情形,行政复议期间需要停止执行具体行政行为的,由监察部行政复议机构提出意见,报经部领导批准后,制作《监察部停止执行通知书》,送达当事人。④ 其规定停止执行具体行政行为的程序。

（12）撤回。行政复议决定作出前,申请人要求撤回行政复议申请的,监察部行政复议机构经审查认为可以撤回的,报经部领导批准后,制作《监察部行政复议终止通知书》,送达当事人。⑤ 其规定申请人撤回行政复议申请的程序。

（13）回避。申请人、被申请人、第三人认为行政复议人员与行政复议案件有利害关系或者其他关系可能影响公正审理行政复议案件的,有权申请行政复议人员回避。行政复议人员认为自己与本案有利害关系或者其他关系的,应当申请回避。行政复议人员的回避由行政复议机构负责人决定,行政复议机构负责人的回避由监察部部长决定。⑥ 其规定行政复议人员的回避。

---

① 2006年《监察部行政复议和行政应诉工作办法》第十二条、第十三条。
② 2006年《监察部行政复议和行政应诉工作办法》第十四条。
③ 2006年《监察部行政复议和行政应诉工作办法》第十五条。
④ 2006年《监察部行政复议和行政应诉工作办法》第十六条。
⑤ 2006年《监察部行政复议和行政应诉工作办法》第十七条。
⑥ 2006年《监察部行政复议和行政应诉工作办法》第十八条。

(14)处理。依据《行政复议法》第二十六条、第二十七条规定,监察部行政复议机构在审查具体行政行为所依据的有关规定的合法性时,应视情况作出以下处理:①该规定是监察部或者下级行政监察机关制定的,应当商监察部法规司及其他有关单位,依法在 30 日内作出处理结论;②该规定是其他行政机关制定的,应当在 7 日内制作《监察部规范性文件转送函》,将有关材料转送制定该规定的行政机关依法处理。处理期间,中止对具体行政行为的审查,监察部行政复议机构依法制作《监察部行政复议中止通知书》,送达当事人。中止对具体行政行为审查的时间,不计算在行政复议期间内。中止审查的原因消失后,应当及时恢复对具体行政行为的审查。① 其规定监察部行政复议机构的处理方式。

(15)审理。监察部行政复议机构应当组成案件审理小组对行政复议案件进行审理。审理小组的成员,应当是 3 人以上的单数。对案情简单、法律关系明确的行政复议案件,可以由 1 人独任审理。对具体行政行为的审查应当包括以下内容:①主要事实是否清楚,证据是否确实充分;②适用法律、法规、规章和其他具有普遍约束力的规范性文件是否准确;③作出具体行政行为是否符合法定程序;④作出具体行政行为是否超越或滥用职权;⑤具体行政行为是否明显不当;⑥其他按规定需要审查的内容。② 其规定案件审理小组的组织形式和审查内容。

(16)调查核实。有下列情形之一的,监察部行政复议机构可以进行调查核实:①申请人对案件主要事实有异议的;②被申请人提供的证据相互矛盾的;③申请人或者第三人提出新的证据,可能否定被申请人认定的案件主要事实的;④可能引发行政诉讼的;⑤其他需要调查核实的情形。行政复议人员调查时,应制作调查笔录,经被调查人校阅后,由被调查人、调查人共同签名或者盖章。在行政复议过程中收集和补充的证据,不能作为维持原具体行政行为的依据。监察部行政复议机构在必要时可以委托下级监察机关或组织进行调查。委托调查,必须提出明确的内容和要

---

① 2006 年《监察部行政复议和行政应诉工作办法》第十九条。
② 2006 年《监察部行政复议和行政应诉工作办法》第二十条。

求,受委托的下级监察机关或组织可以主动补充调查,并按要求的期限完成调查;因故不能完成的,应当在要求的期限内向监察部行政复议机构说明情况。① 其规定监察部行政复议机构调查核实的处理方式,同时规定委托调查的处理方式。

(17) 建议。监察部行政复议机构根据行政复议案件的审理情况,经集体研究后,向监察部部长提出作出下列行政复议决定的建议:①具体行政行为认定事实清楚,证据确凿,适用依据正确,程序合法,内容适当的,予以维持;②具体行政行为主要事实不清、证据不足的,适用法律依据错误或不当的,违反法定程序的,超越或者滥用职权的和明显不当的,建议撤销、变更或者确认该具体行政行为违法。撤销或者确认具体行政行为违法的,应责令被申请人在一定期限内重新作出具体行政行为;③被申请人不按规定提出书面答复、提交当初作出具体行政行为的证据、依据和其他有关材料的,视为该具体行政行为没有证据、依据,撤销该具体行政行为。② 其规定监察部行政复议机构提出作出行政复议决定的建议方式。

(18) 赔偿。申请人在申请行政复议时一并提出行政赔偿请求的,监察部对符合《中华人民共和国国家赔偿法》有关规定应当给予赔偿的,在决定撤销、变更具体行政行为或者确认具体行政行为违法时,应当同时决定被申请人依法给予赔偿。③ 其规定申请赔偿的处理方式。

(19) 决定。根据监察部部长批示或者监察部部长办公会议决议,监察部行政复议机构制作《监察部行政复议决定书》,送达当事人。《监察部行政复议决定书》应当载明下列事项:①申请人的姓名、职业、住址(法人或其他组织的名称、地址,法定代表人或者主要负责人的姓名、职务),申请人的代理人的姓名、职业、住址;②被申请人名称、住址、法定代表人的姓名、职务,第三人的姓名、职业、住址(法人或其他组织的名称、地址,法定代表人或者主要负责人的姓名、职务);③申请人申请行政复议的主要请求和理由;④被申请人具体行政行为所认定的事实、证据和法律依据及

---

① 2006年《监察部行政复议和行政应诉工作办法》第二十一条、第二十二条。
② 2006年《监察部行政复议和行政应诉工作办法》第二十三条。
③ 2006年《监察部行政复议和行政应诉工作办法》第二十四条。

处理结论;⑤监察部所认定的事实和证据,适用的法律依据;⑥行政复议结论;⑦不服行政复议决定向人民法院起诉的期限;⑧作出行政复议决定的日期。行政复议决定应当自受理行政复议申请之日起 60 日内作出。情况复杂不能在规定期限内作出行政复议决定需要延长法定期限的,应当经监察部领导批准,并告知申请人和被申请人;但延长期限最多不超过 30 日。经批准延长的,监察部行政复议机构应当制作《监察部决定延期通知书》,送达当事人。[①] 其规定监察部行政复议决定书的制作方式。

(20)送达。监察部送达行政复议法律文书,可以直接送交受送达人,也可以委托下级监察机关或组织代为送达,或者邮寄送达。行政复议决定一经送达,即发生法律效力。申请人、第三人对监察部的行政复议决定不服的,可以依法向人民法院提起行政诉讼,也可以依法向国务院申请裁决。被申请人无正当理由拖延履行行政复议决定的,由监察部行政复议机构提出处理意见,报经监察部领导批准后,制作《监察部责令履行通知书》,送达被申请人。监察部是被申请人的,由以监察部名义作出具体行政行为的司局履行行政复议决定。[②] 其规定行政复议法律文书的送达方式和履行方式。

(21)参加行政诉讼。有下列情形之一的,监察部应当依法参加行政诉讼:①公民、法人或者其他组织因不服监察部具体行政行为提起行政诉讼且人民法院已受理的;②公民、法人或者其他组织因不服监察部改变原具体行政行为的行政复议决定提起行政诉讼且人民法院已受理的;③具有法律、法规规定的监察部应当参加行政诉讼的其他情况的。[③] 其规定监察部应当依法参加行政诉讼的情形。

(22)行政应诉。监察部按下列程序进行行政应诉:①确定应诉人员。根据本办法第七条的规定,经监察部行政复议机构或者有关司局推荐,由监察部部长决定委托出庭应诉的代理人。必要时,经监察部部长同

---

① 2006 年《监察部行政复议和行政应诉工作办法》第二十五条。
② 2006 年《监察部行政复议和行政应诉工作办法》第二十六条、第二十七条、第二十八条、第二十九条。
③ 2006 年《监察部行政复议和行政应诉工作办法》第三十条。

意,也可委托律师担任诉讼代理人。②办理委托手续。监察部行政复议机构根据监察部部长的决定,为诉讼代理人办理授权委托书。③准备答辩状。对监察部有关司局以监察部名义作出的具体行政行为直接引起的行政诉讼,监察部有关司局应当在收到起诉状副本之日起5日内起草答辩状,连同作出具体行政行为的证据、依据和其他有关材料送交监察部行政复议机构。监察部行政复议机构对答辩状进行审核后,报监察部部长审定。对监察部有关司局以监察部名义作出的具体行政行为经行政复议维持原具体行政行为而引起的行政诉讼,适用上款。④对经监察部行政复议改变原具体行政行为而引起的行政诉讼,由监察部行政复议机构起草答辩状,并报监察部部长审定。⑤监察部行政复议机构应当在收到起诉状副本之日起10日内向人民法院提交作出具体行政行为的证据、依据和其他有关材料,并提出答辩状。① 其规定监察部行政应诉的程序。

(23) 责令受理。公民、法人或者其他组织依法提出行政复议申请,下一级监察机关无正当理由不予受理的,监察部行政复议机构应当依法制作《监察部责令受理通知书》,责令其在法定期限内受理。② 其规定监察部责令受理的处理方式。

(24) 责任。有下列情形之一的,监察部可以直接或者责成有关部门对直接负责的主管人员和其他直接责任人员给予批评,直至行政处分:①拒绝履行行政复议决定的;②逾期不提供答辩状及作出具体行政行为的证据、依据和其他有关材料的;③不接受委托出庭应诉或者出庭应诉严重失职的。行政复议人员失职、徇私舞弊的,依法由监察部对其批评教育或者给予行政处分;情节严重构成犯罪的,依法追究刑事责任。③ 其规定给予行政处分和追究刑事责任的情形。

(25) 保障。监察部行政复议机构受理行政复议申请,不得向申请人收取任何费用。行政复议和行政应诉活动所需经费,应当列入监察部的行政经费,由本级财政予以保障。监察部行政复议机构配备行政复议专

---

① 2006年《监察部行政复议和行政应诉工作办法》第三十一条。
② 2006年《监察部行政复议和行政应诉工作办法》第三十二条。
③ 2006年《监察部行政复议和行政应诉工作办法》第三十三条、第三十四条。

用章、行政应诉专用章,在行政复议、行政应诉工作中,行政复议专用章、行政应诉专用章与监察部印章具有同等效力。① 其规定费用、经费、用章等保障方式。

(二)国家监察时期监察复议和监察诉讼规定

《监察法》没有监察复议和监察诉讼规定。对于监察委员会是否需要建立类似行政复议体制,甚至纳入行政诉讼体制的问题,理论上存在一定的争论。特别是监察委员会行为可诉性问题能否得到实践的认可,在立法上仍然是未知数。

二、监察复议和监察诉讼立法比较研究

监察复议和监察诉讼在立法上主要涉及是否适用行政复议法和行政诉讼法。对此有必要进一步探讨。

1. 监察复议立法比较。行政监察时期,行政监察行为适用行政复议,在立法上没有异议。正因为如此,监察部才制定监察复议工作办法。但是,国家监察时期,监察委员会行为是否采用行政复议体制,无论是从理论上还是从立法上均有疑义。从理论上来说,监察委员会不再属于行政机关,自然就不能采用行政复议方式。而从立法上来看,其通常采用申诉方式。这就意味着行政复议立法难以适用于国家监察领域。

2. 监察诉讼立法比较。行政监察时期,行政监察行为能否提起诉讼?从实践来看,法院通常对行政监察机关作出的行为排除司法救济的可能性。1998年10月13日,制定有《最高人民法院、监察部关于执行〈中华人民共和国行政监察法〉第二十一条若干问题的规定》。2000年11月1日,《最高人民法院关于监察机关作出的开除处分行为是否属于人民法院行政诉讼受案范围的答复——对孙德金诉海南省监察厅行政赔偿一案应否驳回上诉的请示的答复》(行他〔2000〕3号),明确监察机关作出的

---

① 2006年《监察部行政复议和行政应诉工作办法》第三十五条、第三十六条。

开除处分行为,不属于人民法院行政诉讼受案范围。但是在理论上仍然有探讨的必要。目前,其集中于监察行为是否应该受到诉讼监督。一种观点认为行政监察行为具有可诉性基础。有学者认为:"借助于行政诉讼审查行政监察行为,不一定会对行政监察行为造成延滞和干扰,但同时可保证和监督行政监察机关依法行使行政监察权,保障公民、法人和其他组织的合法权益不受侵犯。因此,行政监察行为具有可诉性基础。"①还有学者认为:"无论从特别权力关系理论的松动还是从过去我国行政诉讼的实践来看,监察委员会都不应当被排除在行政诉讼之外。"②另一种观点认为不具有可诉性。"监察委员会具有不可诉性。之所以产生监察委员会是否可诉的争议,监察体制改革试点阶段时监察委员会在国家权力结构中的地位不明、权力属性不明以及职能范畴不明的因素在其中起到重要的影响作用。"③实际上,虽然监察机关没有"行政"之名,但有"行政"之实。因此,从应然层面来说,应该分类考虑司法控制的范围,在立法上可以对这种控制范围予以明确规定。

第六节 人大对监察机关的监督

人大对监察机关的监督是人大监督的应有之义。人大监督是指各级人大及其常委会对包括监察机关在内的所有国家机关的监督形式。

一、人大对监察机关的监督立法演变

人大对监察机关的监督在立法上起始于 2018 年宪法修正案,此后《监察法》等法律开始予以完善。目前,人大对监察机关的监督规定主要

---

① 戴建华:《论行政监察权的制约——以司法救济为视角》,《贵州社会科学》2011 年第 3 期。
② 王锴、王心阳:《如何监督监督者——兼谈对监察委员会的诉讼监督问题》,《浙江社会科学》2017 年第 8 期。
③ 彭江辉、王忠仁:《论监察委员会的不可诉性》,《山西省政法管理干部学院学报》2020 年第 2 期。

分为以下方面：

(一)《宪法》人大对监察机关的监督规定

2018年宪法修正案通过以后,《宪法》对人大监督监察机关主要规定以下内容：

(1) 选举和罢免。全国人大选举国家监察委员会主任。全国人大有权罢免国家监察委员会主任。① 其规定国家监察委员会主任的选举和罢免。

(2) 任免。全国人大常委会根据国家监察委员会主任的提请,任免国家监察委员会副主任、委员。② 其规定国家监察委员会副主任、委员的任免。

(3) 对人大负责。国家监察委员会对全国人民代表大会和全国人民代表大会常务委员会负责。地方各级监察委员会对产生它的国家权力机关和上一级监察委员会负责。③ 其规定各级监察委员会对人大及其常委会负责、下级监察委员会对上一级监察委员会负责。

(二)《监察法》人大对监察机关的监督规定

《监察法》对人大监督监察机关规定如下：

(1) 全国人大及其常委会对监察机关的监督。国家监察委员会由全国人民代表大会产生,负责全国监察工作。国家监察委员会由主任、副主任若干人、委员若干人组成,主任由全国人民代表大会选举,副主任、委员由国家监察委员会主任提请全国人民代表大会常务委员会任免。国家监察委员会主任每届任期同全国人民代表大会每届任期相同,连续任职不得超过两届。国家监察委员会对全国人民代表大会及其常务委员会负责,并接受其监督。④ 其规定选举、任免、任期及其限制等。

---

① 《宪法》第六十二条、第六十三条。
② 《宪法》第六十七条。
③ 《宪法》第一百二十六条。
④ 2018年《监察法》第八条。

(2) 地方人大及其常委会对监察机关的监督。地方各级监察委员会由本级人民代表大会产生,负责本行政区域内的监察工作。地方各级监察委员会由主任、副主任若干人、委员若干人组成,主任由本级人民代表大会选举,副主任、委员由监察委员会主任提请本级人民代表大会常务委员会任免。地方各级监察委员会主任每届任期同本级人民代表大会每届任期相同。地方各级监察委员会对本级人民代表大会及其常务委员会和上一级监察委员会负责,并接受其监督。① 其规定选举、任免、任期等,但没有任期限制规定。

(3) 监督方式。各级监察委员会应当接受本级人民代表大会及其常务委员会的监督。各级人民代表大会常务委员会听取和审议本级监察委员会的专项工作报告,组织执法检查。县级以上各级人民代表大会及其常务委员会举行会议时,人民代表大会代表或者常务委员会组成人员可以依照法律规定的程序,就监察工作中的有关问题提出询问或者质询。② 其规定专项工作报告、执法检查、询问、质询等。

(三)《中华人民共和国全国人民代表大会组织法》人大对监察机关的监督规定

2021年3月11日,第十三届全国人大第四次会议通过《全国人民代表大会关于修改〈中华人民共和国全国人民代表大会组织法〉的决定》,多处涉及国家监察委员会规定。其中规定了对国家监察委员会的质询要求。

(1) 全国人大会议期间的质询。全国人民代表大会会议期间,一个代表团或者三十名以上的代表联名,可以书面提出对国务院以及国务院各部门、国家监察委员会、最高人民法院、最高人民检察院的质询案。③ 其规定全国人大对国家监察委员会的质询。

(2) 全国人大常委会会议期间的质询。常务委员会会议期间,常务

---

① 2018年《监察法》第九条。
② 2018年《监察法》第五十三条。
③ 2021年《中华人民共和国全国人民代表大会组织法》第二十一条。

委员会组成人员十人以上联名,可以向常务委员会书面提出对国务院以及国务院各部门、国家监察委员会、最高人民法院、最高人民检察院的质询案。① 其规定全国人大常委会对国家监察委员会的质询。

(四)《中华人民共和国全国人民代表大会议事规则》人大对监察机关的监督规定

2021年3月11日,第十三届全国人大第四次会议通过《全国人民代表大会关于修改〈中华人民共和国全国人民代表大会议事规则〉的决定》,其中涉及国家监察委员会规定。

(1)罢免。主席团、三个以上的代表团或者十分之一以上的代表,可以提出对全国人民代表大会常务委员会的组成人员,中华人民共和国主席、副主席,国务院的组成人员,中央军事委员会的组成人员,国家监察委员会主任,最高人民法院院长和最高人民检察院检察长的罢免案,由主席团交各代表团审议后,提请大会全体会议表决;或者依照本规则第六章的规定,由主席团提议,经大会全体会议决定,组织调查委员会,由全国人民代表大会下次会议根据调查委员会的报告审议决定。② 其规定全国人大对国家监察委员会主任的罢免。

(2)质询。全国人民代表大会会议期间,一个代表团或者三十名以上的代表联名,可以书面提出对国务院以及国务院各部门、国家监察委员会、最高人民法院、最高人民检察院的质询案。③ 其规定全国人大对国家监察委员会的质询。

(五)《监察法实施条例》人大对监察机关的监督规定

(1)报告专项工作。各级监察委员会应当按照监察法第五十三条第二款规定,由主任在本级人民代表大会常务委员会全体会议上报告专项工作。在报告专项工作前,应当与本级人民代表大会有关专门委员会沟

---

① 2021年《中华人民共和国全国人民代表大会组织法》第三十条。
② 2021年《中华人民共和国全国人民代表大会议事规则》第四十四条。
③ 2021年《中华人民共和国全国人民代表大会议事规则》第四十八条。

通协商,并配合开展调查研究等工作。各级人民代表大会常务委员会审议专项工作报告时,本级监察委员会应当根据要求派出领导成员列席相关会议,听取意见。各级监察委员会应当认真研究办理本级人民代表大会常务委员会反馈的审议意见,并按照要求书面报告办理情况。① 其规定报告专项工作的基本程序。

（2）执法检查。各级监察委员会应当积极接受、配合本级人民代表大会常务委员会组织的执法检查。对本级人民代表大会常务委员会的执法检查报告,应当认真研究处理,并向其报告处理情况。② 其规定执法检查的基本要求。

（3）听取意见和答复。各级监察委员会在本级人民代表大会常务委员会会议审议与监察工作有关的议案和报告时,应当派相关负责人到会听取意见,回答询问。监察机关对依法交由监察机关答复的质询案应当按照要求进行答复。口头答复的,由监察机关主要负责人或者委派相关负责人到会答复。书面答复的,由监察机关主要负责人签署。③ 其规定两个方面:一是人大常委会会议审议议案和报告时要听取意见,回答询问。二是对于质询案,要采用答复方式。

二、人大对监察机关的监督立法比较研究

人大监督监察机关在立法上主要涉及选举、罢免、任免和质询等监督方式。对于人大对监察机关的监督,在理论上已有诸多讨论。有学者认为,在我国现行政治法律框架下,可以考虑用以下办法丰富和落实对监察委员会的监督制约:第一,在层级较高的各级人民代表大会内增设对应的常设机构,对口加强对监察委员会监察工作的监督。第二,在相应级别的政协也应增设常设专门机构加强对监察委员会监察工作的监督。第三,在《宪法》第一百三十五条的框架内落实对监察委员会职权行使行为的制

---

① 2021年《监察法实施条例》第二百五十二条。
② 2021年《监察法实施条例》第二百五十三条。
③ 2021年《监察法实施条例》第二百五十四条。

约。第四，公民广泛行使和维护基本权利对监察机关权力的制约。① 这些对监察委员会的监督方式有的在立法上已经实现，如人大监察和司法委员会的设立，有的并不具有现实可能性。

1. 选举、罢免和任免。从形式上看，监察委员会组成人员选举、罢免、任免方式和人民法院、人民检察院人员基本相似。这种做法反映了监察委员会虽然没有被视为司法机关，但是具有司法机关类似的地位。

2. 质询和询问。《监察法》对质询和询问作了规定。在此基础上，全国人大组织法和全国人大议事规则对质询进行了规定，但是没有规定询问方式。询问方式可能需要纳入人大常委会监督法和人大常委会议事规则之中予以考虑。

3. 执法检查。《监察法》对执法检查也作了规定。由于人大常委会监督法尚未修改，因此，在立法上可能需要等人大常委会监督法修改时，对监察委员会进行监督的方式一并予以规定。

第七节 监察机关内部监督

监察机关内部监督是指监察机关内部建立的监督制度。

一、监察机关内部监督立法演变

新中国时期监察机关采用行政管理体制，因此在立法上通常不作专门规定。不过，国家监察时期，监察立法开始对监察委员会内部监督进行详细规定。

1. 《监察法》监察机关内部监督规定

《监察法》对监察机关内部监督作了专门规定。其要点如下：

（1）内部专门监督机构。监察机关通过设立内部专门的监督机构等方式，加强对监察人员执行职务和遵守法律情况的监督，建设忠诚、干净、

---

① 童之伟：《对监察委员会自身的监督制约何以强化》，《法学评论》2017年第1期。

担当的监察队伍。① 其只是原则性规定,并列举了设立内部专门的监督机构这种形式。

(2)登记备案制度。对于监察人员打听案情、过问案件、说情干预的,办理监察事项的监察人员应当及时报告。有关情况应当登记备案。发现办理监察事项的监察人员未经批准接触被调查人、涉案人员及其特定关系人,或者存在交往情形的,知情人应当及时报告。有关情况应当登记备案。② 其规定登记备案的基本要求。

2.《监察官法》监察官监督规定

《监察官法》对监察官的监督进行详细规定。其要点如下:

(1)原则规定。监察机关应当规范工作流程,加强内部监督制约机制建设,强化对监察官执行职务和遵守法律情况的监督。③ 从立法过程来看,正式文本将二审稿"强化对监察官的监督管理"改为"强化对监察官执行职务和遵守法律情况的监督"。其规定监察机关强化对监察官的监督。

(2)对监察官的检举、控告处理。任何单位和个人对监察官的违纪违法行为,有权检举、控告。受理检举、控告的机关应当及时调查处理,并将结果告知检举人、控告人。对依法检举、控告的单位和个人,任何人不得压制和打击报复。④ 其规定受理检举、控告监察官的机关的处理要求。

(3)监察官问题线索处理。对于审判机关、检察机关、执法部门等移送的监察官违纪违法履行职责的问题线索,监察机关应当及时调查处理。⑤ 其规定监察官问题线索的处理方式。

(4)监督人员。监察委员会根据工作需要,按照规定从各方面代表中聘请特约监察员等监督人员,对监察官履行职责情况进行监督,提出加强和改进监察工作的意见、建议。⑥ 其规定监察委员会聘请特约监察员

---

① 2018年《监察法》第五十五条。
② 2018年《监察法》第五十七条。
③ 2021年《监察官法》第四十二条。
④ 2021年《监察官法》第四十三条。
⑤ 2021年《监察官法》第四十四条。
⑥ 2021年《监察官法》第四十五条。

等监督人员。

（5）登记备案。监察官不得打听案情、过问案件、说情干预。对于上述行为，办理监察事项的监察官应当及时向上级报告。有关情况应当登记备案。办理监察事项的监察官未经批准不得接触被调查人、涉案人员及其特定关系人，或者与其进行交往。对于上述行为，知悉情况的监察官应当及时向上级报告。有关情况应当登记备案。① 从立法过程来看，正式文本在第一款文字上作了调整。其规定监察官登记备案信息的要求。

（6）保密。监察官应当严格执行保密制度，控制监察事项知悉范围和时间，不得私自留存、隐匿、查阅、摘抄、复制、携带问题线索和涉案资料，严禁泄露监察工作秘密。监察官离岗离职后，应当遵守脱密期管理规定，严格履行保密义务，不得泄露相关秘密。② 其规定监察官保密要求以及脱密期管理制度。

（7）离任。监察官离任三年内，不得从事与监察和司法工作相关联且可能发生利益冲突的职业。监察官离任后，不得担任原任职监察机关办理案件的诉讼代理人或者辩护人，但是作为当事人的监护人或者近亲属代理诉讼、进行辩护的除外。监察官被开除后，不得担任诉讼代理人或者辩护人，但是作为当事人的监护人或者近亲属代理诉讼、进行辩护的除外。③ 其规定监察官离任后和被开除后的要求。

（8）经商办企业行为规定。监察官应当遵守有关规范领导干部配偶、子女及其配偶经商办企业行为的规定。违反规定的，予以处理。④ 其规定监察官应遵守领导干部有关家属经商办企业行为规定。

（9）法律服务规定。监察官的配偶、父母、子女及其配偶不得以律师身份担任该监察官所任职监察机关办理案件的诉讼代理人、辩护人，或者提供其他有偿法律服务。⑤ 其规定监察官有关家属从事法律行业的要求。

---

① 2021年《监察官法》第四十六条。
② 2021年《监察官法》第四十八条。
③ 2021年《监察官法》第四十九条。
④ 2021年《监察官法》第五十条。
⑤ 2021年《监察官法》第五十一条。

3.《监察法实施条例》监察机关内部监督规定

《监察法实施条例》对监察机关内部监督作了进一步规定。

（1）人员准入制度。监察机关实行严格的人员准入制度，严把政治关、品行关、能力关、作风关、廉洁关。监察人员必须忠诚坚定、担当尽责、遵纪守法、清正廉洁。① 其规定监察人员的准入条件。

（2）部门相互协调制约工作机制。监察机关应当建立监督检查、调查、案件监督管理、案件审理等部门相互协调制约的工作机制。监督检查和调查部门实行分工协作、相互制约。监督检查部门主要负责联系地区、部门、单位的日常监督检查和对涉嫌一般违法问题线索处置。调查部门主要负责对涉嫌严重职务违法和职务犯罪问题线索进行初步核实和立案调查。案件监督管理部门负责对监督检查、调查工作全过程进行监督管理，做好线索管理、组织协调、监督检查、督促办理、统计分析等工作。案件监督管理部门发现监察人员在监督检查、调查中有违规办案行为的，及时督促整改；涉嫌违纪违法的，根据管理权限移交相关部门处理。② 其规定监督检查部门、调查部门、案件监督管理部门、案件审理部门之间的协调制约。

（3）监督检查。监察机关应当对监察权运行关键环节进行经常性监督检查，适时开展专项督查。案件监督管理、案件审理等部门应当按照各自职责，对问题线索处置、调查措施使用、涉案财物管理等进行监督检查，建立常态化、全覆盖的案件质量评查机制。③ 其规定日常监督监察和专项督查的要求。

（4）监察人员监督。监察机关应当加强对监察人员执行职务和遵纪守法情况的监督，按照管理权限依法对监察人员涉嫌违法犯罪问题进行调查处置。④ 其规定对监察人员执法守法情况的监督要求。

（5）调查过程监督。监察机关及其监督检查、调查部门负责人应当

---

① 2021年《监察法实施条例》第二百五十七条。
② 2021年《监察法实施条例》第二百五十八条。
③ 2021年《监察法实施条例》第二百五十九条。
④ 2021年《监察法实施条例》第二百六十条。

定期检查调查期间的录音录像、谈话笔录、涉案财物登记资料,加强对调查全过程的监督,发现问题及时纠正并报告。① 其规定对调查全过程监督的要求。

(6) 登记备案。对监察人员打听案情、过问案件、说情干预的,办理监察事项的监察人员应当及时向上级负责人报告。有关情况应当登记备案。发现办理监察事项的监察人员未经批准接触被调查人、涉案人员及其特定关系人,或者存在交往情形的,知情的监察人员应当及时向上级负责人报告。有关情况应当登记备案。② 与《监察法》相比较,其明确"向上级负责人报告"。同时,明确知情人的具体范围是"知情的监察人员"。

(7) 对下级的监督。上级监察机关应当通过专项检查、业务考评、开展复查等方式,强化对下级监察机关及监察人员执行职务和遵纪守法情况的监督。③ 其规定对下级监察机关及其监察人员进行监督的方式。

(8) 培训。监察机关应当对监察人员有计划地进行政治、理论和业务培训。培训应当坚持理论联系实际、按需施教、讲求实效,突出政治机关特色,建设高素质专业化监察队伍。④ 其规定对监察人员的培训要求。

(9) 保密。监察机关应当严格执行保密制度,控制监察事项知悉范围和时间。监察人员不准私自留存、隐匿、查阅、摘抄、复制、携带问题线索和涉案资料,严禁泄露监察工作秘密。监察机关应当建立健全检举控告保密制度,对检举控告人的姓名(单位名称)、工作单位、住址、电话和邮箱等有关情况以及检举控告内容必须严格保密。⑤ 其规定监察人员的保密要求。

(10) 脱密期管理。监察机关涉密人员离岗离职后,应当遵守脱密期管理规定,严格履行保密义务,不得泄露相关秘密。⑥ 其规定监察机关涉密人员的脱密期管理要求。

---

① 2021年《监察法实施条例》第二百六十一条。
② 2021年《监察法实施条例》第二百六十二条。
③ 2021年《监察法实施条例》第二百六十五条。
④ 2021年《监察法实施条例》第二百六十六条。
⑤ 2021年《监察法实施条例》第二百六十七条。
⑥ 2021年《监察法实施条例》第二百六十八条。

(11)离任限制。监察人员离任三年以内,不得从事与监察和司法工作相关联且可能发生利益冲突的职业。监察人员离任后,不得担任原任职监察机关办理案件的诉讼代理人或者辩护人,但是作为当事人的监护人或者近亲属代理诉讼或者进行辩护的除外。① 其规定对监察人员离任的限制要求。

(12)领导干部管理。监察人员应当严格遵守有关规范领导干部配偶、子女及其配偶经商办企业行为的规定。② 其规定监察人员家属经商办企业行为的管理要求。

(13)依法保护企业。监察机关在履行职责过程中应当依法保护企业产权和自主经营权,严禁利用职权非法干扰企业生产经营。需要企业经营者协助调查的,应当依法保障其合法的人身、财产等权益,避免或者减少对涉案企业正常生产、经营活动的影响。查封企业厂房、机器设备等生产资料,企业继续使用对该财产价值无重大影响的,可以允许其使用。对于正在运营或者正在用于科技创新、产品研发的设备和技术资料等,一般不予查封、扣押,确需调取违法犯罪证据的,可以采取拍照、复制等方式。③ 其规定监察机关依法保护企业的要求。

(14)申诉处理。被调查人及其近亲属认为监察机关及监察人员存在监察法第六十条第一款规定的有关情形,向监察机关提出申诉的,由监察机关案件监督管理部门依法受理,并按照法定的程序和时限办理。④ 其规定被调查人及其近亲属申诉的处理方式。

(15)问责。监察机关在维护监督执法调查工作纪律方面失职失责的,依法追究责任。监察人员涉嫌严重职务违法、职务犯罪或者对案件处置出现重大失误的,既应当追究直接责任,还应当严肃追究负有责任的领导人员责任。监察机关应当建立办案质量责任制,对滥用职权、失职失责

---

① 2021年《监察法实施条例》第二百六十九条。
② 2021年《监察法实施条例》第二百七十条。
③ 2021年《监察法实施条例》第二百七十一条。
④ 2021年《监察法实施条例》第二百七十二条。

造成严重后果的,实行终身责任追究。① 其规定对监察人员失职失责的处理方式。

二、监察机关内部监督立法比较研究

监察机关内部监督在立法中很少进行规定,原因在于内部监督是任何国家机关都存在的职能。例如,法院和监察院内部都有相应的监察部门,其专门负责法院系统和检察院系统内的监察,和监察委员会的监察不同。由于监察委员会更多地依赖于内部监督,因此内部监督问题更加重要。有学者提出,党政机构整合包括党政合设、党政合署机关,其中党政合设机关因改革后并入一个主体而与现行法律规定冲突不大,问题是党政合署机关的"一套人马、两块牌子"的组织形式对现有的法律规定具有一定的挑战。行政机关的行政权在获得执政党的领导权加持后,重大行政决策风险将会加大。党的工作机关并入行政管理权,也面临着不当对外行使行政权的法律风险。上述问题依靠外部监督往往难以发挥作用,需要重新构建内部监督制度予以解决。② 还有学者认为:"由组织法规定,在监察委员会下设立一个有广泛代表性、有足够实权,能够相对独立地活动的监察审查咨询委员会。它的地位、人员构成和职权,可以参考香港廉政公署的审查贪污举报咨询委员会的构成,以编制在监察委员会外的专家学家和社会贤达为主体,监察委员会重要官员为辅组成,由非监察委员会官员出任主委。"③从立法上来看,这种机构曾经在新中国初期建立的人民监察委员会委员会议制度类似,区别于委务会议。监察机关内部监督在立法上主要涉及内部监督部门、内部监督方式和内部监督程序。

1. 内部监督部门。从《监察法》上看,内部监督部门在监察委员会中是相对独立的部门。因此,该部门的配置通常由监察委员会自行规定。不过,《监察官法》和《监察法实施条例》似乎没有明确内部监督部门。从

---

① 2021年《监察法实施条例》第二百七十三条。
② 马世媛:《党政机构整合之内部监督法治化研究》,《四川行政学院学报》2020年第6期。
③ 童之伟:《对监察委员会自身的监督制约何以强化》,《法学评论》2017年第1期。

部门设置情况来看,监督检查部门应该属于立法上所说的内部监督部门。

2. 内部监督方式。《监察法》对内部监督方式只规定了备案登记制度。这种方式在司法体制改革过程中被广泛采用,在法院和检察院中也相应建立了相同制度。同时,《监察官法》和《监察法实施条例》则广泛涉及内部监督方式,除了备案登记制度之外,还涉及到培训、保密、脱密期、离任限制、领导干部家属经商、问责等。这说明监察机关内部监督方式是多方面的。实际上,只要有利于实现监察机关内部监督,都可以实行。

3. 内部监督程序。从立法上看,虽然《监察法》《监察官法》和《监察法实施条例》在规定一些制度时也对一些程序进行了规定,但是总体来看,监察机关内部监督程序并不清晰。从应然层面来看,监察机关应该进一步制定实施细则,明确内部监督程序。只有这样,才能使立法规定得到进一步落实。

结语

当前,监察立法已经成为法律研究的重要组成部分。其中,监察立法的科学性始终是普遍关注的问题。从历史来看,与其他部门立法相比较,监察立法在一定程度上更加难以把握。这可能和监察本身的特殊性有关,因为其关系到国家治理的方方面面。无论如何,要推进国家治理体系和治理能力现代化,必须加强监察制度的完善,而监察法治建设必然始终伴随着这一进程。其中,监察立法是监察法治建设的重要组成部分。

一、监察立法的历史阶段性

自古至今,监察立法具有历史的阶段性。这种阶段性并不是历史分期的结果,而是监察立法规律的结果。从立法演变来看,监察立法大致可以分为三个历史阶段。

第一,监察立法的一体性阶段。先秦以来,监察机关、行政机关和军事机关等国家机关相互并列,成为国家机关不可缺少的组成部分,在此基础上建立一系列监察制度,形成了一个与刑律相类似的立法体系。这个立法体系虽然和其他立法体系均属于国家立法体系的组成部分,但是由于监察机关可以对所有其他国家机关进行监察,因此,其广度和深度非其他部门所能够比拟。因此,古代监察立法是中国古代政治实践的重要遗产。

第二,监察立法的附属性阶段。近代以来,监察机关在西法东渐的浪潮下一度被取消。尽管民国时期重新确立了"监察"的地位,但是其内在精神和古代监察机关相比已经发生了深刻的变化。如果说传统监察机关是国家制度的重要一环,那么近代监察机关在某种意义上仅具有代议机关的监督职能,而不能拥有传统监察机关的权力独大的局面。这种现象一直延续至国家监察体制改革之前。在这一阶段,虽然有众多以监察为名称的监察机关,但是这些监察机关要么属于行政机关,要么属于代议机关,在国家机构安排中始终遵循着代议制逻辑。在此基础上出现的监察立法自然在数量和规模上难以和古代监察立法相比拟,从而使监察立法始终具有附属性。

第三,监察立法的融合性阶段。国家监察体制改革的启动意味着监察机关在国家机关体系中的独立性。这种独立性只有传统监察机关才能与之相比拟。2018年宪法修正案对监察委员会宪法地位的确立标志着监察制度走向了新的融合。这种监察制度从形式上肯定了代议制逻辑的存在,但却吸收了传统文化的因素,从而形成了人民代表大会制度下的监察体制。这种独立性的获得意味着监察立法规模必然越来越庞大。

由此可见,监察立法见证了监察制度的历史演变过程,并将进一步成为监察制度发展的重要依据。

二、比较法视野下的监察立法

随着监察专员制度在世界范围内的发展,监察专员制度被视为一种新型的宪法制度。这种制度的发展也被视为我国国家监察体制改革的域外借鉴。然而,从历史来看,在监察专员制度出现时,传统监察制度在我国已经广泛建立,即使监察专员制度在第二次世界大战后开始流行,近代监察制度在中国也已经建立。更何况新中国初期似乎也没有条件借鉴监察专员制度经验。那么,这就有必要从比较法角度来认识监察立法。

首先,从宪法上来看,监察机关的宪法地位确立。根据学者统计,"目前,世界范围内有60多个国家在宪法中确立了监察专员制度。尤其是在'后冷战时代',一些国家经历了内部冲突与和平重建,大多通过宪法设立促进和保障人权的监察专员机构"[1]。虽然这一数量在世界各国宪法中并不多,但是在某种意义上的确反映了监察机关已经得到宪法的承认。不过,各国宪法除了使用所谓监察专员的称呼之外,还有其他名称,如人权专员、民权保护专员、公共保护人等。[2] 这就表明各国宪法对监察机关的定位虽然存在共同之处,但是仍然存在一定的侧重点。而我国监察机关始终具有本国特色,如御史台、都察院、监察院、人民监察委员会、监察部、监察委员会。这种做法在世界各国中也是独树一帜的。

其次,监察立法数量的单一性。除了宪法之外,各国均开展了监察立法。通常来说,各国议会或者国会制定专门的监察立法,一般只有一部监察立法。同时,有些国家和地方也会相应地制定监察立法。例如,加拿大中央监察立法有《加拿大政府监察官法》,但是地方监察立法则有《加拿大马尼托巴省监察专员法》《加拿大阿森省监察专员法》《加拿大新布拉威克省监察专员法》《加拿大不列颠哥伦比亚省监察专员法》《加拿大安大略省监察专员法》《加拿大新斯科舍省监察专员法》《加拿大哥伦比亚省监察专员法》等。这些法律在数量上相对来说比较单一,也就是一国或者一个地方只有一部法律。而从我国监察立法来看,监察立法数量是众多的。例如,国民政府时期有《监察院组织法》《弹劾法》《监察委员保障法》《监察法》等等。又如,国家监察时期则有《监察法》《公职人员政务处分法》《监察官法》等。显然,我国监察立法和国外监察立法在立法数量的认识上是不同的。

最后,监察立法内容的综合性。尽管监察立法内容不外乎组织法、实体法、程序法三个方面,但是具体到专门监察立法,必然涉及内容的具体安排。就代议机关立法来看,国外监察立法通常以一部监察立法规定,因此,监察立法内容呈现出综合性的特点。例如,1967 年颁布、1988 年修订的《英国议会行政监察专员法》主要规定议会行政监察专员的任命和任期、薪金和退休金、行政规定、代理议会行政监察专员之任命、应受调查的

---

[1] 沈跃东著:《宪法上的监察专员研究》,法律出版社 2014 年版,第 1 页。
[2] 沈跃东著:《宪法上的监察专员研究》,法律出版社 2014 年版,第 33-44 页。

政府部门等、应受调查的事项、关于控告的规定、调查程序、证据、妨碍和藐视、专员报告、情报保密、议会行政监察专员与卫生行政监察专员的协商、解释、对北爱尔兰的适用、简称和生效,另附退休金和其他福利、应受调查的部门、不受调查的事项。① 又如,1999 年 11 月 2 日《加拿大政府监察官法》主要涉及定义、任命政府监察官、任期、薪酬、退休金、辞职、解职或暂停职务、没有立法者的建议任命代理监察官、职员、保密、监察官在行政事务中的权力和职责、监察官的管辖权、向监察官投诉、拒绝调查、监察官向有权机关通报、获取信息的权力、保护、陈述的机会、检察总长可以限制调查权力、适用有关信息披露的其他法律、受特许保护的信息、证人和信息费用、如果投诉不被许可、调查后的程序、权力机关向监察官通知其所采取的的步骤、如果没有采取合适行动监察官提交报告、通知投诉人、没有听证的权利、监察官不受审查、程序受特许保护、授权、年度和特别报告、犯罪、其他救济方式、规则、添加到附录等。② 从上述监察立法来看,在同一部法律之中,其涉及了所有监察立法内容。这种做法同近代以来我国监察立法有很大的不同。

由此可见,国内外监察立法具有很大的差异,这种差异不仅在于监察立法数量,而且在于监察立法内容。

三、监察立法的发展趋向

随着国家监察活动的渐次展开,监察立法必然成为国家立法体系的重要组成部分。从总体来看,随着国家监察委员会监察法规制定权的获得,监察立法规模必然会不断提升。考虑到传统监察立法的特点,监察立法可能会和行政立法那样等量齐观。不过,就具体监察立法来看,可能需要把握以下三个方面:

1. 监察立法仍然需要进一步重视。正如有学者指出:"监察法虽然

---

① 监察部法规司:《国外监察法律法规选编》,中国方正出版社 2004 年版,第 23 - 33 页。
② 监察部法规司:《国外监察法律法规选编》,中国方正出版社 2004 年版,第 76 - 77 页。

是一部监察领域的基本法,但由于它构建了一个全新的国家监察体系,所以对现有的法律、法规形成了很大的冲击。据了解,现在全国人大一共制定了260多部法律,为了配合监察法的实施,需要修订的相关法律就有160多部,达到了现有法律的三分之二。"[1]这就意味着监察立法在相当长时间内仍然是国家立法工作的重要内容。当然,在全国人大及其常委会所制定的监察法律完成之后,监察立法的重任必然落在监察法规之上。

2. 监察立法、行政立法和司法解释并驾齐驱。随着国家监察委员会在宪法和法律地位上的确立,监察立法也获得正当性基础。监察立法、行政立法和司法解释将作为法律实施的三驾马车,在国家治理中发挥着举足轻重的地位。由于监察领域的全覆盖,这就意味着监察立法必然关涉到国家和社会的方方面面。虽然监察立法对监察内容作了原则性规定,但是这些规定的落实仍然有赖于各领域立法情况。在这种情况下,不同立法领域之间的协调和配合就显得非常重要。这就需要构建强有力的监察立法体制,以便保证监察立法进一步落实和完善。

3. 监察立法的解释成为监察立法的重要组成部分。由于监察机关权力关系到公职人员权利义务,甚至影响到普通公民的权利保障。在这种情况下,在监察立法基础上解释立法,将成为监察立法的重要组成部分。一方面,应当充分运用全国人大常委会法律解释权,加强对《监察法》《公职人员政务处分法》《监察官法》的解释。另一方面,也需要做好监察法规的解释工作,确保监察法规的准确适用。这就需要结合监察实践来考察监察立法的落实情况,厘清监察立法解释权限,防止监察立法解释之间的冲突问题。

因此,监察立法作为国家立法的重要组成部分,必须从立法体制机制入手,强化监察立法能力,提升监察立法水平。

---

[1] 徐浩程:《马怀德:配合监察法需修订现有三分之二法律》,《廉政瞭望》2018年第11期。

参考文献

一、汇编与著作

[1]中国法制出版社.纪检监察法规政策全书(第三版)[G].北京:中国法制出版社,2020.

[2]张希坡.革命根据地法律文献选辑(第二辑)[G].北京:中国人民大学出版社,2017.

[3]国家图书馆出版社.民国时期监察史料续编(全24册)[G].北京:国家图书馆出版社,2016.

[4]田奇,黄萍.民国时期监察史料汇编[G].北京:国家图书馆出版社,2013.

[5]梁玥.行政组织法典汇编(1949—1965)[G].济南:山东人民出版社,2016.

[6]澳大利亚联邦公务员行为准则 澳大利亚1976年监察专员法 澳大利亚1905年禁止秘密佣金法[G].北京:中国方正出版社,2015.

[7]芬兰合作监察专员法 政府行为公开法案 预防和消除洗钱嫌疑法[G].北京:中国方正出版社,2015.

[8]新西兰官方信息法 行政监察专员法 国家公务员诚信与操守标准[G].北京:中国方正出版社,2014.

[9]《中华大典》工作委员会,《中华大典》编纂委员会.中华大典·法律典·行政法分典[G].重庆:西南师范大学出版社,2013.

[10]孙燕京,张研.民国史料丛刊续编[G].郑州:大象出版社,2012.

[11]张研,孙燕京.民国史料丛刊[G].郑州:大象出版社,2009.

[12]沈刻元典章(上、下)[G].北京:中国书店,2011.

[13]杨一凡.中国监察制度文献辑要[G].北京:红旗出版社,2007.

[14]监察部法规司.国外监察法律法规选编[G].北京:中国方正出版社,2004.

[15]夏新华,胡旭晟,刘鄂,等.近代中国宪政历程:史料荟萃[G].北京:中国政法大学出版社,2004.

[16]蔡鸿源.民国法规集成[G].合肥:黄山书社,1999.

[17]彭勃.中华监察大典[G].北京:中国政法大学出版社,1994.

[18]故宫博物院明清档案部.清末筹备立宪档案史料(上册)[G].北京:中华书局,1979.

[19]徐式圭.中国监察史略[M].北京:中国书籍出版社,2020.

[20]秦前红.监察法学教程[M].北京:法律出版社,2019.

[21]马怀德.监察法学[M].北京:人民出版社,2019.

[22]李晓明,芮国强.国家监察学原理[M].北京:法律出版社,2019.

[23]彭勃,龚飞.中国监察制度史[M].3版.北京:人民出版社,2019.

[24]张晋藩.中国监察法制史[M].北京:商务印书馆,2019.

[25]薛秀娟.清朝监察立法制度及其历史镜鉴研究[M].北京:九州出版社,2019.

[26]童德华,马嘉阳.西方监察制度的历史批判[M].北京:中国法制出版社,2019.

[27]中共中央纪律检查委员会法规室,中华人民共和国国家监察委员会法规室.《中华人民共和国监察法》释义[M].北京:中国方正出版社,2018.

[28]秦前红,叶海波,等.国家监察制度改革研究[M].北京:法律出版社,2018.

[29]江国华.国家监察立法研究[M].北京:中国政法大学出版社,2018.

[30]广东省纪检监察学会.中国古代监督史览[M].北京:人民出版社,2018.

[31]刘社建.古代监察史[M].上海:东方出版中心,2018.

[32]焦利.清代监察法及其效能分析[M].北京:法律出版社,2018.

[33]陈晓枫,钟盛,等.中国传统监察法制与司法文明[M].武汉:武汉大学出版社,2019.

[34]孙宗一.国民政府监察院分区监察制度的历史考察与当代启示[M].北京:科学出版社,2018.

[35]陈光中.中国古代司法制度[M].北京:北京大学出版社,2017.

[36]张晋藩.中国近代监察制度与法制研究[M].北京:中国法制出版社,2017.

[37]张晋藩.中国古代监察法制史(修订版)[M].南京:江苏人民出版社,2017.

[38]钱晓萍.行政监察法概论[M].北京:中国政法大学出版社,2016.

[39]高大同.高一涵监察工作文选[M].南京:凤凰出版社,2015.

[40]沈跃东.宪法上的监察专员研究[M].北京:法律出版社,2014.

[41]王方玉.法理学导论[M].北京:知识产权出版社,2013.

[42]袁钢.欧盟监察专员制度研究[M].北京:中国政法大学出版社,2013.

[43]杨幼炯.近代中国立法史[M].范忠信,范晓东,范依畴,等校勘.北京:中国政法大学出版社,2012.

[44]陈晓枫,柳正权.中国法制史(上册)[M].北京:武汉大学出版社,2012.

[45]周叶中,江国华.自下而上的立宪尝试:省宪评论[M].武汉:武汉大学出版社,2010.

[46]韩忠谟.法学绪论[M].北京:北京大学出版社,2009.

[47]韩大元.1954年宪法与中国宪政[M].2版.武汉:武汉大学出版社,2008.

[48]张晋藩.中国监察法制史稿[M].北京:商务印书馆,2007.

[49]丁玉翠.明代监察官职务犯罪研究:以《明实录》为基本史料的考察[M].北京:中国法制出版社,2007.

[50]焦利.吏治何以清明:清代监察法镜鉴[M].北京:中国民主法制出版社,2007.

[51]邱永明.中国古代监察制度史[M].上海:上海人民出版社,2006.

[52]许崇德.中华人民共和国宪法史[M].2版.福州:福建人民出版社,2005.

[53]刘双舟.明代监察法制研究[M].北京:中国检察出版社,2004.

[54]本特·维斯兰德尔.瑞典的议会监察专员[M].程洁,译.北京:清华大学出版社,2001.

[55]谢振民.中华民国立法史(上)[M].张知本,校订.北京:中国政法大学出版社,2000.

[56]王永祥,杨世钊.中国现代监察制度史论[M].福州:福建人民出版社,1998.

[57]江必新.行政监察法实用全书[M].北京:人民法院出版社,1997.

[58]刘明波.国外行政监察理论与实践[M].济南:山东人民出版社,1990.

二、期刊、报纸和学位论文

[1]韦嘉燕.国家治理现代化之监察委员会案件管辖立法考量:以监察机关获得授权制定监察法规为背景[J].河南社会科学,2021,29(1):84-91.

[2]丁方旭,任进.国家监察体制改革视域下中国特色监察官制度的构建[J].行政管理改革,2021(1):46-53.

[3]彭江辉,王忠仁.论监察委员会的不可诉性[J].山西省政法管理干部学院学报,2020,33(2):1-4.

[4]王高贺.特约监察员与特邀监察员的比较与启示[J].河南社会科学,2020,28(2):90-98.

[5]王春业.论我国监察损害赔偿法律制度的构建[J].中共天津市委党校学报,2020,22(3):40-46.

[6]王立峰,李洪川.特约监察员制度的演变逻辑、实践价值与完善路径[J].党政研究,2020(6):26-34.

[7]邓立军.制度缺陷与立法完善:正当法律程序视野下的监察调查

措施研究[J].昆明理工大学学报(社会科学版),2020,20(6):1-14.

[8]钱小平.监察管辖制度的适用问题及完善对策[J].南京师大学报(社会科学版),2020(1):131-141.

[9]褚宸舸,王阳.我国监察官制度的立法构建:对监察官范围和任职条件的建议[J].浙江工商大学学报,2020(4):15-24.

[10]周伟.监察机关派驻监督体制机制的完善[J].现代法学,2020,42(6):110-120.

[11]马世媛.党政机构整合之内部监督法治化研究[J].四川行政学院学报,2020(6):33-43.

[12]魏昌东.监督职能是国家监察委员会的第一职能:理论逻辑与实现路径[J].法学论坛,2019,34(1):25-36.

[13]李小勇.监察委监督职责的法理解读[J].福建警察学院学报,2019,33(6):14-21.

[14]袁相亭,刘方权.监察与司法的管辖衔接机制研究[J].交大法学,2019(4):89-103.

[15]常永斌,张训,吕庆宁,等.监察机关与司法机关案件管辖上的衔接机制研究[J].怀化学院学报,2019,38(3):70-72.

[16]刘用军.论民主党派中行使公权力的公职人员范围:以监察法之监察对象为视角[J].湖北警官学院学报,2019,32(2):27-34.

[17]周磊,焦利.构建中国特色国家监察官制度:背景与建议[J].北京行政学院学报,2019(3):92-98.

[18]李永春,罗雄.20世纪50年代我国人民监察通讯员制度的实践及现实启示[J].湖湘论坛,2018,31(1):98-109.

[19]秦策.监察调查程序的法治化构建[J].理论视野,2018(2):42-49.

[20]周长军.监察委员会调查职务犯罪的程序构造研究[J].法学论坛,2018,33(2):133-140.

[21]蔡乐渭.论国家监察视野下公权力的内涵、类别与范围[J].河南社会科学,2018,26(8):65-71.

[22]陈光中,杨芹.中国古代监察法律的历史演变:以清代"台规"为

重点的考察[J].甘肃社会科学,2018(5):97-104.

[23]钱宁峰.论国家监察体制改革的合宪性依据[J].江苏社会科学,2018(2):238-244.

[24]刘练军.监察委员会组织立法刍议[J].法治研究,2018(6):13-22.

[25]彭剑鸣.从粗疏到精密:监察法回避制度的完善:以犯罪控制模式为视角[J].广西警察学院学报,2018,31(6):1-6.

[26]童之伟.对监察委员会自身的监督制约何以强化[J].法学评论,2017,35(1):1-8.

[27]王锴,王心阳.如何监督监督者:兼谈对监察委员会的诉讼监督问题[J].浙江社会科学,2017(8):14-22.

[28]任建明,杨梦婕.国家监察体制改革:总体方案、分析评论与对策建议[J].河南社会科学,2017,25(6):8-15.

[29]薛彤彤,牛朝辉.建立专业化导向的国家监察官制度[J].河南社会科学,2017,25(6):21-27.

[30]朱福惠,张晋邦.监察体制改革与宪法修改之学理阐释[J].四川师范大学学报(社会科学版),2017,44(3):5-15.

[31]焦洪昌,古龙元.从全国人大常委会授权看监察体制改革[J].行政法学研究,2017(4):3-20.

[32]任喜荣.国家机构改革的宪法界限[J].当代法学,2017,31(4):16-26.

[33]林彦.从"一府两院"制的四元结构论国家监察体制改革的合宪性路径[J].法学评论,2017,35(3):163-166.

[34]马怀德.国家监察体制改革的重要意义和主要任务[J].国家行政学院学报,2016(6):15-21.

[35]朱勇."祖制"的法律解读[J].法学研究,2016,38(4):190-208.

[36]张晋藩.中国古代监察机关的权力地位与监察法[J].国家行政学院学报,2016(6):7-14.

[37]龙长安.民国初年《四川省宪法》述论[J].中南大学学报(社会科学版),2015,21(4):98-104.

[38]赵勇,王学辉.中国行政审判制度的第一次实践:平政院制度的

创设与演变[J].人民论坛,2014(5):102-104.

[39]姚秀兰.南京国民政府监察制度探析[J].政法论丛,2012(2):71-79.

[40]戴建华.论行政监察权的制约:以司法救济为视角[J].贵州社会科学,2011(3):125-128.

[41]聂鑫.中西之间的民国监察院[J].清华法学,2009,3(5):138-150.

[42]欧阳湘.孙中山、叶夏声与"五权宪法"草案[J].历史档案,2008(4):91-96.

[43]焦利.清代监察之法镜鉴[J].国家行政学院学报,2006(4):35-38.

[44]臧运祜.孙中山五权宪法思想的文本体现:叶夏声《五权宪法草案》研析[J].民国档案,2005(4):60-65,78.

[45]张晋藩.中国古代监察法的历史价值:中华法系的一个视角[J].政法论坛(中国政法大学学报),2005,23(6):84-93.

[46]李启成.清末民初关于设立行政裁判所的争议[J].现代法学,2005,27(5):163-173.

[47]徐德刚.新中国行政监察法律制度回溯与前瞻[J].求索,2004(12):73-75.

[48]徐浩程.马怀德:配合监察法需修订现有三分之二法律[J].廉政瞭望,2018(11):24-25.

[49]林孝文.浙江省宪研究[D].重庆:西南政法大学,2009.

[50]刘金祥.古代的回避制度[N].中国纪检监察报,2016-12-12(8).

后 记

正如前述,本书是江苏省社会科学院自组学科"国家监察法治体系建构研究"项目的阶段性成果,也是对目前为止所出现的典型专门监察立法的阶段性总结。透过这种总结,或许能使人们认识到监察立法的大体形式,而不是停留在制度的分析上。正因为这是一个阶段性学习的产物,因此,本书不可避免地存在种种缺陷,如史料选择的零散性、法律文本的梳理性以及研究深度的有限性。不过,其必然为后续深入研究奠定了相对扎实的基础。这是首先需要说明的地方。

本书之所以能够顺利展开,得益于江苏省社会科学院法学研究所同仁们的支持。特别是李小红、徐奕斐、徐剑三位同志在前期整理了一些资料,对有关专题作了专门研究,同时在后期也在文字梳理和校对方面花费了大量时间。因此,本书实际上是团队合作的一次有益尝试。在此对各章的贡献者作一罗列:

钱宁峰:绪论、第一章、第二章、第三章、第七章、结语;

钱宁峰、李小红:第四章;

钱宁峰、徐奕斐:第五章;

钱宁峰、徐剑:第六章。

本书的出版,首先要感谢江苏省社会科学院的支持,没有院领导对学科建设的重视,显然也不可能有此尝试,更不可能有成书的可能。其次,要感谢自组学科的团队。虽然该选题是自己心血来潮,难免有点拉郎配的感觉,但是作为学科建设的一种尝试体验,也会从正反两个角度为后续法学学科建设提供借鉴。最后,要感谢东南大学出版社的大力支持。没有出版社领导的支持和各位编辑的辛劳,本书也难以正常出版。特别是感谢责任编辑陈佳老师的支持、理解和耐心。由于本人的原因不断地推迟交稿日期,在此也深表歉意。

当然,另外需要说明的是,由于本书更多的是对法律文本的分类剖析,因此,其更多地引用了前辈学者所整理的资料,大大减轻了我再去核实原文的负担,在此深表感谢。当然,本书如有不当之处,皆由我而起,亦由我担之,望诸方家指教。无论如何,总是希望为监察立法史研究提供些许的贡献。

钱宁峰

2021 年 7 月 14 日